Natural Resources and Democracy in Latin America:
Policy-making and Protest in Boom Times

資源国家と民主主義

ラテンアメリカの挑戦

岡田 勇 著
Okada Isamu

名古屋大学出版会

資源国家と民主主義

目　　次

第III部　政治参加の歴史的形成

地図 1　ラテンアメリカ略地図

注）抗議運動への参加率は，世論調査（Latin American Public Opinion Project : LAPOP）の 2008，2010，2012 年データの平均値。資源レントの対 GDP 比は 2011 年の値（世界銀行データより）。

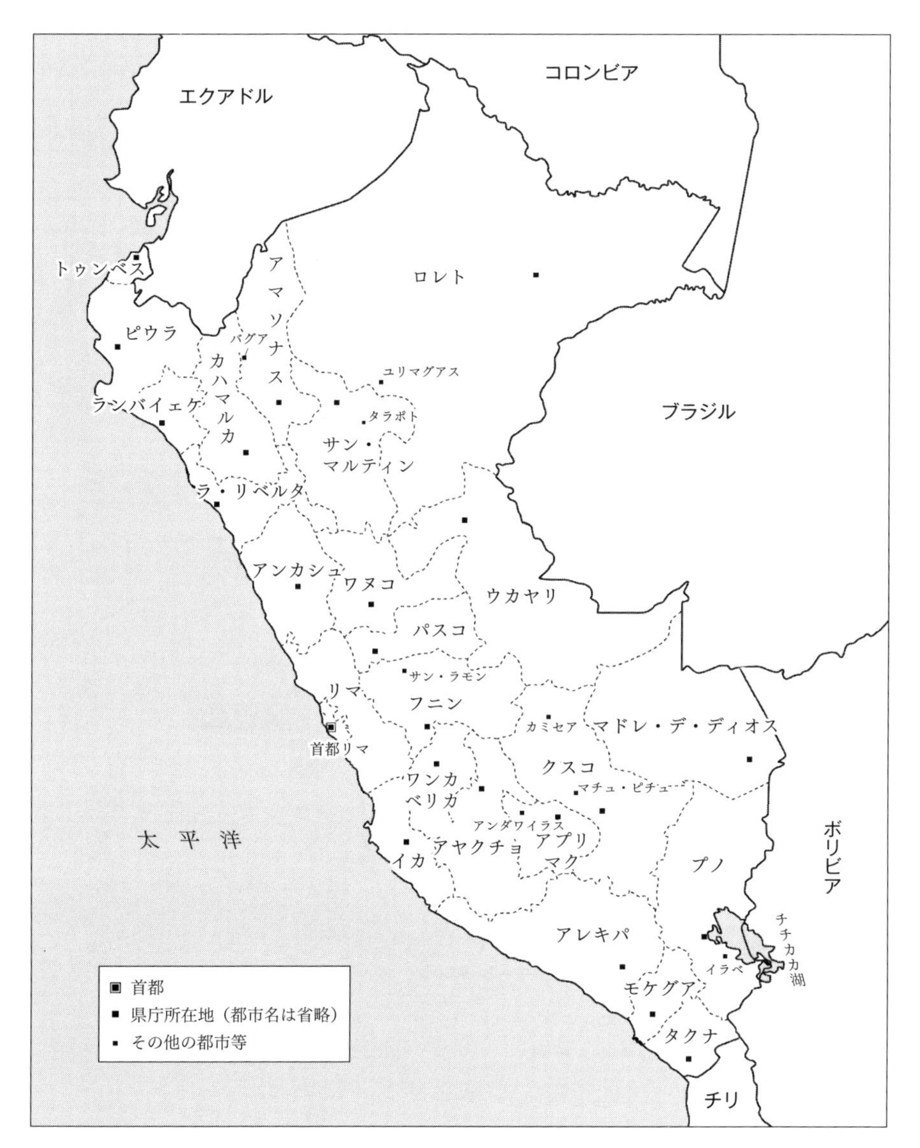

エクアドル
コロンビア
トゥンベス
ロレト
アマゾナス
ピウラ
バグア
カハマルカ
ユリマグアス
ランバイエケ
タラポト
ブラジル
サン・マルティン
ラ・リベルタ
アンカシュ
ワヌコ
ウカヤリ
パスコ
サン・ラモン
リマ
フニン
カミセア
マドレ・デ・ディオス
首都リマ
クスコ
ワンカベリカ
マチュ・ピチュ
アンダワイラス
太平洋
アヤクチョ
アプリマク
イカ
プノ
ボリビア
チチカカ湖
アレキパ
イラベ
モケグア
タクナ
チリ
首都
県庁所在地（都市名は省略）
その他の都市等

地図 2　ペルー略地図

首都
県庁所在地
その他の都市
ブラジル
パンド
コビハ
ユンガス地方
ベ　ニ
トリニダ
ペルー
ラパス
チチカカ湖
アチャカチ
首都ラパス
エル・アルト
ティワナク
コチャバンバ
チャパレ地方
コチャバンバ
サンタクルス
サンタクルス
オルロ
オルロ
スクレ
ポトシ
ポトシ
太平洋
チャコ地方
チュキサカ
タリハ
タリハ
パラグアイ
チ　リ
アルゼンチン

地図 3　ボリビア略地図

序　章
今日の資源生産国の課題

2002年後半以降，石油・天然ガス・鉱物資源の国際価格は未曾有の高騰を見せた。図序-1は1980〜2015年までの原油と天然ガス価格の推移，図序-2は1980〜2015年までの主要鉱物資源価格の推移である。いずれも，2002年後半頃から急激に上昇し，2008〜09年にリーマン・ショックを原因として一時下落するも再び上昇し，2011年には10年前と比べて原油と天然ガスの価格は約3倍，主要鉱物資源は約5倍になっていた。この資源ブームはおよそ10年間続き，2010年代半ばにいったん終焉を迎えた。

21世紀の資源ブームは，石油・天然ガス・鉱物資源を豊富に有する国（以下，資源生産国）にどのようなインパクトを与えたのだろうか。世界には様々な規模の資源生産国があり，サウジアラビア，ロシアのような世界経済に影響力を与えうる石油・天然ガスの生産国や，カナダ，オーストラリアのような世界他地域に進出・投資する鉱業国もある。そうした中で本書が注目するのは，世界経済に占める割合は決して大きくはないが，資源への依存度が比較的高く，社会経済的な課題を多く抱える国々である。資源ブームはそうした国々に多大な影響を与えるが，いくつかの例外を除いて，国際資源価格に対して意図的に大きな変動をもたらすことができるような国はほとんどない。

オイルショック後の1970〜80年代にも顕著な資源価格の高騰があったことを踏まえれば，21世紀初頭の資源ブームは2度目の経験であった。そうだとすれば，人類はすでに資源ブームが何をもたらすかを学習したはずであった。グローバル経済での非再生可能資源の利用は広がり，資源への依存はますます強まってきた。基礎金属（ベースメタル）や貴金属は，人々の生活を便利にす

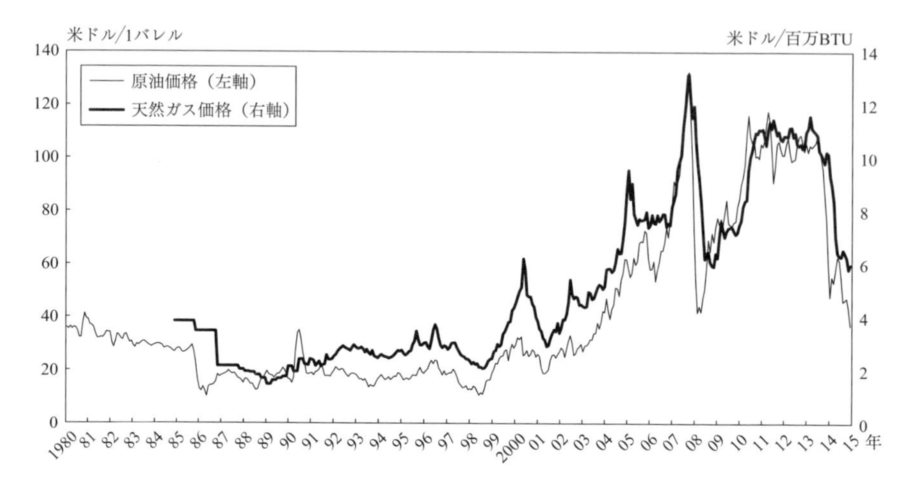

図序-1　石油と天然ガス価格の推移（1980～2015年）

出所）IMF データを用いて筆者作成。
注）価格はいずれも米ドル。石油価格はブレント，ドバイ，テキサスのスポット価格平均（1バレル当たり）。天然ガス価格はロシア，インドネシア，ルイジアナのスポット価格平均（百万 BTU あたり）。

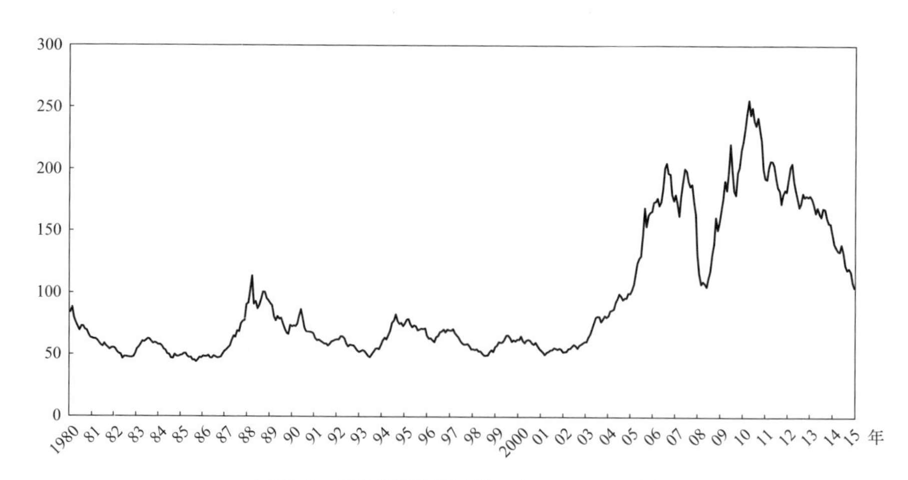

図序-2　鉱物資源価格平均（1980～2015年）

出所）IMF データを用いて筆者作成。
注）指標は，銅，アルミ，鉄鉱，錫，ニッケル，亜鉛，鉛，ウランの価格を含む。2005年平均を基準値 100 とした場合の相対値。

るとともに権力を支え，近代革命期には工業製品の生産を可能とするだけでなく，そうした中で生まれた膨大な経済的価値を貯蓄・交換する機能も果たしてきた。他方で石油・天然ガス資源は，近代以降の欠かせないエネルギー資源であり，その戦略的重要性のために，国家政策や国家間の戦争の賭け金にもなってきた。たしかに人類は何も学んでこなかったわけではない。オイルショックに苦しんだ先進工業国は，資源価格を低く抑えようとしてきたし，過剰な資源消費がもたらす環境汚染に対処しようという声も高まってきた。

しかしその一方で，世界経済に大きなインパクトを与えず，その荒波に揉まれるのがほとんどの資源生産国には，あまり脚光が当たらず，当たったとしてもその見方はおおむね悲観的なものだった。例えば，資源が豊かである国では長期的な経済成長のパフォーマンスは低いと言われてきた。また 1970 年代の石油ブーム期に，そうした国の人々は利益分配を求めて国家に群がったため，石油生産国の行政機構が肥大化し，非効率化したと言われた。さらに中東やアフリカの資源生産国では，資源生産の増加と内戦や武力紛争との関係が指摘されてきた。

こうした悲観的な見方には，近年批判が加えられている。とりわけ，膨大な経済的利益が人々の行動に与える影響は十分に理解されてこなかった。実際，資源生産国に生きる人々は，資源ブームという大きな変化に対応しようとする中で様々な政治行動をとってきた。資源生産国の置かれた状況やその資源政策について十分に学習されてこなかったのは，そうした人々の行動についての理解が不足してきたからにほかならない。

1　ラテンアメリカの場合

2000 年代にラテンアメリカで資源ブームと期を同じくして注目されたのは，抗議運動とそれに促された政権レベルの変化であった。

2000 年代のラテンアメリカでは，石油・天然ガス・鉱物資源の開発プロジェクトや，資源開発に関する政府の政策に向けられた抗議運動が数多く見られた。ストライキやデモ行進，道路封鎖，公共施設の占拠といった政府に対する直接的な政治参加は，「抗議運動」（西 protesta，英 protest）（Arce 2010；2014；Boulding 2014；Machado, Scartascini and Tommasi 2011；Eckstein 2001）といった用語で呼ばれてきた。ラテンアメリカに限らず，政府機関や議会，政党といった政治制度が十分に人々の意見を代表したり媒介したりしない状況で，抗議運動は人々にとっての代替的な政治参加の手段となってきた。

ペルーではほとんどすべての大規模な鉱山プロジェクトの所在地で抗議運動が起きてきた。ピウラ（Piura）県タンボグランデ（Tambogrande）での抗議運動は，象徴的とも言える事例である（De Echave et al. 2009：17–44）。同地はマンゴーやレモンの栽培が伝統的に盛んであったが，銅・金・銀鉱山の本格的採掘が始まる1990年代末になると，地元農業への悪影響の懸念から地元農民を中心とした抗議運動が起きた。当初は小規模な抗議運動であったが，企業や地方政府が十分な対応をしなかったため，2001年2月には大規模な抗議運動に発展した。同年6月には住民投票で鉱山開発反対が98％を占め，最終的にこの鉱山プロジェクトは中止に追い込まれた。

エクアドルでも，アマゾン地方での石油開発や，アンデス高地での鉱山開発に対する抗議運動が頻発してきた。1993年に，油田地帯の所有権および汚染による健康被害を原因として，先住民代表が米企業を相手取って米国ニューヨーク州の裁判所に訴えた事件が有名であるが，それを含めて1990〜2000年代を通じて石油鉱区が存在するアマゾン地方の諸県で抗議運動が起きてきた（新木 2010）。またアンデス高地でも，鉱山プロジェクトに対する抗議運動が見られた（上谷 2014）。

それ以外にボリビア，メキシコ，コロンビア，チリ，ニカラグア，グアテマラでも同様に，資源開発に対する抗議運動が報告されている（Viscidi and Fargo 2015；Villafuerte 2014）。包括的で信頼できるデータは存在しないが，ラテンアメリカの多くの資源生産地で，抗議運動は見られた。

少し視野を広げれば，このような現象は，1970年代末以降に民政移管を達成したラテンアメリカの国々で見られた新しい政治参加のうねりに続くものでもあったことがわかる。この時期のラテンアメリカでは，街頭での政治参加に促された新しいタイプの政権が登場した。資源ブームに先立つ 1990 年代は，規制緩和・緊縮財政・民営化といったいわゆる新自由主義の時代であった。新自由主義の経済政策は，補助金の廃止，労働者の解雇，労働規制の緩和といった不利益政策であったため，それらに対する反発から各地で抗議運動が起きた。そうした中，ベネズエラ，ボリビア，エクアドル，アルゼンチンで，街頭での激しい政治参加の末に左派政権が誕生した。当然ながら，そうした政権は，政治参加を繰り広げた社会組織や市民の期待を受け，それを政治基盤としていた。資源開発プロジェクトに対する抗議運動は，民主体制下の政治参加の機会をとらえたものでもあり，新自由主義の経済政策に対する反発に連なってもいたのだった。

奇しくも，左派政権が誕生したこれらの国々は，石油・天然ガスを豊富に有する資源生産国だった。ベネズエラは世界でも有数の産油国だが，1998 年にウゴ・チャベス（Hugo Chávez）大統領が政権をとると，炭化水素法[1]を新しく制定し，資源生産体制を抜本的に見直した。石油部門が政治化されることへの国営石油公社の従業員の反発もあったが，チャベス大統領の政策は貧困層を中心に強い支持を受けた。ボリビアでは，それまで多重債務と不況の中で緊縮財政や増税に耐えかねた人々の不満が爆発し，大規模な抗議運動が起きた。その渦中で，2000 年代初頭に生産が本格化した天然ガスの生産と利益分配方式が大きな争点となり，2003 年と 2005 年に 2 人の大統領が辞任に追い込まれた。2006 年 5 月には，抗議運動のリーダーから大統領に就任したエボ・モラレス（Evo Morales）が，天然ガスの「国有化（nacionalización）」を宣言し，市民から高く賞賛されるようになる。産油国であるエクアドルでも，1990 年代後半から 2000 年代にかけて人々の抗議運動が高まり，激しい混乱の末，石油部門の改革を訴えていたラファエル・コレア（Rafael Correa）が 2006 年 11 月の選挙で大統領になった。

資源ブームのさなかのラテンアメリカでは，このように人々の政治参加が変化の中心にあった。そしてその政治参加の高まりは資源ブームと密接な関係が

1）石油と天然ガスの主成分は炭化水素であるため，しばしば合わせて炭化水素資源と呼ばれる。

あった。

2　資源ブーム――利益と不利益の分配をめぐる争い

資源ブームとはどういう現象だろうか。資源部門で生産価値から生産コストを差し引いた余剰価値を，一般に「資源レント（resource rent）」という。資源価格が高騰すると，生産コストは一定のまま生産価値が増えるので，当然ながら資源レントも増加する。また，資源価格が高騰すると供給量を増やすインセンティブも生まれるため，資源開発が活発化する。資源価格の高騰，資源レントの増加，資源開発の活発化が，資源ブームの主な特徴である。

最初に想定される影響は，資源レントの取り分をめぐる争いである。資源レントは民間企業や国営企業によって生み出されるが，ほぼすべての国で地下資源は国家所有となっており，国家が主権にもとづいて決定を行う。そのため，資源生産国の政府は，いったいどの程度を自らが受け取り，どの程度が民間資本の手に残るべきなのかを見直すようになる。資源価格が低迷していた2000年から高騰した2008年までの間に，世界の主要鉱山企業の株価は急騰したが[2)]，これはそうした企業の収益率が急増したことを示唆するものであった。同時期に，国家の歳入も既存の税率にしたがって増加したが，国家が増税などによってさらに取り分を増加する決定を行ったとしても不思議ではなかった。

さらに，資源レントの取り分に関する政策決定は，人々の分配期待とも関係する。その国で生み出される資源レントが増加しているのだから，市民は社会保障や公共サービスの拡充を求め，そのために国家が獲得するべき資源レントの割合を高めるよう圧力をかけることができる。このように資源レントの配分

2）カナダ系 Barrick Gold 社の株価は 2000 年 1 月 3 日の終値は 16.4 米ドルをつけていたが，2008 年 1 月 2 日の終値は 51.4 米ドルになっていた。豪系 BHP Billiton 社の株価の 2000 年 1 月 3 日の終値は 597.5 英ポンドだったが，2008 年 1 月 1 日の終値は 2,755 英ポンドだった。英蘭系 Royal Dutch Shell 社の株価の 2000 年 6 月 1 日の終値は 551.5 英ポンドだったが，2008 年 5 月 1 日には 2,105 英ポンドになっていた（http://www.finance.yahoo.com より。2016 年 2 月 23 日最終閲覧）。

方法にエネルギー（追加的コスト）を支払う行動は「レント・シーキング（rent seeking)」と呼ばれ，しばしば非効率性の権化とされてきた。しかし，もし国家の歳入が倍増したり，その可能性が高まっているのに税や社会保障負担が大きいままならば，国民にとっては承服しがたいことだろう。レント・シーキングと言われる行為は，資源ブーム期に増加した利益について考えれば，必ずしも効率性とは関係がない。このように，資源レントの増大は，利益分配に伴う様々な争いを生み出したと考えられる。

他方で，資源ブームによって採掘活動が活発化すると，自然環境や水・土地・住環境への不利益も生み出される。資源の賦存状況は様々であるが，探査・採掘技術の向上によって，住民の居住地域や，熱帯雨林，海底地下などが新たに採掘対象になることもある。その結果，資源採掘地の人々は様々な不利益をこうむることになる。不利益を金銭的に補償することも可能だが，必ずしも自然環境や住環境の価値を客観的に測れるわけではない。また，受益者が広く国民一般である一方で，受害者が一部地域の少数者であることが多いため，補償などを決定する際の影響力にはアンバランスがある。このような不利益の分配は，資源ブームのもう１つの重要な特徴であり，ここにも様々な争いが生まれる契機が存在した。

こうした争いは，人々の不満や要求の表出であり，経済政策の実現にとっては障害となるかもしれない。しかし，そうした観点は，単に資源ブームの影響を十分に理解していないにすぎない。本書は資源ブームに促された人々の政治参加行動について，それらをどのように理解できるかを問題とする。問題は，不満や要求が起きることや，人々がそれらにもとづいた行動をとることではなく，そうした行動があるときに，どのように資源政策が可能となるかにある。

資源レントの増加に対して，実際に国家はどのような対応をとってきたのだろうか。また資源生産国の人々はどのような反応を示したのだろうか。国家の対応と社会的反応との間にはどのようなダイナミズムがあるのだろうか。本書では，こうした問いに答えることを通じて，望ましい資源政策とは何かを考えていく。

3　目　　的——資源政策と政治参加を説明する

本書の目的は，21 世紀初頭の資源ブームが及ぼした影響を知ること，特に人々の政治参加を通じてその意味を理解することである。

これらは，資源生産国がとるべき政策を考える上で，決定的に重要である。1980〜90 年代頃であれば，資源生産国がとるべき資源政策は，非効率な国営企業の生産性を高め，外国投資を誘致し，可能であれば産業を多角化する，といったものであったかもしれない。その当時，ラテンアメリカをはじめ，多くの資源生産国が多重債務や歳入不足に悩んでおり，資源生産国の置かれた問題は，効率性や生産性といった経済的なものとして論じられていた。しかし，この回答例は多くの資源生産国で望ましい結果を生まなかった。民営化と資源部門の規制緩和は，一部の国では外国投資を呼び込んだが，多くの国では十分でなかった。たとえ外国投資が増加して資源産業が活性化したとしても，産業の多角化を達成した国はあまりなく，資源部門への依存はますます強まった。

そうした中，資源ブームは，資源政策論にとっての前提条件を根本的に変化させた。資源価格が高騰したことで国家財政は好転し，それによって積極的な利益分配政策が可能となり，豊富な外貨の流入によって多くの国が好景気を迎えた。そのような資源ブームの一次的影響は押しなべてポジティブなものであったが，その二次的な影響にまで目をやるならば，玉虫色であったと言うべきだろう。いくつかの国や地方では，資源部門からの利益分配や，資源開発プロジェクトのもたらす環境汚染と水や土地の収奪に対して，激しい政治参加が起きた。これらは決して例外的現象ではなく，第 1 節で述べたように，大統領が辞任せざるをえないような政治的不安定に至った例や，停止に追い込まれた資源開発プロジェクトもあった。

資源ブームの到来は，国庫収入の不足や債務問題，国営企業の非効率性といった問題を過去のものとした。たしかにそれらは資源好況によって覆い隠されただけで，長期的な解決ではなかったかもしれないが，いずれにしても資源ブームは状況を一変させた。しかし他方で別の種類の問題が出現した。上で述べたような政策変化や抗議運動を見れば，問題は政治的あるいは社会的なものであるのは明らかだった。

このように考えると，資源価格の変動は，常に資源政策論の前提条件であった。奇しくも，資源価格が低いときは経済的問題が，資源価格が高いときは政治・社会的問題が前面に押し出されてきた。資源政策について一家言を持つ専門家たちはそれぞれの時点での望ましい政策を提言してきたが，資源ブームという前提条件が何を意味するかを十分に理解してはいなかった。もしより深く理解したならば，何が望ましい資源政策かだけでなく，どのようにそれが可能となるかについても真剣に論じたはずだっただろう。

2013年9月，筆者はチリの首都サンチアゴで，国際連合ラテンアメリカ・カリブ経済委員会（Economic Commission for Latin America and the Caribbean：英 ECLAC，西 CEPAL）のウゴ・アルトモンテ（Hugo Altomonte）天然資源インフラ局長と，資源ブーム下での政策課題について話し合う機会があった。同委員会は2013年の出版物で，資源価格高騰期に国家が行わなければならない3つの課題として，資源価格に対応した累進課税，資源利潤の分配と投資のための制度メカニズムの再整備，社会環境にまつわる紛争への対処を挙げていた（Acquatella et al. 2013：10）。筆者に対してアルトモンテ局長は，これらに加えて，政府，市民社会組織，企業，住民の間で安定的な資源管理のための「合意（pacto）」を形成することが鍵だと述べた（インタビューU）。もし資源ブーム期に合意が形成できるならば，膨大な資源レントに起因する経済的問題に対処できるようになるだけでなく，資源開発がもたらす利益と不利益の分配についてアドホックな解決を生み出すことができるかもしれない。しかし，現実を振り返ると，多数のアクター間の利害関係はかなり複雑であり，合意形成の作業が試行錯誤になっていることは明らかだった。このとき，筆者とアルトモンテ局長は，今日の資源生産国がとるべき政策は「不確実性」の中にある，という一致した見方を持っていた。

これまで資源政策について論じてきた学者たちは，確実性を与えることは可能だと信じてきた。端的に言って，それには2つの考え方があった。1つめの考え方は，資源生産国はしばしば望ましくないパターンに陥ってしまうが，適切な対処法を与えることで，望ましいパターンに修正することができる，というものである。2つめの考え方は，資源生産国は否応なく望ましくないパターンに陥ってしまう，そのように運命づけられている，というものである。これに対して本書は，資源ブームが政策や人々の行動に与える影響はより複雑なものであると主張する。望ましい資源政策を確実なものとする決定打は見つかっていないが，だからといって失敗が運命づけられているわけでもない。問題は何が資源ブーム下での合意を難しくしてきたのかを理解することであり，そのためには資源ブームが人々の政治行動に与える影響を知る必要がある。

資源政策の重要性は，資源生産国にとってだけでなく，グローバル市場から資源を調達している日本をはじめとする国々にも共有されるべきものである。今日の資源採掘活動は，地球上のあらゆるところで行われており，日系資本もラテンアメリカの資源生産国に多く進出している。しかしながら，同地域の資源生産国における資源政策や抗議運動については，わが国ではほとんど論じられてこなかった。こうした観点からすると，21世紀初頭の資源ブームがいったん終わりを迎えた今日，資源生産国がたどった経験を明らかにすることは，喫緊の課題と言えるだろう。

4 視　点――統計分析から事例研究へ

資源ブームの影響とはいったい何だろうか。政策決定から人々の政治行動まで，多面的な影響をどう観察するべきだろうか。資源ブームについての多くの先行研究は，主に国家間比較（クロスナショナル）の統計分析による検証を試みてきた。しかし，近年統計分析への偏りには批判が加えられている。例えば，Haber and Menaldo（2011：1-2）は，そうした検証方法が経時的な変化や，有意な変数の多くを見落としてきたかもしれないと警句している。Dietsche（2009：275-277）は，量的データを用いた統計分析ばかりが増殖してきたことを批判し，コンテクストに沿った詳細な事例研究が必要だと論じた。

このような批判を踏まえると，次の2点が明確にされる必要がある。第一に，なぜこの分野で統計分析が有効な分析方法とされてきたのか（そしてなぜ今も必要とされるのか）。第二に，しかし，なぜそれには重大な問題があるのか。以下では，①資源ブームの確率的影響と外生性，②政治行動の内生性と多元・複合因果，という2点を指摘して，統計分析と事例研究という異なった方法論が必要なことを説明する。

1）資源ブームの確率的影響と外生性

資源ブームに関する研究の多くが統計分析を用いてきたのは，確率的影響と外生性という2つの特徴による。

資源ブームの原因である資源価格の高騰は，いわば太陽光や雨降りのように，広範囲に恒常的な影響を与えるものである[3]。もっとも，太陽が照りつけても必ずしも日焼けをするわけではないし，雨が降っても必ずしもずぶ濡れになるわけではないのと同じように，資源価格の上下動が特定の現象や政治行動を結果としてもたらすまでには，様々な条件や変数が介在する。実際，資源ブームを原因とし，経済パフォーマンスや政策，政治体制などを結果として設定するとき，研究者たちは様々な要因がそうした原因と結果の間に働くことは十分に認識していた。しかし，それが広範囲に恒常的な影響を与えることを思えば，影響を確率的なものと考えることは，妥当な想定であった。社会は複雑にできており，資源が豊かであるだけで必然的に何らかの帰結が発生するわけではない。しかし，その他無数の条件をコントロールした上で，抗議運動の起こりやすさを確率論的に推論することは十分可能である。

こうして，このような研究手法は，多くの研究で採用されるところとなった。この戦略の利点は，マクロレベルの検証にある。この手法ではある変数と別の変数との統計的に有意な関係を見るため，間接的あるいは無意識的な影響も検証することができる。例えば，年金や医療，日用品に対する補助金といった政策もまた，利用可能な財源，すなわち資源レントの多寡に影響されると考えることができる。しかし，それらの政策は，必ずしも資源レントの多寡だけで決

3）ここで「恒常的な影響を与える」というのは，それが他の条件から独立して一定の効果を持ち続けることを意味するが，必ず有意な影響を生み出すことを意味しない。

まるわけではないため，資源ブームの影響は間接的なものである。また，年金政策について争う人々は，必ずしも資源ブームそのものを意識しないかもしれない。もし，年金制度改正を求める人に「資源ブームはどう影響しましたか」と尋ねても，直接の経験ではないため，意識下にはないかもしれない。しかしそれでも，資源ブームと人々の行動を変数としてそろえることができれば，それらの現象の確率的な一致度が有意なものであるかどうかは検証できる。

資源ブームの別の重要な特徴は，それが世界のほとんどの資源生産国にとってコントロールできない外生的要因（exogenous factor）だということである。いわば，太陽光が強すぎるからと言って地球上の人々が太陽自体をほとんどコントロールできないのと同じように，本書の対象である資源生産国は資源価格の変動をコントロールできないことがほとんどである[4)]。この外生性という条件は，何が原因であって何が結果かを峻別する際に，原因が結果に与える「純効果（net effect）」を推論することを容易にする。この特徴は，前述の確率的影響と合わさって，統計分析を行うために大変有利な条件である。

実際，資源価格の高騰が引き起こす影響については，資源価格（および資源輸出額，資源由来の税収といった派生的変数）を独立変数とし，影響が推測される様々な対象を従属変数とした統計分析が盛んになされてきた。その結果，資源ブームが経済成長や税収に与える影響や，民主主義や政治制度に与える影響，さらには貧困や武力紛争に与える影響までもが検証対象となってきた。

2）政治行動の内生性と多元・複合因果

しかし，あまりに多くの現象について資源ブームの影響が指摘されるようになると，今度はそうした多数の現象間の関係も問題になってくる。資源ブームの影響を推し量る上で，資源政策や政治制度，そして人々の反応はそれぞれ相互に影響しあう可能性があるため，それらの相互作用を考えなければならなくなる。

4）本章冒頭で述べたように，本書が対象とする資源生産国は，資源価格の変動にインパクトを持つ大生産国ではなく，資源価格の変動に一方的に左右される中小規模の生産国である。

政治行動をはじめとする資源ブームの様々な二次的影響の相互作用については，外生性という条件が成立せず，逆に内生性が疑われる。例えばKarl (1997) がベネズエラの事例から示したように，資源ブームによって特定の政策や制度が作られやすくなるだけでなく，そうした政策や制度が人々に対してある種類の行動を促しやすくなり，その結果，人々の行動によって既存の政策や制度がさらに強化される可能性がある。このようなループ状の因果連鎖はフィードバック効果を持つと考えられるが，フィードバックはポジティブにもネガティブにもなりうるため，観察される現象がいったい何の効果によって生み出されたかを特定することは容易ではない。例えば，資源採掘の活発化は，抗議運動の増加を生み出すかもしれないが，抗議運動の増加によって資源採掘は停滞するかもしれず，その結果，抗議運動は（事後のいつかの時点で）減少するかもしれない。問題は，抗議運動の程度が，どの時点の何を表しているのかを特定するのは容易でないことにある。

このような内生性は統計分析によって影響を推論する上での重大な支障であり，内生性を踏まえた分析が必要になる。内生性の問題は盛んに議論されてきた（King, Keohane and Verba 1994 : 185–196 ; Franzese 2007 : 61–67)。しばしば用いられてきたのは，独立変数と従属変数について異なった時点の値を調べるという方法や，影響を及ぼしていそうな変数をコントロール変数として投入する（欠落変数の問題に置き換える）といった方法である。しかし，そうした方法は，内生性の正体（フィードバックの時間的範囲や影響を及ぼしていそうな変数）を特定できるという前提によっている。

これまで計量分析を用いて資源ブームの影響を推論してきた研究は，この点を過度に軽視してきた。第1章で論じるように，統計分析を主として用いてきた研究は，追加で投入した制度についての変数が，高い経済パフォーマンスと有意な関係にあると論じてきた。しかし，その際に内生性の問題はあまり吟味されていなかった。そうした検証は，結果として，恣意的な介入を行えば（すなわち特定の変数を追加的に投入すれば）望ましい結果が得られるというナイーブな考えにつながってきたと思われる。

とりわけ政治行動のような動態的な集合行為では，内生性という特徴を見過ごすことはできない。しかし問題はそれだけではない。例えば，原因は複数あったり，複数の条件が組み合わされたりしており，それらの相互関係が重要なことがある。例えば，ある地方政府の不十分なサービスを非難する抗議運動には，その地方政府が果たすべきサービスについての期待と，地方政府がそれを実行できない何らかの理由，そして抗議運動を動員する社会組織やネットワークといった複数の要因が介在している。したがって，そうした原因と結果を結びつけている複数の条件の関係性を把握する必要があるだろう。また，抗議運動とひとくくりに言っても，デモ行進やストライキという政治参加の形態（レパートリー）は共通していても，実際には異なった原因や条件に導かれた異質なものかもしれない。

これらは，多元因果（multiple causation）と複合因果（conjunctural causation）と言われ，社会現象において一般的に見られるものである（レイガン 1993：6)。内生性と，ここで論じた多元因果・複合因果という特徴からすると，抗議運動を分析する上で，事例研究による詳細な叙述が必要になる。その上で，個別事例の検証を超えて比較分析を取り入れることで，こうした多元因果，複合因果を検証することが望ましいだろう。質的比較分析（Qualitative Comparative Analysis：QCA）と呼ばれる手法は，複数の事例についての詳細な情報と知識が必要であるが，本書ではそのような分析手法を一部取り入れることで，資源ブーム下で観察された抗議運動について，より体系的な理解を生み出しうることを指摘する。

5　本書の議論――交渉力の違いに着目する

増大する資源レントをめぐる利益分配と，活発化する資源採掘をめぐる不利益分配についての争いが，安定的な資源管理のための「合意」が困難な理由であるとするならば，何がそれらの争いの本質に迫る上で有効な戦略だろうか。

1）交渉力の違い

本書では，交渉力の強弱という点に焦点を当てる。資源ブームが2種類の分配問題であるならば，それをめぐって争うことになる国家，外国資本，資源採掘地の住民や利益団体といった利害関係者の交渉力に焦点が当てられるべきである。本書はとりわけ，各国の市民社会組織が持つ交渉力に着目する。ここで焦点を当てるのは，住民組織，労働組合，市民団体，利益団体といった多様な組織である。

資源レントが増加し，採掘地での環境負荷が増大するときに，資源採掘地の住民や利益団体がどれだけ政策決定に影響を及ぼすことができるかに応じて，現れる現象が大きく異なると想定される。もし地方住民や利益団体の交渉力が強ければ，レント・シーキング行動が盛んになり，資源レントに対する取り分が増えると想定される。また，資源開発プロジェクトを自らが望む方法に修正させたり，停止もしくは大きな譲歩を求めたりすることができるだろう。もし地方住民や利益団体の交渉力が弱ければ，それらが獲得する資源レントは相対的に少なくなり，望まない資源開発プロジェクトが実施される可能性も高まるだろう。いずれの場合でも抗議運動が起こりうるが，その意味は異なるだろう。

交渉力の強弱によって資源生産国の事例を区別して観察することができれば，内生性の問題についての1つの対処策になりうる。もともと人々や社会組織の交渉力が強い場合の帰結と，交渉力が弱い場合の帰結を区別して観察できれば，人々の政治行動という変数をコントロールした上で比較対照できる[5)]。もちろん，これによって内生性の問題が完全に解決するわけではない。人々や社会組織の交渉力がもともと弱くても，資源ブームの影響によって強くなる可能性があり，上記の区別が意味を持たなくなるかもしれない。しかし，本書では，交渉力の基盤である社会の組織化度やネットワークは歴史的かつ構造的な産物であって，一昼夜には変化しないと想定しているため，交渉力の強弱による比較対照は有効な戦略であると考えている。

5）この方法は，King, Keohane and Verba （1994：191-193）で示唆されている。

2）ペルーとボリビアの事例比較

もし社会アクターの交渉力に焦点を当てるならば，それ以外についてはなるべく似通った事例を比較することが望ましい。すでに述べたように，資源ブーム下での抗議運動には無数の条件が介在すると想定されるため，可能な限り他の条件をコントロールすることが望ましいからである。本書では，ペルーとボリビアという，似通った背景と資源生産状況を有しながら，資源開発に影響を受ける大多数の人々，特に先住民層の社会組織の交渉力が顕著に異なってきた2カ国を取り上げる。実際，この両国では，資源ブーム下での政治参加について，似通った現象も，全く異なった現象も起きてきたのであり，そこから興味深い示唆が得られる。

表序-1は，ペルーとボリビアの事例比較の概要を示している。端的に言ってペルーは社会組織の影響力が弱く，ボリビアは強い。このような特徴は2000年代初頭には顕著になっていたが，よく調べるとそれは20世紀半ばからすでに明確なものであって，歴史的に形成されてきたことがわかる。このように，社会組織の影響力の違いを資源ブームから独立した条件として利用できることは，この2カ国の詳細な事例比較を極めて意義深いものにする。

表序-1で示したとおり，2000年代にペルーでは新自由主義政権が継続し，ボリビアでは左派政権が誕生した。第5章と第6章で詳述するように，そうした政権の違いは社会組織の影響力の違いによっていた。またそれは結果として，資源レントの取り分をめぐる争いに違いを生んだ。ペルーでは民間企業への優遇政策が継続したのに対して，ボリビアでは2005年以降に増税と「国有化」政策が実行された。他方で，社会組織が資源政策の決定に関与する度合いも異なっていた。ペルーでは政府の政策決定に社会組織が関与することはほぼ皆無であったのに対して，ボリビアでは利益団体が鉱業部門の政策決定を左右した（第10章）。

不利益分配をめぐる争いには，相違点と類似点が見られた。ペルーでは社会組織が政策決定に関与はしなかったものの，鉱山開発地での紛争は多発してきた（第7章）。ボリビアで，鉱山関連の利益団体が政策決定に参加していたのとは対照的である。他方で，ペルーでもボリビアでも，資源ブーム下での政府

表序-1　事例比較

	社会組織の影響力	政権変化／継続	利益分配をめぐる争い		不利益分配をめぐる争い
			国家と民間企業資源レントの取り分	社会組織政策決定への関与	
ペルー	弱い	新自由主義政権が継続	民間企業への優遇政策を継続	ほぼ皆無（いくつかの資源採掘プロジェクトが停滞）	多発する鉱山紛争＋アマゾン先住民の抗議運動（2008～09年）
ボリビア	強い	新自由主義政権→2006年左派政権	2005年以降に増税＋「国有化」	強大（政策決定を左右することも）	アマゾン先住民の抗議運動（2011～12年）

出所）筆者作成。

の資源開発促進政策に対して，アマゾン先住民の抗議運動が起こった（第8章，第9章）。いずれの事例でも，それらの抗議運動は政府の政策を停滞させる結果となったが，資源政策についての「合意」とはならなかった。

以上のように，本書では，ペルーとボリビアの事例比較を通じて，資源ブームの影響，資源政策，政治参加について，実証的な知見を提供するものである。この2カ国についての知見とデータは，筆者が2008年2月～2016年3月の間に，合計9回，のべ35カ月間滞在した経験にもとづいている。

3）抗議運動の多義性についての留保

ここで，「事例研究を詳細に行う」ということが，民族誌を執筆するといったような，人々の行為や語りの意味を詳細に読み取る作業ではないことをはっきりさせておきたい。むしろ，そうした試みは資源ブームの研究では限界があると考えている。

ペルー各地の鉱山で起きている抗議運動を調査したArellano（2011a；2011b）は，鉱山開発に対する抗議運動には，鉱山そのものの停止を求めるものと，政府や企業との交渉を求めるものとがあると論じた[6]。これは次のよう

6）Arce（2014）は，同様に資源ブーム下のペルーで見られた抗議運動について，「権利の要求（demand for rights）」と「サービスの要求（demand for services）」が見られると述べた。前者は農業や水への権利を追求し，結果として鉱山そのものの停止を求めるも

な違いを考えてみるとわかりやすい。もし鉱山開発が水や土地の利用について周辺住民や農業従事者との間で利益衝突を生む場合，あるいはもし鉱山開発のもたらす環境汚染が深刻な被害をもたらす場合には，鉱山開発プロジェクトの停止こそが求められる。しかし他方で，経済的に貧しい村落の近くに莫大な利益を生み出す鉱山プロジェクトが現れるような場合，雇用や社会インフラの整備といった利益還元が求められ，鉱山開発プロジェクトは周辺住民との妥当な交渉と調整のもとで（停止ではなく）継続されることが望まれる。いずれの場合にも，抗議運動の動員は住民にとって有効な戦略であるが，目指すところは全く異なる。

問題は，この2つの明確に異なった意図は，実際の抗議運動では判別することがしばしば困難であることにある。もし抗議運動のリーダーが本心では鉱山開発プロジェクトの継続を望んでいたとしても，交渉と動員の過程では，プロジェクトの停止を含めた拒否権を俎上に載せる方が，有利にことを運べるであろう。そのような戦略をとった結果，実は継続を望んでいるのに，停止に至ることがあるかもしれない。それは本来の意図とは異なるかもしれないが，もはや「本来の」意図について論じることはあまり意味がないだろう。

このような目的の多義性は，抗議運動に参加する個々人の間でも多様でありうるし，時とともに移ろうこともある。Arellano（2011a；2011b）は，資源ブームのさなかでの抗議運動が，いったいそのポジティブな面（分配可能な利益の創出）に反応しているのか，それともネガティブな面（環境汚染や水・土地などの希少資源の収奪）に反応しているのかが，決して自明ではないことを論じた。本書は，資源ブームや資源開発，抗議運動について人々の「真意」のようなものを特定することはしないし，一義的な価値判断を行うことは難しいと考えている。そのような困難さを理解しながらもなお，いったい何が起きたかを知ることは重要である。

の，後者は鉱山企業からの利益分配，すなわち妥当な交渉を求めるものに対応する。

6 構　　成

本書は以下のような構成をとる。本書の各章はそれぞれ独立した内容になっているが，通して読むことで全体の議論が理解できるようになる。第I部が理論的基礎であり，それ以降の章は事実検証や事例叙述になっている。計量分析を行う第3，4章は比較的短いが，歴史叙述を行う第5，6章は比較的長いものになる。第7章以降は，特定の事例にフォーカスしている。

第I部第1章では，本書の認識枠組み[7]を明らかにする。この章の目的は，資源ブームと資源政策，そして抗議運動についての既存研究の蓄積をまとめ，どのような認識枠組みで臨むかを整理することにある。続く第2章では，ラテンアメリカにおける資源政策と抗議運動について，基礎的な情報と既存研究の知見をまとめる。第I部は，後に続く章にとっての基礎となるため，この2章を読むと，第3章以下が理解しやすくなるだろう。

第II部はラテンアメリカ地域全体の計量分析による検証，第III部は2カ国の政治参加の歴史叙述，第IV部は個別の事例研究からなっている。

第II部は，2つの章からなり，資源ブームが政策と抗議運動に与えた影響について，計量分析によるマクロレベルの検証を行う。ここでの検証は，資源ブームが抗議運動に対して与える影響を，確率論的に推論するものである。

資源ブームを前にして，国家は急速に増加する資源レントへの取り分を増やそうとするという仮定は，本当に妥当するのだろうか。もしそうだとすれば，どのような条件下で起きるのだろうか。第3章では，1990～2012年のラテンアメリカの主要石油生産国の経験から，どのような条件下で資源レントへの国家の取り分を増やす政策が起きたのかを検証する。近年の研究には，左派のイデオロギーを掲げた急進的な政権によってそのような政策がとられたとの主張があるが，そのような主張はデータから支持されない。ましてや，既存研究が

7）しばしば，理論や理論枠組みと呼ばれるが，本書では応用可能な理論を打ち立てるのではなく，観察された情報についての理解や，説明のための構造化の方法を議論することに重点が置かれているため，認識枠組みと呼ぶ方が直截的だろう。

重視してきた経済的論理は完全に度外視される形で政策決定がなされてきたことが明らかになる。

第 4 章は，資源ブームが抗議運動の発生確率に与えた影響を，統計分析によって検証する。資源ブーム期に，資源レントの増加や資源開発の促進によって抗議運動は増加したのだろうか。この仮説は複数の研究によって示唆されてきたが，驚くことに厳密な検証作業は行われてこなかった。そこでラテンアメリカ 18 カ国の 2008～12 年の抗議運動への参加について，世論調査データをもとに検証する。資源レントと抗議運動への参加には一定の蓋然性があるが，マクロレベルの確率論的検証には限界があることが明らかとなる。

第 III 部では，近年の抗議運動を理解するために，各国の社会組織が持つ交渉力を比較歴史分析によって明らかにする。この第 5 章と第 6 章では，ペルーとボリビアという 2 カ国の歴史を詳細に説明する。この 2 カ国は，ラテンアメリカの伝統的な資源生産国であるだけでなく，資源産業に収奪されてきた多くの先住民層を有するという歴史背景や社会構造の点でも類似している。そうした類似性を持つにもかかわらず，この 2 カ国における先住民層の政治参加のあり方は異なった経路を歩み，その結果として社会組織の影響力が顕著に異なってきた。端的に言って，ペルーは「弱い社会」であり，ボリビアは「強い社会」であると解釈できる。このように両国の社会組織が異なった交渉力を持つようになった歴史的コンテクストの違いは，第 IV 部で近年の政治参加についての事例研究を行う下地となる。

第 IV 部では，社会組織の交渉力が異なるペルーとボリビアについて，それぞれ異なった政治参加（主に直接的な抗議運動）の事例を取り上げて，その類似点と相違点を分析する。第 7 章では，先住民層の政治参加が極めて限られてきたとされるペルーで，鉱山開発に対する抗議運動がローカル・レベルで頻発してきたことを論じ，質的比較分析を用いた分析を行う。過去の鉱山開発経験などによって，異なった因果メカニズムが働くことを確認する。

第 8 章では，ペルーで 2008～09 年に起きたアマゾン先住民を中心とする抗議運動を取り上げる。この事例研究では，社会組織と政府との間の不信感が強く，それが結果として安定的な資源政策のための制度的対話を困難にしていることを明らかにする。

第9章では，ボリビアで2011年にアマゾン先住民によって起こされた抗議運動を取り上げる。この抗議運動の直接の要求は道路建設への反対であったが，資源開発にも間接的に結びつくものであった。この抗議運動は，ペルーで2008～09年に起きた抗議運動（第8章）と類似のものであり，政府のイデオロギーなど他の要因とは無関係に，資源開発の推進に対して抗議運動が起きてきたことが改めて確認できる。

第10章は，社会組織の交渉力が強く，利益分配が激しく争われる場合の問題を，ボリビアの鉱業部門の事例研究を通じて明らかにする。強力な交渉力を持つ利益団体は，結果として鉱業部門の停滞を引き起こす場合もあることを明らかにする。

最後に終章で，各章の内容を踏まえて本書の知見をまとめる。

第Ⅰ部
資源政策と政治参加
——基礎的考察——

2015 年 12 月に開催されたボリビア・ラパス県でのセロ・ネグロ鉱山協同組合の集会（筆者撮影）

第1章

資源政策と政治参加を説明する

——認識枠組み——

はじめに

資源ブームは資源生産国にどのような影響を及ぼすのか。その影響に対して，人々はどのように行動するのだろうか。そういった影響や行動を，どのように我々は理解し，説明することができるだろうか。本章では，この「理解し，説明する」ということの意味を考えてみたい。

本章では，資源ブーム下の資源生産国が直面する課題，および資源ブームに対する人々の政治参加（主に非制度的な政治参加）について，既存研究を整理していく。このような課題を扱った既存研究は，経済学，政治学，社会学など多岐にわたり，その理論蓄積は長足の進歩を遂げてきた。本章が扱うのは，まさにこの理論蓄積である。

資源ブームがもたらす影響については，20世紀末になって研究が本格化した。鉱物資源の世界的需要が高まったのは産業革命以降であったが，資源ブームという現象が社会科学の研究課題として注目されたのは，おそらく1970年代の石油危機以降であった。図1-1は，20世紀後半から今日までの原油価格の推移を示したものである[1)]。これを見ると，1970年代末と2000年代の2回，人類は際立った資源ブームを経験したことがわかる。

1970年代の資源ブームは，資源生産国において国際資本の接収，増税，国

1）データは名目値と，物価価値（インフレ）調整後の価格水準（当時の人にとっての実質的価値と同義）を示している。

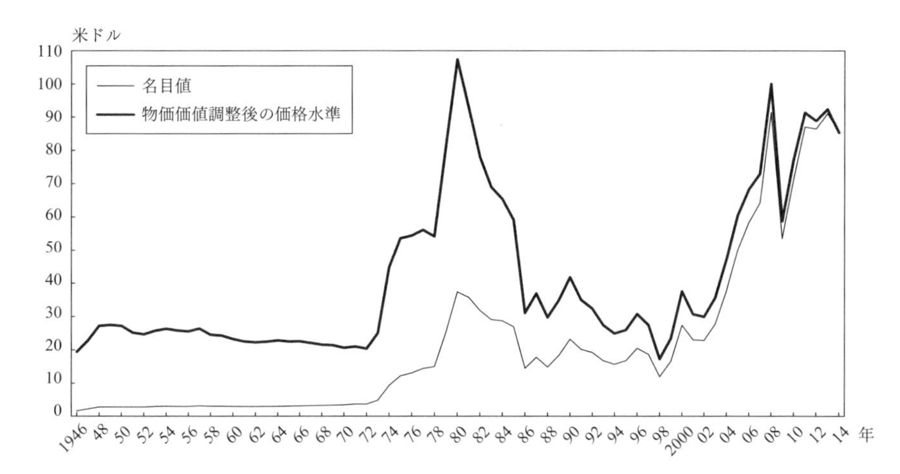

図1-1　原油価格の超長期的推移（1946〜2014年）

出所）British Petroleum 社（http://www.bp.com）より（2016年3月30日最終閲覧）。

家歳入の増加をもたらし，同時に政治面でも大きなインパクトを与えた。また資源ブームが終わる1980年代になると，肥大した国庫支出は債務危機を生み，いくつかの国は深刻な経済危機を迎えたため，資源ブームが資源生産国に与える影響は，必ずしも望ましいものではないと考えられるようになった。

他方で，20世紀には多くの国が民主化し，人々の政治参加の機会が高まった。それに伴って，民主主義の観点から，人々が組織化し，政治参加するプロセスに関心が集まってきた。1970年代と比べて2000年代には多くの国が民主体制下にあったため，人々の政治参加はより活発であり，資源ブーム下でより明確なメッセージを伝達するようになった。また実際に1990年代以降に非制度的な政治参加あるいは社会運動についての理論蓄積は格段の進歩を遂げた。こうしたことから，2000年代以降には資源ブームの影響と政治参加を理解する上での様々な理論蓄積が得られるようになった。

以下，第1節では，まず望ましい資源政策について論じた研究がどのように発展してきたのかを論じる。次に第2節では，非制度的な政治参加についての認識枠組みを，主に社会運動論を参照しながら論じる。いずれについても，既存研究の理論蓄積と，それに対する批判を重点的に扱う。また第3節では，これらに深く関わる「制度を作る」ということが，どのように認識されてきたかを論じる。最後に，本章のまとめを行う。

1　資源政策を説明する——政治制度から人々の行動へ

何が望ましい資源政策かには，そもそも資源が必要なのか，といった問いも含めて様々な論点があることだろう。本書が関心を持つ石油・天然ガス・鉱物資源は，水や大気とは違って，人が生きるのに常に必要であったわけではない。しかし今日の世界で，化石燃料や鉱物資源の恩恵を受けていない人もほとんどいないと思われる。多くの実証研究は，価値判断の難しさを認識しながら，次のような経験的な問いを立ててきた。もし資源生産国に何らかの共通した傾向が観察されるならば，それはどのようなものだろうか。もし望ましい傾向を続け，望ましくない傾向を変えることができるならば，どのようにして可能となるだろうか。

資源ブームとその後に訪れる衰退をめぐる現象については，「資源の呪い(resource curse)」という不吉な言い回しが用いられてきた。資源が豊富に存在することは，資源生産国の経済成長にとって妨げになると考えられてきたのである。この点には依然として議論があるが，1980年代以降に盛んになったこの研究群は，石油・天然ガス・鉱物資源を豊富に産出する資源生産国に特有の問題について豊富な知見を提供してきた。本節では，この議論をまず簡潔に紹介する。続いて，主に経済学を中心に始まった「資源の呪い」研究が，やがて政治にも目を向けてきたことを明らかにしていく。そして，資源ブームがもたらす多様な影響は内生的変数として考えられるようになってきたことを明らかにする。

1）望ましい経済政策の探究

「資源の呪い」研究は，まず資源生産国が持つ構造的特徴の理論的解明と，その観察可能な含意についての事実検証との2方面から取り組まれてきた。この順番で見ていこう。

「資源の呪い」研究が注目してきたのは，以下のように，資源生産国が持つ特有の経済構造である（Frankel 2010；Karl 1997：47–49；Auty 1989）。第一に，資源生産国は経済的に単一の資源に依存しがちである。そのような国では，資源ブーム期になると，資源部門での需要を原因として自国為替の引き上げ[2)]，労働賃金の引き上げ，非貿易財の価格上昇，政府支出の増加が起き，結果として資源部門以外の輸出産業が停滞する（Neary and van Wijnbergen 1986）。これは，20 世紀半ばに起きたオランダの経験を踏まえて「オランダ病」と呼ばれる。

第二に，資源生産国は高度に資本集約的で，「飛び地（enclave）」に位置する産業セクターに依存するため，波及効果が少ない。その上で資源生産国は単一資源への依存を高めやすいので，多くの途上国で見られたように，交通や社会インフラはそのような飛び地を中心に発展し，飛び地以外の地方には資源部門の恩恵は裨益しづらい（Burns 1983）。

第三に，資源生産国が依存する資源はグローバル市場で取引されるコモディティであるため，国際資源価格の変動に対して極めて脆弱である。さらにそれは有限の非再生可能資源でもあるため，将来資源が枯渇したときの脆弱性も抱えている。ほとんどの国で地下資源は国有であると定められているため，その資源レントは国家に直接支払われるが，国家は脆弱な資源に財政を過度に依存することになる。

これらの特徴を踏まえると，資源生産国は，一時的には膨大なレントを生み出すものの，長期的には脆弱な資源部門に依存しており，その依存は資源ブーム期にはますます高まることになる。こうした問題が特定されると，それに対する解決策もおのずと明らかとなる。Frankel（2010：26–34）は他の先行研究に依拠しながら，以下のような政策を提言している。

（1）価格変動リスクへの対処：国家と民間企業の契約に将来の価格変動を取り込む。先物市場でリスクヘッジする。あるいは債務を資源価格とリン

2）変動為替制の場合。固定為替制もしくは実質的な固定為替制の場合，為替引き上げの代わりにインフレが起きる。

クさせる。

(2) 通貨政策：為替制度を工夫する。信頼できる中央銀行がインフレ目標を定めて為替操作を行う。

(3) 景気調整のための財政政策：政府が抱えうる財政赤字の幅についての規制，将来に備えた基金投資，短期の民間投資の規制など。

(4) 財政支出抑制のための外部からの規制。

これらに人的資本と技術・知識の蓄積による産業多角化[3)]を加えると，望ましい経済政策についての一連のパッケージができあがる。

さて，このような理論的問題は果たして経験的に観察されるのだろうか。次に，「資源の呪い」の事実検証を行った研究について見てみよう。

ジェフリー・サックスとアンドリュー・ワーナーの研究（Sachs and Warner 1995）は，事実検証を行った古典と言えるもので，豊富な資源に依存する経済は一部の例外を除いて長期的なパフォーマンスが望ましくないと主張した。彼らは，1971 年の時点で石油・天然ガス・鉱物資源が豊富であった国は，そうでない国よりも相対的に低い経済成長率しか達成しなかったという計量分析の結果を示した。

この研究がいかに注目を集めたかは，後続の研究者によって多くの再検証が行われ，様々な批判がなされてきたことからわかる[4)]。注目に値する批判としては，『天然資源——呪いでも運命でもない』と題された編著（Lederman and Maloney 2007）がある。同書の複数の論文は，データ，推定手法，欠落変数バイアスなど様々な方向から，サックスとワーナーの示した結果が頑健ではないことを示している。それだけでなく，同書収録の Manzano and Rigobón（2007）は，同様のデータと手法を仮に用いたとしても，おそらくより妥当な説明は債務危機にあることを示した。1970 年代の資源価格の高騰期に，資源生産国は将来の資源収益をあてにするとともに，対外債務の担保としても資源を提供し

3）外国技術の蓄積から産業多角化に成功した資源生産国の事例として，Blomström and Kokko（2007）参照。

4）批判の多くは，サックスとワーナーの検証結果がデータや指標，推定手法によって頑健ではないことを示すものだった。例えば Davis（2013）参照。

たが，資源価格の下落によって返済手段も担保も失ったことによって，債務危機が経済停滞の直接的な原因になったとする。問題の直接的原因は，債務を抱えすぎたことにある，というのである。

上記の批判を言い換えると，20世紀後半の資源価格高騰期にとられた，おそらく誤った政策選択が問題だった。すなわち，資源価格の高騰期に資源生産国の政策決定者たちは，豊富な資源レントをあてにして，将来への備えを怠ってリスクを高めたのであり，その後の経済停滞はそのつけを払ったものだと言える。このように1970年代の政策上の失敗を指摘する見方は今日ではより一般的である。1990年代以降を含めると，石油生産国の方が非生産国よりも経済成長率は平均して高かったこともわかっており，取り上げる時代区分によって検証結果が異なるということも言える（Ross 2012 : 190, 203）。

以上をまとめると，「資源の呪い」に着目し，検証してきた研究の多くは，何が「正しい」資源開発政策であるかは理論上自明だとする立場に立っており，実際に良い成果を示した場合もそうでなかった場合もあったことを明らかにしてきた。それらに共通する理解を1つ挙げるとすれば，経済基盤・歳入源の多くを資源に依存する国の政府は，しばしば理論的に誤った政策決定を行うということだった。

2）制度による矯正という考えとその限界

資源賦存国の政府は，資源価格高騰期に獲得できる資源レントを最大化しながらも[5)]，将来のリスクに備えて放漫財政や過剰債務を慎むべきであり，さらには環境破壊や過剰採掘といった負の外部性に対して適切な補償を行うべきである。しかし，現実には「正しい」政策の達成からはほど遠い事例が多いことが指摘されてきた。

なぜ「正しい」はずの政策が実現されないのか。「資源の呪い」研究の中で

5）Jensen and Johnston（2011）は，需給バランスにおいて需要が増えれば供給者がより高い価格設定を行えるようになる（いわば「売り手優位」）のと同じ理由から，一般的に，資源賦存国では資源利潤が増加するにしたがって資産接収など投資誘致にとってリスクが高い政策を行いやすくなると論じる。

政治的側面を重視するものは，非効率と考えられる政策や制度が，実は政治家や社会集団の利益に資することを指摘してきた。経済的には非合理的に見えたとしても，政治的には合理的なのだ，というわけである。

経済的な観点と政治的な観点で合理性が異なるのは，資源生産国の政治家や社会集団が持つ特有のインセンティブを考慮に入れるかどうかにある。資源生産を効率的に進めるためには，数十年という比較的長い期間での高額の投資が必要とされる。とりわけ，資源価格の変動が外生変数として作用する状況では，中長期的な視野での政策設計・契約遵守・政策履行が欠かせない。しかし資源生産国では，このような中長期的な視野を与えるインセンティブ構造が欠けているどころか，しばしばその逆が起こりがちですらある。

Acemoglu（2003）は，政治現象においては一般的に中長期的な契約は結ばれにくいものだとし，その原因として，政治家が短期的な視野を持つこと，そのため強制執行される契約を結ぶインセンティブを持たないこと，そして政治家が望ましい補償を行うことを市民が義務付けることもしばしば難しいことを挙げた。政治家は，選挙を中心とした時間サイクルで，短期的な利益分配要求にさらされる。資源価格の上下動が数十年のサイクルを持つのに対して，民主体制下での政治家の任期は数年間にとどまることが多いため，政治家は将来の利得を割り引いて考える。そのため，政治家にとっては資源管理の権限独占やレント・シーキングが合理的な反応となる（アシャー 1999 も参照)。

また資源ブームの際には，政治家が制約を受けずに政策決定を行いやすい特有の状況が作られる（Robinson, Torvik and Verdier 2006)。資源ブームは膨大なレントを生み出し，それは政治家にとっての権力資源となる。政治家はしばしば，資源を過剰採掘するインセンティブも有する。Collier（2007；2010）は，資源生産国では市民に課税する必要が低いため，市民も政府に対して説明責任を追及するインセンティブが低いと指摘する。政治家の行動を監視する立法・司法制度や，政治から独立した官僚機構が未発達な場合には，さらに政府の透明性が低くなる。

こうした政治家の短期的視野に立った政策決定に対しては，制度によって制約を与えることが解決策として提言されてきた（Robinson, Torvik and Verdier

2006 ; Mehlum, Moene and Torvik 2006)。望ましい制度が構築されている国では，たとえ資源ブームが膨大なレントを生み出したとしても，政治家の無責任な放漫財政が作り出されることもなく，経済成長が達成できるだろう。これは，豊富な石油・天然ガス・鉱物資源の生産量を有するにもかかわらず，なぜノルウェーや英国，米国，カナダ，オーストラリアといった国々が「資源の呪い」に陥らないのかを説明するために用いられてきた。Mehlum, Moene and Torvik (2006) は，サックスとワーナーのデータと分析手法に，法の支配，官僚の質，汚職度などを加味した制度指数を新たに投入し，計量分析を行った。その結果，そうした制度指数において優れた国では，低成長が見られないことを明らかにした。

しかし，望ましい制度を作ることは，本当に解決になるのだろうか。Dietsche (2009) は，既存研究をレビューした上で，その限界を指摘している。問題の要点は，制度の重要性を主張する研究が，制度のどの点が，なぜ重要なのかを必ずしも明確にしてこなかったことにある。多数の国々を対象とした計量分析で用いられてきた制度指標は，しばしば数値化可能な指標を合成したものであるため，こうした疑問にほとんど答えを与えてくれない。また，制度がいかに構築されるかを考えるならば，そもそもクロスナショナル（国家間）というよりも歴史的経路の問題であるかもしれないが，少数事例の事例研究や体系的な比較研究は行われてこなかった（Dietsche 2009 : 270–275)。

問題は，資源ブームはすぐれて外生変数だが，制度構築は全く外生的ではないことにある。制度構築は，実際には資源ブームが生み出す様々なインセンティブによって多くの人々が突き動かされている中で行われることになる。理想を言えば，制度さえうまくできていれば，問題は解決に近づくかもしれない。しかし計量分析に偏重してきた政治経済学者の多くは，たまたま望ましい制度が備わっていた場合にどのような結果が見られたかを検証しただけで，望ましい制度がどのように作られるかは説明していない。どのように制度構築をするか，あるいはそれがなぜできないのかについて内生的なプロセスを理解できなければ，問題を表面的にしかとらえていないことになる。

こうした批判は，むしろ望ましい制度の有無よりも，資源ブームが与える多様なインセンティブの方に着目させることになった（Dietsche 2009：275；Rajan and Zingales 2006）。

3）資源ブームと資源国家

経済学的な観点からの「資源の呪い」研究は，政治家の行動が問題だと考えたため，それを抑制するための制度が重要であると論じた。しかし，資源ブームが政治家や市民に与えるインセンティブや機会を分析の中心に取り入れると，制度さえあれば良いという主張は短絡的にすら感じられる。

資源生産国には特有の政治現象があり，それは政治家や市民の行動に見られる特異性とも関係するとの指摘は，Karl（1997）の古典的な研究を嚆矢とする。彼女の研究は重要な指摘を多く含んでいるが，その大意は，石油や銀といった資源に財政のほとんどを依存する国では資源ブーム期に財政拡大を行い，その後に破滅に至るという発展の経路が「ロックイン（rock in）」されるという，極めて強い主張に要約される（Karl 1997：67）。彼女は，「いかに歴史的な相互作用が，その特定の時点で政策決定者が直面する選択の幅を形成するのか，いかにそのような構造化が再生産されたり修正されたりし，ある状況では広い選択の幅がなぜ別の状況ではとても狭いものになるのか」をベネズエラの事例を中心に論じ，これを「構造化された偶然（contingency）」と呼んだ（Karl 1997：10）。資源が豊かな国では，一見したところ自由に行動しているように見えたとしても，人々や政治家は構造的な制約を受けており，次第にある方向にロックインされていく，というわけである。

彼女はまた，資源生産国は共通した特徴を持つことも主張した。

> この議論の中心的な含意は，同一の輸出活動に依存する国々は，発展へと導く能力において重要な類似性を示しがちであるということにある。別の言い方をすれば，鉱業に依存する国々は，特に決定作成と選択の幅について，特有の「国家性（stateness）」の要素を共有する。それらの国々の実際の制度が他の面では極めて異なっているにもかかわらず，である（Karl 1997：13）。

彼女が主張する資源生産国に見られる特有の「国家性」とは次のようなもの

であろう。資源生産国における，資源ブーム期の利益分配構造は，市民への納税ではなく，地中から掘り起こされる資源の生み出す富を市民に分配することによっている。そのため，市民からの分配圧力は強いものの，利益やサービスの提供への対価を支払うという市民意識が形成されない。そうした中，利益分配の決定権を握る支配者とその取り巻きを中心とした家父長主義的な傾向と利益分配構造が強化されてゆき，やがては非効率な政府雇用や拡大する一方の公共投資を縮小することが不可能になる（Karl 1997：62–65）。このような資源ブーム期の財政拡大と政治任用は，やがては資源価格の下落，あるいは資源の枯渇とともに財政破綻を迎える。彼女はこれを16〜18世紀のスペイン帝国と20世紀のベネズエラについての詳細な事例研究と，主要資源生産国の財政パターンの国際比較から明らかにした。

彼女の要点の一つ一つは，他の研究者とおおむね一致する。資源生産国は長期的には低い経済成長しか達成しない。それは政策決定において制約を受けない支配者への権力集中と，その結果としての非効率な政策によっている。そして，資源が豊かであるということが，一連の問題の引き金になっている。しかし，こうした一つ一つの要因の積み重ねが避けがたいものになるという彼女の主張は，望ましい制度によって政策上の誤りが是正されうると述べるような他の研究者とは一線を画する。彼女の言葉を借りれば，「石油国家（petro-state）は弱い巨人であり，何百ものレント・シーキングをする小人によって非効率になる」というわけである（Karl 1997：60）。

彼女の主張は，制度による矯正よりも，資源ブームが政治家や社会集団をレント・シーキングに駆り立てる特有のインセンティブ構造の方が，第一義的に重要であるというものである。この主張は，資源ブームが人々に与える影響について，極めて洞察力に富んだ見方である。しかし果たして，どこまで避けられないのだろうか。彼女の研究は，基本的に20世紀半ばから1990年代初頭までのベネズエラの発展経路を詳細に追うことで，他の選択肢があったにもかかわらず，実質的に決定しうる選択の幅が狭かったことを示す，という方法論に依拠している。彼女自身が述べるように，これは「過重決定（overdetermination）」（Karl 1997：225）という状況であり，特定の方向性に向けて作用する条件が多すぎたということにすぎない。政治家や社会集団が受けるインセンティブ構造は場合によって異なりうるのか，どこまで資源生産国の発展経路が不可避なものなのかといった点は，まだ十分には明らかになっていない。

4）利益分配要求と資源政策

資源ブーム期に起きる利益分配要求が資源政策に与える影響については，ジェフリー・サックスやジェームズ・ロビンソンといった資源の呪いに関心を持った他の研究者も関心を抱くものであった。

Robinson and Verdier（2013）は，政府機関への政治任用は不平等な社会において典型的な利益分配手法であり，しばしばイデオロギーになり代わって選挙での賭け金になることを，フォーマル・モデルを用いて理論化した。これを踏まえて Robinson, Torvik and Verdier（2014）は，資源ブーム期に資源生産国でとられる非効率な政策の代表格が，資源レントで膨れ上がった財源を用いた政治任用の肥大であると指摘した。

サックスもこの問題を指摘していた（Sachs 1989）。彼は，1940 年代のアルゼンチン，1970 年代のチリ，1980 年代のペルーとブラジルの経験から，コモディティ輸出が盛んであった時期になぜ財政拡大のバラマキ政策がとられ，その結果としてハイパーインフレに陥ったのかを問い，それを単に政策的誤りであると結論づけるのではなく，不平等な社会での政治的支持集団に対する典型的な利益分配政策であったと論じた。さらに重要な点として，彼はこのような政府への政治任用という利益分配慣行が，「制度的記憶（institutional memory）」を生み出さないことを指摘した（Sachs 1989 : 30）。日本であれば政権が変わっても大臣以下数名が代わるだけだが，猟官制の国では門番や運転手に至るまで皆が代わる。そのため，政策履行にあたっての実践知が蓄積されていかない。政治家の短期的なインセンティブに基づいた行動は，制度の基盤にも関わることが指摘された。

近年のいくつかの研究は，石油をはじめとする資源生産国で見られる特有の利益分配政策をポピュリズムだと考えている（Matsen, Natvik and Torvik 2016 ; Mazzuca 2013b）。Matsen, Natvik and Torvik（2016）は，2000 年代に台頭したベネズエラのウゴ・チャベス，イランのマハムド・アフマディネジャド，ロシアのウラディミル・プーチンといった政治リーダーを，「石油ポピュリズム（Petro populism）」と呼ぶ。石油ポピュリズムとは，天然資源の収益を過剰に使用することで政治的な支持を獲得する政治手法を指す。

Mazzuca（2013b）は，2000年代にラテンアメリカで政権を握った，ベネズエラのチャベス，ボリビアのエボ・モラレス，エクアドルのラファエル・コレアといった政治リーダーを，「レント主義ポピュリズム（rentier populism）」として理解できるという。これらの大統領は，急進左派政権としてしばしば認識されるが，実際には資源ブーム下で潤沢な国庫歳入を元手として利益分配を行う大統領と，その恩恵と引き換えに政治的支持を与える有権者との関係として理解できると主張する。

以上の研究は，資源ブーム下で政策決定者が行う選択を非効率なものと考え，それを制度によって矯正できるとする研究に比べて，より深い洞察を伴っている。資源生産国にとって望ましい政策を考える上で，資源ブームが作り出す構造的影響はより広範囲にわたると想定しているためである。

以下が本節のまとめである。長い間，多くの研究者によって，豊かな資源を有する国がとるべき政策が理論的に考察されてきた。それらは透明な財政管理，均衡財政，産業多角化に向けた戦略的な開発計画，国営企業の自律性の確保，政府と市民との間での財政運営の社会協定，環境規制を超えた資源採掘地の住民による社会ライセンス，自律的な環境保護規制や生産体制の監査機関の設立，といった理論的な政策レシピとなってきた。しかし，そうしたレシピは，実際には必ずしも達成されてこなかった。

こうしたレシピが資源ブーム期にうまくいかない理由は，社会からの分配圧力と関係があると考えられる。非効率に見える政策選択は，そうした分配圧力を受けた政策決定者が置かれた状況からすると，合理的なものかもしれない。このように理解すると，資源ブームが政策決定者や政治エリートだけでなく一般の人々にもインセンティブを及ぼすことを考えなければならなくなる。

一般の人々がどのように政治参加するかは大きなテーマであるが，本書の関心はその中でも非制度的な政治参加，すなわち抗議運動にある。次に見ていくのは，今日の社会科学において非制度的な政治参加を理解する方法は，資源ブームの影響を論じる方法とはずいぶんと異なっている，ということである。

2　非制度的な政治参加を説明する――動態的で内生的なプロセス

21世紀初頭の資源ブーム期にラテンアメリカの資源生産国で起きた抗議運動は，しばしば資源開発を停滞させた。もともと植民地時代から大量の鉱物資源が採掘されてきた同地域では，地下資源の搾取に対する歴史的な反発もあった上，20世紀後半から環境保護運動も高まり，抗議運動は資源開発に対する自然な反発であったように思われる。その一方で，前節で述べたように，資源ブーム期には利益分配要求も高まり，もし政府が分配期待を満たせなければ抗議運動へとつながることにもなった。

しかし，資源ブームによって，ただちに抗議運動が起きると考えるのは単純にすぎるだろう。本節では，今日の資源生産国で観察される非制度的な政治参加をどう説明できるかについて，先行研究を踏まえながら考えてみたい。

そもそも抗議運動が何かという問いに，一様に答えることは容易ではない。タロー（2006: 23-29）は，社会運動の定義として「エリート，敵手，当局との持続的な相互作用の中での，共通目標と社会的連帯に基づいた，集合的挑戦」を挙げている。この定義は，①集合的挑戦であること，②共通目標を追求していること，③連帯意識を有すること，④持続的なたたかいがあること，という4つの特性を持つ。本書では，このうち持続的なたたかいという点を緩和し，比較的短い間に起きるものも含めることで，本書が注目する抗議運動の定義とする。抗議運動は，特定の政策やイベントに対する即時的な反発を含むことから，持続性を強く求めることは多くの現象をこのカテゴリーから排除することになりかねないためである。

抗議運動をどのように説明できるかを考える上で，社会運動論を参照したい。McAdam, McCarthy and Zald（1996）は，社会運動を説明する理論枠組みは，動員構造，政治的機会構造，フレーミングという3つの要素に集約できるとし

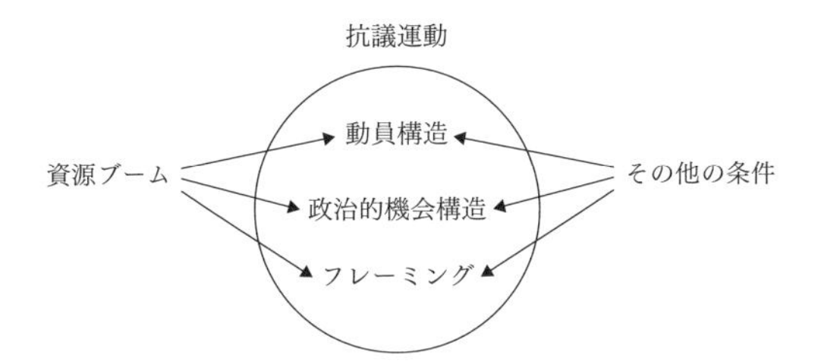

図 1-2　抗議運動の諸要素に対する資源ブームとその他の条件の影響

出所）筆者作成。

た。以下ではこれら3つの要素についてまず検討したい。これらの要素はそれぞれが資源ブームによって影響を受ける可能性があるが，当然ながら資源ブーム以外の条件にも影響される（図1-2）。以下では，各要素が，どのように資源ブームやそれ以外の条件によって影響を受けるのかを整理する。その後，このような理論枠組みに対する根本的な批判を参照しながら，抗議運動がいかに形成されるかについての認識枠組みをさらに突き詰めて考えてみる。

1）動員構造

抗議運動が形成される上で何らかの組織や資源が必要だとする立場は，「資源動員論」に端を発する。資源動員論は，集合行為を行うアクターとして合理的な個人を設定することから始まる。オルソン（1983）は，合理的な個人は集合行為によって得られる公共財を得ようとただ乗り（フリーライダー）をするという，いわゆる「集合行為問題」を提示した。仮に，複数の個人が共通目標を持っていたとしよう。それらの個人は共通目標を実現するために，集合行為を形成するかもしれない。しかし，もし自らを除く他者がその目標を実現してくれるならば，集合行為に参加する必要はなく，逆に参加することのコストが問題となるだろう。このような思考をすべての合理的個人が持つならば，結果として集合行為自体は成立しえないのではないだろうか。そのためオルソン（1983：51）は，集合行為の形成および参加にあたっての障壁が下げられることと，ただ乗りが妨げられることが必要であると論じた。

この考えに立った資源動員論の論者たちは，集合行為が形成されるためには，単に目標が共有されるだけでなく何らかの資源が動員される必要があると考えた。資源となりうるのは，社会運動組織，教会や学校，あるいはインフォーマルな友人関係といった，何らかの集合的媒体であることもあるし，運動に参加する人々が共通のアイデンティティを持つことでもよい（Friedman and McAdam 1992；McAdam, McCarthy and Zald 1996：3–4）。

このような資源動員論の考え方は，石油・天然ガス・鉱物資源が豊かであることが抗議運動の形成を容易にするという考えにもつながる。Collier and Hoeffler（2004）は，資源が生み出す利益は，単に紛争の賭け金であるだけでなく，紛争を実行する上での財源にもなるため，資源の豊かさと武力紛争との間には因果関係があると論じた。彼らはアフリカの武力紛争などを想定していたが，アジアでも，インドネシアのアチェやカリマンタンで天然資源が暴力的な紛争につながったことが指摘されてきた（Ross 2005；森下 2015）。

もっとも，この関係が常に成立するわけではない。本書の対象であるラテンアメリカでは，歴史的背景の違いから，資源ブーム期に内戦や武力紛争に向かわなかった[6]。資源動員論に関しては，しばしば短期的に利用可能な動員資源が注目されるが，社会組織や社会的紐帯といった総体的な動員構造もまた重要である。これについては，社会運動論の枠を超えるため，次節で扱うことにする。

2）政治的機会構造

資源動員論が，抗議運動の内部，すなわち参加者である個人間の戦略的相互作用に着目したのに対して，抗議運動の外部環境に着目したのが政治的機会構造（political opportunity structure）である。

政治的機会構造は，社会運動にとって集団の外にある環境的要因であり，えてして，国家の抗議運動に対する抑圧能力の度合いや，協力的な支配エリート

6）Ross（2014：134–135）はこの点を論じており，国家の独立時期が早いこと，国境画定問題の少なさ，政治動員パターンが民族紛争ではなく農民や労働者といった階級対立にあったことを挙げている。

の存在などが挙げられる。McAdam（1996：26–29）は，政治的機会構造の4つの次元として，①制度化された政治システムの相対的開放度，②政治エリートの構成の（不）安定性，③エリートとの同盟の存在・欠如，④国家による抑圧の能力と傾向，を挙げている。

政治的機会構造はそれを使用する研究者によって定義が様々であり，非常に広義の概念である。そのため，「社会運動の環境の現実的にあらゆる側面——政治制度から文化，あらゆる種類の危機，政治同盟，政策シフト——を吸い上げるスポンジのようになる危険性がある」と指摘されるほどであった（Gamson and Meyer 1996：275）。ダグ・マッカダムはこのような危惧に対し，2つの点で政治的機会構造を他の促進（抑圧）要因とは区別するべきだと主張する（McAdam 1996：25–26）。1つめには，政治システムにおける構造的変化と，その変化を解釈し運動へとフレーム化する集合的過程（collective process）との区別であり，後者は政治的機会構造には含まれないとする。2つめには，資源動員論に本来は該当するはずの，社会運動の発生や発展を条件づける「資源」とは区別されるべきというものであった。

政治的機会構造は，当初は合理的なアクターを想定した理論設計である点で資源動員論と立場をともにするものであったが，社会運動の展開とともにアクターによって機会が再解釈されたり再構成されたりすることがあると認識されるようになった（Gamson and Meyer 1996：289）。デイヴィッド・メイヤーは，政治的機会の多義性という問題について，誰にとってのどのような機会（抑圧）なのかを意識することが重要だとしている（Meyer 2002；2004）。政治的機会は運動のアクターによって認識されるものであるし，特定の問題についての機会（抑圧）であることが多いからである[7]。

近年，中央アジアのキルギスタンとウズベキスタンの抗議運動の事例について書かれた『豊かなものの武器』（Radnitz 2010）は，これらの政治的機会構造が動員構造とどう違うのか，それがいかに作用するかを示した秀作である。著者のスコット・ラドニッツによれば，経済停滞によって人々は不満を持つが，

7）やがて，この動態的な側面への関心は，「政治過程」や「紛争の政治」研究として発展することになる（McAdam, Tarrow and Tilly 2001；タロー 2006；ティリー 1984）。

それがすぐに抗議運動につながるわけではない。むしろ貧富の格差が激しい社会では，抗議運動は特定のエリートとその支持者との互酬関係を基盤として動員されるのである。ここで言う互酬関係とは，エリートが大衆に対して与える様々な経済的・社会的便益と，その対価としての政治的支持という，パトロン－クライアント関係を意味する。このようなエリートと大衆との間での経済的利益の分配システムは抗議運動への動員を可能とするメカニズムとして重要だが，これだけならば前項の動員構造によって説明できる。

ラドニッツは，そうした抗議運動がいかに拡大するかあるいは抑圧されるかを理解する上で，政権エリートと反政権エリートとの間の敵対関係（すなわち政治的機会構造）が決定的だと言う。彼は中央アジアの2カ国を比較している。キルギスタンでは，政権エリートが経済的利益を分配しなかった地方で，地方の地主や商業主といった反政権エリートが人々に経済的利益を与えることで，パトロン（親分）となった。そのため，ひとたびパトロンである反政権エリートが政治的に糾弾されると，大衆はパトロンのために立ち上がり，大規模な抗議運動を展開した。そのような地方のパトロン同士が連携することで，2005年には大統領が放逐された。それに対して，ウズベキスタンでは，大統領を中心とする政権エリートが分配できる経済的資源をすべて握っているため，抗議運動はほとんど起きないか，ただちに抑圧された。

ラドニッツの研究は，とりわけ経済格差が激しい社会で，経済的資源がどうコントロールされるかによって抗議運動に与える影響が異なることを示唆している。石油・天然ガス・鉱物資源から生み出される利益は，多くの国では国庫に直接納入され，その管理は国家エリートの掌中に握られている。そのため，国家エリートがそれほど分裂的でなければ，抗議運動の機会は限られているか，抗議運動が起きても懐柔されやすい[8)]。しかし，国家エリートの政治的支持基盤が限られていたり，利益分配が十分でなかったりすると，抗議運動が動員さ

8）North et al.（2013）は，暴力的な対立を避けるために，しばしばエリート間で経済的利益の寡占的収奪と利益分配が起きると論じた。これは，Radnitz（2010）と同じ論理である。すなわち，抗議運動が限られている理由の1つとして，国家エリートが分裂的でなく，エリートと大衆の間ではなくエリート同士の間で経済的利益が寡占的に共有されているような場合がある。

れ，拡大する可能性が高まる[9)]。

このようなエリート間関係や利益分配構造，ならびに国家による抑圧の程度といった政治的機会構造への着目は，資源の豊かさと抗議運動を単純に結びつける考え方に修正を迫る。抗議運動には，確かに組織基盤が必要であり，資源レントはインセンティブや動員資源になるかもしれない。しかし，国家エリートが寡占的収奪と抑圧的な利益分配構造を作っているならば，抗議運動が起こりにくいかもしれない。

3）フレーミング

以上の2つの要素に加えて，社会運動論では認識的要素も注目されてきた。何を事実として認識するかには様々な考え方があるが，動員構造や政治的機会構造と並列して扱われる場合には，運動の意味を伝達するための枠組み（フレーム）を付与する，という意味で「フレーミング（framing）」という用語が使われてきた（Snow and Benford 1988；McAdam, McCarthy and Zald 1996）。

例えば，次のようなことを考えてみてほしい。ラテンアメリカでは，階層社会の中で劣位に置かれた先住民層や大衆層が，経済的搾取や土地問題，生活環境の悪化などの様々な不満を抱えてきた。しかし，先住民層や大衆層が抗議運動に際して実際に用いたフレームは一様ではなかった。例えば，20世紀半ばには農民という階級的なフレームが与えられ，農民組合のもとに組織化された。それが先住民運動（movimiento indígena）というフレームで呼ばれるようになったのは1990年代以降のことである[10)]。フレームはしばしば運動を率いるリーダーによって作られることもあるし，他の運動の影響や差異化，抑圧や連帯の

9）この点は，Collier and Hoeffler（2004）でも見落とされている。これは内戦の研究であるため，アフリカなどで武装ゲリラが国家領土の一部を実効的に支配しており，そのような武装勢力が資源利益を独占的に収奪する（国庫に納入されない）状況を半ば自然視している。しかし，少し考えれば，この状況は1つの媒介変数として見直されるべきであろう。ちなみに，次章で論じるように，1980年代頃からの新自由主義期に国家機能が縮小されたことは，まさに利益分配のリンケージを欠いたがために，抗議運動が起きやすい構造であったと考えられる。

10）これらの呼称が誰によって，どのような場面で使われるかも当然ながら重要である。フレーミングという概念は，ゴッフマン（2001）等の研究を基礎としている。

可能性，資源や人員の獲得可能性などの政治的機会に鑑みて戦略的に用いられることもある（Meyer 2002 ; Snow and McAdam 2000）。その意味で，政治的機会構造と関係することもあるし，他方で運動の連帯意識を作り上げるために，動員構造と重なることもある[11]。

フレーミング論は，抗議運動を探し求める観察者に対して，当事者による意味づけを考慮に入れるべきことを示唆する。抗議運動がどのようにフレーミングされるかは，当事者によるのであり，観察者には事後的にしか認識できない。資源生産国での抗議運動は，必ずしも資源開発にダイレクトに結びつくフレームを持たないかもしれない。

4）以上の説明の限界

以上で整理した動員構造，政治的機会構造，フレーミングという3つの要素は，運動内部，外部，そして意味付与という3つの異なった側面をとらえている。しかし，これらは暗黙のうちに，目標を合理的に追求する個人を想定していると考えられる[12]。すなわち，達成されるべき共通目標や不満，動機といっ

11）宮地（2014）は，フレームに代えて，ある集団にとって「ふさわしい行動の規準」という意味で「規範（norm)」という概念を用いて，エクアドルとボリビアにおける先住民運動がどう自らの行動を意味づけたかを論じている。規範は，それだけですべてを説明するものではなく，動員構造や政治的機会構造行動も重要であるため（宮地 2014 : 17-18），本当に規範が重要かどうかを判断するためには，対抗仮説とたたかわせる必要があると言う。

12）3要素を提案したMcAdam, McCarthy and Zald（1996）は，それまでにCohen（1985）などによって指摘されてきた，いわゆるヨーロッパ的な構造主義と北米的な合理主義の違いを統合することを考えていた。またKlandermans and Tarrow（1988）やKlandermans（1992）もまた，政治的機会構造やフレーミングをより広義に理解することで，構造主義と合理主義の相克は乗り越えられると考えていた。しかし，Munck（1995）や曽良中（2004）に見られるような厳しい視点に立てば，統合は必ずしも達成されていないように思われる。本節で主張するように，その問題点は，各要素に統合の役割を果たすことを期待していることにあり，それら要素を組み合わせて動態的に理解したときに，結局どのようなプロセスとして認識できるかを問い詰めてはいなかったところにあるだろう。この考えを最初に示したのは，McAdam, Tarrow and Tilly（2001）である。彼らは以下のように述べている。「我々は2つの局面で同時にたたかわなければならない。すなわち，何を我々が説明するのかと，どのようにそれを説明するのかということである。我々の見方によれば，社会的プロセスは一連の経過と因果関係の

たものがそれぞれ所与とされ，その上での戦略や機会，フレーム選択が議論されているのである。これに対してアルベルト・メルッチは，合理性の元となるアクターの目的そのものがどこから生まれるかを問題とした（Melucci 1996）。彼の批判はこうした理論が，あくまでも事後的な解釈にすぎないことを強調するものだった。すなわち，何が成功を秘めたフレームであり，なぜそれを選ぶことが合理的かは，運動が起きた後にしかわからないのではないかという批判である。彼は次のように主張する。

> この問題は，集合行為を構造的条件として考えたり，価値・信条の表現として捉えたりすることによっては解決できない。そうではなく，集合行為とは可能性と抑制の場において展開されるところの目的的な方向性の産物である。（中略）集合行為とは，整合的な経験的現象ではない。たとえ整合性が存在していようと，それは結果として考えられるべきであって，それを出発点としてはならない。整合性を前提として考えるのではなく，説明されねばならない事実として捉えるべきである（メルッチ 1997：16）。

メルッチは集合行為を，多様な環境・目的手段を持ちながら相互交流している諸個人の間で相互作用的に共有されるに至ったもので，定義は観察者ではなく，参加者によって与えられるべきものだとする。

この見方は，必ずしも McAdam, McCarty and Zald（1996）の提示した3要素と論理的に矛盾するわけではない。たしかに集合行為とは「可能性と抑制の場」において，何らかの目的を持つものである。問題は，集合行為が観察された後でしか，何が目的でどのようなパターンをとったかが解釈できないことにある。それはなぜかと言えば，集合行為は連続的なプロセスであって，動員構造や政治的機会構造を含む「可能性と抑制」が刻々と変化し，しばしば直前に起きた集合行為や，その選択の結果としても変化しうるからであろう。そして

メカニズムの複合体とからなっている。（中略）我々はすぐに，動員が孤立したプロセスでないことに気付くだろう。それは，行為者の創出と変容，彼らの特定と否定，抑圧，急進化，新たな舞台への紛争の敷衍およびより複雑な紛争の諸軌跡への行為者の展開といった，他のメカニズムやプロセスと相互に結びついているのである」（McAdam, Tarrow, and Tilly 2001：12–13）。

刻々と変化する「可能性と抑制」に合わせて，アクターの認識・選択・意味付与もまたさらに変化する。

この点を踏まえると，実際の集合行為が動態的かつ内生的なプロセスであると認識することで，批判は乗り越えられる。要は，因果関係の積み重ねが稠密な上，内生的なフィードバックを含んでいるため，合理的予測にそぐわないのである。社会運動論が論じてきたのは，最も動態的な人々の政治行動をどう理解できるかということだが，ラテンアメリカ地域における資源ブームの影響を考える際に，抗議運動のような現象を理解しなければならない場合，このような認識論レベルでの疑問は避けられないだろう。

本節では，抗議運動を説明する上で社会運動論を参照し，動員構造，政治的機会構造，フレーミングという 3 つの要素に沿って整理した。そして最後に，こうした要素を区別できると想定したとしても，抗議運動は動態的で内生的なプロセスと考えられるため，あくまでも事後的に説明せざるをえないこと（合理的なパターンによる説明は困難なこと）を論じた。

前節と本節で述べたことを，合わせて考えてもらいたい。前節では，望ましい資源政策のためには特定の制度が必要だが，制度の形成を語るには，人々の行動，特に利益分配要求を考慮に入れなければならないと論じた。本節では，利益分配要求の 1 つの表れである抗議運動を説明するための認識枠組みについて論じたが，それは合理的なパターンとしてではなく，事後的にしか理解できないものであることを強調した。もっとも，事後的にしか理解できないというのは，合理的な予測や宿命論がふさわしくないことを意味するのであって，事後的な観察や解釈による事実理解が不可能であることを意味するわけではない。いずれにせよ，この議論を敷衍すると，資源ブーム下の資源生産国は，内生的に進行するプロセスにその運命の一部を委ねていることになる。

次節では，「資源の呪い」研究によって注目されてきた制度について，どのように認識できるかを考えたい。この点を理解すると本書のとるべき認識枠組みが明らかになるだろう。すなわち，何が望ましい資源政策かを，もし抗議運動のような人々の行動を含めて考えるならば，歴史的な産物として現れてくるものを叙述することで事後的に解釈するほかないというものである。

3　制度の社会的基礎およびその歴史的形成

「資源の呪い」についての議論は，やがて制度による矯正という考えを生んだが，その制度がそれを構築するであろう人々も含めて資源ブームの影響にさらされていることも指摘されてきた。制度とは何だろうか。近年の制度論は，制度を所与のものと考えず，その形成を問題としてきた。その基本的な考え方は，人々の行動が制度を形成するだけでなく，制度がさらに人々の行動を規定するという内生的な循環プロセスであった[13)]。

本節の主張を先取りすると，制度あるいは国家の形成を論じてきた研究の多くは，歴史的な産物としてそれらを語ってきたと言える。「歴史的な産物である」と言う場合，それには2つの意味がある[14)]。1つの意味は，長期的な歴史が次第に蓄積効果やフィードバック効果でもって後に起こることを規定していく，ということである[15)]。もう1つの意味は，因果関係によってすべてが説明されえない部分（事後的に叙述するほかない部分）が常に存在するということである[16)]。国家や制度の形成を論じる研究者は，これら2つの解釈についてそれ

13）このような考えは，いわゆる合理的選択論の立場からも，歴史的制度論の立場からも認められてきた（Thelen and Steinmo 1992；Shepsle 1983）。しかし，そのような制度が人々の行動の均衡として考えられるようなものなのか，言い換えるならば，相互行為の機能的な帰結として理解できるかどうかについては議論がある（Thelen 1999；Moe 2006）。

14）ここでは2つの意味のどちらか1つが正しいことを主張するわけではない。前者は因果関係を解き明かしたい研究者に，後者は歴史叙述を行う研究者に特徴的だが，歴史性をどう考えるかは今日でも明解になっているとは思えないし，この議論を突き詰めて行うことは本書の能力を超えるものでもある。前者に属する理論研究の発展とその意義をうまく整理した研究として，ピアソン（2010）がある。他方で，ポパー（2013）は社会現象のうちとりわけ人間が関わる部分をすべて予見可能なパターンに回収することがなぜできないかを論じている。

15）ラテンアメリカを対象として，このような因果関係のパターンを論じた研究のうち代表的なものとして Collier and Collier（1991）や Mahoney（2010）がある。

16）ラテンアメリカの国家建設を扱った Centeno（2002：279）は，次のように述べている。「国家形成のようなプロセスを説明する必要条件と十分条件について語ることは，実証主義の傲慢（hubris）だろう。我々の任務は，前提条件のリストを特定することではなく，特定の社会構造という条件とそれが生み出す様々な帰結について，体系的な分析

ぞれ論じることはあったものの，それがいったい何を意味するかを明確にすることなく制度を語ってきた。本節ではこの点を明確にしたい。

本節で制度形成が歴史的な産物であるということを確認したい理由は，資源生産国にとっての制度形成の意味を考えるためであって，それ以上のものではない。ここで主張したいのは，制度形成は複雑で内生的なプロセスとして理解するべきであって，機能的なパターンや少数の変数の組み合わせに還元して理解することは，事実理解にとってあまり有益ではないということである。もし機能的な方法で理解できるならば，資源ブーム下での資源生産国にとって望ましい帰結を生み出す制度は，外部者によってデザインされ，構築できるだろう。しかし，実際にはそのような認識枠組みを採用することは困難である。おそらく，資源ブーム下の資源生産国で起きることは，事後的に叙述するほかない部分を多分に含んでいる。以下では，なぜこのような事後的な解釈と叙述が避けられないのかを示すために，制度あるいは国家建設について扱った先行研究を見ていく。

望ましい制度がどのように作られるかについては，「資源の呪い」研究に限らず，多方面で議論されてきた。もっとも，望ましい制度やその能力とは何を指すのか，あるいはどのようにそれを測定できるかについて研究者の間にコンセンサスがあるわけでないことを初めに断っておきたい[17]。そのため，以下で

を行うことである。そのような分析は，モデル構築を魅惑的に思う専門家に対しては欲求不満を引き起こすだろうが，今日の生についての歴史的な経路の理解と，歴史上観察されるパターンの豊かな概念化を生み出すだろう」。

17）いくつかの研究は，制度の能力を測定しようとしてきたが，それには批判が向けられてきた（Enriquez and Centeno 2012；Kurtz and Schrank 2007a；2007b；2012；Kaufman, Kraay and Mastruzzi 2007a；2007b；Levitsky and Murillo 2009）。批判は，どの分野の制度能力を語るかによって意味が全く異なりうること，制度能力が短期的にではなく長期的な効果として理解しうることなどに向けられている。また，批判の一部は，制度指標がしばしば有識者や市民の主観的認識から作成されていることに向けられており，そのような主観的認識がどう作られるのかという疑問につながる。主観的認識の利点は，短期的なエピソードによって評価が変わるものではないこと（もし仮にスキャンダラスな汚職事件が日本で起きても，それが直ちに日本の制度能力についての評価を急落させるわけではない）にあるが，そうすると，長期的に構築される制度能力を評価していることになる。もしそうならば，各国ごとの長期的なプロセスが重要となるため，国家間比較のための単一指標を求める作業にとっては障害となるだろう。

は何が具体的に望ましい制度として語られているかは脇に置いて，どのように望ましい制度の形成が考えられてきたかを扱う。結論を先取りすると，上で述べたように，制度は歴史的な産物として考えられてきた，というのが本節の主張である。

国家建設について，まず注目されたのは対外戦争であった（Hui 2005 ; Tilly 1985 ; 1992 ; Centeno 2002）。Tilly（1985）は，ヨーロッパにおける集権的な近代国家の形成は，外的なアナーキー状態に対する国家君主による内的な庇護，すなわち戦争遂行の必要性によって作られたと論じた。さらに戦争遂行のための徴税能力の向上は，強力な国家制度を作り上げる上での重要な要素であった。

戦争遂行に関連して，市民に対する徴税能力と，その対価としての公共サービスの提供という経済的な論理も，国家建設についての古典的な議論である。ただし，この論理を細かく見るといくつかのバリエーションがある。まず納税と利益分配の循環構造が作られるプロセスという見方は，コスト・ベネフィットの対応関係が論理的にわかりやすく，経済学者を中心に広く受け入れられてきた[18]。このような経済的な要素への着目は，資源ブーム期の資源生産国で，まさにこの循環構造が脆弱になるがゆえに，「資源の呪い」の議論と密接に関係するものとされてきた。資源ブーム期に，天然資源から膨大な経済的利益を得られる国では，様々な公共サービスを提供する上で市民の納税に頼らなくてもよいため，翻っては財政支出の非効率性や透明性の欠如をもたらし，国家制度の弱体化につながるというわけである（アシャー 1999 ; コリアー 2012）。

このような経済的要素に着目する見方に対して近年では，それだけでは説明がつかないことを強調する形で，国家エリート間の連合形成や，社会勢力とのリンケージを重視する研究が現れてきた[19]（Saylor 2014 ; Kurtz 2009）。Saylor（2014）は，資源ブーム期のラテンアメリカとアフリカの計6カ国の政策決定

18）Acemoglu and Robinson（2006 : 19-22）は，経済以外の要素が重要であったとしても，経済的な利益分配と権力付与の循環構造は依然として有意であり続けると力説している。

19）Vu（2010）のように経済的な要素をほとんど全く捨象してしまう研究もあるが，ここでの議論にとっては，経済的な要素がなぜそれだけで十分な説明力を持たないかを示す研究の方が意義深い。

構造を比較し，資源部門に結びついた輸出志向のエリートが強い影響力を持った場合と，そうでなかった場合とで，財政支出に違いが見られたことを指摘した。また Kurtz（2009）は，類似の背景を持つペルーとチリを比較して，戦争や資源の豊かさといった従来の仮説ではなく，エリート間の連合と，農業部門の支配構造こそが重要であると主張した。ペルーでは，農業部門が極めて抑圧的であっただけでなく，地方に政治改革に反対する有力なエリートが存在した。逆にチリではそのような要素がなかったため，1世紀半の間に両国は行政能力の点で全く異なった状況に至ったと言うのである。

以上の研究が主にエリート間の関係に着目する一方で，むしろ社会構造的な要因が制度パフォーマンスにとって重要だと指摘する研究もある。その中で金字塔的な研究は，パットナム（2001）だろう。彼は，イタリアの地方政府ごとの制度パフォーマンスの違いを説明する上で，その問題の核心が集合行為問題にあるととらえ，互酬性の規範と市民的積極参加のネットワーク，すなわち「社会関係資本（social capital）」こそが解決の鍵を握ると論じた。

政治的・社会的な要素が望ましい制度の形成や制度の能力にとって重要だと主張するこれらの研究は，そうした政治的・社会的な要素の形成を，歴史的な産物だとみなす傾向がある。例えばパットナム（2001：225）は，「社会的文脈と歴史は制度の有効性を深い所で条件づける」と言う。また Easterly, Ritzen and Woolcock（2006：116）も，所得格差や民族分裂度といった「社会統合」にまつわる社会構造的要因が制度の質に影響を与え，経済成長に影響していることを計量分析によって検証した。彼らも，そうした「社会統合」はいくつかの歴史的な偶然によって作られると述べた[20)]。

制度がいかに形成されるかを理解する上で，因果関係についての合理的なモデルを考えてそれを検証するべきなのか，あるいは人々のやりとりの結果作られる歴史的産物と考えてそれを叙述するべきなのかは，重要な違いである。すでに明らかなとおり，本書では後者の考えに立つ。

Ostrom（1990）の古典的な研究は，このような制度形成にまつわる問題を扱

20）彼らは，ラテンアメリカの経済的不平等の形成について論じた Sokoloff and Engerman（2000）等を参考にしている。

う研究者の認識枠組みについて，重要な提言をしている。彼女は，有限資源の持続可能な利用と管理について，監視と制裁の強制力を持った国家や，私的所有権によって権利責任の明確化をはかる市場といった解決ではなく，ローカル・レベルで人々が互いの合意の下で共同管理する可能性，そしてそれが成功する可能性があることを見出している。

彼女の研究は，「コモンズの悲劇（tragedy of commons）」や「囚人のジレンマ（prisoner's dilemma）」，「集合行為問題（collective action problem）」といった合理的個人を想定したモデルを批判し，それらモデルが説明できないような事例が現実に存在することを明らかにしただけでなく，人々がどのように実際にやり繰りしているかを経験的に学ぶことが重要であると主張した（Ostrom 1990：2–23）。彼女の主張の面白い点は，少なくとも現時点では，制度形成にとって実際に重要となっている要因を明らかにする上で，合理的個人を想定した因果モデルよりも，事例を事後的に観察して有意な含意を導出する方が有益であり，多くを学ぶことができることを，研究全体を通じて示したことにある。もっとも将来的に，制度形成についての応用可能で高い説明力を持つ精緻化されたモデルが登場する可能性は否定できない。しかし現時点では，そこまでの手がかりがつかめておらず，モデルの構成要素を見つけようとする試みが続けられていると言える。そうならば，人々の行動によって作られる制度を「歴史の産物」と考え，事後的に観察することで一定のパターンを見出すことは有効である[21)]。

このような認識枠組みは，前節で抗議運動を説明する際に，移ろいゆく可能性と制約のもとで人々の間の相互作用が繰り返される，動態的で内生的なプロセスとしてとらえるべきと指摘したことと関係する。制度形成について，政治的・社会的な要素が重要であり，それは抗議運動を含めて人々の集合行為によって構成されていると考えるべきであり，一般的な原因と結果を特定するよ

21）このような見方に対して，最も重要な要因だけを明らかにすればよい，という考えに立ち，合理的個人を想定した因果関係のモデルはまさにその点を探究するものだ，と主張する人もいるかもしれない。それに対しては，制度能力の因果効果についての検証にすでに多くの批判が投げかけられていること（注17参照），そして制度が人々の行動の相互作用によって，内生的に形成されるものであること（したがって，「最も重要な要因」だけを測定することが事実上困難である）を再強調しておきたい。

りも，事後的にその特性を理解することで多くが得られる，と考えられる。

おわりに

本章では，資源ブーム下の抗議運動を理解するのに必要な認識枠組みを明らかにしてきた。ここで論じたのは，「資源の呪い」研究と社会運動論が1980年代以降に達成してきた理論蓄積のまとめとそれに対する認識論的な考察と批判である。そうした作業を通じて，本書の認識枠組みを整理した。

「資源の呪い」研究が主張したのは，第一に資源生産国が何らかの共通する影響を被っていること，そして第二にそれは長期的な経済発展にとってネガティブな影響であることであった。そのネガティブな影響を構成するものには，人々の利益分配要求が主としてあり，それに対する対処としてしばしば制度が持ち出されてきたものの，それらもまた資源ブームによって影響を受けることが指摘されてきた。資源生産国の人々は確かに資源ブームによって影響を受けており，それは短期的には合理的な反応とすら考えられるのだが，長期的には望ましいとは言えない，と考えられてきた。

それに対して，抗議運動のような人々の行動についてどのように理解できるかを整理すると，そこでの認識枠組みは，多様で移ろいゆく「可能性と制約」のもとで選択を行い，さらにそれが人々の認識と次なる選択の条件となる「可能性と制約」を形成するというフィードバックを含んだ，内生的で動態的なプロセスというものだった。その含意は，観察者の視点からすると，事後的にしか解釈できない部分を含むということである。

以上をまとめると，まず残念ながら現時点では，望ましい資源政策についての一般的な解答を与えることは難しいと言える。しかし，いったんこの点を認めるならば，資源ブーム下の資源生産国で人々がどのように振る舞ったかを具体的に観察し，何らかのパターンを見出そうとすることの意義は極めて大きいこともわかる。「資源の呪い」研究が示した悲観論に対して，ある部分において，人々の実際の行動を見てみるべき，という希望を見出すことができる。このような作業こそ，今日の課題である。

本章では，他の研究がそれほど明示的にしてこなかった認識枠組みをまとめた[22]。「資源の呪い」はえてして宿命論に傾きがちだが，社会科学を実証的に行うものは，自らの認識枠組みに慎重でなければならないだろう。事後的な解釈から今日の課題をあぶり出すこと，これが本書のスタンスである。

22) 本書のような認識枠組みに立つものとして，例えば Haley（2004）がある。彼女は，米アラスカ州とエクアドルの石油開発プロジェクトにおいて，それぞれの地域に居住する先住民がどれだけ石油開発から利益を享受できたかを比較した。その上で先住民組織が，集合的な意思決定を行う十分な能力を有しているか，明確な所有権を持っているか，自らの持つ権利についての有効な紛争調停メカニズムを有しているか，政治的リーダーシップの経験があるか，といった条件が重要であるとした。そして Haley（2004：19）は，そのような違いは歴史的な産物であると述べた。

第2章

ラテンアメリカにおける資源開発と政治参加

はじめに

ラテンアメリカにおいて，資源開発や抗議運動は何を意味するのだろうか，本章では，近年にラテンアメリカ諸国が経験した資源開発，およびこの時期に起きた政治参加や抗議運動といった現象の一般的性質について，この地域のコンテクストにおいてひもといていく。

第1節では，資源開発の歴史的背景を見る。植民地期に始まる資源の収奪から20世紀に開発国家へと至った背景を概観した後，1990年代に導入された新自由主義改革から，いかにして2000年代に資源ブームへと至ったかを確認する。第2節では，ラテンアメリカにおける資源ブームの影響として，2000年代の左派政権による利益分配政策と石油・天然ガス部門の「国有化」政策に着目する。第3節では，今日の抗議運動につながる非制度的な政治参加について概観する。多くの人々が制度的な決定から排除されてきたラテンアメリカ地域で政治参加がどのようなものであったかを示し，その上で，本書後半で取り上げるペルーとボリビアの抗議運動について説明する。最後に，未だ明らかになっていない点を指摘する。

1 背　景

1）資源の収奪から開発国家へ

ラテンアメリカの植民地化は，金銀の採掘と切り離せないものだった。16世紀に今日の中南米に到達したヨーロッパ人は，この大陸に存在した豊富な金銀に目をつけ，植民地化を推し進めた[1)]。15世紀末にコロンブスがカリブ海のサン・サルバドル島に上陸してから半世紀後の1545年，現在のボリビアに位置するポトシ（Potosí）で銀山が発見された。この銀山は，豊かな丘を意味する「セロ・リコ（Cerro Rico）」と呼ばれ，16〜18世紀の植民地経営の中心となった。

銀山発見と同時にポトシの街が築かれた[2)]。当時の鉱山は人力作業であり，「ミタ（Mita）」と呼ばれる先住民の強制労働によっていた。ポトシの人口のかなりの部分は強制労働の先住民によって占められていた。植民地経営は豊かな銀鉱脈だけでなく，アンデス地域を中心とした先住民に対する支配と強制徴用によって可能となっていた。

有名なポトシ銀山のほかにも，中南米大陸は豊かな資源を提供した。植民地期に鉱業が現在のペルー，ボリビア，メキシコで盛んであったのは，前述したように多数の先住民層を強制的に徴用できたからだった。その他にも，コーヒー，バナナ，ゴム，農牧産品，木材，硝酸など，多様な物品が産出され，その労働力は先住民や奴隷，移民によって補われた。鉱物資源への依存度が高かったのは，現在のメキシコ，コロンビア，ボリビア，ペルー，チリといった地方だった。ラテンアメリカ諸国が独立する頃，ボリビアでは錫と銀が全輸出額の76.6％，チリでは硝石と銅が78.3％，メキシコでは銀と銅が40.6％，ペ

1）工業に用いられる鉄・銅・錫・亜鉛といったベースメタルは18世紀以降に産業革命が起こって後に需要が高まったが，金銀ははるか昔から通貨鋳造に用いられた。中南米大陸起源の金銀は同地域を支配したスペインにとって重要な資源となった。

2）ポトシ市は，1650年の登録によれば16万人が居住する世界的大都市だったとされる（Espinoza 2010：18)。ポトシ銀山の経営と貿易については真鍋（2011；2012）が詳しい。

ルーでは銅が22％，コロンビアでは金が20.4％を占めていた（バルマー=トーマス2001：49）。

ペルーを例外として，こうした国々は独立直後の時点で鉱物資源の輸出が経済の多くの部分を占め，しばしば産業の多角化すらもそうした輸出産業の促進から生み出される原資をあてにしていた。もっとも，産業の多角化に成功したのはごく限られた例のみであった。また，単一の輸出産品に極めて高い依存度を有していたため，国際価格の変動に対して極めて脆弱であった。好況の時期もないわけではなかった。20世紀初頭の第一次世界大戦直後に訪れた価格下落にあって，多くの国は一次産品輸出を積極的に促進し，外資企業の誘致に励んだ。この戦略は1930年代以降に金銀価格が上昇すると，鉱業生産国に恩恵をもたらした（バルマー=トーマス2001：176）。さらに，鉱物資源への依存度が強かった国では，独立以降，経済活動に占める民間資本の力が大きく，長い間その政治力を削ぐことができなかったため，20世紀半ば以降に国有化改革が断行される背景となった（バルマー=トーマス2001：275–277）。

貴金属やベースメタルの需要が比較的早い時期からあったのに対して，石油の需要が高まったのは20世紀に入ってからだった。よく知られるように，石油部門は当初から国家管理が積極的に推進された。石油が最も重要な産品となったのはベネズエラとメキシコであり，それにエクアドルとボリビアが続いた。ブラジルとアルゼンチンはごく最近になってから石油・天然ガス・シェールオイルが注目を集めた例である。またチリやコスタリカといった非生産国であっても，石油精製・販売は国営会社のもとに置かれた。しかし，域内の政策傾向は決して一様であったわけではない。石油・天然ガス部門で見られた「国有化」政策については，第2節で詳しく見ることにする。

石油・天然ガス・鉱物資源，それに農牧産品といった一次産品輸出を中心とした経済は，20世紀前半までは多くの収益をもたらし，ベネズエラやアルゼンチンは米国にも引けを取らない経済発展度を見せていた。しかし，その後20世紀半ばになって資源価格が停滞し，工業化が目立った成功を見せなくなると，一次産品輸出国は先進工業国に対して長期的に交易条件が悪化するとの「従属論（dependency theory）」が現れた。鉱業などの一次産品輸出に依存する経済では，鉱山と輸送路，そして輸出のための港湾といった「飛び地」だけに資本が投下されるという批判（Burns 1983）や，海外資本と結託した国内資本は資本を蓄積するも，その他の国内資本や労働者は劣位に置かれ，結果として国内の経済的不平等が進展するとの批判も現れた（カルドーゾ／ファレット 2012)。こうした背景から，多くのラテンアメリカ諸国は1950年代頃より国家が経済運営に積極的に介入する，いわゆる開発国家の時代を迎えることになる。

1950年代以降になると，従属論や国際連合ラテンアメリカ・カリブ経済委員会（CEPAL）の影響を受けて，輸入代替工業化政策がとられるようになった。すでに工業基盤を蓄積していたアルゼンチン，ブラジル，チリ，コロンビア，メキシコ，ウルグアイといった国々では製造業を中心とした自国産業の育成が試みられ，関税引き上げ，複数為替相場制，輸入割当や一時的な輸入禁止が導入された（バルマー=トーマス 2001：221–230)。あるいは国営企業を設立する一方で技術獲得のために外資誘致を行った例もあった。

輸入代替工業化政策の問題の1つは，保護された市場そのものが生み出す国際競争力の弱さであり，結果として輸出収入が欠如する中で中間財および資本財を輸入しなければならないことによる国際収支の悪化が生じた[3)]（バルマー=トーマス 2001：228–229)。1960年代以降になると，ブラジルやメキシコといった域内大国は必然的に輸出促進に転換した（バルマー=トーマス 2001：257–258)。

このような国家主導の工業化政策がいくつかの国でとられたものの，工業化に舵を切らなかった国も多かった。ボリビア，エクアドル，ベネズエラといった国々は，一時的にあるいは極めて限定的な範囲で輸入代替工業化政策を行ったものの，石油・錫・銅といった伝統的な一次産品輸出への依存が続き，工業化などの開発政策は補完的な役割しか果たさなかった（バルマー=トーマス 2001：269–275)。ベネズエラとエクアドルは石油（後者の場合はバナナも）への依存が強く，ボリビアは19世紀から1970年代までは錫，その後は天然ガスが

3）CEPALは国際競争力を獲得する難しさを認識しており，ラテンアメリカの域内統合を進めることでこの問題に対処することを提案し，実行にも移されたが，実を結んだとは言いがたい。各国の基礎条件と政策志向に違いがあったのが1つの原因である（バルマー=トーマス 2001：236–243)。

主要輸出産品だった。ペルーは早い時期から銅のような鉱物資源への輸出依存度を20％程度に落とし，漁業や農産品などの産業多角化が進んだが，1940年代の改革が実を結ばず，一次産品輸出が続いた。

輸入代替工業化から輸出促進に進んだ場合も，石油・天然ガス・鉱物資源への依存が継続した場合も，国家が何らかの形で経済活動に介入することが期待された。そうした動きは，20世紀前半から半ばにかけて，労働運動の高まりと政党政治が萌芽し，利益分配政策に対する期待が高まったことと無縁ではないだろう（Collier and Collier 1991）。しかし，外貨不足や資源価格の変動に翻弄される中で政府借入が増加すると，それに中東の石油危機後に流動性が高まったユーロ・ダラーが流れ込み，1980年代には債務危機を迎えることになった（バルマー=トーマス 2001：281-286）。債務危機はいくつかの国でハイパーインフレを伴う深刻な経済危機へと結びつき，「失われた10年」と言われたように，1980年代のラテンアメリカ諸国は深刻な経済不況に陥った。それに対する改革が，1980年代後半から導入されたいわゆる新自由主義改革であった。

2）新自由主義改革から資源ブームへ

経済危機の後に導入された新自由主義改革は，為替切り下げや緊縮財政といったマクロ経済安定化政策と，貿易自由化，投資自由化，国営企業の民営化，その他規制緩和などの構造調整とからなっていた。前者は，ハイパーインフレに対する緊急措置であり，アルゼンチンやブラジルでは為替アンカー政策が実施され，ボリビアやペルーなどではショック療法が実施された。それに対して後者は，世界銀行や国際通貨基金（IMF）などの国際金融機関によって，重債務国に対する財政融資の条件としてまとめられた，「ワシントン・コンセンサス」と呼ばれる政策提言に沿うものだった。1980年代後半以降に主流となるこの経済改革は，関税率や貿易規制を撤廃し，資本移動も自由化することに加え，国家介入を最小限にすることで，経済を市場原理に委ねるという考えによっていた。

しかし，新自由主義改革は，1990年代が終わって21世紀に入っても目立った成果は上げなかった。新自由主義の構造調整は，国家の役割を縮小させるものであったため，多くの国営企業は解体されて労働者は解雇され，産業への補助金はかなりの部分において廃止された。自由化された競争的な環境において，外国投資を優遇するために減税が導入されたが，税収が伸びずに債務負担は深刻なままで，その結果として市民への公共サービスが値上げされたり，増税が導入されたりした。フォーマル部門の労働者が減少し，多くの国でインフォーマル労働の割合が高まった。経済的不平等は悪化し，貧困率は改善しなかった。2003年にオリバー・ウィリアムソンらは，『ワシントン・コンセンサスの後』という著書で，いくつかの問題点を認めている。彼らによれば，①資本移動の自由化が短期資本の流出に起因する通貨危機を各国で引き起こしたこと，②構造調整改革は実施されなかったか不完全であって，実際には労働市場のインフォーマル化や成長の基盤となる制度の弱さが顕著だったこと，③所得分配による公平さの達成が顧みられなかったことが問題だった（Kuczynski and Williamson 2003：2–7）。

『ワシントン・コンセンサスの後』がちょうど出版された2003年頃から，資源ブームが始まった。そして資源ブームのおかげで，それまで債務に苦しんでいた国々は息を吹き返し，およそ10年にわたって好況が続くとともに，貧困率やジニ係数といった社会経済指標が目立って改善していった。

まず，新自由主義の構造調整改革は外資誘致を目的としていたが，その目的どおりに構造調整は進み，民営化を断行した国に実際に外資が流入したことを確認したい。図2–1は，ラテンアメリカ諸国の1990〜2009年の構造調整改革の進展について，Lora（2012）の指標を参照したものである。この指標は，貿易，金融自由化，税制，民営化，労働法制という5つの指標を合成して作られており，構造調整が進むほど高い値をとる。図2–1からは，ほとんどの国で構造調整改革が漸進的に進んできたことが見てとれる。

こうした構造調整は，資源ブーム以前から，ラテンアメリカの資源生産国に多額の外資流入をもたらした。図2–2は，1980〜2011年にラテンアメリカ地域に流入した外国直接投資の総額を示したものである。この図から，1990年代後半と2000年代後半に外国直接投資の流入のピークがあったことがわかる。

外国直接投資は一次産品産業，製造業，サービス業などに分けられるが，一

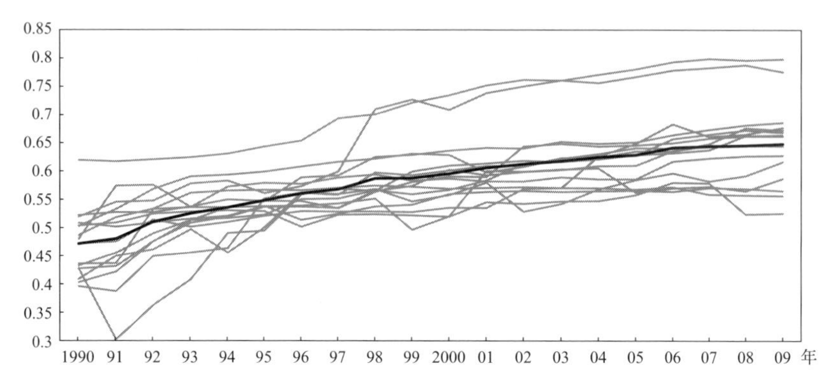

図 2-1　ラテンアメリカ諸国の構造調整改革の変化（1990～2009 年）

出所）Lora（2012）より筆者作成。
注）太線は平均値。薄い線はアルゼンチン，ボリビア，ブラジル，チリ，コロンビア，コスタリカ，エクアドル，エルサルバドル，グアテマラ，ホンデュラス，メキシコ，ニカラグア，パラグアイ，ペルー，ウルグアイ，ベネズエラの指標。

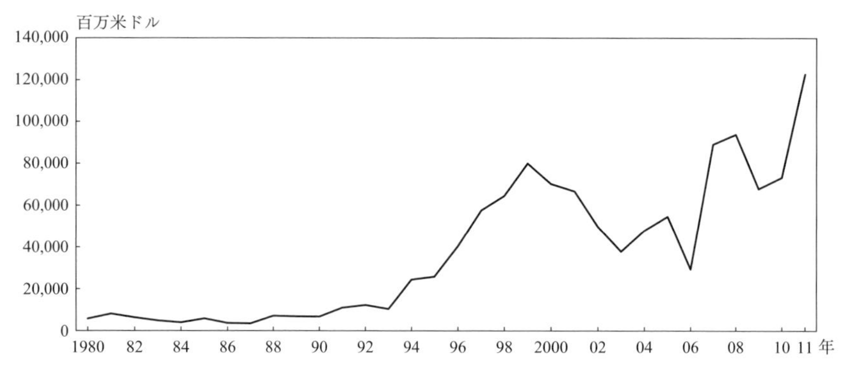

図 2-2　ラテンアメリカ諸国への外国直接投資の流入額（1980～2011 年）

出所）CEPAL（2012）を参照し，筆者作成。
注）アルゼンチン，ボリビア，ブラジル，チリ，コロンビア，コスタリカ，エクアドル，エルサルバドル，グアテマラ，ハイチ，メキシコ，パナマ，パラグアイ，ペルー，ドミニカ共和国，ウルグアイ，ベネズエラへの投資流入額の合計値。

次産品産業に流れ込んだものは，その多くが石油・天然ガス部門と鉱業部門に向けられていた。1990 年代の投資流入の多くは，構造調整改革，とりわけ国営企業の民営化と新規投資を優遇する制度を導入したことの即時的効果だった。

ラテンアメリカは1990〜2001年に世界で最も多くの鉱山資源投資を受け入れた地域であることが知られている[4]（Bridge 2004）。実際，1999年にはアルゼンチンだけでその年のラテンアメリカ地域全体の外国直接投資総額の約28％を占める220億ドル超の投資を受け入れたが，これは国営石油公社（Yacimiento Petrolífero Fiscal：YPF）の民営化によるものだった（Ferraz, Mortimore and Tavares 2011：445）。また1998〜2002年にボリビアに流入した総額40億ドル超の投資は，同国のGDP（国内総生産）に比して際立って多かったが，これは規制緩和された天然ガス部門に対するものであった（Pacheco 2009）。また1994，1996年にはそれぞれ30億ドル超ずつの投資がペルーに流れたが，これも同時期に導入された鉱山への投資促進政策にひきつけられたものだった（Campodónico 1999）。

それに対して2000年代の投資流入は，石油・天然ガス・鉱物資源価格の高騰を踏まえたもので，同時期の著しい経済状況の好転をけん引した。おおむね2003年頃を境に資源価格は急上昇を見せ，2010年代初頭まで高価格で推移した。その結果，2002〜06年に，ラテンアメリカ地域で最も多くの石油・天然ガス・鉱物資源を産出するアルゼンチン，ボリビア，チリ，コロンビア，メキシコ，ペルー，ベネズエラといった国々は，資源価格の高騰を受けて著しい経済成長を遂げたのである（Pérez and Vernengo 2008）。メキシコ通貨危機などが原因で不況を経験した1998〜2002年にラテンアメリカ諸国の平均GDP成長率が1〜3％であったのに対して，2003〜07年には3〜6％を記録した[5]。後述するように，この時期には債務サービスが改善し，税収も増加した。すべてが資源ブームによるわけではないが，実際にいくつかの国では，所得不平等を表すジニ係数や社会指標も改善した（Gasparini and Lustig 2011）。

4）グローバル世界の鉱山開発は，依然として欧米の多国籍企業が主力である。2005年時点での石油・天然ガス・鉱業部門での国外投資ストックにおいて，2億ドル以上を有するのは欧米6カ国（英，オランダ，ノルウェー，イタリア，米，カナダ）のみで，この6カ国だけで全世界の約87.5％を占める（UNCTAD 2007：239）。また，鉱物生産企業の上位25社のうち，国家が50％以上の資本出資率を占めるのは3社（チリ，ロシア，ボツワナ）のみである（UNCTAD 2007：109）。

5）世界銀行データにもとづいて筆者計算。

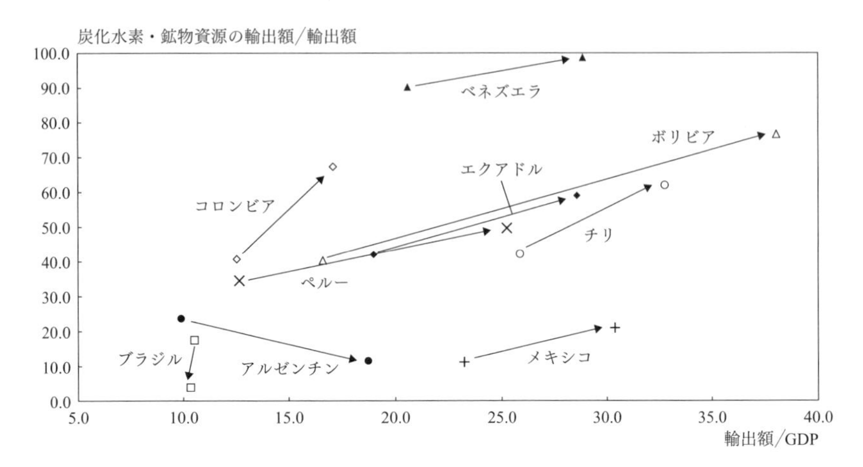

図 2-3　ラテンアメリカ主要国の資源依存度の変化（2001 年と 2011 年の数値）

出所）筆者作成（GDP は CEPAL，輸出額は WTO trademap より）。

2000 年代を通じて，資源生産国の多くで資源部門への依存度が顕著になったのも確かだった。図 2-3 は，ラテンアメリカの主要資源産出国について，2001 年を 2011 年と比べた時に，どの程度資源依存が高まったかを示したものである。縦軸に石油・天然ガス・鉱物資源の輸出額が全輸出額に占めるシェアを，横軸に全輸出額の対 GDP 比をとっている。一見してわかるように，ブラジルとアルゼンチンを除く資源産出国の値は，総じて左下から右上へと移動している。これは，輸出額の GDP 比が増加したこと，その増加のうち石油・天然ガス・鉱物資源の割合が多くを占めたことを物語っている。2011 年には，ベネズエラ，ボリビア，コロンビア，エクアドル，チリ，ペルーでは，石油・天然ガス・鉱物資源輸出が全輸出の半分以上を占めるようになっていた。

新自由主義の構造調整改革によって投資が流入し，その後に資源好況を迎えたのは確かである。しかしこれは結果論であって，資源価格の変動は，1970 年代は中東の石油危機，2000 年代は中国をはじめとする新興経済による需要増を主因としており，ラテンアメリカ諸国にとっては外生的要因であったことを忘れてはならない。いわば新自由主義は国家介入を縮小させて市場原理に委ねたのであって，21 世紀のラテンアメリカの資源生産国は，20 世紀の初頭までに見られた一次産品輸出経済へと回帰したにすぎないとも言える。そのため，資源価格の高騰がなければ，経済の好転は望みがたい状況だった。2003年時点でウィリアムソンらが悲観していたことを思えば，この資源ブームが「不測の事態」だったことがわかる。

因果関係を考える上でもう1つ重要なのは，資源ブームのさなかに人々がとった行動である。前章で論じた認識枠組みを踏まえると，資源ブームが経済現象に及ぼす影響だけでなく，人々の行動に及ぼす影響も考えなければならない。人々の行動もまた巡りめぐって，資源政策や経済パフォーマンスに影響を与えるからである。事実，資源ブームは単に経済状況を好転させただけではなかった。次節では，資源ブームの別の影響として，左派政権と利益分配政策，生産体制や税制などにおける政策変化を取り上げる。

2　政権と資源政策

1）資源レントと左派政権

資源ブームが到来した2000年代に，ラテンアメリカ諸国では左派政権が誕生した。図2-4で示されるように，2006年頃を境として左派政権が増加し，ラテンアメリカの「左傾化」として注目された（Schamis 2006；Castañeda 2006；Arnson and Perales 2007；遅野井・宇佐見 2008；Cameron and Hershberg 2010；Levitsky and Roberts 2011a；2011b）。これらの左派政権は，かなりの長期間にわたって政権を握ることになった。

左派政権の増加はなぜ起きたのだろうか。そして，このような政権を担う政治エリートの交代は，資源ブームとどのように関係するのであろうか。すでにこの現象については多くの先行研究があり，検証作業も進んでいるので，以下ではそれらを整理することにしたい。

2006年に，ホルヘ・カスタニェダが，左派政権の増加といっても一様ではないと論じたことはよく知られている（Castañeda 2006）。冷戦後に左右のイデオロギーはラテンアメリカで再検討を余儀なくされ，様々な形で政党や政治思

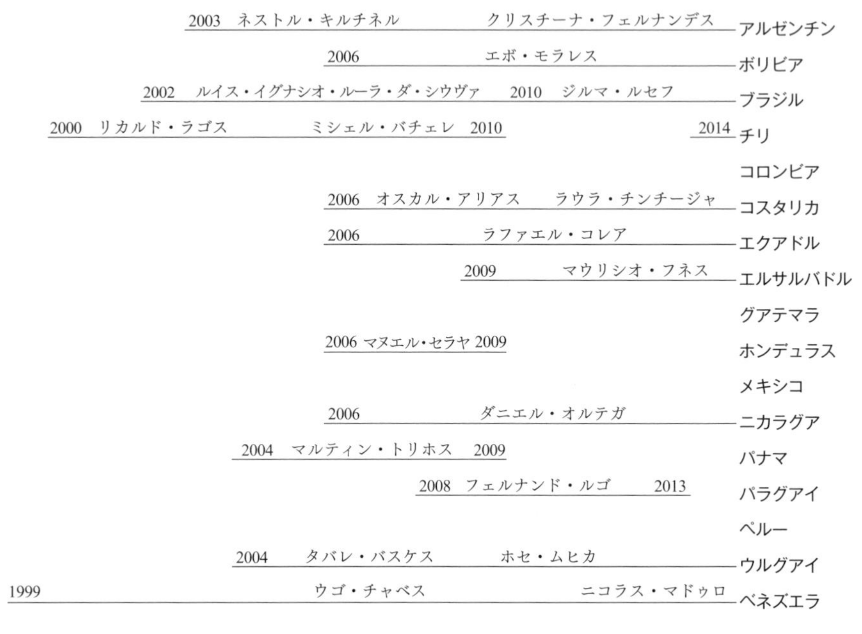

図 2-4　ラテンアメリカ諸国の左派政権

出所）筆者作成。
注）左派政権かどうかは，Murillo, Oliveros and Vaishnav（2011）にならい，実行された政策によって判別している。

想，社会組織の再編へとつながった（Castañeda 1994；大串 1995）。そのため，その後の 2000 年代に誕生した左派政権が，リーダー，イデオロギー，政策といった様々な点で多様性を有するのは自然であった。

カスタニェダはじめ多くの研究者が直観的に感じていて，しばしば明示されたのは，2000 年代のラテンアメリカの左派政権には 2 つのグループがある，ということだった。1 つめは，ベネズエラのウゴ・チャベス，エクアドルのラファエル・コレア，ボリビアのエボ・モラレスらで，これらの大統領は旧来の政党や政権に対するアウトサイダーとして名乗りをあげ，貧しい大衆に恩恵を与える政策を訴えるカリスマ的な個人として選挙に勝利した。こうした背景を持つ大統領は，1990 年代の新自由主義政策からの脱却を掲げ，外国資本や国内の反対政治勢力に敵対的な姿勢を示すことに躊躇しなかった。それに対してチリのミシェル・バチェレ（Michelle Bachelet），ウルグアイのタバレ・バスケス（Tabaré Vázquez），ブラジルのルーラ（Luiz Inácio Lula da Silva）らは，ある程度長い選挙参加の歴史を持つ左派政党を率いた政党リーダーで，人権問題や民主主義，労働者の保護を訴えた。前者はしばしば「急進的（radical）」，「誤った（wrong）」，「偏狭な（close-minded）」，「対立型（contentious）」な左派と呼ばれ，後者は「近代的（modern）」，「正しい（right）」，「進取的（open-minded）」，「穏健（moderate）」な左派などと呼ばれた（Schamis 2006；Castañeda 2006；Arnson and Perales 2007；Weyland 2010）。こうした呼称には観察者の価値判断が含まれているのは明白だが，2つのグループという分類自体は一般的に認められているので，便宜上，前者を「急進左派」，後者を「穏健左派」と呼ぶことにしよう[6)]。

左派政権が実行に移した政策も注目された。とりわけ1980年代に始まる新自由主義政策に反対し，労働者の保護や社会的弱者の救済，社会保障の拡充や補助金支出，公共サービスの充実といった利益分配政策の実施に注目が集まった。経済政策の「国家主義か市場志向か」（Flores-Macías 2010）が問われていると考えられ，「国家の回帰」（Grugel and Riggirozzi 2011）がいくつかの国で訪れたとも言われた。

しかしこうした評価は，十分に実証されたものとは言いがたかった。やがて左派政権の実行した政策や成果が明らかになると，研究者たちは事実検証に乗り出した。

まずArnold and Samuels（2011）は，1981〜2004年の世界価値観調査（World Values Survey：WVS）と1996〜2008年のラティノバロメトロ（Latinobarómetro）という世論調査データから，イデオロギーについての市民個人レベルの自己認識は，2000年代に入っても左傾化しているわけではないことを示した。これにもとづいて，左派の大統領を選出した選挙で何に票が投じられたのかを探った実証研究は，それまでの新自由主義改革が十分な成果を上げていないこと

6）こうした2種類の左派政権の違いが強調されたのは，Castañeda（2006）がそうであったように，米国をはじめとする域外向けのメッセージであることが多かった。つまり違いは意図的に単純化されたものであり，実際にはより多様な内実を含むことは認識されていた（Castañeda and Morales 2008）。

(Corrales 2008) や，市場中心的な政策に対する反対 (Baker and Greene 2011) が理由であったことを示した。

他方で，より俯瞰的な見地に立った研究は，ラテンアメリカで植民地時代以降に形成されてきた不平等社会に着目し，20 世紀の後半以降に選挙での政権交代というルールが定着した以上，より数の多い貧困層や大衆層にアピールする候補者が選挙で勝利するということは，遅かれ早かれ起きることだったのではないか，と指摘した (Cleary 2006 ; Levitsky and Roberts 2011a)。

さらに疑いの目が向けられたのは，何をもって左派政権とするか，何をもって「急進的」とするかという点である (Arditi 2010 ; Murillo, Oliveros and Vaishnav 2011)。左派と呼ばれた政権は，しばしば選挙キャンペーンではそのイメージどおりの言説を語ったが，実行した政策は必ずしもそのとおりではなかったためである[7]。このような疑問に対して後進の研究は，政策レベルでの左傾化，すなわち選挙キャンペーンで宣言されたことではなく実行に移された政策に着目するようになった (Levitsky and Roberts 2011a ; Murillo, Oliveros and Vaishnav 2011)。

なぜ貧困層や大衆層に恩恵を与えるような政策を行う政権が 2006 年頃に登場したのかという疑問について，脚光を浴びたのが資源ブームだった。左派政権の増加が注目され始めた 2006 年頃から資源ブームの重要性は指摘されていたが (Schamis 2006 ; Weyland 2009)，2010 年代になると左派政権の利益分配政策について，資源ブームが及ぼした影響が実証的に明らかにされていった (Murillo, Oliveros and Vaishnav 2011 ; Kaufman 2011 ; Flores-Macías 2012 ; 2010 ; Blanco and Grier 2013)。

資源ブームは，石油・天然ガス・鉱物資源が豊かなラテンアメリカ諸国にとって財政制約からの解放をもたらしただけでなく，富裕層の利益を侵害することなく貧困層に分配可能な利潤を豊富に生み出した[8]。新自由主義政策に反

7) 選挙の際に票が投じられた政策プログラムと，実際にとられる政策の乖離がしばしば見られることについて，Stokes (2001) 参照。

8) 同じ論理で，資源の豊かさが民主体制の維持も可能としたことが検証されている (Dunning 2008)。

表 2-1　ラテンアメリカ諸国の財政状況の変化

国	債務サービス（対輸出額比）				税収（1996 の値を 1 とした場合）			
	1996	2001	2006	2011	1996	2001	2006	2011
ベネズエラ	18.4	25.5	7.4	20.9	1.0	2.7	16.0	42.0
アルゼンチン	39.4	49.2	36.6	15.3	1.0	1.0	3.3	11.9
ドミニカ共和国	7.2	7.3	15.2	10.8	1.0	2.4	7.3	11.3
ニカラグア	30.1	30.0	8.4	14.8	1.0	2.2	5.0	10.1
ボリビア	31.2	33.4	9.1	4.8	1.0	1.6	4.5	10.0
コスタリカ	12.2	10.0	9.2	14.1	1.0	2.4	5.3	10.0
エクアドル	23.1	34.4	29.4	9.7	1.0	1.5	3.1	7.4
ホンデュラス	31.4	8.6	7.9	16.0	1.0	2.3	4.6	7.1
メキシコ	36.5	26.9	20.1	11.4	1.0	2.6	4.5	6.7
コロンビア	39.0	38.9	33.3	15.1	1.0	2.1	4.2	6.6
ブラジル	43.7	70.7	38.2	19.4	1.0	1.8	3.5	6.5
ウルグアイ	—	—	—	—	1.0	1.6	3.1	6.4
パラグアイ	5.4	13.4	6.5	6.5	1.0	1.6	3.7	6.3
グアテマラ	13.6	10.1	15.8	15.7	1.0	1.9	3.2	4.8
チリ	—	—	—	—	1.0	1.4	2.9	4.1
ペルー	37.3	24.1	13.1	7.9	1.0	1.2	2.4	4.0
パナマ	10.1	11.8	21.3	3.5	1.0	1.2	1.8	3.6
エルサルバドル	14.2	10.3	30.9	21.6	1.0	1.3	2.2	2.7
ラテンアメリカ 18 カ国平均	24.5	25.3	18.9	13.0	1.0	1.8	4.5	9.0

出所）筆者作成（債務サービスは世界銀行，税収は OECD より）。
注）－はデータなし。

対してきた抗議運動は利益分配の拡大を要求していたが，それを実際に可能にしたのも資源ブームだった。表 2-1 は，ラテンアメリカ 18 カ国の債務サービス（対輸出額比）と，税収額（1996 年を 1 とした場合）の変化を示したものである。1996 年，2001 年を 2006 年，2011 年と比べると，ほとんどの国で債務サービスの割合は好転しており，税収額は顕著に増加している。資源を豊富に有し，急進左派政権と呼ばれるベネズエラ，アルゼンチン，ボリビアで，特にその傾向は著しい。

Murillo, Oliveros and Vaishnav（2011）は，1978～2008 年のラテンアメリカ 18 カ国を対象とした計量分析により，財政制約からの解放が「左派的な政策」すなわち財政支出の拡大を可能にしたことを検証した。もっとも，資源ブームだけが財政支出の拡大を生み出したわけではない。行政府に対する制約の弱さもまた，急進左派政権を生み出す上で重要だった（Murillo, Oliveros and Vaishnav 2011）。Flores-Macías（2012）や Weyland（2010）は，政策内容が急進的か穏健かを説明する上で政党システムの違いが重要であると言う。政党システムがある程度安定しており，行政府の財政拡大志向を野党がチェックできると，政策の急進化は容易ではなくなる。また Luna（2010）は，政党が支持基盤と組織的な関係を有するか否かも，実行できる政策に異なった制約を生み出すと論じた。

Levitsky and Roberts（2011a：7-11）は，左派政権の成立を説明する要因として，以上の議論をうまくまとめている。まず，ラテンアメリカでは歴史的に経済的不平等が著しかったため，1980 年代以降に選挙による政権交代が定着すると，多数を占める貧しい有権者の選好と一致した候補者が政権を握る可能性は高かった（長期的な構造要因）。とりわけ，1980〜90 年代の新自由主義改革が目立った成果を上げず，むしろ 1998〜2002 年に経済不況に陥ったため，有権者がアウトサイダー候補や左派政党に投票する条件があった（同時代的要因）。そして，実際に貧困層にアピールする政権が成立しただけでなく，資源ブームはそうした不満に対する利益分配政策を可能とした（資源要因）。そして，行政府への権力集中の度合い，とりわけ政党間の監視の強弱に応じて，政権の急進度が決まった（政治要因）。

以上の実証研究の知見は，2000 年代半ばになぜ政治エリートレベルで権力シフトが起きたかを説明する。その中で資源ブームの存在は，最終的に利益分配政策を可能としたいわば十分条件として重視されている。しかし資源ブームの影響はそれだけにはとどまらないだろう。左派政権をはじめ 2000 年代の政権は，資源レントの増加に対して国家の取り分を増加させる政策決定を行った可能性もある。次にこれを見てみよう。

2）石油・天然ガス部門の「国有化」政策

本項では，資源ブーム期に観察された，資源部門の生産体制と資源レントの分配についての政策変化を考えてみたい。

ここで考えたいのは，資源ブームから得られる利潤に対する国家の取り分を

表 2-2　ラテンアメリカ主要生産国一覧（2002 年）

国	石油埋蔵量（10 億バレル）	石油生産（千バレル/日）	天然ガス埋蔵量（10 兆立方フィート）	天然ガス生産（10 億立法フィート/年）
ベネズエラ	77.69	2,924	147.59	1,003
メキシコ	26.94	3,593	29.51	1,334
ブラジル	8.46	1,758	7.81	287
アルゼンチン	2.97	866	27.46	1,275
エクアドル	2.12	393	3.67	4
コロンビア	1.75	588	4.32	218
ボリビア	0.44	47	24	205
ペルー	0.32	97	8.66	16

出所）米国エネルギー省エネルギー情報局のデータを参照し，筆者作成。

どのように決めるかである。資源ブーム期に増加する資源レントについて，その配分方法を変える方法は，大きく分けて 2 つある。1 つは生産に必要な資本・設備・生産物そのものを民間所有から国家所有に変えてしまうことで，このような生産方式の変化は一般的に「国有化」あるいは「国営化」と呼ばれる[9]。もう 1 つは税制であり，税率を変えたり，追加的税制を導入することがある。これらの方法は，資源レントに対する国家の取り分を増やすという目的においては，大きな違いはない[10]。

以下では，鉱物資源と比べて早くから国家戦略的要素が強かった石油・天然ガス部門を中心に，生産体制および税制を中心とする利潤配分制度がどう変遷してきたかを見る。今日のラテンアメリカの主要生産国 8 カ国には，表 2-2 のとおり，埋蔵量と生産量において顕著な差異がある。ベネズエラとメキシコの石油埋蔵量は格段に規模が大きく，その他 6 カ国は中小規模の生産国と言える。

しかし，このような生産規模の違いは，必ずしも政策の違いには結びつかず，

9)「国有化」には細かく見ると，接収に対する補償の有無，国営企業とのジョイント・ベンチャーの義務化，投資規制や雇用要件の設定，外国資本への特殊課税などの様々な方法がある（Sigmund 1980：283）。しかし結局のところ，資源レントを国家がどの程度取ることができるかに問題は還元される。他方で，資産やレントの所有権ではなく，国営企業の経営に対する政治的介入の度合いも重要であり，国営企業を自律経営にするかどうかも重要な点であるが，ここでは考慮していない。

10) 違いがあるとすれば，採掘や探査に先進技術が必要なときに，生産設備を民間所有にしておく方が有利であることなどだが，技術の購入も不可能ではない。

政策は多様なものであった。1907年12月13日にアルゼンチンの最南端パタゴニアにあるコモドロ・リバダヴィア（Comodoro Rivadavia）で良質の原油が発見されると，その報を受けた翌14日にアルゼンチン政府は国有化を宣言した（Gadano 2013 : 114）。これはラテンアメリカだけでなく世界で初めての国有化事例だった。その後，1922年には石油公社（YPF）が設立された。同国では有権者が常に国有化を志向していたため，資源政策は常に不安定で極化したものになった（Gadano 2010 : 380–389）。20世紀を通じて資源価格の変動や埋蔵・生産量の不足に悩まされたものの，経済危機のたびに緊急措置として実施された民営化改革は，すぐに政治的理由から揺り戻されたからである。1954年と1958〜62年に当時の政権は民営化を断行したが，その直後にクーデタや政敵によって揺り戻しにあった（Gadano 2010 : 371–379）。1989年に政権についたカルロス・メネム（Carlos Menem）はコンセッション形式を導入し，後にYPFを完全民営化したが，後述するようにこれにも揺り戻しが起きた。

19世紀末から20世紀初頭には，メキシコでも米国資本を中心にメキシコ湾岸の油田開発が進んだが，1910年に始まる革命期にナショナリズムが高まり，1917年の憲法27条では国営企業のみが石油の探査・生産に携わることができると規定された[11]。その後1934年にラサロ・カルデナス（Lázaro Cárdenas）が政権につくと，1938年に石油企業労働者の待遇改善と1917年憲法の27条を根拠に米英蘭系の資本を接収し，石油公社（Petroleos Mexicanos : PEMEX）を設立した。アルゼンチンとは対照的に，メキシコの石油公社はその後一度も民営化されることはなかった。

今日では石油部門への輸出依存度が最も高く，チャベス大統領が急進左派の首魁と目されたベネズエラでも20世紀に国有化が起きたが，その方法は穏健で漸進的なものだった[12]。1909年に初めてのコンセッションが結ばれ，1927年には石油が最大の輸出品目になったが，税率を漸進的に引き上げはしたもの

11）1910年代は第一次世界大戦直後で石油産業の投資促進が望まれたため，時の政権は投資を確実に行う外資には再保証を行った（バルマー=トーマス 2001 : 135）。他方で，1930年代は世界恐慌のさなかであったため，メキシコ政府が国有化政策を行った際に，米国政府が自国資本の保護に動く余裕がなかったと言われる（Philip 1982 : 313）。

12）本段落はManzano and Monaldi（2010）による。

の，既存契約に遡及するものではなかった。メキシコで国有化が実施された後の1943年になって，ようやく政府は税率を50％に引き上げ，従来の契約の再交渉を要求した。しかしこの際も，40年間の長期契約が新たに結ばれ，過去にさかのぼって徴税するものではなかった。税率は1958年に63.5％に引き上げられ，その後90％まで増加した。1976年にはついにベネズエラでも国有化が実施され，ベネズエラ石油公社（Petróleos de Venezuela S.A., PetroVen後にPDVSA）が設立された。ただし，この時点までに，すでに増税の結果として外資は接収を受け入れるムードになっており，また接収に際して相当額の補償を受け取った。

ボリビアでは，パラグアイとの間で石油利権をめぐって繰り広げられたチャコ戦争のさなか，1936年にボリビア石油公社（Yacimiento Petrolífero Fiscal de Bolivia : YPFB）を設立し，1937年に米系Standard Oil社の資産を接収した。もっとも，植民地時代から続く鉱業の方がボリビアでは重要だった。1952年に成立した革命政権は錫産業を国有化したが，これは鉱業だけでなく政治も支配してきた寡頭鉱山主に対するものであった（詳しくは第6章参照）。鉱業部門での国有化あるいは国営企業の設立は，このボリビアの錫鉱山の事例と，1940年のブラジルの鉄鉱山，1970年代のチリとペルーでの銅部門などがあった。

このように，ラテンアメリカの石油・天然ガス部門では，当初から国家管理が基本政策であった。上記のほかにも，1934年にペルーでPetroperú，1948年にコロンビアでECOPETROL（Empresa Colombiana de Petróleos S.A.），1953年にブラジルでPetrobras（Petróleo Brasileiro S.A.），1972年にエクアドルでCEPE（Corporación Estatal Petrolera Ecuatoriana）と，各国で石油公社が設立された。世界的に資源ナショナリズムの波が訪れた1970年代までに，ラテンアメリカのすべての産油国で国営企業が設立され，民間企業が開発していた既存油田の資産が接収あるいは買収された[13)]。

13）ただし，これらのうち，1980年時点で探査，生産，精製，販売といった各段階ですべて国営企業の独占体制を築いたのはメキシコとベネズエラのみ，生産を国営企業の独占としていたのはこの2国とブラジルだけで，他の国では国営企業だけでなく民間資本の参画も認められていた（Philip 1982 : 482）。

表 2-3　1990〜2012 年の政策の多様化

国	1980 年代以前	1990 年代	2000 年以降
メキシコ	国営企業の独占	維持	維持
ベネズエラ	国営企業の独占	民間資本の参入許可	国営化の強化（増税＋接収）
ブラジル	国営企業の独占	民間資本の参入許可	維持
エクアドル	国営企業＋民間資本	民間資本の参入促進	国営化（増税＋接収）
コロンビア	国営企業＋民間資本	民間資本の参入促進	民間資本の参入促進
アルゼンチン	国営企業＋民間資本	国営企業の民営化	国営化（増税＋接収）
ボリビア	国営企業＋民間資本	国営企業の民営化	国営化（増税＋接収）
ペルー	国営企業＋民間資本	国営企業の民営化	維持

出所）筆者作成（1980 年代以前は Philip 1982：482 参照。1990 年代は Campodónico 1996；2004 参照。2000 年以降は Campodónico 2007a；2007b その他報道より）。

国営企業中心の生産体制は，その後 1990 年代には民営化の波，2000 年代に再国有化の波にさらされることになる（表 2-3 参照）。1980 年以前は国営企業中心，1990 年代は一部の国での民営化，そして 2000 年以降には一部の国で再国有化が起き，政策の多様化がさらに進んできた（CEPAL 2013）。

1990 年代に新自由主義改革の一環として，アルゼンチン，ペルー，ボリビアで民営化が実施された。アルゼンチンでは 1990 年に YPF を株式会社化し，株式の売却を通じて民営化が実行に移された。ペルーでは 1991 年に民間資本に精製・販売市場を開放，1992 年に Petroperú の民営化を開始して生産企業から契約管理機関に格下げするとともに，民間資本の参画にインセンティブを導入した。ボリビアでも 1990 年に民間資本に輸送・販売市場への参画を認め，1994 年には YPFB を年金機構改革とリンクする形で民営化した。しかし，これらの国がドラスティックな民営化を行ったのに対して，例えばメキシコでは探査・生産については国営企業の独占体制に全く手が付けられなかったし，それ以外の国でも民間資本へのインセンティブが導入された限りで，既存の国営企業は維持されるなど，民営化は部分的なものにとどまった。

2000 年代の「国有化」は，しばしば増税を伴う契約の再交渉であったり，接収であったりしたが，民営化の実施についての多様性の上に，さらなる多様化を見せた。ドラスティックな国有化を実施した国は，いわゆる急進左派政権に多い。2001 年にベネズエラのチャベス大統領が石油・天然ガス法（Ley Orgánica de Hidrocarburos）を制定し，新規油田における国家のマジョリティ参画を規定したのを皮切りに，2006年以降，ボリビア，エクアドル，ベネズエラで既存の外国企業の資産接収を伴う政策が実行に移され，アルゼンチンのYPFも2012年にそのリストに加わった。

また，資産接収に限らず，法人税やロイヤルティの増税や契約方式の変更も起きた。2006年にベネズエラ政府は，既存油田の開発契約について石油公社PDVSAが過半数出資するジョイント・ベンチャー（JV）契約に移行することとした。翌年には，オリノコ超重質油地帯の鉱区についても，同様の契約更改を要求した。ボリビア政府は2006年，エクアドル政府は2010年に，石油資源を完全に国家管理下に置き，民間企業が受け取る実質的な利益分を大幅に減額させる新契約への移行を迫った。またブラジルで2010年12月に成立した法12351号は，リオデジャネイロ州およびサンパウロ州沖合のサブソルト（海底岩塩下）層の埋蔵資源開発の新規プロジェクトについて，従来のコンセッション契約ではなく国営企業Petrobrasが最低でも30％資本参加する契約モデルを採用した（舩木2011：39–40）。

しかし同じ資源ブーム下の2000年代には，ペルーやコロンビアのように石油・天然ガス部門への民間資本参入を継続あるいは強化する国もあった。ペルーは1993年公布の法26221号に始まる外国投資誘致方針を維持し，2000年代に入ってもさらに投資インセンティブを導入した。2003年には大統領令によって，それまで最低20年間の指定があった天然ガスの国内供給義務を緩和し，ロイヤルティを減額する措置を発表した（Campodónico 2007b：68–69）。2006年7月の法改正は，国営企業Petroperúが探査・生産を含めた石油・天然ガス産業の全プロセスに再び参画できるようにして国営企業の再参入へと舵を取り直したが，民間企業中心の探査・生産が続いている。コロンビアは国営企業ECOPETROLと民間企業との複合体制を維持しながら，民間資本の参入拡大とECOPETROLの国際展開を進めてきた。2006年にアルバロ・ウリベ（Álvaro Uribe）大統領はECOPETROLの20％株式の市場売却を許可する法律を成立させ，2007年と2011年にそれぞれ10％ずつを売却した。

こうした2000年代の政策の多様性は，様々な解釈を生んできた。Mazzuca

(2013a；2013b）は，急進左派政権であるがために，利益分配を求める大衆層の動員と大統領への過度の権力集中が見られ，その帰結として資源部門の国有化が実行されたと主張する。それに対して Haslam（2010）は，資源価格の高騰期に資源開発を増進し，資源レントに対する国家の取り分を増やすような政策をとることに，政権のイデオロギーはあまり関係ないとする。資源開発の推進が政権の性格によらないとの見方は，いまやワシントン・コンセンサスならぬ「コモディティ・コンセンサス」(Svampa 2013）や「北京コンセンサス」(Bolinaga y Slipak 2015）が見られるとか，「資源採掘に賭けない大統領はいない (no hay presidente en la región que no apueste por el extractivismo)」[14]といった表現にも表れている。

実際のところ，なぜ2000年代にこのような政策の多様性が生まれたのかは，未だ十分に検証されていない。注意すべき事実はいくつかある。まず，資源レントへの国家シェアを高める政策は，様々な政権で見られた。2000年代半ばにブラジル政府は Petrobras の参画を強化する方針に切り替えているし，ペルーでも積極性には欠けるものの Petroperú の生産市場への再参画が法的には可能になった。またタイミングも様々である。2001年のベネズエラでの炭化水素法の成立は原油価格の高騰が始まっていない時点で起きたが，2012年のアルゼンチンの YPF 国有化は，原油価格の高騰がしばらく続いた後で起きた。多様な状況を考えると，この部門の政策選択には独自のダイナミズムがあると考えた方が良さそうである。第3章では，このような政策の多様性についての検証を行う。

3　非制度的な政治参加

1）ラテンアメリカの非制度的な政治参加

政党システムが安定せず，議会や司法といった政治制度への信頼度が高くな

14）ラパスで開催された国際セミナーの中での元ペルー環境副大臣のホセ・デ・エチャベ (José de Echave）の発言。2012年9月23日付 *Página Siete* 紙（ボリビア）に掲載。

かったラテンアメリカにおいて[15)]，政治エリート以外の人々が不満や要求を表明するために用いてきた政治参加の一般的なレパートリーは非制度的な政治参加であり，それはしばしば抗議運動の形態をとった。様々な社会集団（労働者，企業家，農民，先住民，教員，市民運動，学生，同業者組合など）は，街頭に出てデモ行進やストライキ，道路封鎖，公の施設の占拠を行うことで，集合的不満を公に表明してきた（Calderón 2011 : 337）。今日のラテンアメリカでも，そうした政治参加の形態は頻繁に見られる。その理由は，経済的不平等が著しく，多くの人々が実質的に政治決定から排除されてきたことにあるだろう。

また非制度的な政治参加を考える上で，20 世紀前半の左翼運動の影響と，労働組合や農民組合による政治参加（抗議運動や選挙，政党への組織化など）の経験は重要である（Eckstein 1989 : Ch. 1）。Collier and Collier（1991）は，各国で社会主義政党と結びついた労働組合・農民組合による運動と，政府がそれをいかに抑圧あるいは編入したかは「決定的分岐点（critical juncture)」を形成したと主張する。労働運動は，左派政党やカリスマを持った個人指導者によるポピュリズム政党に編入されたが，その編入のされ方によって，政党間競争が確立したり，不安定な政治動員から軍による介入を招いたり，コーポラティズムと呼ばれる安定的な政党と労働組合の関係が築かれ，20 世紀前半から 1980 年代までにラテンアメリカ各国の政治ダイナミクスを規定したと言う。

しかし抗議運動に限って言えば，20 世紀初頭の「決定的分岐点」が，いつの時代まで「遺産」を持ったかはそれほど明らかではない。1989 年に『ラテンアメリカの権力と大衆抗議』(Eckstein 1989）という編著をまとめたスーザン・エクシュタインは，2001 年の改訂増補版で「〔1989 年に見られた〕すべての運動はいったいどこに行ったのか」(Eckstein 2001 : 351-406）と問い，1990 年代に抗議運動が様変わりし，多様化したことを指摘した。

1990 年代頃を境に変化があったのではないか，というのは多くの研究が一致している（Collier and Handlin 2009 ; Eckstein 2001 ; 大串 1995)。その原因は，冷戦の終結による左派イデオロギーの変容と，1980 年代に始まる新自由主義改

15）政党システムや政党制度の問題について，Kitschelt et al.（2010)，Machado, Scartascini and Tommasi（2011)，Arce（2010）参照。

革にあったと考えられている。一方で，左派の階級闘争から環境問題，先住民問題，人権問題へと争点の多様化が見られた。他方で，新自由主義改革が及ぼした影響について様々な議論があるので，少しまとめてみたい。

新自由主義改革導入の直後には，労働者の解雇や補助金の削減といった不利益政策に対して，抗議運動が巻き起こった。Walton（1989：310–314）は米国紙 *New York Times* の報道から，1976～87年にペルー，ジャマイカ，アルゼンチン，エクアドル，ボリビア，チリ，ブラジル，パナマ，ドミニカ共和国，ハイチ，グアテマラ，エルサルバドル，メキシコで緊縮財政や構造調整改革に対する大規模な抗議運動が起きたことを確認している。

その後，新自由主義改革が浸透していくと，それが市民の組織化能力を妨げるために政治参加を行う能力を弱める効果を持った，と主張されるようになる（Weyland 2004；Kurtz 2004；Roberts 2002）。Kurtz（2004）は1970～90年代のラテンアメリカで，経済自由化に応じてストライキ件数，抗議運動件数，投票率がいずれも低下したことを計量分析によって明らかにした。こうした現象は，社会の組織的紐帯が失われ，人々が集合行為を形成する動員構造が失われたことを意味する「原子化（atomization）」や「脱政治化（depoliticization）」と呼ばれた。

もっとも，新自由主義改革に対する抗議運動も各地で観察されたことから，近年ではこの「原子化」仮説に対する疑問も呈されている。Arce and Bellinger（2007）は，1970～2000年のデータについてKurtz（2004）と類似の計量分析を行い，経済自由化と民主主義体制の両方の条件が備わった場合には，逆に抗議運動の件数は増加するという結果を示している。またArce and Kim（2011）は，1970～2006年のラテンアメリカとアジアのデータを分析し，アジアでは経済自由化が抗議運動件数の低下につながったのに対して，ラテンアメリカでは増加につながったという結果を示した。

こうした分析結果の違いには様々な解釈が可能だと思われるが，分析の対象が1990年代までに限られるか，それ以降も含むかは1つの違いだろう。2000年代になると抗議運動が盛んになり，いくつかの国では前節で述べた左派政権の増加を促すまでになったからである。Silva（2009）は，こうした新自由主義政策に対する抗議運動が，1998年以降にベネズエラ，アルゼンチン，ボリビア，エクアドルで左派政権の誕生へと結びついたと論じた。2000年代前半に唱えられた「脱政治化」に対して，2000年代後半には早くも「再政治化（repoliticization）」が唱えられるようになった（Arce and Kim 2011；Arce 2008）。

1990年代の新自由主義改革と2000年代の反動との間のタイムラグは，市民社会の再組織化のプロセスとしても理解できる。新自由主義改革が国家の役割を縮小させる中で，満たされないニーズを埋めるべくトランスナショナルあるいはローカルなNGO（非政府組織）が注目され，それらは労働組合や住民組織といった伝統的な組織と合わせて市民社会組織と呼ばれるようになった（Hochstetler and Friedman 2008；Keck and Sikkink 1999）。こうした組織は，一方で縮小した国家の役割を補完することもあったが，他方で新自由主義改革自体を批判する集合行為能力を高める結果にもなった（Boulding 2014）。

いずれにしても2000年代後半には，非制度的な政治参加は再び一般的に見られる現象になっていた（Calderón 2011；2012；Moseley and Moreno 2010）。この2000年代後半という時期は，資源ブームとも一致する。資源開発プロジェクトに対する抗議運動は，ペルー，ボリビア，エクアドル，コロンビア，メキシコ，チリなどで広く見られる（Bebbington 2013；Bebbington and Bury 2013；Viscidi and Fargo 2015）。こうした抗議運動と，資源レントの増加や利益分配政策との関係については，第4章で検証を行う。

今日のラテンアメリカ各国の抗議運動に何らかの傾向はあるだろうか。非制度的な現象の傾向を把握するのは容易ではないが，新聞報道から抗議運動の件数を数えた「イベント・カウント・データ」[16]や，世論調査において抗議運動への参加を聞き取ることによる「サーベイ・データ」[17]から，状況と傾向を把

16）イベント・カウント・データには，国際報道を基にしたCross-National Time-Series（CNTS）データ（Banks and Wilson 2013）やCalderón（2011）のデータ，さらに各国でNGOや研究者が独自作成したデータが存在する。これらは抗議運動の要求や性質について実数や実態に近づける利点があるものの，データ作成に莫大なコストがかかるためカバーしうる範囲に限界があり，また報道環境・動向に依存する，といった問題がある。

17）サーベイ・データは，過去に抗議運動に参加したかどうかについて各国数千人ずつに対して質問したLAPOPやラティノバロメトロのデータが公開されている。これらは

表 2-4　LAPOP2008, 2010, 2012 における抗議運動参加者数の概要

国	2008			2010			2012			UNDP
	n	抗議参加者数	参加率 (%)	n	抗議参加者数	参加率 (%)	n	抗議参加者数	参加率 (%)	抗議件数
アルゼンチン	1,486	391	26.31	1,410	212	15.04	1,512	121	8.00	205
ボリビア	3,003	884	29.44	3,018	340	11.27	3,029	508	16.77	261
ブラジル	1,497	81	5.41	2,482	146	5.88	1,500	70	4.67	161
チリ	0	−	−	1,965	71	3.61	1,571	143	9.10	70
コロンビア	1,503	128	8.52	1,506	103	6.84	1,512	131	8.66	93
コスタリカ	1,500	124	8.27	1,500	81	5.40	1,498	73	4.87	27
ドミニカ共和国	1,507	105	6.97	1,500	80	5.33	1,512	121	8.00	98
エクアドル	3,000	470	15.67	3,000	225	7.50	1,500	104	6.93	173
エルサルバドル	1,549	73	4.71	1,550	67	4.32	1,497	54	3.61	80
グアテマラ	1,538	134	8.71	1,504	128	8.51	1,509	107	7.09	168
ホンデュラス	1,522	241	15.83	1,596	105	6.58	1,728	108	6.25	103
メキシコ	1,560	121	7.76	1,562	99	6.34	1,560	59	3.78	98
ニカラグア	1,540	166	10.78	1,540	151	9.81	1,686	138	8.19	−
パナマ	1,536	155	10.09	1,536	74	4.82	1,620	58	3.58	189
パラグアイ	1,166	151	12.95	1,502	180	11.98	1,510	192	12.72	115
ペルー	1,500	258	17.20	1,500	182	12.13	1,500	195	13.00	244
ウルグアイ	1,500	134	8.93	1,500	171	11.40	1,512	114	7.54	132
ベネズエラ	1,500	250	16.67	1,500	123	8.20	1,500	55	3.67	101
合　計	28,407	3,866	13.61	31,671	2,538	8.01	29,256	2,351	8.04	2,318

出所）筆者作成。
注）n は LAPOP2008, 2010, 2012 のサンプルサイズ。−はデータなし。抗議参加者数の抽出方法は，調査によって若干異なる。LAPOP2008 では過去 12 カ月間で，「公の場で何らかの示威行動や抗議行動に参加したことがあるか」との問いに「ある」または「ほとんどない」と回答した数（回答が「ある」「ほとんどない」「ない」の 3 択）。LAPOP2010 と 2012 では，同一の質問に対して「ある」と回答した数の合計（回答が「ある」と「ない」の 2 択）。なお LAPOP2008 では当該質問への有効回答者数について各国に差があるため，正確には「各国で抗議運動に参加したと表明した人の数」と理解されたい。UNDP（国連開発計画）のデータ（Calderón 2011）は，2009 年 10 月～2010 年 9 月の各国での報道をもとにした抗議運動件数。

握することはできる。ただし，いずれについても現時点で入手できるデータには一定の制約がある。

表 2-4 は，第 4 章で用いるラテンアメリカ世論調査プロジェクト（Latin American Public Opinion Project : LAPOP）の 2008, 2010, 2012 年のサーベイ・

市民の抗議運動への参加率を推定しうるデータであるが，抗議運動の要求，紛争数や規模，継続期間などの詳細が把握できない，世論調査の普及という点で最近のデータに限られる，といった問題がある。

データと，国連開発計画（United Nations Development Programme : UNDP）の 2009 年 10 月〜2010 年 9 月のイベント・カウント・データ（Calderón 2011）をまとめたものである。LAPOP データで抗議参加率が高いアルゼンチン，ボリビア，ペルーといった国々は，UNDP データでも抗議件数が比較的多い。また，抗議参加率が低いエルサルバドルやコスタリカは，同様に抗議件数も少ない。比較対象の範囲が限られており，方法論の違いもあるが，イベント・カウント・データとサーベイ・データはある程度一致した傾向を示していることがわかる。

2）近年のペルーとボリビアの事例

人々の政治参加のマクロレベルでの傾向をとらえることは，データの入手可能性という点で不可能ではなくなっているし，第 4 章で行うように，計量分析を用いて因果効果を明らかにすることもできる。しかし，そうした手法を用いることは，人々の行動が持つ動態的で内生的な過程という特徴を踏まえると，一定の限界があると言わざるをえない。

本書の後半では，さらに詳細な分析を行うために，ペルーとボリビアの事例研究を行う。この 2 カ国を取り上げる理由は，以下のように資源ブームに呼応するように抗議運動が増加したという，類似の議論が展開されてきたためである。

図 2-5 は，2005 年 7 月から 2012 年 12 月のペルーにおける「社会紛争（conflictos sociales)」件数を示したものである。「社会紛争」は，このデータベースを作成したペルーの護民官局（Defensoría del Pueblo）が用いている用語で，本書で言う抗議運動とほぼ同義である。全紛争件数を見ると，2008 年から 09 年にかけて急増し，その後高止まりしていることがわかる。その約半数は，「社会環境紛争（conflictos socioambientales)」と言われる，資源採掘に関連する紛争である。第 7 章で後述するように，ペルーでは 2000 年代に入って鉱山開発に対する抗議運動が急増してきたが，2008〜09 年は，アマゾン地方の先住民組織による抗議運動が全国的な注目を集めた時期にあたる（詳しくは第 8 章参照)。Arellano（2011a ; 2011b）は，この社会紛争件数と鉱山企業に課税され地方政府に分配される鉱業カノン（canon minero）との間に共変関係があることを検証

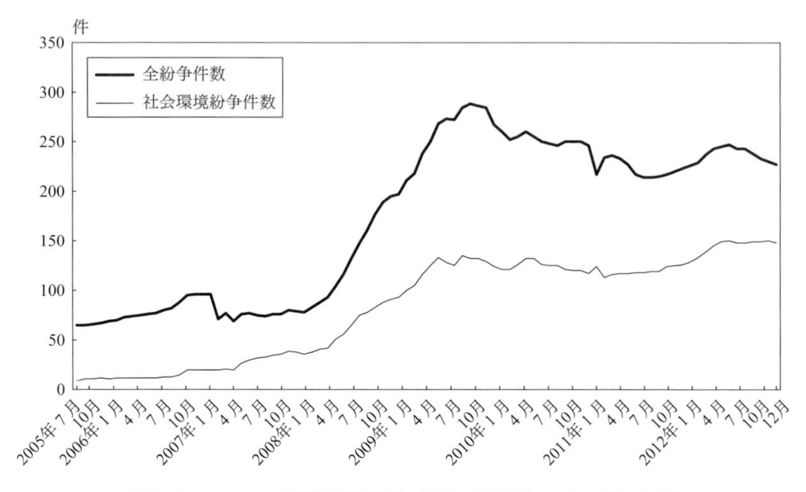

図 2-5　ペルーの抗議運動件数（2005 年 7 月〜2012 年 12 月）

出所）護民官局の月次報告書（Reporte de conflictos sociales）より筆者作成。

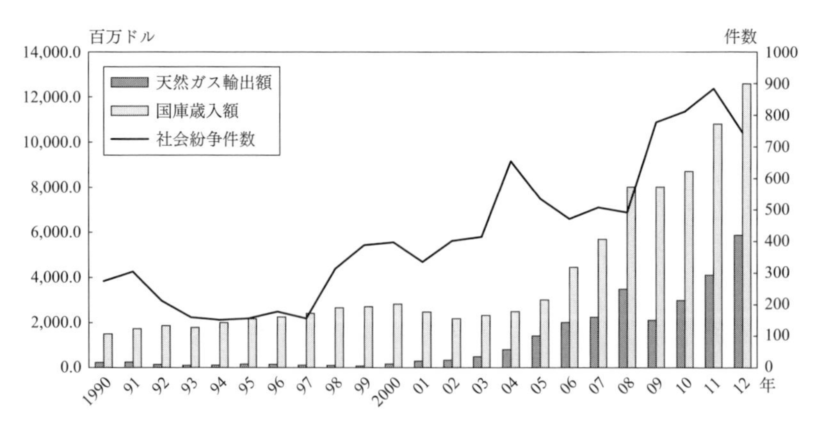

図 2-6　ボリビアの社会紛争件数と天然ガス輸出額・歳入額の推移（1990〜2012 年）

出所）Laserna y Villarroel（2013），Laserna（2011：28），ボリビア中央銀行データより筆者作成。

した。すなわち，資源レントから得られた税収がより多く分配された地方で，より多くの抗議運動が起きてきたと主張されている。

図 2-6 は，1990〜2012 年のボリビアにおける天然ガス輸出額，国庫歳入額

と社会紛争件数の推移を表したものである。2000年代後半に入って，天然ガス価格が高騰するに伴って輸出額が増え，そのために歳入額も増加した。それに比例するかのように社会紛争件数も増加傾向にあったことがわかる。Laserna（2011）は，これらのデータに高い相関関係が見られることを指摘し，天然ガスから得られる資源レントの分配をめぐる要求表出が2000年代のボリビアでの抗議運動の増加の背景にあったと主張する。

両国で若干異なることとして，ペルーで抗議運動が顕著に増加したのは資源価格の高騰がかなり進んだ2000年代後半だったのに対して，ボリビアでは資源価格の上昇が端緒についた2000年代前半から抗議運動は増加傾向にあった。そのため，資源ブームと抗議運動との間に何らかの関係性があるとしても，その関係性は一様ではないだろう。

ペルーとボリビアは，資源ブームがどのような影響を及ぼしたのか，それに対する人々の反応はどのようなものであったかを知る上で，興味深い比較事例研究になる。この2カ国は，共通した地理的・地質学的・社会的背景を持ちながら，21世紀初頭までに異なった性格を持つ政権や政策を有するようになった。そして近年になって共に資源開発と深く関わる抗議運動を経験してきた。このような類似性と相違性を持つ2カ国は，資源ブーム下で見られた抗議運動について多くの示唆を与えてくれる。以下では本書後半の比較事例研究で取り上げるこの2カ国について紹介しよう。

①地理的特徴と社会的類似性

ペルーとボリビアは，南米大陸の太平洋岸から中央部に位置する国々であり，いずれも国土の中央に峻険なアンデス山脈を抱える。高い所では，標高4,000メートル超のアルティプラノ（アンデス高地）にも人々が居住する。また両国は東側に広大なアマゾン熱帯雨林地方を有する。

両国は，スペインによる植民地化の歴史についても類似している。植民地化以前からアンデス高地とアマゾン低地には多くの先住民が居住していた。アンデス高地には，インカ王を頂く王国が存在していたが，その後植民地化によってスペイン王国の支配に組み込まれた。アマゾン地方の先住民は各地に散在しており，交流とネットワーク化が進むのは20世紀後半のことであった。いず

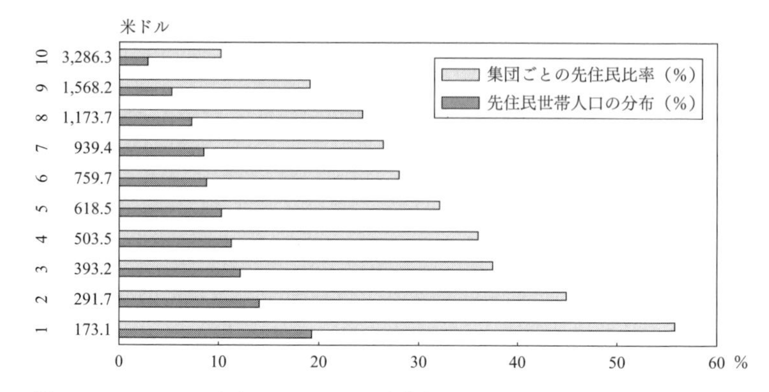

図 2-7　ペルーの 1 人当たり月ごとの消費額と先住民の割合（十分位表，2001 年）

出所）Trivelli（2005：29）より筆者作成。

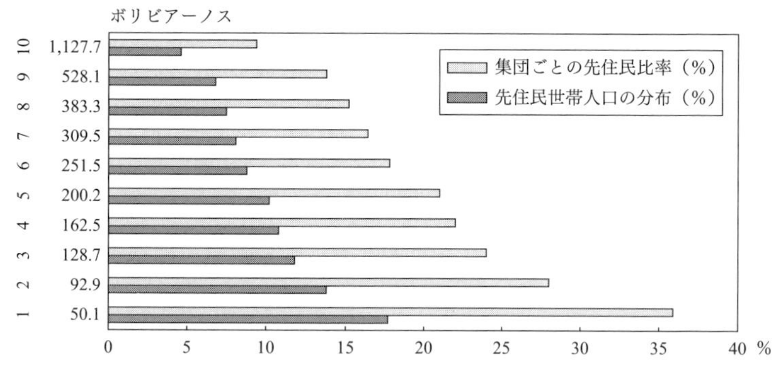

図 2-8　ボリビアの 1 人当たり月ごとの消費額と先住民の割合（十分位表，2002 年）

出所）Jiménez et al.（2006：53）より筆者作成。

れの国にもアンデス高地のケチュア，アイマラやアマゾン低地の諸部族からなる先住民層が多く存在する。

第 5 章と第 6 章で詳述するが，独立から今日に至る両国の社会は，端的に言って，先住民を下層，ヨーロッパ系の子孫を上層，それらの混血を中間層とする不平等度の著しい階層社会であった。図 2-7 と図 2-8 は，2000 年代初頭

表 2-5　ペルーとボリビアの資源・資源政策・抗議運動

	主要資源	資源政策	抗議運動	先住民層の政治参加
ペルー	天然ガス，鉱物 （金，銀，銅，鉄など）	新自由主義（1990 年〜）	有 （分散）	限定的
ボリビア	天然ガス，鉱物 （金，銀，錫，銅など）	新自由主義（1985〜2004 年） →国家管理（2005 年〜）	有 （強力）	強い基盤

出所）筆者作成。

のペルーとボリビアにおける経済格差を示したものである。それぞれの政府が行った世帯調査をもとに，各世帯における 1 人当たりの月ごとの消費額に沿って全世帯を 10 の集団に分割し，分割された集団の中に先住民世帯（この場合は言語による区別）がどの程度の比率を占めるのかを図示している。いずれの国でも，平均消費額が少ないほど（表の下へ向かうほど）先住民比率は増えていく。つまり貧しい集団ほど先住民人口が多く含まれているということになる。

②鉱業の重要性と近年の異なった政策

ペルーとボリビアは 15 世紀末に始まる植民地化とともにスペイン支配が最も進んだ地域だったが，それは鉱物資源の伝統的な産出国であったことと直接に関係していた。本章の第 1 節で述べたように，ポトシのセロ・リコ銀山での採掘に多数の先住民が強制的に徴用された。また，近年は両国ともに天然ガスの生産も盛んである。

しかし，両国において 2000 年代の初頭までに資源政策については大きな違いが見られるようになっていた（表 2-5）。ペルーでは 1990 年以降，新自由主義政策が継続してきたのに対して，ボリビアでは 1985 年以降に新自由主義政策が実施されたものの，2000 年代半ばに資源の国家管理化へと政策転換が見られた。

③交渉力の違い

2000 年代後半の両国の政権は，同時期にラテンアメリカ地域全体に見られた多様性の両極端とも言えるものであった。ペルーではその政策から一貫して新自由主義と評されてきたのに対して，ボリビアでは 2006 年に就任したエボ・モラレス政権が急進左派政権と評された。こうした政権と資源政策の違いは，両国の抗議運動の影響力の違い，とりわけ先住民層の政治参加の基盤の違いに裏打ちされたものだった。

両国の顕著な不平等社会を理解したならば，先住民層の政治参加こそが，20世紀初頭から今日までに両国で起きた多くの政治運動の底流であったことは想像に難くないだろう。その政治運動の歴史は，時代に影響されながら，少しずつ先住民層の実体的な政治参加を可能とする方向に進んできた。その結果として，国政レベルの政策決定に対する社会組織の影響力が大きく異なってきた。ボリビアでは強力な農民組合，労働組合，都市住民組織などが大規模なデモ行進や道路封鎖を繰り広げてきたのに対し，ペルーでは皆無ではないものの分散的であった。

資源ブーム下の抗議運動は，いずれの国でも観察された。しかし両国の先住民を中心とした社会組織の持つ歴史的な交渉力の違いは，異なった問題を明らかにする。社会組織の影響力が分散的なペルーでは，資源開発にまつわる不利益分配について抗議運動が頻発し，しばしば資源開発プロジェクトの停滞も引き起こしてきた。それに対して，社会組織が強力な影響力を持つボリビアでは，社会組織の影響力が強いため，資源レントの利益分配が主に争われてきた。これらは第7～第10章で紹介する。

④近年の抗議運動

こうした政権と資源政策の違いにもかかわらず，両国ではともに資源開発の促進に対する抗議運動が起きてきた。本書では，2000年代の後半から2010年代の初頭にペルーとボリビアで起きた抗議運動についても紹介する。表2-6は，その中でも象徴的とも言える2つの抗議運動事例をまとめたものである。

ペルーで2008年に始まったいわゆる「アマゾン蜂起（paro amazónico）」は，アマソナス（Amazonas）県ほかアマゾン地方諸県の先住民組織による一斉蜂起であり，折から政府が米国との間で署名・批准を進めていた自由貿易協定に関連した法改正に対する反対運動であった（詳しくは第8章を参照）。

他方で，ボリビアで2011年に始まった，ベニ（Beni）県ほかアマゾン低地の先住民組織による首都ラパスへのデモ行進は，ベニ県とコチャバンバ（Cochabamba）県にまたがるイシボロ・セクレ国立公園・先住民居住区（Territorio

表 2-6　2つの抗議運動事例

	アマゾン蜂起 （第8章）	TIPNISへの道路建設に対する抗議運動 （第9章）
場所	ペルー アマソナス県等，複数県	ボリビア ベニ県，ラパス県等
時期	2008〜09年	2011〜12年
原因	共同体所有地の第三者譲渡手続きに関する法改正等	TIPNISを縦断する道路建設の開始
アクター	アマゾン先住民組織（AIDESEP）とアマゾン諸地方の先住民組織，政府	低地先住民組織（CIDOB），政府，コカ農民
帰結	2度の大規模蜂起に対して，政府は妥協を認めず暴力的衝突に発展したが，国会がイニシアチブをとって法改正を撤回。その後事前協議法の起草が開始され，2011年に成立	長距離のデモ行進に対して，政府は道路建設を中止し，TIPNISの「不可侵性」を宣言。その後，コカ農民のデモ行進に対してTIPNISの不可侵性を問う協議を実施。事前協議一般法についても検討開始

出所）筆者作成。

Indígena Parque Nacional Isiboro Secure : TIPNIS）を縦断する道路建設への反対から起きたものであった（詳しくは第9章を参照）。

この2事例で扱う抗議運動はいずれも，先住民が有してきた既得権を改変しようとする政策に対するものであり，その背後にはアマゾン地方での資源採掘の拡大があった。ボリビアでのTIPNISへの道路建設に対する抗議運動は，直接的には先住民居住区への幹線道路建設に抗議するものだが，同国での資源開発の帰趨と密接な関係があり，この紛争事例の後で政府は先住民族への事前協議法の制定準備を開始した。他方でペルーでも，アマゾン蜂起をきっかけに事前協議についての国内法の制定作業が始まった。

2つの点で，これらの事例は共通するインパクトを持っていた。第一に，この2事例は政府が下した決定に対して抗議運動が拒否権を突きつけた事例であり，これらの事例を契機として国際労働機関（ILO）169号条約が定める先住民への事前協議について，政府が本格的な対応を迫られることになった点である。第二に，ペルーにおける2008年，ボリビアにおける2011年は，抗議運動が顕著に増加するタイミングでもあった点である。

以上，ペルーとボリビアの比較事例研究の意義は，2つにまとめられる。まず，資源ブームを前にして社会組織が持ちえた交渉力の強弱が大きく異なった点で興味深い対照事例となっている。そして，いずれの国でも先住民組織を中心とした抗議運動が起きた。これらの事例研究から得られる示唆については，終章でまとめる。

おわりに

本章では，ラテンアメリカにおける資源開発と資源政策の歴史，最近の資源ブームに起因する政権交代と政策転換，この地域の抗議運動の背景，そしてペルーとボリビアという類似点と相違点を持つ事例について概説した。ここで紹介した様々な議論は，この後に続く第3～第10章で行われる検証と歴史叙述の作業へとつながるものである。最後に，何がわかっていて，何がわかっていないのかを明確に整理しておきたい。

わかっていることは，いくつかある。資源ブームは外生的な現象である。そのため，ラテンアメリカの歴史的コンテクストに対して，それは独立した現象と考えることができる。新自由主義改革という背景は資源ブームの到来に一役を買ったが，2002年頃に始まる資源価格の高騰がなければ今日の様々な現象は起きるべくもなかっただろう。左派政権の増加，とりわけ潤沢な歳入をあてにした財政支出拡大政策は，資源ブームによって可能となった。左派政権や左派的政策の実現には，新自由主義改革に対する反動もあったが，資源ブームがもたらした多額の資源レントが必要であったことはすでに検証されている。

まだわかっていないことも，いくつかある。第一に，石油・天然ガス部門から生み出される資源レントに対して，民間資本と国家との間で取り分の再交渉が行われた点である。多くの国で様々な内実の「国有化」政策が実行に移されたが，急進的な左派政権であったために起きたのか，それとも特定のイデオロギーに限定されないものだったかは意見が分かれている。この点は第3章で検証する。

第二に，ペルーとボリビアで指摘されている，資源レントと抗議運動のマクロレベルでの共変関係は十分に検証されていない。資源ブームのマクロレベルでの影響があると想定することもできるが，抗議運動はより複雑な条件のもとで起きているかもしれない。この点は第 4 章で検証する。

もし抗議運動が資源ブームの直接的な影響ではなく，様々な条件の下で起きたものだとしても，それは驚くべきようなことではない。しかし，何が実際に起き，そこから何を学ぶことができるかという問いに答えるためには，より複雑な作業が必要となる。第 5～第 10 章は，この問いに取り組むものである。これら後半の章では，資源ブームと抗議運動との間に何らかの関係があると主張されてきたペルーとボリビアを比較事例研究として取り上げる。

第 II 部

ラテンアメリカ地域の動向についての検証

ヤナコチャ金鉱山（http://www.mining.com）

第3章

石油・天然ガス部門の「国有化」政策は何によって決まるのか

はじめに

本章は，何がラテンアメリカ諸国の近年の国有化政策を引き起こしてきたのかを実証的に問い直すものである。第2章で見たように，この地域の主要生産国は，1980年代まで比較的類似した背景を持ちながら，その後は多様性が見られてきた。1990年代にいくつかの国はドラスティックな民営化を行ったが，国営企業独占体制を貫いた国や，国営企業と民間資本の混合体制を維持した国もあった。2000年代に入ると，いくつかの国では民間資本の資産接収や増税が実施された。

国有化政策というテーマは，新しくもあるが古くもある。1970年代のオイル・ショック以降，石油部門の国有化に関する研究が盛んとなってきたが，2000年代に入って再び国際原油価格が高騰する中で，途上国の石油産業は再び注目を集めるようになった（坂口 2010）。石油・天然ガス部門に対する国家介入は，独特の政策領域である[1)]。実際，国有化政策の決定には多くの条件が介在している。一方で，資源レントが急激に増加したことによって，国民の間で利益分配要求が生まれ，政府はその要求を満たすために，あるいは自らの政

1）本章が扱うのは，石油・天然ガス資源開発の上流部門（upstream）であり，これには探査・生産活動が含まれる。これに対して，下流部門（downstream）とは，輸送・貯蔵・販売を指す。上流部門は，高リスクの高額投資が必要とされるが，それだけに収益も大きいという特徴がある。

治資源とすべく，資産接収や増税を実施するとの指摘がある。他方で，資産接収や増税を行う際には，過去の投資蓄積や，国内消費量をまかなって余りある余剰生産量，豊富な埋蔵量といった経済的な条件も重要であることが指摘されている。

近年の国有化政策については，すでに様々な仮説が主張されている。本章では，政治的側面に着目した仮説（以下，政治的論理と呼ぶ）として「政治イデオロギー」と「行政府に対する政治的制約」，経済的側面に着目した仮説（以下，経済的論理と呼ぶ）として「民営化と国有化のサイクル」と「生産・消費バランス」を取り上げる。問題は，これらの仮説が十分に実証されていないことにある。

本章は特に，左派政権が国有化政策を行うかどうかを問い直すことを目的とする。Mazzuca（2013a；2013b）は，一般的に急進左派政権と呼ばれる政治リーダーが資源レントの分配によって政治的支持を獲得しようとするという「レント主義ポピュリズム」論を展開したが，そのような政権が全く経済的論理を考慮に入れなかったどうかは検証されてこなかった。他方で，資源価格の変動や投資に対するコスト・ベネフィット計算，余剰生産の有無に着目するような議論は，理論モデルとしては一貫性があるものの，経験的な検証がなされてこなかった。本章はこのような経済的論理についても検証を行う。

何が国有化政策を生み出したかという問いについては，まず何を今日の「国有化政策」ととらえるかを再検討しなければならない。いくつかの既存研究（Guriev, Kolotilin and Sonin 2011；Warshaw 2012）は外資の資産接収と国営企業の設立のみを取り上げてきたが，これは不十分である。もし石油・天然ガス部門が生み出すレントに対して国家のシェアを増やすことが要点ならば，資産接収や国営企業の設立だけでなく，強制的な資産の買収から増税，契約方式の変更など，多様な政策手段を含めるべきである[2)]。このような多様な政策手段を把握するために，報道資料や二次資料にもとづいて独自のデータセットを構築し

2）国際訴訟等において，程度の著しい増税や契約方式の変更等は実質的な国有化に相当するものとして認識されることがしばしばあり，一般的に「忍び寄る国有化（creeping nationalization）」と呼ばれる。

た。本章では，資本・資産・利益に対する国家のシェアを増加させる政策を広くとらえる場合，「国有化志向の政策」と呼ぶ[3)]。他方で，国際報道などで耳目を集めやすい資産の接収やそれに匹敵する強制買収などについては「ラディカルな国有化」と呼ぶ。以下では，両者を特に区別しない場合は単に「国有化政策」とするが，分析の際には誤解を避けるために「国有化志向の政策」，「ラディカルな国有化」と明記する。

本章は，以下の手法を用いる。まず，ラテンアメリカの主要生産国であるアルゼンチン，ボリビア，ブラジル，コロンビア，エクアドル，メキシコ，ペルー，ベネズエラの8カ国[4)]について，回帰分析を用いて政治的論理と経済的論理についての諸仮説の有意性を検証する。その後，ボリビアについての事例研究を行う。回帰分析が多様な事例に対する仮説の一般的な有意性を問うのに対して，事例研究は複数の論理が1つのプロセスの中でどのように立ち現れ，意味を持ったのか，あるいは顧みられなかったのかについての詳細な理解を提供する。ボリビアは急進左派政権あるいはレント主義ポピュリズムの代表例とされる一方で，石油燃料の国内供給に難を抱えてきた。いわば，イデオロギーのような政治的論理と生産と消費のバランスといった経済的論理がともに強く働くと考えられる事例である。このような事例について過程追跡を行うことで，どの論理がどのような状況で働いたのか，もっともらしい論理がなぜしばしば現実のものとならないかを明らかにする。

構成は以下のとおりである。第1節では，先行研究を踏まえながら，政治的論理としてイデオロギーと行政府に対する政治的制約度を，経済的論理として民営化・国有化サイクル説と生産・消費バランス説を確認する。その上で，両者を組み合わせた実証分析が必要であることと，その際に考慮すべき点を議論する。第2節では，独自に作成したパネルデータを用いて，各仮説と「国有化志向の政策」との関係を回帰分析によって明らかにする。第3節では，回帰分

3）アルゼンチンやブラジル等では中央政府と地方政府の利益シェア配分に争いがあり，重要な要素ではあるものの，本章では割愛する。また一般的に経営主体として国営企業を設立したり，その立場を強化することを「国営化」と言うこともあるが，煩雑さを避けるために「国有化」という概念に含める。

4）チリは1980年代以降生産量が減少を続け，純輸入国であったため割愛した。

析の結果を踏まえながら，ボリビアの事例について叙述する。最後に結論をまとめる。

1　政治的論理と経済的論理——先行研究とその限界

国有化政策というテーマについては，20世紀後半から本格的な研究が蓄積されてきた。ここではラテンアメリカ地域外を扱ったものも含めて，代表的な研究を再確認した上で，今日の国有化政策を理解する上でのそれらの限界を述べる。

ラテンアメリカの国有化政策についての古典とも言えるPhilip（1982：159-161）は，1970年代末までに外国企業の資産接収があった10カ国の事例研究を踏まえて，国有化を説明するアプローチには「交渉モデル（bargaining model)」と，「マルクス主義モデル（Marxist model)」の2つが存在すると指摘した。「交渉モデル」は，ホスト国と多国籍企業がいずれもコスト・ベネフィット計算にもとづいて利益を最大化しようとして交渉すると想定する。他方で「マルクス主義モデル」は，ホスト国はナショナリズムや反帝国主義，反米主義にもとづいて行動するため，しばしば経済的利益を度外視してでも国有化を実施すると想定する。

この指摘は，国有化政策について2つの異なったアプローチが存在することを示唆している。本章では，「交渉モデル」を経済的論理，「マルクス主義モデル」を政治的論理としてとらえる[5)]。近年のラテンアメリカの資源政策についてレビューしたWeintraub（2012：168）は，「短く言って，経済的ではなく政治的決定が，エネルギー政策と収入をいかに扱うべきかを決めている」と述べた。このような言明は，今日でも多くの分析者が経済的論理／政治的論理とい

5）その他，技術的あるいは個別的な要因を考えることも可能ではある。例えば特定の政治家と企業の結びつきや私的利益の授受，投資元国と生産国（投資受け入れ国）との外交関係，水深1,000メートルを超す海底油田に対応可能な技術がどのように入手可能か，といった点が重要な場合もあるかもしれない。そうした要因が個々の事例について重要であった可能性は留保するものの，本章ではより一般化が可能な仮説を探る。

う区別を共有していることを示唆するが，それぞれの論理の中ではより具体的で精緻化されたモデルが提示されてきたことも注目に値する。他方で，上記のレビュー論文も含め，この異なった論理の間で相互の説明力をたたかわせるような実証研究は不十分であったと言わざるをえない。以下では，まず政治的論理にもとづく仮説，続いて経済的論理にもとづく仮説をそれぞれ確認した後で，問題点を指摘する。

1）政治的論理

①政治イデオロギー

2006年の選挙で，ボリビア，エクアドル，ニカラグアで左派政権が誕生し，ブラジルやベネズエラで左派の大統領が再選されると，ラテンアメリカの左傾化が人口に膾炙するようになった。この現象を説明しようとする実証研究の中では，急進左派政権が誕生したり，実際に社会支出の増加などの左派的政策が可能になった原因として，石油・天然ガス・鉱物資源がもたらした歳入増と財政制約からの解放が指摘されてきた（第2章参照）。

そうした中，急進左派政権であれば国有化政策をとるとする代表的な論者はMazzuca（2013a；2013b）である。彼は，ベネズエラのウゴ・チャベス，ボリビアのエボ・モラレス，エクアドルのラファエル・コレア，そしてアルゼンチンのネストル・キルチネル（Néstor Kirchner）といった大統領について「レント主義ポピュリズム」という概念を提唱する。すなわち，これらの大統領の政治手法は，資源部門の資産接収を進め，長期的投資よりも短期的消費に資源レントを差し向けることで，大衆層からの支持を動員し，大統領に権力を集中させる点で共通していると言うのである。Mazzuca（2013b：111）は，これらの「レント主義ポピュリズム」政権が「接収への衝動（urge to expropriate）」を持つと論じた。

政治イデオロギーに結びつけて国有化政策を理解する立場は，それらの国の政府はしばしば経済的論理を看過していると言う。Weyland（2009）やKaufman（2011）は，ベネズエラ，ボリビア，エクアドル，アルゼンチン，チリ，ブラジルなどで成立した左派政権をいくつかのカテゴリーに分類した上で，ベネズエラ，エクアドルなどの資産接収を含む国有化政策は持続可能な政策とは言いがたいと評価した。

②行政府に対する制約

別の政治的論理として，行政府に対する制約が低いために国有化政策が起きると主張するものがある。Guriev, Kolotilin and Sonin（2011）や Warshaw（2012）は，1960年代～2006年頃までの全世界の国有化事例についてパネル分析を行い，国有化政策は一般的に非効率なため実施されにくいと想定した上で，制度の質が低い場合には非効率なはずの国有化政策が起こりやすいと論じる。この場合の制度の質とは，行政府に対する制約であり，具体的には政策決定における「拒否点（veto point)」の数とそれらの選好で表される。一般的に「拒否点」とは，立法府，司法府，連邦制の場合の地方政府など，行政府が政策決定において合意を取り付けなければならないアクターを意味するが（ツェベリス 2009），独立した拒否点が多く，それらが行政府と異なった政策選好を有するほど，当然ながら政策実施が困難になるとされる[6]。

これと類似する議論は，ラテンアメリカに関する先行研究にも存在する。Mazzuca（2013a；2013b）のレント主義ポピュリズム論もまた，制約度の低い大統領と国有化政策とに関連性を見出している。Philip（1982）の古典的研究もまた，国内の反対派勢力の抵抗が強いかどうかは，国有化政策の実現と程度を説明する上で重要だとする。

2）経済的論理

経済的要因を説明しようとする議論のほとんどは，資源価格がグローバル・レベルでの需給動向や地政学的な要因によって予測困難な形で変動することに，根本的な原因を求める。そして以前に比べて資源価格が顕著に上昇すると，国家は国有化によって歳入増を見込むことができ，企業はある程度の負担増を甘

6）行政府に対する制約と半ば重なる議論として，権威主義体制である方が国有化政策を実施する可能性が高まるという議論が存在する（Griev, Kolotilin and Sonin 2011；Warshaw 2012）。しかし，1990年代以降のラテンアメリカはほぼすべてが民主体制であるため，本章ではこの仮説を検討しない。

受できるようになるため，国有化インセンティブが増すと主張される（Guriev, Kolotilin and Sonin 2011 など）。しかし，資源価格の高騰それ自体が国有化をもたらすと論じるのは単純な見方である。以下ではこれに関連しながら，異なった理解を促す2つの仮説を見る。

①民営化と国有化のサイクル

近年の研究は，資源価格の変動よりもそれに関連した投資流入状況から，民営化から国有化に至るメカニズムを議論する（Hogan and Sturzenegger 2010 ; Chang, Hevia and Loayza 2010）。このメカニズムは，石油・天然ガス部門の持つ独特の性質と関係がある。石油・天然ガス部門は，どれくらいあるかもわからない地下資源の探査に高額で高リスクの初期投資を必要とするため，当初，極めて有利な条件で民間投資にインセンティブが与えられることが多い。特に国営企業が汚職や政治的介入による非効率性を十分に克服できないような場合，高リスクで高額な初期投資を行う上で国営企業への出資や共同事業といった方式は魅力的でないため，民営化を断行することが初期の投資インセンティブに含まれることがある[7]。

しかし，ひとたび埋蔵資源の価値が明らかになると，当初の高リスク性は忘れ去られ，すでに投資した資本はその資源の生産にしか用いることのできない「埋没費用（sunk cost）」となる。このように投資流入後の状況の変化によって，当初の契約を変更するインセンティブが高まる[8]。さらに，今日の石油・天然ガス資源は国家所有が一般的であり，世界的に見ても多国籍企業に比して生産国の国営企業のシェアが増しているため，国家がより有利な契約変更を行う法的・規範的な条件もそろっている（Hogan and Sturzenegger 2010）。

Chang, Hevia and Loayza（2010）は，より複雑な因果メカニズムを主張している。彼らによれば，問題は，効率的な資源開発を可能にする民営企業と，分配可能な利益を増やす国営企業のどちらを選択するかというトレードオフにあ

7）例えばボリビアでは，1996年のYPFBの民営化の代わりに国営企業を維持する案も存在したが，政治的介入が常にありうる国営企業では民間投資の流入は見込めないために，民営化に踏み切られた（インタビューB）。

8）一般的に「契約陳腐化（obsolescing bargain）説」とも言われる。

る。この考え方によれば，民営化から国有化に転じる閾値は，政権担当者が将来の投資流入継続から期待される利得を，国有化から期待される利得から差し引くことで求められる。そうした場合，一定期間にわたって投資額が流入しながらその後減少に転じたときに，国有化のリスクは高まることになる。

ここで紹介した研究は，ロジックこそ違うものの，投資流入状況の変化が国有化に影響を及ぼすと考える点では一致している。

②生産・消費バランス

ラテンアメリカを扱った近年の研究は，資源価格の高騰が必ずしも国有化インセンティブにつながるわけではなく，逆に国有化を抑制する可能性もあることを指摘している。国際連合ラテンアメリカ・カリブ経済委員会の天然資源チームは，石油・天然ガス生産国は同時に消費国でもあり，しばしば国内で供給されるガソリン等の燃料価格を低く抑えているため，資源価格の高騰期には財政悪化の恐れがあると指摘する（Campodónico 2009）。Manzano and Monaldi (2008) は，資源生産国の生産・消費バランスが重要であることを強調した上で，国内消費を満たしてなお余剰生産がある純輸出国では国有化インセンティブが生まれるが，逆に国内消費を満たせない純輸入国では民営化インセンティブが生まれると主張する。なぜなら純輸入国では，国内消費を満たすために輸入しなければならない石油燃料の価格が高騰して財政をひっ迫するため，これに対する解決策として国内資源の新規探査・生産開発に向けた投資促進が，喫緊の課題となるからである。

3）限界と議論

以下は，上記の4つの仮説をまとめたものである。

H_1　政治イデオロギー説：左派政権であるほど国有化政策をとりやすい。

H_2　行政府に対する制約説：行政府の政策実施に対する抵抗が小さい場合に国有化政策がとられやすい。

H_3　民営化・国有化サイクル説：民営化などの投資家に有利な条件が与えられた結果，投資が実際に流入した後で減少傾向になると，国有化インセンティブが生まれる。

H_4　生産・消費バランス説：石油・天然ガス部門の純輸出国では価格高騰期に国有化インセンティブが生まれるが，純輸入国では民営化インセンティブが生まれる。

以上の諸仮説について，それぞれをともに考慮に入れた実証分析が必要である。国有化政策を急進左派政権のような政治イデオロギーと結びつける政治イデオロギー説（H_1）には，それに懐疑的な研究が存在する。Haslam（2010 : 225-228）は，アルゼンチン，ボリビア，チリ，ベネズエラの政策を比較し，左派政権だから国有化を行うと想定する決定的な理由は存在しないと主張した。また Berrios, Marak and Morgenstern（2010 : 16-20）は，1900～2006 年のラテンアメリカ 10 カ国[9]の 169 政権を対象として，その政権イデオロギーと国有化・民営化政策について体系的な分析を行った結果，あらゆるイデオロギーの政権が国有化を行ってきたことを明らかにした[10]。彼らは，代替仮説として経済的な要因を含めた再検証の必要性を主張したが，そのような検証は行われていない。

他方で，民営化・国有化サイクル説（H_3），生産・消費バランス説（H_4）のような経済的論理についても，実際の政策決定に沿って考えるならば，政治的論理を検討しなければならないのは明らかである。政策決定者には，資源価格の変動による影響を抑制する中長期的な観点からの制度構築を期待したいところだが，2 つの点でそれは実際的でない。第一に，そもそも民主体制下で政権を握った政治家は，中長期的なコミットメントをすることが難しく，短期的な視野で政策を実施することが多い。短期的な視野でとられる政策は，当然ながら，その時点で政治家に利益をもたらすものになりがちである（第 1 章参照）。第二に，制度改革を実現するためには取引費用がかかる。法律の制定には所要の制度手続きを踏む必要があるし，増税に抵抗するであろう利害関係者に対応

9）本章の分析に加えてチリとウルグアイを扱っているが，1990 年以降に関する限り，この 2 カ国は少なくとも自国領域上に意味ある量の炭化水素資源を持たないため，本章では割愛した。

10）この点を支持する研究は，1970 年代以前の国有化を扱ったものにも見られる。Sigmund（1980）や Philip（1982）は，左派ではなく軍事政権や右派が国有化を行う傾向があったことを指摘している。

しなければならないこともある。これらの点は，実際の政策決定にあたって政治的論理が重要である可能性を示唆している。時の政権が何を重視しており，政策変化を試みる上でどの程度の取引費用に直面するかは，経済的論理を重視したとしても見落とすことはできない。

以上を踏まえて，本章は政治的論理と経済的論理にもとづく変数をともに投入した検証を行う。類似の問題意識を持つ研究として Berrios, Marak and Morgenstern（2010）があるが，政権を単位としたデータセットの分析であったことに限界を有していた。なぜなら，そのようなデータセットでは長期政権と短期政権が同等に扱われてしまうだけでなく，同一政権の中で異なった方向性の政策がとられる可能性をモデルに取り入れられなかった。このような問題は，政権単位で変化するわけではない経済的論理の検証を困難にしていた。

また，先行研究の多くが深く検討しなかった点として，どのような現象を「国有化政策」としてとらえるか，という問題がある。先述したように，ほとんどの研究は，民間資本の接収やそれに匹敵する一方的な契約更改，あるいは国営企業の設立だけを国有化政策ととらえてきた。しかし，これは「ラディカルな国有化」とでも呼ぶべきものである。

調べた限りでは，1990～2012 年のラテンアメリカにおいて，「ラディカルな国有化」はアルゼンチン（2012 年），ボリビア（2005，2006，2008，2009 年），エクアドル（2006，2008，2009，2010 年），ベネズエラ（2001，2006，2007，2009，2010 年）の 4 カ国で 14 事例あった。この 14 事例は，2005 年のボリビアと 2006 年のエクアドルを除き，急進左派政権あるいはレント主義ポピュリズムと呼ばれる左派政権下で実施された。

しかし，このような「ラディカルな国有化」に限定することは，石油・天然ガス政策について偏った理解にとどまる。問題は石油・天然ガス部門における利益の取り分について国家がどの程度のシェアを確保するかであり，それは多様な手段によって可能である。たしかに，世界複数地域の多数国事例のデータ（一般に large-N データと呼ばれる）を扱う場合，長期間にわたってどのような政策が実施されたかをその詳細な内容も含めて調べ上げるのは現実的には困難であったかもしれず，国際報道に現れやすい「ラディカルな国有化」への限定は

表 3-1　「国有化志向の政策」の実施年（1990〜2012 年）

アルゼンチン	2002, 2004, 2006, **2012**
ボリビア	**2005, 2006, 2008, 2009**
ブラジル	2009, 2010
コロンビア	
エクアドル	**2006**, 2007, **2008, 2009, 2010**
メキシコ	
ペルー	2004, 2006
ベネズエラ	**2001**, 2004, **2006, 2007**, 2008, **2009, 2010**

出所）筆者作成。
注）太字は「ラディカルな国有化」すなわち資産接収もしくはそれに匹敵する一方的契約変更。それ以外は石油・天然ガス部門での国家のシェアを増加させる政策。

やむをえないものだったかもしれない。それに対して本章では，十分な資料が得られる 1990〜2012 年のラテンアメリカ地域に限定し，報道や二次資料[11)]を網羅的に収集して，政策リストを作成した（章末の表 3-6 参照）。

表 3-1 は，この政策リストをもとにして，「ラディカルな国有化」だけでなくそれ以外の国家シェアを増加させる政策を含めて，それらの実施年を抽出したものである。本章では，国家シェアを増加させる様々な政策を含めて，「国有化志向の政策」と呼ぶ。Sigmund（1980）や Berrios, Marak and Morgenstern（2010：3–10）は，国家のシェアを高める政策として，国営企業独占となる資産接収，国営企業がマジョリティ参画となる部分的な資産接収，税やロイヤルティの増額，国営企業の設立，契約方式の変更といった多様な政策手段があるとした。「国有化志向の政策」はこれらをすべて含めたものである。

表 3-1 からは，急進左派政権に分類されてこなかったブラジルやペルーのような国でも「国有化志向の政策」が実施されたことがわかる。次節では，このデータセットを用いて，どのような条件下で政策が実施されたかを検証する。

11）参照した資料は，Campodónico（1996；2004；2007a；2007b），JETRO（2006），CEPAL（2013）といった二次文献の他，専門誌 *Oil & Gas Journal* および LexisNexis 等を活用した報道資料である。

2　パネルデータ分析による検証

本節では，パネルデータを用いた回帰分析によって，政治的論理と経済的論理が「国有化志向の政策」に影響を与えたのか否かについて検証する。以下，被説明変数，説明変数，コントロール変数，モデルについて説明した上で，検証結果を示す。

1）被説明変数

前節で述べたとおり，分析単位は1990～2012年のラテンアメリカの主な石油・天然ガス生産国8カ国の各国・各年とする（23年×8カ国＝184)。本章は，「ラディカルな国有化」だけでなく多様な政策手段を取り入れた「国有化志向の政策」を説明対象とするが，ある国でのある政策のインパクトを他の国の他の政策と比較して統一基準で指標化することは容易ではない。そのため，そのような政策手段が取られた場合に1を，それ以外に0を付与して二値化した[12)]。

2）説明変数

以上の被説明変数に対して，前節の議論にもとづき，最も説明力があると想定される4つの説明変数と5つのコントロール変数を投入する[13)]。各変数の記述統計量については表3-2を参照されたい。

12）Berrios, Marak and Morgenstern（2010）は，国有化政策の程度に応じて順序尺度とした上で順序ロジット分析を行っている。しかし，例えば国営企業独占の資産接収を行うこと（最も国有化の度合いが高い）と法人税の大幅増税を行うこととの違いを順序尺度としてとらえることには無理がある。なぜなら，そのような違いは国家がシェアを増大することによって得られる利益の増加に比例するのではなく，国営企業が独占経営に乗り出せる技術や人的資本の蓄積が十分にあるか，財政基盤がしっかりしているかといった別の条件によって左右されると考えた方が自然であるからである。また，接収に際して補償を行うかどうかも，外交関係や他産業への影響といった要素による可能性があるため，順序尺度とは考えがたい。以上より，本章では被説明変数は二値にとどめる。

13）投入する変数は必要に応じて対数変換し，前年値もしくは前年までの数値を用いた。変数間の相関係数はそうじて低く，多重共線性が疑われる点はなかった。

表 3-2　各変数の記述統計量

	最大値	平均値	メジアン	最低値
イデオロギー	5	3.070652	4	1
行政府に対する制約度	1	0.546914	0.573312	0.109872
投資額の減少傾向	4.425885	3.051592	3.087281	1.054358
生産・消費バランス	8.756663	3.377449	6.287837	-7.04617
レント（対 GDP 比）	3.869064	1.989289	1.889744	0.316897
債務サービス	4.747609	3.22224	3.323856	1.593369
埋蔵量/生産量	5.448543	2.782535	2.559955	1.527468
資源価格	5.27968	4.028361	3.855775	2.972281

出所）筆者作成。

①政治イデオロギー

政策決定において重要な役割を果たすと考えられる大統領の政治イデオロギーについて，Murillo, Oliveros and Vaishnav（2011）による 5 点尺度のスコアを利用する[14)]。ここでは順序を反転させ，大統領のイデオロギーを，左派 (5)，中道左派 (4)，中道 (3)，中道右派 (2)，右派（1）とした。左派である（値が大きい）ほど，国有化政策がとられると予測する[15)]。

②行政府に対する制約度

行政府に対する制約度に関して，Henisz（2000）によって作成され，その後アップデートされた POLCONV 指標を用いる[16)]。これは，議会上下両院，地方政府，司法府といった拒否点の数とその選好にもとづいて，どの程度政策に対する抵抗が予想されるかを，全く抵抗がない場合 (0) から，極めて強い抵抗

14) http://mariavictoriamurillo.com/data/ より入手（2014 年 3 月 29 日最終閲覧)。

15) Kitschelt（2010：Ch. 3）は，今日のラテンアメリカにおいて左右イデオロギーを経験的な指標によって評価することが難しいことを指摘しており，そのため専門家による評価がある程度の妥当性を持つと言える。

16) 代替的な変数として，先行研究（Guriev, Kolotilin and Sonin 2011；Warshaw 2012）は，Polity IV プロジェクトの XCONST 指標も利用した。これは，行政府に対する制約度に関して様々な条件を加味して，全く制約なし（1）から立法府などによって強く制約を受ける（7）までの 7 点尺度を与えたものである。しかし，この尺度は政策結果に対する評価であるため，複数の規準にもとづいて判断されているものの，印象が大きい国有化政策の実施を踏まえている可能性があるため，本文では POLCONV 変数をより適切なものとして用いた。ちなみに，この XCONST 指標を変数として投入した場合でも有意ではなく，他の変数の結果に影響はなかった。

が想定される場合（1）まで，0〜1の連続尺度でスコア化したものである。ここでは，スコア値を1から減じて反転させて投入する。つまり，行政府に対して予想される抵抗が小さい（数値が大きい）ほど，国有化政策の可能性が高まると予測する。

③外国直接投資の減少傾向

民営化・国有化サイクル説の主要な論点は，十分な民間投資が流入するとそれが後に埋没費用となって，国有化インセンティブにつながるというものである。その中で，Chang, Hevia and Loayza（2010）は，民営化を継続することで今後得られるだろう利益と，国有化によって得られるだろう利益との比較が重要になるのだから，外国直接投資が相対的に多く流入し続けている時期の国有化は合理的ではなく，より少なくなった時にこそ国有化政策がとられやすいと主張する。石油・天然ガス部門に限定した外国直接投資額の長期データは入手できないが，主要生産国については外国直接投資のかなりの部分を石油・天然ガス部門が占めると考えられるため，CEPAL（2012）より各国への外国直接投資額総額について1980〜2011年までのデータを利用した。その上で，過去10年間のうち最も高かった投資総額から，直近3年の投資総額の平均値を減じることによって，外国直接投資額の減少傾向についての変数を作成した[17]。この変数は，過去10年間（最大値）と直近3年間（平均値）の投資額の差分であるため，数値が大きいほど国有化政策の可能性が高まると予測する。

④生産・消費バランス

Manzano and Monaldi（2008）は，国内消費を補って余りある余剰生産は国有化インセンティブを生み出すが，国内生産を満たしていない場合，国有化ではなく民間投資を呼び込んで生産量を増やそうとするインセンティブが働くと主張する。生産消費バランスは，生産量と消費量の両方が入手可能な米国エネルギー省のエネルギー情報局（Energy Information Administration）のデータ[18]より，

17）外国直接投資額の減少傾向を表す変数Vの計算式は以下のとおりである。

$$\mathrm{V}=\max\{X \mid X\in I_{t-1}, I_{t-2},\ldots, I_{t-10}\}-\frac{I_{t-1}+I_{t-2}+I_{t-3}}{3}$$

ここで，Iは投資額，tは被説明変数の年である。元データの投資額の単位は百万米ドルであるため，対数変換を行った。

石油の生産量から消費量を減じて算出した。ただし，国有化政策が天然ガスについてのみ起きたボリビアに関しては，天然ガスの生産・消費バランスを含めた[19]。その際，数値を統一するためにBTU（British Thermal Unit）に換算した[20]。生産量が消費量を上回り（正の値），かつ国有化によって収奪できる余剰利益が大きい（数値が大きい）ほど，国有化政策がとられやすいと予測する。

3）コントロール変数

上記の4つの説明変数に加えて，5つのコントロール変数を投入する。

①体制スコア

まず，「国有化志向の政策」がとられるコンテクストとして，そもそもの生産体制が国営企業独占か，民間企業の参入が許されているかは極めて重要であるため，従前の生産体制の違いをコントロールする必要がある。そこで国営企業の独占であれば1，国営企業と民間企業の複合体制であれば0.5，民間企業のみであれば0を付与し，体制スコア変数を作成する[21]。国営企業の独占体制であれば国家のシェアを増やす必要性が低いので，体制スコア変数は「国有化志向の政策」がとられる確率に対して負の効果を持つと想定される[22]。

18）http://www.eia.gov（2014年3月29日最終閲覧）.

19）天然ガスを考える際，厳密には液化処理施設やガスパイプライン，自動車や家庭でのガス消費設備の普及なども検討しなければならないが，ここではどの程度余剰生産があるか，あるいは消費需要があるかを大まかに把握することが目的であるため割愛する。

20）生産量が消費量を上回っているかどうかについて1か0のダミー変数を投入することも検討したが，生産量と消費量の差の大小も意味を持つため，連続変数として投入した。ダミー変数として投入した場合も検証結果は変わらなかった。

21）生産体制の把握は，実際のプロジェクトへの投資状況や生産割合に関わらず，法制度上の取り扱いを根拠とする。国営企業の独占には，すべての生産物を国営企業に売却しなければならない場合，必ず国営企業がマジョリティ参加しなければならない場合（JV契約など）を含む。また民間企業のみの体制には，国営企業が制度的にマイノリティ参加しか認められていない場合を含む。

22）全サンプルのうち，約15％が民間のみ（0），約53％が半官半民（0.5），約32％が国営のみ（1）であった。ちなみにメキシコでは「国有化志向の政策」が一度もとられなかったが，全期間を通じて国営企業の独占体制であったため，この変数をコントロールすることは重要である。

②レント

各国経済の中で資源部門が占める割合は，各国の政策担当者にとって重要な判断材料になる。資源部門の経済に占める割合が大きく，価格高騰とともにレント（生産された利益から生産コストを減じた価値）が増加すると，そこからの取り分を増加させようとするのは自然である。ただし，経済が多角化していれば，国有化によって投資を遠ざけることは他産業への影響も意味するため，より複雑かつ長期的な判断が必要になる。この点を考慮に入れるため，世界銀行の統計より石油・天然ガスのレントの対GDP比を抽出して作成した。レントの割合が高い（数値が大きい）ほど，国有化政策の可能性が高まると予測する。

③債務サービス

近年の左派政権の政策研究（Murillo, Oliveros and Vaishnav 2011）が指摘するように，債務返済の負担に由来する財政規律から解放されることは，政府にとって政策の自由度を高めた可能性がある。また，一部の国で石油・天然ガス部門の民営化が累積債務に対処するための構造調整として実行されたとすれば，債務負担の減少は資源政策についても柔軟性をもたらすとも考えられる。さらに財政状況の好転は，自己資本による国営企業の経営の展望にも好影響をもたらすことだろう。そのため，債務負担が大きい（数値が大きい）ほど，国有化政策がとられにくいと予測する。債務サービスについて，世界銀行の統計データより対輸出額比を取った[23)]。

④埋蔵量/生産量

生産量の増加は，必ずしも資源開発が持続的であることを意味しない。国内消費や輸出需要を満たすために生産量を増やしたとしても，埋蔵量が伸びなければ将来性が危ぶまれるため，さらに外資導入を継続しようとするかもしれない。1990年代以降のコロンビアではこの議論が盛んになされ，純輸出国ではあるものの民間投資誘致が優先されてきたとの解釈がある（Campodónico 2007b; Urrutia 2009）。そのため，埋蔵量が生産量に比して大きい（数値が大きい）ほど，国有化政策がとられやすいと予測する。埋蔵量と生産量については，

23）http://data.worldbank.org（2016年2月29日最終閲覧）.

生産消費バランスと同様に米エネルギー情報局のデータから計算した。同様にボリビアについては天然ガスを含め，BTU に換算した。

⑤資源価格

資源価格は 2000 年代に入って上昇し，2011 年には 1999 年の平均値の約 4 倍になった。この変化をとらえるために，石油価格の対数値を説明変数として投入した[24)]。石油価格が上昇する（数値が大きい）ほど，国有化政策がとられやすいと想定される。

4）モデル

被説明変数が各国・各年を単位とする二値変数なので，パネルデータに対するロジスティック回帰分析（以下，ロジット分析）を行う。モデル構築にあたっては，いくつか注意すべき点がある[25)]。

まず，「国有化志向の政策」がとられる確率を考える際に，前年度にそのような政策がとられたかどうかをコントロールする必要がある（Beck and Katz 1995)。ある年に国家のシェアを増やす政策をとった場合には，類似の状況が翌年も続いたとしても改めて同様の政策を実施する可能性は低くなるからである。そこで，前年に経験があったかどうかのダミー変数を投入する。経験があれば政策実施確率が低くなる（負の効果）と予想される。

さらにパネルデータを扱うにあたって，時間依存と国依存に注意が必要である。時間依存とは，例えば中東での紛争やリーマン・ショックといった，ある年に発生した固有の現象が全対象国に共通して及ぼす効果を考慮に入れるべきことを意味する。この効果をコントロールする 1 つの方法は年ダミー変数を投入することだが，23 年× 8 カ国（n = 184）のパネルデータのロジット推定を行う上で 22 個ものダミー変数を投入することには問題がある。この問題に対して，Beck, Katz and Tucker（1998）は年ダミーによるコントロールではなく，従属変数の時系列変動にもとづいた 3 次自然スプライン（natural cubic spline）

24）天然ガス価格は石油価格とほぼリンクしているので，石油価格のみを取り上げる。

25）モデル構築を考える上で，政策決定のパネルデータ・ロジット分析について，類似の分析を行った Hallerberg and Scartascini（2012）を参考にした。

を変数として投入することを推奨し，シミュレーションの結果，その有意性を明らかにしている。この知見にもとづき，本章では年ダミーを投入せず，時系列スプライン変数を投入することで時間依存をコントロールした[26]。

他方で，時系列スプライン変数を投入する場合，全対象国に共通して時系列で変化する他の変数を投入することができない。しかし，「国有化志向の政策」の実施には，国際資源価格の変動が影響した可能性が高い。したがって，時系列スプライン変数の代わりに資源価格変数を投入したモデルでも検証を行った。

国依存とは，時間と共に変化しない各国個別の要因による効果を考慮に入れるべきことを意味する。パネルデータに対するロジット分析では，国クラスターに対してランダム効果を投入するか，あるいは固定効果を投入することでこれに対処することができるが，いずれを投入すべきかについては未だ議論があるところである（Clark and Linzer 2012)。ここでは，ランダム効果と固定効果をそれぞれ投入したモデルによって検証を行った。

5）分析結果と解釈

表 3-3 は分析結果である。モデル 1 とモデル 2 は時間依存をコントロールするために時系列スプラインを投入した場合で，ランダム効果か固定効果かに違いがある[27]。モデル 3 とモデル 4 は時系列スプラインではなく資源価格を投入した場合で，やはりランダム効果か固定効果かに違いがある。時系列スプラインと資源価格で，各変数の有意水準に大きな違いは見られない。

まず，一見してわかるとおり，いずれのモデルにおいても体制スコア，行政府に対する制約度，レントの 3 つの説明変数は予測されたとおりに有意であった。これは，各国の GDP に占める石油・天然ガスレントの割合が高い，または，行政府の政策決定に対する制約度が低い場合に「国有化志向の政策」が実施されやすいことを示している。図 3-1 と図 3-2 は，他の変数を平均値にそろ

26）念のため，後述する有意な独立変数のみを投入したモデルについて，Wald 検定と尤度比検定を行った結果，すべての年ダミーをゼロとした帰無仮説が有意に棄却されなかった。

27）固定効果を投入した場合，「国有化志向の政策」が全く実施されなかったコロンビアとメキシコのサンプルはバイアスを生むため除外される。

表 3-3　パネル・ロジット分析結果

		モデル 1	モデル 2	モデル 3	モデル 4
パネルデータ分析モデル					
国クラスター		ランダム効果	固定効果	ランダム効果	固定効果
時系列変数		時系列スプライン	時系列スプライン	資源価格	資源価格
前年経験ダミー	−	−0.10（.70）	0.04（0.90）	−0.32（0.89）	−0.37（.79）
体制スコア	−	−6.55（1.66）***	−6.88（2.51）***	−6.94（1.61）***	−7.48（2.59）***
イデオロギー	＋	1.36（.47）***	0.94（.73）	1.31（.37）***	1.00（.66）
行政府に対する制約度	＋	10.33（5.05）**	15.71（6.69）**	7.73（2.18）***	12.00（5.03）**
投資額の減少傾向	＋	1.68（.92）*	1.24（1.95）	1.41（.64）**	0.06（1.54）
生産・消費バランス	＋	−0.42（0.14）***	−0.03（.54）	−0.35（.16）**	−0.05（.63）
レント（対 GDP 比）	＋	3.53（1.42）**	3.71（1.49）**	3.06（1.44）**	3.53（1.53）**
債務サービス	−	0.75（1.09）	1.01（.99）	0.70（.79）	0.98（.89）
埋蔵量/生産量	＋	0.90（.54）*	1.38（1.44）	0.91（.55）	0.18（1.49）
資源価格				0.88（.45）*	1.24（0.99）
N		184	138	184	138
国クラスターの数		8	6	8	6
対数尤度		−31.04	−22.67	−31.20	−22.81
尤度比カイ二乗値		20.24	58.81	20.22	58.53

出所）筆者作成。
注）各変数名の横の記号は＋であれば正の影響，−であれば負の影響があると予測。* は $p < 0.1$，** は $p < 0.05$，*** は $p < 0.01$ の有意水準。括弧内はいずれもロバスト標準誤差。切片，時系列の 3 次自然スプライン変数，国ごとの固定効果についての結果は割愛した。

えた場合に，行政府に対する制約度およびレントの変化と国有化志向の政策が実施される予測確率との関係をそれぞれ示したものである[28)]。行政府に対する制約度が最も弱い状況では，およそ中程度と比べても 16 % ポイントほど政策実施の確率が高まる（図 3-1）。他方で，石油・天然ガスレントの GDP に占める割合が 5 % 程度と 45 % 程度の場合を比べると，後者では 50 % ポイントほど政策がとられる確率が高まる（図 3-2）。いずれも「国有化志向の政策」が実施される確率を相当程度に高めることがわかる。

表 3-3 で，いくつかの変数は，有意でないか，予測されたものとは逆の効果が見られた。ランダム効果を投入したモデル 1 とモデル 3 では，イデオロギー，生産・消費バランス，投資額の減少傾向，埋蔵量，資源価格といった説明変数

28）予測確率の推定にあたっては，King, Tomz and Wittenberg（2000）を参照して Stata の clarify パッケージを用いた。

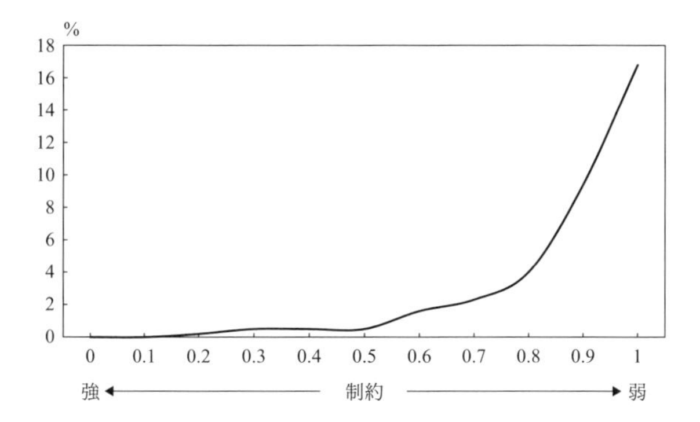

図 3-1　行政府に対する制約度に対して「国有化志向の政策」が実施される予測確率

出所）Stata, Clarify を用いて筆者作成（詳細は本文参照）。

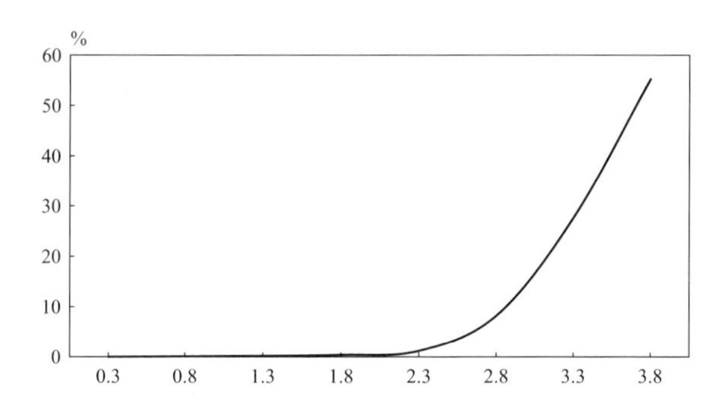

図 3-2　レント（対 GDP 比，対数）に対して「国有化志向の政策」が実施される予測確率

出所）Stata, Clarify を用いて筆者作成（詳細は本文参照）。

は有意な影響を持つ。しかしこれらの変数は，固定効果を用いたモデル 2 とモデル 4 を見ると，十分な有意水準を満たしていない。Clark and Linzer（2012）は，もしパネルデータのサンプルについて国クラスターが均質とは言いがたく，特に説明変数について国の間に違いが見られるならば，固定効果を投入しないことは正当化しがたいと主張する。本章のデータセットについて，この主張は強くあてはまる。したがって，固定効果を投入したモデル 2，モデル 4 において有意水準を満たしていない説明変数の影響は疑わしいと考える。

さらに，生産・消費バランスについては，生産量が消費量に勝っていることが「国有化志向の政策」の実施を促す（正の影響）と Manzano and Monaldi (2008）は主張するが，結果はロジット推定の符号が負になっており，むしろ生産量が消費量を満たしていない場合ほど，「国有化志向の政策」がとられる可能性が高まることが示されている。いずれにしてもこの変数の有意性も確かではない。

6）頑健性チェック

以上の検証結果は，どの程度頑健（robust）なものであろうか。ここでは，新たに3つのコントロール変数を投入して追加検証を行う。

第一に，生産・消費バランスは資源価格が高騰するときにこそ効果を持つとの主張も考えられる。そこで，生産・消費バランスと資源価格の交互作用項を投入する。第二に，政策実施がとられるタイミングについて考えたとき，選挙前年にはより積極的なアピールを行うか，あるいはリスクのある政策実施を控えようとする可能性が考えられるため，この点をコントロールするために，「プレ選挙」変数を投入する[29)]。第三に，一般的に「国有化志向の政策」は民間投資家にネガティブなイメージを与えるものの，ひとたびそのような政策がとられると評判リスクが軽減されるため，それ以降に同様の政策を実施するリスクは低下する可能性が考えられる。そこで，各国ごとに，過去に同様の政策がとられた回数をカウントした変数を投入する。表3-4は，これらのコントロール変数を投入した結果である。いずれの場合も，すでに得られた結果と相違はなかった[30)]。

検証結果をまとめると次のとおりである。第一に，イデオロギーの「国有化

29）変数の作成にあたっては Franzese（2002）を参考にして，政策実施に最も大きな影響を与えると考えられる大統領選挙について，選挙日までの日数によって作成した。例えば，2月3日が選挙日であった場合，1月1日から2月3日までは34日間あるので，34/365＝0.09を当該年の変数値に，1から0.09を減じた0.91を前年の変数値とした（小数点第3位以下は四捨五入）。

30）プレ選挙変数と過去の政策回数を投入したモデルについて，時系列スプラインではなく資源価格をコントロールしたモデルでも検証を行ったが，同様の結果であった。

表 3-4　頑健性チェックの結果

	モデル5	モデル6	モデル7	モデル8
パネルデータ分析モデル				
国クラスター	ランダム効果	固定効果	ランダム効果	固定効果
時系列変数	資源価格	資源価格	時系列スプライン	時系列スプライン
前年経験ダミー	−0.32 (0.89)	−0.37 (.79)	0.15 (.82)	0.31 (1.07)
体制スコア	−6.93 (1.61)***	−7.46 (2.61)***	−6.20 (1.76)***	−6.68 (2.81)**
イデオロギー	1.31 (.37)***	1.00 (.67)	1.44 (.56)**	0.97 (.73)
行政府に対する制約度	7.86 (2.35)***	12.06 (5.28)**	11.33 (5.40)**	18.25 (7.27)**
投資額の減少傾向	1.41 (.64)**	0.08 (1.60)	1.81 (.97)*	1.83 (2.20)
生産・消費バランス	−0.29 (.29)	−0.03 (.86)	−0.41 (.14)***	−0.08 (.54)
レント（対GDP比）	3.06 (1.44)**	3.52 (1.56)**	3.27 (1.43)**	3.33 (1.59)**
債務サービス	0.70 (.79)	0.99 (.90)	0.96 (1.41)	1.34 (1.17)
埋蔵量/生産量	0.91 (.56)	0.19 (1.49)	1.05 (.63)*	1.46 (1.99)
資源価格	0.92 (.52)*	1.25 (1.04)		
生産・消費バランス×資源価格	−0.02 (.04)	−0.01 (.13)		
プレ選挙			1.18 (.97)	1.45 (1.03)
過去の政策回数			−0.04 (.25)	−0.07 (.48)
N	184	138	184	138
国クラスターの数	8	6	8	6
対数尤度	−31.20	−22.81	−30.33	−21.63
尤度比カイ二乗値	77.20	58.53	78.92	60.89

出所）筆者作成。
注）* は $p < 0.1$，** は $p < 0.05$，*** は $p < 0.01$ の有意水準。括弧内はいずれもロバスト標準誤差。切片，時系列の3次自然スプライン変数，国ごとの固定効果についての結果は割愛した。

志向の政策」の実施に対する影響は，固定効果を投入すると有意ではなかった。第二に，「国有化志向の政策」は，レントの対GDP比が大きいか，行政府に対する制約度が小さい場合に実施される確率が高くなる。第三に，経済的論理に鑑みて政策が実施されたかどうかは疑わしい。経済的論理の中で，ランダム効果を投入した場合，投資の減少傾向は有意で予測された効果が示された一方で，生産・消費バランスは有意だが，予測されたのとは逆の効果が示された。またいずれも固定効果を投入した場合，有意ではなかった。

ここでありうる反論は，イデオロギーや経済的論理を主張する立場は，そうした論理が必ずしも直接的かつ即自的に政策決定に結びつくと考えているわけではないというものである。すなわち，それらは政策決定過程の中では行政府に対する制約度のような論理と結びついて表れるものであるから，政策実施があった年×国を被説明変数とした検証で有意性が見出せないとしても，仮説が棄却されたとは言いがたいと主張されるかもしれない。そこで次節では，ボリビアの事例研究を通じて，複数の論理が実際の政策決定過程の中でどのように検討され，政策決定に影響したか，あるいはしなかったかを確認する。

3　ボリビアの事例研究

政治的論理と経済的論理は，実際の事例でどのように表れるのだろうか。ここで8事例すべてを過程追跡することは難しいが，本節ではボリビアの事例研究からいくつかの点を明らかにする。Mazzuca（2013a；2013b）はレント主義ポピュリズムの代表例としてアルゼンチン，ボリビア，ベネズエラ，エクアドルの4カ国を挙げるが，その中でボリビアの事例は生産量と国内消費量の差分が最もひっ迫しており，政治的論理と経済的論理の両方が最も厳しく問われたはずだと考えられる。

表3-5は，ボリビアにおいて，イデオロギー，行政府に対する制約度，投資額の減少傾向，生産・消費バランスといった仮説がどのような変遷を見せたかをまとめたものである。

以下で述べる事例研究の内容を先取りすると，次の4点が明らかになる。第一に，最初に実施された「国有化志向の政策」を見る限り，仮説H_1の政治イデオロギーは関係がなかった。第二に，仮説H_3の民営化・国有化サイクル説が主張するように，投資流入のピークを過ぎたことは政策実施のタイミングについて一定の説明力を持つが，それよりもむしろ資源部門で生産されるレントの割合が高いために社会からの強い分配圧力が起きたことが，最初の「国有化志向の政策」実施にあたって直接的に重要であった。第三に，この分配圧力の結果として支配的な多数派を形成する与党政権が成立し，行政府に対する制約度が低下したため，仮説H_2が主張するように，その後の国有化志向の政策の実施が容易になった。第四に，社会からの分配圧力は，政策決定の中で仮説H_4が主張する生産・消費バランスに対する懸念について，低い優先順位を与

表3-5　ボリビアでの各要因の変遷

	最初の「国有化志向の政策」実施（2005年）まで	2006年以降
イデオロギー	右（1993～2005年）	左（2006年～）
行政府に対する制約度	高い（1994～2005年）	低い（2006年～）
投資額の傾向	2000～03年がピーク，その後減少傾向	
生産・消費バランス	一貫して天然ガスは生産黒字だが，石油は生産赤字	

出所）筆者作成。

えた。以下では，前節までに取り上げた複数の仮説がどう立ち現れ，どの論理が意味を持ったかを，過程追跡によって確認していく。

ボリビアは1936年に石油公社YPFBを設立し，翌1937年に米系Standard Oil社の資産を接収することで国有化政策に舵を切った。その後いったんは外資導入へと振り戻しながら，1969年には米系Gulf Oil社の資産を接収した。いわば国有化と民営化の間をいわば振り子のように揺れ動いてきたのである[31]。そんなボリビアにおいて，最も新しい民営化は1990年代に，国有化は2000年代に訪れた。

1984～85年にハイパーインフレを迎えたボリビアは，ワシントン・コンセンサスに則った構造改革を実行に移した。1994年5月21日公布の法1544号，通称「資本化法（Ley de capitalización）」によって国営企業の株式会社化と，増資による過半数株式の市場売却による民営化がデザインされ，1996年にYPFBが民営化された。1996年4月30日公布の法1689号は，上流部門への投資を民間資本のみ可能として石油・天然ガス資源生産への国営企業の関与を禁止する一方で，新契約下でのロイヤルティを50％から18％に引き下げ，旧契約者の新契約への移行を認めるなど，民間資本を厚遇する政策をとった。この結果，ボリビアの石油・天然ガス部門には，1998年の年間6億ドル超をピークとして，1997～2003年までに総額29億ドルの外国直接投資が舞い込んだ（Pacheco 2009：111）。

国有化政策がこのような投資流入のピークを過ぎた時期に起きたのは確かで

31）「振り子」という表現はCandia y Pacheco（2009）による。

あるが，それよりも直接的にはレント分配を求める世論の高まりと街頭での抗議運動が重要であった。興味深いのは，再々度の国有化政策に向かう動きが始まった 2003 年は，資源価格の高騰がちょうど始まるタイミングではあったものの，その程度や持続性は未だ不確かな状況であったことである。

1990 年代末から 2000 年代初頭に天然ガス生産が軌道に乗り，膨大なレントを生み出すようになると，当時の経済不況下での分配圧力が高まるようになる。2003 年 10 月，チリのアントファガスタ（Antofagasta）港を経由した米国への液化天然ガス輸出に反対する抗議運動によって，ゴンサロ・サンチェス・デ・ロサーダ（Gonzalo Sánchez de Lozada）大統領が辞任に追い込まれ，天然ガス政策は再考を迫られた。副大統領から昇格したカルロス・メサ（Carlos Mesa）は，翌 2004 年 7 月に天然ガスの国有化に関する国民投票を実施した。そして，その結果をもとに 2005 年 5 月に法 3058 号を公布し，①YPFB の過半数株式の取得と生産工程への参加，②石油・天然ガス資源の「井戸元での」国有化（生産物の強制買い上げ），③売り上げに対してロイヤルティ 18 % と石油・天然ガス直接税 32 % を徴収する新税制を導入した。メサ大統領は既存政党に属さない知識人出身であり，評価は難しいものの，イデオロギーは左派よりも穏健右派と評価されることが多い。最初の国有化政策は，急進左派政権下で起きたわけではないのである。

この過程で，経済的コストは政府内で検討されながらも脇に置かれた。外資流入はピークを過ぎて減少傾向にあり，大規模ガス田があるタリハ（Tarija）県ではすでに生産が開始されていたため，新規投資の停滞による悪影響は小さく見積もることができた。しかし，当時の担当大臣は，天然ガスを国内消費用に転換するための精油・輸送設備等が十分でなく，国有化政策によって新規投資が滞ると，数年後には大量の石油燃料を輸入しなければならなくなるとの懸念を有しており，これを国会でも説明したが結果的には考慮されなかった（インタビュー C）。生産・消費バランスの悪化に対する懸念は実際に存在したものの，社会からの分配圧力に直面して緊張状態にあった政府は，そのような論理を顧みることはなかった。

国有化政策を生み出した抗議運動の高まりは，2005 年 12 月の大統領選挙でそれまで野党候補であったエボ・モラレスを当選させたが，これは50％を超える歴史的な得票率による当選であった。同政権はこれによって下院過半数を獲得し，それ以降にドラスティックな改革を実行しやすくする条件が作られた。翌2006年5月1日，政権についたばかりのエボ・モラレス大統領は大統領令28701号を発令し，天然ガス生産施設に軍を派遣するという象徴的なアピールによって「国有化」を宣言した。実際に行われた内容は，法3058号に定められた新契約への移行を180日間以内に行うことを迫り，新契約に移行しない間は売り上げに対して82％を課税するというものであった。行政府に対する制約度の低下は，さらなる国有化政策の実施を促した。2008年6月にはCLHB社（輸送部門），2009年にはAir BP社（航空燃料）が国有化された。

モラレス政権はその後，生産・消費バランスの問題に直面する。とりわけ自動車に用いる石油燃料が不足し，ベネズエラから大量に輸入せざるをえなかったが，国内供給価格は低く抑えられてきたため，輸入価格と国内販売価格の差額を国が補てんしてきた。2000年代後半にはその額が年間数百万ドルに達し，財政を圧迫するようになる。2010年12月26日，政府は大統領令748号を発令し，ガソリンをはじめとする石油燃料の国内供給価格を最大で99％引き上げた（岡田2011）。しかし，この決定は直ちに激しい抗議運動を巻き起こし，5日後に撤回された。この政策の撤回は，政府が経済的論理について重視したとしても，やはり政治的理由から脇に置かれることを示唆している。

ボリビアの事例研究は，あくまでも同国の経験に限られるものである。しかしそれでも，以上の事例研究は前節の検証で支持された仮説だけでなく有意でなかった仮説についても示唆的である。すなわち，ボリビアの事例において政策の重要な推進要因は，資源レントの増加とそれに対する社会からの分配圧力であった。そして，ひとたび圧力行動が選挙を通じて多数派政権を確立し，行政府に対する制約度を低くすると，「国有化志向の政策」が実施される可能性が高まっていった。また，「国有化志向の政策」の実施において，イデオロギーは決定的な理由ではなく，生産・消費バランスのような経済的論理はしばしば重視されないことも事例からは明らかである。

おわりに

本章は，1990 年代以降のラテンアメリカの石油・天然ガス部門について，「国有化志向の政策」の包括的なデータセットを構築した上で，政治的論理と経済的論理をともに変数化して，パネルデータを用いたロジット分析による検証を行った。改めてまとめると，もともと民間資本の参入が認められていた体制にあって，資源レントが各国経済に占める割合が高い場合，または行政府に対する制約度が低い場合に「国有化志向の政策」が起こりやすいとの結果が得られた。各国経済に占めるレントの割合という変数には，資本投下による生産設備の充実や資源価格の高騰が間接的に反映されるため，そうした要因が依然として重要である可能性には留意する必要がある。それに対して，生産消費バランス仮説は有意ではなく，期待された効果を持たないことが検証された。第2 節で取り上げた 4 つの仮説のうち，パネルデータ分析とボリビアの事例研究の結果からは，行政府に対する制約度説のみが「国有化志向の政策」をもたらす要因として有意であることが検証された。こうした分析結果は，今日の国有化政策を説明する上で，やはり経済的論理ではなく政治的論理の方が強く働いていたことを裏付けている。ボリビアの事例研究からは，どのようにして経済的論理に低い優先度が与えられたかが明白にもなった。

これまで，レント主義ポピュリズム論のように特定の急進左派政権と国有化を結びつける主張があったが，左派政権であることが資源レントに対する国家のシェアを増やす政策の原因であるかどうかは，検証されてこなかった。本章は「国有化志向の政策」の実施は，必ずしも政権のイデオロギーとは関係がないことを明らかにした。左派政権でなくても「国有化志向の政策」は実施されたし，左派政権であってもいつの時点でそうした政策が実行に移されるかは自明でなかった。こうした知見は，ラテンアメリカの石油・天然ガス部門の政策決定がどのようにしてなされるかについて，多くの示唆に富む。

本章の分析は，必ずしも資源政策の実施メカニズムを完全に明らかにしたわけではなく，あくまでも一般的な傾向についての検証作業であるが，改めて検証すべき課題もある。特にボリビアの事例では，2000年代前半に起きた人々の激しい圧力行動が政策決定を決める上で重要だった。そのような人々の政治参加行動は，2005年のボリビアや2006年のエクアドルで，左派政権の誕生よりも前に，資源政策の修正を迫ったのだった。また，2010年にボリビアでモラレス政権がガソリン価格を値上げしようとして失敗したように，政府が経済的論理を重視して政策を実行しようとしたときも，人々の政治参加行動は依然として重要な影響力を持った。

では，こうした人々の政治参加行動は，この時期のラテンアメリカ地域でどの程度広く見られたのだろうか。また，抗議運動のような街頭での政治参加行動は，どのような場合に起きたのだろうか。資源ブームの影響はどの程度あったのだろうか。次章では，こうした問いについて検証作業を行う。

表3-6　主要8

アルゼンチン		メキシコ		ペルー		ボリビア	
1922	YPF（石油公社）の創設	1933	PEMEX（石油公社）の創設	1934	Petroperú（国営公社）の創設	1936	YPFB（石油公社）の創設
1990	大統領令 2778 号により，YPF を株式会社化			1991	立法令 757 号により，国営会社 Petro-peru の（特に下流部門での）独占を廃止。立法令 674 号により，民間投資を国の利益と宣言	1990	法 1194 号により，それまで YPFB に認められていた炭化水素資源の輸送・販売などに民間企業の参画を認める
1991	Plan Argentina により探査インセンティブを導入。生産物の自由処分を可能に（国内市場への供給不足の場合を除く）。販売価格の自由化。税は生産州へのロイヤルティと一般法人所得税のみ	1992	国営会社 PEMEX の機構改革。天然ガスの貯蔵，運搬，石油化学部門での民間資本参加を規定	1992	Petroperú の民営化を開始	1992	ブラジルとの長期売買契約が発効
1992〜93	YPF の民営化を宣言。3 つの精油所，貯蔵・輸送施設を民間に売却			1993	炭化水素法制定。Petroperú を契約管理機関に格下げし，上流部門での民間資本の参画に複数の契約方式とインセンティブを導入。国内優先供給義務の廃止	1993	YPFB と Petrobras はガスパイプラインの建設について協定締結
1993	YPF の株式の一部（45 %）を市場売却						
		1995	天然ガスの貯蔵・運搬に民間資本の参加を認める憲法改正			1994	3 月，YPFB を含む国営企業の資本化（民営化）法を制定
1996	西 Repsol 社は亜 Astra 社株式の 43.7 % を取得（2000 年までに 100 % 株式を取得）。この年までに 23 の国際入札を実施			1996	Pampilla と Talara 精油所，Lote 8/ 8X などを民営化	1996	4 月 30 日，新炭化水素法公布。民間資本のみ上流部門への投資を可能とする。生産物の自由処分を認める。新契約下でのロイヤルティを 50 % から 18 % に引き下げ，旧契約者の新契約への移行を認める
1997	亜 Bridas 社は Panamerican Energy コンソーシアムの一部に（60 % は BP，40 % を Bridas）。西 Repsol 社が Pluspetrol 社の 45 % を購入						

カ国の政策一覧

コロンビア		ブラジル		エクアドル		ベネズエラ	
1948	ECOPETROL（国営企業）の創設	1953	10月，Petrobras（国営企業）の創設が決定	1972	6月，CEPE（エクアドル石油公社）1989年よりPetroecuador創設	1975	Petro Ven（国営会社，後のPDVSA）の創設
1991	CusianaとCupiagua油田を発見			1992	OPECから脱退	1991～92	議会は，原油生産について国営企業と民間企業の契約を可能とする法改正を承認
				1993	11月，法44号により，法人税が36.25%に減税され，様々な探査インセンティブが与えられるとともに契約方式が拡大。民間企業は契約によって生産物（石油）を自由処分できることに	1992～95	15の操業契約（うち7つが生産）を締結
1994	生産された原油の配分方式を変更。新規油田が発見された場合は探査費用の半額を負担するインセンティブを導入			1994	13鉱区についての国際入札を実施		
1995	発見されなかった時も探査費用の半額を負担する法改正を導入。新たに12の探査契約を締結	1995	11月，議会は炭化水素部門への民間資本参入を認める憲法修正を可決	1995	石油パイプラインの建設が入札にかけられるが，軍の反対により中止	1995	7月，上流部門の外資への開放政策。いくつかの契約形態による参画が可能に
						1996	10鉱区が入札にかけられ，そのうち8つを民間企業が落札。同年，国内ガソリン価格を引き上げ
		1997	新石油法が公布され，民間資本の参入について規定。規制・許認可機関として国家石油協会（ANP）を設立				

（つづく）

アルゼンチン		メキシコ		ペルー		ボリビア	
1999	西 Repsol 社が YPF を買収（株式の約 98 % を取得）					1999	Gualberto Villarroel 製油所などの民間資本への売却
2002	現地通貨ペソ下落により，経済緊急法発令（法 25561 号）。その後，政府内の決定により，炭化水素資源の販売価格を固定。国内需要を満たすことを優先し，生産物の 70 % のみの自由処分を可能とする Perez Compac 社が Petrobras に売却される 石油輸出に対して 20 %（後に 25 %），精錬油に対して 5 %（後に 20 %）の税金を導入			2000	炭化水素活発化法。探査段階の契約における諸条件を緩和		
				2002	探査活動に従事する企業への売上税（IGV）の償還を規定。法的安定化契約で認められる利益に含める		
				2003	11 月，最低限の探査活動計画を提出した企業に低価のロイヤルティを可能に。ロイヤルティを減額（計算方式を改定）。天然ガスの国内供給義務についての条件を緩和	2004	7 月 1 日，天然ガスの国有化の是非を国民投票にかける
2004	石油価格に応じて 3～20 % の追加徴税を導入 10 月，国営電力エネルギー企業 Enarsa を設立。国家が 53 %，生産州が 12 %，民間資本が 35 %（意思決定への投票権なし）で構成			2004	6 月，政府は国営会社 Petroperu を民営化プロセスから外す法律を公布	2005	5 月 18 日，炭化水素資源の生産額の 50 % を徴収する炭化水素直接税を導入，地方政府，大学，軍などに分配する炭化水素法を公布
		2005	12 月，原油価格高騰期に PEMEX が支払っていた追加税のうち 50 % を探査・生産投資に，残り 50 % を連邦政府のインフラ・設備投資に行えるように財政ルールを変更	2005	天然ガスの国内市場供給義務について条件緩和 カミセアのガス田の輸出を可能にするように契約更改	2006	5 月 1 日，大統領令により，炭化水素資源の国家所有を規定し，民間企業との関係を JV 契約からサービス契約に変更。契約変更の交渉中のロイヤルティを 82 % に増額（炭化水素直接税）

コロンビア		ブラジル		エクアドル		ベネズエラ	
		1999	油田鉱区についての初の入札を実施			1999	ガス資源法制定
2000	民間企業との新規のアソシエーション契約における国営企業ECOPETROLの参加率を50％から30％に引き下げ	2000〜01	Petrobrasの一部株式（48億4000万ドル）を民間資本に売却（議決権無）	2000	下流部門への民間資本参画を認める法案が提出されるが公布に至らず	2001	炭化水素法により，あらゆる新規の探査・採掘契約における国家のマジョリティ参画を規定。石油へのロイヤルティを16.66〜30％に増額（オリノコベルトは20％）。レントに対する課税は67％から50％に
2002	ロイヤルティを埋蔵規模によって変化させ，最低限度額を拡大			2005	コレア経済大臣（当時）により安定化・投資・債務削減基金（FEIREP）が廃止され，石油収益が社会事業に向けられるようになる	2004	オリノコ川流域の開発に対する法人所得税を1〜16.67％に増額
2003	6月26日，規制緩和により，あらゆる契約方式を可能に。また石油部門の管理を専門に行う機関（ANH）を創設。ECOPETROLを組織改革し，執行部に民間部門からの参加を認める			2005〜06	アマゾン地域で石油開発に反対する抗議運動が発生。石油生産が停止（以前よりアマゾンでの石油開発やパイプライン建設に対する反対運動は発生）	2005	政府は1990〜97年に結ばれた32の操業契約の違法性を提起
				2006	4月，新炭化水素法制定。輸出額が契約時の平均月額を上回る場合，国家が売却益の50％を徴税することに。同年，Occidental社はPetroecuadorへの通報なく株式を売却したことを理由に接収される	2006	3月，開発中の全油田をPDVSAとのJV契約に移行（PDVSAが60〜80％）。大部分は契約更改に合意。Total社，ENI社，BP社は拒否したため接収 8月，石油企業への所得税を34〜50％に増額
2006	国営Cartagena精油所の51％株式を売却 7月，ウリベ大統領は国営ECOPETROLの株式の20％を売却する法案を提出。12月，国会はこれを承認			2007	8月，ベネズエラとの間でManabi精油所の建設に合意 10月，政府は価格高騰期の特別税を90％とする大統領令を発令。エクアドルはOPECに再加盟		

（つづく）

アルゼンチン		メキシコ		ペルー		ボリビア	
2006	7月，天然ガスの輸出税を20～45％に増額（ボリビアからの輸出ガスの値上げを受けたもの，2007年1月より適用） 10月，ENARSAと共同での探査・生産に対して優遇措置を導入。付加価値税の償還，探査投資を全額税控除の対象に 12月，炭化水素資源の所有権を州に認める法律を制定			2006	7月，政府は国営会社Petroperuの上流部門への参画を強化し，民間企業との戦略的連携を可能とする法律を公布		
		2008	政府は石油産業への民間企業の参入を認めるか否かについて国民投票を実施するも80～90％は否定票を投じる。民間企業とのサービス契約方式について柔軟化する法律を制定（石油産業の国家独占は維持）	2008～09	炭化水素資源の探査・採掘に関係する土地譲渡規定をめぐって，アマゾン先住民の大規模抗議運動が発生	2008	6月，天然ガス関連企業のChaco, Trans-redes, CLHB各社の資産を買収
						2009	5月，英系Air BP社国有化
2011	5月，YPFはネウケン州にシェールガスの埋蔵資源を発見したと発表			2010	政府は14の新規鉱区を入札にかける（落札されるも，先住民への事前協議法について係争があり2011年9月まで契約未締結）	2010	12月，政府は石油燃料への補助金を撤廃し，国内供給価格を引き上げる大統領令を発令するも，抗議運動にあい1週間後に撤回

コロンビア		ブラジル		エクアドル		ベネズエラ	
2007	3月，ECOPETROLは一部株式（10%）の市場売却を実施。43鉱区を探査入札にかける	2007	サントス海盆に大規模な深海油田を発見	2008	政府は石油企業への税金を70%とする新契約への移行を企業に迫る。大部分が合意	2007	5月1日，政府はオリノコ・ベルトの4つの油田の60%株式を取得する大統領令を発令。契約更改期限までにChevron社等が契約更改に応じる一方で，ExxonMovil社，ConocoPhilips社などは応じず退出
2008	政府は2010年に契約満了となるBPとの50：50のJV契約を継続しないことを発表。43鉱区を探査入札にかける			2009	7月，仏英系Perenco社およびConocoPhillips社傘下のBurlington Resources社は増税に反対し，接収される 8月，Petroecuadorは中国との間で10億ドルの借款（原油による償還）契約を締結	2008	政府は価格高騰時の特別税を導入。最大で利益の95%を徴税するシステムに
		2009	政府は深海油田＝プレソルト（海底岩塩下層）油田に対する国家管理を強める法案を提出			2009	5月1日，政府は60余りのサービス契約社が操業する石油リグ（プラットフォーム）ほかの資産接収
2011	7月，ECOPETROLは新たに一部株式（10%）を市場売却	2010	政府は，Petrobrasの増資により政府資本参加率を引き上げ 12月，プレソルト油田についてコンセッション契約ではなく生産物分与（PS）契約とする法改正。Petrobrasは最低で30%の資本参画を規定	2010	7月27日，炭化水素法改正。Petroecuadorの再編。民間企業にサービス契約への変更を義務付ける。サービス提供者としての企業には，売り上げの25%を納税（石油価格に関係なく），利益の12%を社会プログラムに支出することを義務化 期限であった11月23日までに合意できず，Petrobras他いくつかの企業は操業していた油田をエクアドル国営企業に売却	2010	政府はオリノコ重質油について2つのJV契約を締結 6月，政府はChevron社の石油リグの資産を接収。7月，政府はHelmerich&Payne社の石油リグ11基の資産接収。サービス契約への移行に同意しなかったことが理由

（つづく）

アルゼンチン		メキシコ		ペルー		ボリビア	
2012	5月3日，フェルナンデス大統領はYPFの株式の51％を接収する法律を公布			2012	政府は22の新規鉱区を入札にかける	2012	4月，新規石油探査に対して投資インセンティブを与える大統領令を発令

出所）Campodónico（1996；2004；2007a；2007b），JETRO（2006），CEPAL（2013）といった二次文献の他，専門

コロンビア		ブラジル		エクアドル		ベネズエラ	
				2011	12 月，ウルグアイ国営企業 ANCAP との売買契約について更新しない旨を発表。理由は ANCAP が購入した原油の 90％を市場売却して利益を得ていたため 政府は 7 つの小鉱区について外国民間資本と採掘・生産契約を締結		

誌 *Oil & Gas Journal* および LexisNexis 等を活用して報道資料を参照し筆者作成。

第 4 章

資源レントの増加は政治参加を活発化させたのか

はじめに

ラテンアメリカ諸国は，2003 年頃より国際資源価格の高騰に伴う好景気を謳歌したが，同時期には非制度的な政治参加，すなわち抗議運動も注目されるようになった。資源開発は精錬に用いる化学物質や採掘された鉱石粉塵などが環境汚染を引き起こしたり，大規模の土地や水資源を必要とするために農業従事者や地域住民と利益対立を起こしたりする可能性がある。またそれだけでなく，2000 年初頭まで債務支払いと財政難に苦しんでいたラテンアメリカ地域では資源ブームが国家の財政収支を改善するとともに潤沢な財源を提供したため，人々の間で利益分配期待が生まれた可能性もある。

非制度的な政治行動についての国家間比較（クロスナショナル）の実証研究は端緒についたばかりである。これまで非制度的な人々の政治行動については，ミクロレベルの個別事例を扱う研究が多かったが，近年では large-N データをもとに各国の司法機関や議会，政党との関係に着目したマクロレベルの研究も出されている。そうしたミクロレベルの多様性やマクロレベルの対抗仮説を踏まえた上で，どこまで資源開発が抗議運動を引き起こすものと考えるべきなのかについては，地域レベルでは未検証の課題である。

本章は，2000 年代のラテンアメリカにおける天然資源開発が抗議運動にもたらしたマクロレベルの影響について検証する。統計データの入手可能性に制約があるために暫定的な検証にとどまるが，ラテンアメリカ世論調査プロジェクト（LAPOP）のサーベイ・データを用いたマルチレベル分析によって，資源レントという要因の影響について，司法機関や議会，政党の機能や能力といったほかのマクロレベルの影響を指摘した既存研究と対比させる形で，一定の見通しを示すことを目的とする。

計量分析による検証には，これまで議論されてきた諸説を整理し，より明確な理解への出発点を築くという意義がある。他方で，個々の抗議運動の種類や特徴を峻別できない，詳細な因果メカニズムに立ち入れない，といった限界もある。こうした限界への対処は，本書後半の課題となる。

以下，第1節では，2000年代以降，非制度的な政治参加について制度を中心としたマクロレベルの影響を主張する研究が現れてきたことを確認しながら，それらが同時期により重要であったはずの資源開発に目を向けてこなかったことを指摘する。続いて第2節では，資源開発がなぜ抗議運動を一般的に増加させるかについての因果メカニズムを確認し，本章が扱う仮説と対抗仮説を明確にする。第3節では，LAPOPデータを用いて分析を行う。最後にまとめを述べる。

1　リサーチ・クエスチョン

抗議運動に関する先行研究は，当事者やコンテクスト，参加や相互行為の過程，さらには当事者の認識といった要素に着目する個別事例研究が大部分であったと考えられる。抗議運動といっても，それぞれの場所や時点のコンテクストがあり，それぞれの動員組織やレパートリー，さらには抗議運動が発生するタイミングというものがありうることは言を待たないであろう。第2章で述べたように，2001年に改訂増補版が出された『ラテンアメリカにおける権力と大衆抗議』（Eckstein 2001）は，初版が出された1989年と比べていかにラテンアメリカの社会運動が様変わりしたかを論じている。他方で，2009年10月〜2010年9月のラテンアメリカ17カ国の抗議運動に関して，報道ベースで得られたデータを分析したCalderón（2011）は，主たるアクターや要求の内容が極めて多様であることを強調している。

ラテンアメリカの資源開発についての抗議運動を扱った先行研究を見ても，いかに人々が組織化されているかは各地で異なるし，住民が感じる資源プロジェクトの「脅威」は鉱山企業の対応や過去の経験などによって異なるため，抗議運動の様相も異なると指摘されてきた（ペルーについて De Echave et al. 2009 参照)。本書第 7〜第 10 章でも，詳細な抗議運動の分析を行う。

これに対して，およそ 2000 年以降にマクロレベルのデータの利用可能性が増えると，抗議運動を説明するマクロレベルの傾向に着目する研究が現れてきた。たとえば Arce（2010）は，政党が十分に制度的な政治参加を可能としていないために，非制度的な政治参加すなわち抗議運動が増加すると主張する。彼は，国際報道をベースとした Banks and Wilson（2013）の 1978〜2005 年頃までの抗議運動データについて選挙変易率や有効政党数といった政党の代表機能を操作化した説明変数が，有意な説明力を持つと主張した。

また，Machado, Scartascini and Tommasi（2011）は，司法，議会，官僚等を含めた政治制度全体の能力が重要であると主張する。問題は政党によるインプットだけでなく，制度全体のアウトプットの質こそが，抗議運動を促すかどうかにおいて重要だというのである。彼らは専門家意見にもとづく司法，議会，官僚についての既存データから各国の制度指数を指標化し，LAPOP の 2008 年度調査における「過去 12 カ月間に抗議運動に参加した人の割合」を説明する上で制度指数が有効であると主張した。

これらは，いずれも直観的には首肯できるような仮説を主張しているが，2000 年代以降のラテンアメリカにおける抗議運動を問題化する場合，この時期に地域レベルのインパクトをもたらした資源ブームについて検討していない点は問題である。特に，2008 年の抗議運動データを扱う Machado, Scartascini and Tommasi（2011）については，2003〜08 年が資源価格の急騰期であったことを思えば，制度指数よりも資源ブームの影響の方をまずは疑わなければならないだろう。

第 2 章で述べたように，ラテンアメリカ地域，特に多くの南米諸国では，歴史的に天然資源が各国経済の中で大きな割合を占めてきた。2003 年以降に資源価格が高騰すると，その一方で，抗議運動あるいは街頭での政治参加の増加が指摘されるようになった。その中で，ボリビアとペルーについては，異なった視点からではあるが，資源開発を原因として抗議運動が増加したことを示唆する研究が出されてきた（Laserna 2011 ; Arellano 2011a ; 2011b）。では，このような資源開発の高まりによる抗議運動の増加という現象は，ラテンアメリカ域内の他国にもあてはまるのだろうか。また，資源レントが資源開発プロジェクトに直接かかわらないものも含めて抗議運動を一般的に増加させると言えるのだろうか。本章は，どの抗議運動が資源開発に関係するのかという分類を行わず，各国の抗議運動一般と資源開発との関係を問題化する。これは，次節で見るように，資源レントが抗議運動に対してマクロレベルで効果を及ぼすと想定することによる。

2　仮　　説

資源レントがいかに抗議運動を増加させるかについては，複数の因果メカニズムが考えられる。そのうち主なものは，資源レントの増加による利益分配期待と，環境汚染や有限資源をめぐる利益衝突である。

利益分配期待は，何がそもそも資源開発に際して国家や国民の「公正な」取り分なのかが確定しづらく，政治的に争われざるをえないことに起因する。21世紀初頭の資源価格の高騰に直面して，国家は企業との間で利益の取り分に関して契約と徴税方式の再調整を求められた（Acquatella et al. 2013）。しかし，資源価格がグローバル条件によって脆弱かつ予測不能な中で，投資に対するインセンティブを残しながら，中長期的に維持可能な契約・徴税方式をデザインすることは困難である。少し詳しく述べると次のような問題が生じる（Hogan and Sturzenegger 2010）。一般に，資源分野の契約・徴税方式の制度デザインでは，探査やインフラ敷設といった初期投資が高コストであるために企業収益が確保されるようなインセンティブが求められる。しかし，そのようなデザインだと，価格が高騰した場合に企業への寛大すぎる恩恵が国民の不満と社会的圧力を生み出してしまう。資源価格の変動に対応して制度改革を行う必要が出てくるが，制度改革には時間的・政治的にコストがかかるため，急激な価格変動に対応するのは容易ではない。企業の投資インセンティブを確保するという条件と，社会的不満のない国家の取り分を確保するという条件を両立させるのがそもそも容易ではないのである[1)]。

以上の問題は，資源好況によって国家や国民がどの程度の利益分配を受けられるか，増大した国家歳入をどのように分配すべきか，という問いと密接に関係する。いったいいくらを国と企業が分け合うべきかが自明とは言えない状況では，資源価格の高騰に応じて様々な人々や集団において支出拡大への期待が生まれる。そして，国家が資源以外の歳入源や公共支出について十分な管理能力を欠く場合，資源レントの増加に対する利益分配要求は政治闘争を生むのである。

資源レントの増加が，このようにして抗議運動を増加させるとの仮説は近年議論されるようになっている。例えば，Arellano（2011a；2011b）は，ペルーの「鉱業カノン」の増加に沸いた地方政府で，レント・シーキングにもとづく社会紛争が増加したことを計量分析と事例研究から明らかにした。またLaserna（2011）は，ボリビアでは様々な利益団体や社会組織においてレント・シーキング行動が見られ，そのような行動の表れとして近年の抗議運動の高まりが理解できると主張した。

他方で，資源レントの増加は，企業による資源採掘活動の活発化とも関わっている。資源開発は，特定の資源埋蔵地で実施せざるをえないため，有限の土地・水・自然環境をめぐって住民と採掘企業の間で利益衝突が起きやすい。また過去に環境汚染が起きた例も多い。資源開発が対立する利益や認識を持つ人々の間で起きるために，協調的な解決が難しく，抗議運動が起きる一般的な潜在性があるとも指摘される（De Echave et al. 2009）。この場合，抗議運動は特

1）この点を最初に示唆したフアン・アントニオ・モラレス（Juan Antonio Morales）元ボリビア中央銀行総裁に感謝する（インタビューD）。この議論を敷衍すると，1990年代以降に国営企業のドラスティックな民営化があったアルゼンチン，ボリビア，ペルーといった国で抗議運動が起きる可能性が高いと想定できるが，本章の分析範囲を超えるためここでは扱わない。

定の資源採掘サイトで発生するものではあるが，資源開発が各所で大規模に推進されるとマクロレベルでも抗議運動の増加となって現れる可能性がある。

以上より，本章では次の仮説を検討する。

H_1 **「資源要因」説**：資源レントが増加すると，抗議運動も増加する。

これに対して，次の2つの仮説は同様にマクロレベルの傾向を扱った先行研究の主張するものであり，主たる対抗仮説となる。

H_2 **「制度要因」説**：司法・議会・官僚といった制度一般の能力が低いと，抗議運動が増加する（Machado, Scartascini and Tommasi 2011）。

H_3 **「政党要因」説**：政党による政治代表能力が低いと，抗議運動が増加する（Arce 2010）。

ところで「資源要因」説と「制度要因」説の間には何らかの相関関係がある可能性がある。第1章で詳述したように，いわゆる「資源の呪い」研究では，資源レントと制度の質について，密接な関係があるとする研究と，互いに独立した変数として扱う研究が存在する。もし潜在的な関係が「資源要因」と「制度要因」との間にあるとすると，従来から主張されてきた「制度要因」説は見せかけの相関であった可能性がある。またこの点は，変数間の多重共線性が問題となるため，分析の際に留意する。

3　分　　析

1）モデル

本章はLAPOPの2008，2010，2012年データを用いる。このデータは，ラテンアメリカ18カ国について統一した方法論を用いた数少ないデータであり，各国ごとに十分なサンプルが得られるため，資源要因の効果を地域全体で検証するのに最も有望である。LAPOPデータの限界は，各国で個人が過去12カ月間に抗議運動に参加したかどうか以外の情報が得られないことだが，マクロレベルの傾向について検証を行うには十分である。

その上で，基本的にMachado, Scartascini and Tommasi（2011）と同様に，個

人レベルの抗議運動への参加の有無（被説明変数）に対して，個人レベルの説明変数と国レベルの説明変数の効果を見るマルチレベル・モデルを採用する。ただし，Machado, Scartascini and Tommasi（2011）が利用したのは LAPOP2008 のデータだけであったが，同データにはチリが含まれておらず，また一時点に限られるものでもあるため，抗議運動への参加について類似の変数データが得られる LAPOP2010 と 2012 を合わせて検証する。

ここで用いる分析モデルでは，簡潔に言えば次のようなことを行う。被説明変数は個人レベルであり，いくつかの個人レベルの独立変数が高い効果を持つことが Machado, Scartascini and Tommasi（2011）で明らかにされている。しかし，LAPOP データは各国ごとにクラスター化されており，抗議運動について各国ごとの傾向も十分に予測される。明らかにしたいのは，個人レベルの変数を統制してもなお国レベルの変数が有意な効果を持つと言えるか，特に資源要因は制度や政党といった対抗仮説と比べてもそのような説明力を持つのか，にある。

分析にあたって，3 つの点に注意する。第一に LAPOP 2008・2010・2012 をプールして 1 つのデータとして扱う。その上で，調査年の違いによって生み出される測定方法や構造的な違いをコントロールするために，2010 年ダミーと 2012 年ダミーという 2 つの変数を投入する[2)]。第二に，個人レベルでは約 5 万件のサンプルサイズが得られるが，国レベルでは 53 である（LAPOP 2010 と 2012 はそれぞれ 18 カ国，LAPOP 2008 のみチリが含まれず 17 カ国）。そのため，投入できる国レベルの変数の数に分析上の制約があり，モデルを可能な限りシンプルに抑える必要がある。第三に，明示的に予測しない何らかの要因によって国や調査年ごとにバラつきが生じる可能性が高いが，前述のとおり国レベルの説明変数をシンプルに抑える必要性から，「国／調査年」を単位とした固定効果ではなくランダム効果を投入する。以上より，ラテンアメリカ 18 カ国の

2）ちなみにここでは，3 波のデータをプールして用いる上で，すべてのサンプルが互いに独立であるとの仮定を置いている。各国人口とサンプルサイズの比に鑑みると，同一人物が 1 度でも重複して調査対象になる確率は人口が最も少ないパナマでも約 2.0％であり，無視できると考える。

個人の抗議運動への参加について，①個人レベルの説明変数，②国レベルの説明変数，③上記のランダム効果の3つから説明する一般化線形混合モデル（ロジスティック回帰）を採用した[3]。

2）被説明変数

被説明変数として用いるのは，LAPOPデータに含まれる「過去12カ月間に公の場で何らかの示威行動や抗議行動（manifestación o protesta pública）に参加したことがあるか」という質問への回答である。一般的に恣意行動や抗議行動という場合，問われているのは，デモ行進，道路封鎖（場合によっては河川などの交通妨害を含む），公共施設の占拠，ストライキ，ハンガーストライキなどへの参加だと考えられる。回答の選択肢はデータごとに若干異なっており，LAPOP2008では「ある」「ほとんどない」「ない」の3択であるが，LAPOP2010と2012では「ある」「ない」の2択である。ここではLAPOP2008については「ある」と「ほとんどない」に「1」を，LAPOP2010と2012については「ある」に「1」を付与し，それ以外に「0」を付与して二値化した。

3）国レベルの説明変数

取り上げる国レベルの説明変数は，資源，制度，政党の3種類である。資源要因は本章が検討したい仮説，制度要因はMachado, Scartascini and Tommasi (2011）が主張する仮説，政党要因はArce（2010）が主張する仮説に対応するものである。ここでは，各要因をそれぞれ最もシンプルな形で検証することを試みる。

資源要因について，第2節ではレントの増加をめぐる利益分配と環境汚染や有限資源をめぐる利益衝突があると説明したが，個々の事例において両者を区別することはミクロの実践レベルでもしばしば難しく，マクロレベルではさらに困難である[4]。利益分配問題だけに着目した近年の左派政権研究では，余剰

3）分析モデルは，Machado, Scartascini and Tommasi（2011）とほぼ同様のものを用いながら，粕谷（2012），久保（2012），飯田（2013）等を参考にし，Rのパッケージlme4を用いた。

利益を表すものとして資源輸出額やその対GDP比を取り上げるが（Murillo, Oliveros and Vaishnav 2011 ; Blanco and Grier 2013），総合的な資源開発の増進をとらえる上では不十分である。

そこで本章では，世界銀行の統計から各国の石油・天然ガス・鉱物資源のレント（生産額から生産コストを減じたもの）の対GDP比を合計し，被説明変数に対する前年の数値（例えばLAPOP2008であれば2007年値）をとり，対数変換[5]を行って「資源レント」変数とした。また，資源ブームによる一定期間の影響をとらえるため，資源価格が高騰する前の2001年から基準年（2007, 2009, 2011年）までの各年数値の標準偏差をとり，同じく対数変換を行って「資源レント変動」変数を作成した。

資源レントはほとんどの国で2001年から08年にかけて増加し，2009年にリーマン・ショックを原因とする需要低下によって減少し，その後再び増加に転じた（図4-1)。資源レントの増加には，資源価格だけでなく資源の種類や生産体制も関わっており，各国で変動の時期は若干異なる。このような条件下で，資源価格が急騰を始めたのが2002年後半であったことに鑑みると，2001年から基準年までの資源レント数値の標準偏差は，この価格高騰期の資源レントの変化をとらえることができる。また2009年以降は資源レントの数値は短期的に減少した国が多いが，資源レント変動という変数は，2001年以降の資源ブームの中長期的影響をうまく表すことができる。

制度要因は，Machado, Scartascini and Tommasi（2011）と同様の作業で制度に関する指数を作成した。まずFraser Instituteの報告書（Gwartney et al. 2001–13）から，司法の独立性についての指数を抽出し，2000年から2007，2009，2011年までの指数の平均値をそれぞれとって「司法」変数とした。第二に，

4）区別が容易でない1つの理由は，抗議運動を繰り広げるアクターの「真の意図」が何かを判別するのが容易でないことにある。仮に「真の意図」が経済的利益の分配であったとしても，環境汚染を正統化言説として用いることは十分にありえるが，その場合に観察者が「真の意図」を理解することはミクロレベルであっても極めて困難である（序章およびArellano 2010 : 83–88)。

5）対数変換を行う理由は，資源レントや資源レント変動について一部の国が際立って高い値を示しているため，このようなサンプルの観測値のゆがみが外れ値として与える影響を抑えることにある。

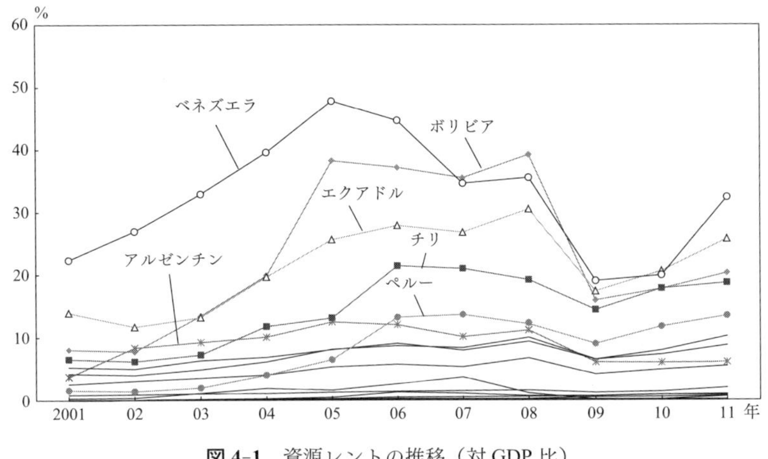

図 4-1 資源レントの推移（対 GDP 比）

注）ラテンアメリカ 18 カ国のデータ。図中では主要 6 カ国を明示し，残りは細線とした。
出所）世界銀行データより筆者作成。

世界経済フォーラムの Global Competitiveness Report の 2002〜06 年版[6]から，法制機関の効率性に関する指数を抽出し，平均値をとって「議会」変数とした。第三に，International Country Risk Guide（ICRG）[7]より，官僚の効率性に関する指数をとり，「官僚」変数とした。以上の 3 指数から因子分析によって「制度指数」変数を作成した。

政党要因は，2 つの変数を作成した。第一に，Machado, Scartascini and Tommasi（2011）の前段階のワーキングペーパー（Machado, Scartascini and Tommasi 2009）で採用されていた，Bertelsmann Index の政党の機能に関する指数を取り上げた。同 Index では 2003，2006，2008，2010，2012 年の指標が入手可能なので，LAPOP2008 に対しては 2008 年まで，LAPOP2010 に対しては 2010 年まで，LAPOP2012 に対しては 2012 年までの数値を平均して「政党」変数とした。第二に，Arce（2010）と同様に各国下院議会選挙の選挙変易率を取り上げ，各

6）The Global Competitiveness Report は，世界経済フォーラムのウェブサイトより（http://reports.weforum.org/global-competitiveness-report-2015-2016/）（2016 年 3 月 28 日最終閲覧）入手可能。
7）PRS 社が提供するデータベースで，LexisNexis よりアクセス可能。

国で民政移管以後，それぞれ2008，2010，2012年より前に起きた選挙の選挙変易率を平均して「選挙変易率」変数とした[8]。

ちなみに，2007年時点の各国の資源レントと制度指数の相関係数は－0.29であり，有意ではない。例えばチリは，資源レントが多いながらも制度指数が高い例である。また，2007年時点の各国の資源レントと選挙変易率も相関係数は0.36で有意ではない。以上から，第2節末尾で触れた資源レントと制度との相関関係については分析の上では問題ないと言える。他方で，制度要因群と政党要因群に含まれる個々の変数の相関関係を調べたところ，司法，議会，制度指数，政党，選挙変易率の間で高い相関を有するものが多く，0.5以上の相関を示すものは多重共線性を避ける目的から，同時投入を避けた。

4）個人レベルの説明変数

個人レベルの変数は，主に先行研究（Machado, Scartascini and Tommasi 2011）で有意な効果が指摘されたものを用いた。

第一に，何らかの組織への所属や会合への参加について複数の質問への回答を合計し，「組織参加」変数を作成した。この変数は，第1章で述べた動員構造の有無を問うたものである。

第二に，日常生活において賄賂を支払った経験について複数の質問への回答を合計し，「賄賂経験」変数を作成した。この変数は，汚職に対する不満を表すだけではない。Calderón（2011：23-24）は，今日のラテンアメリカの抗議運動は，一方で正当性を要求として掲げながら，他方で自らの利益追求が達成されるためには違法な手段も問わないという「制度について両義性を持つ（parainstitucional, paralegal）」特徴が見られると指摘している。この指摘を踏まえ，「フォーマルな手続きだけでは生きていけない現実」にさらされているという意味で，「賄賂経験」変数が有効な代理変数になりうると考えた[9]。

第三に，制度の尊重，政治への関心度，政治への理解度，左右のイデオロ

8）選挙変易率のデータは Alcántara（2012）に依拠した。

9）組織参加変数と賄賂経験変数の算出は，基本的に Machado, Scartascini and Tommasi（2011）と同様に行った。

表 4-1　ロジット分析の推定値

	A	B
資源レント	0.30 (.13)**	
資源レント変動		0.48 (.18)***
組織参加	2.62 (.10)***	2.62 (.10)***
賄賂経験	1.43 (.10)***	1.43 (.10)***
制度の尊重	−0.03 (.01)***	−0.03 (.01)***
政治への関心	0.28 (.01)***	0.28 (.01)***
政治への理解	0.08 (.01)***	0.08 (.01)***
左右イデオロギー	−0.08 (.01)***	−0.08 (.01)***
性別	−0.19 (.03)***	−0.19 (.03)***
年齢	−0.00 (.00)***	−0.00 (.00)***
世帯収入	0.15 (.07)**	0.15 (.07)**
教育レベル	0.05 (.00)***	0.05 (.00)***
2010 年ダミー	−0.52 (.16)***	−0.55 (.16)***
2012 年ダミー	−0.75 (.16)***	−0.75 (.16)***
切片	−1.66 (.17)***	−1.64 (.17)***
サンプルサイズ	59,702	59,702
クラスター（国×年）の数	53	53

出所）筆者作成。
注）括弧内は標準誤差，*** は $p < 0.01$，** は $p < 0.05$。

ギーについての自己認識，をそれぞれ個人の政治的態度を扱う説明変数として投入した[10)]。

その他，性別，年齢，世帯収入，教育レベルについてコントロール変数を投入した。すべての変数とその要約統計量について，詳しくは章末の表 4-5 を参照されたい。

5）分析結果と解釈

表 4-1，表 4-2，表 4-3 は分析結果である。まず，個人レベルの説明変数に

10）Machado, Scartascini and Tommasi（2011）では，もし選挙があれば野党を支持するかどうかが個人レベルの変数として投入されているが，この変数は LAPOP2010 のチリの質問項目に含まれていない。そこで，この変数が存在する限り（LAPOP2010 のチリを抜いた）のサンプルを含めたデータセットについて，同変数を投入したモデルと投入しないモデルを比較したところ，投入しないモデルの方がよりフィットするとの結果が出た（投入しないモデルの方が BIC が低い）ため，この変数を割愛した。

表 4-2　ロジット分析の推定値（国レベル説明変数のみ）

制度指数	司法	議会	官僚	政党	選挙変易率
−0.12（.07）*	−0.07（.04）*	−0.21（.15）	0.31（0.48）	−0.09（.04）*	0.02（.01）**

出所）筆者作成。
注）括弧内は標準誤差，** は $p < 0.05$，* は $p < 0.1$。個人レベルの説明変数やサンプルサイズの情報は割愛した（前者は一貫して有意，後者は表 2 と同様）。

表 4-3　ロジット分析の推定値（国レベル変数部分のみ）

	C	D	E	F
資源レント	0.25（.13）*		0.20（.13）	
資源レント変動		0.41（.18）**		0.35（.19）*
制度指数	−0.11（.07）*	−0.10（.07）		
選挙変易率			0.01（.01）*	0.01（.01）*

出所）筆者作成。
注）括弧内は標準誤差，** は $p < 0.05$，* は $p < 0.1$。個人レベルの説明変数やサンプルサイズの情報は割愛した（前者は一貫して有意，後者は表 5-2 と同様）。

ついて見ると，組織参加，賄賂経験，世帯収入，教育レベル，といった個人レベルの説明変数は，それらが高いほど有意に抗議運動への参加率が高まることが示された。また政治への関心（抗議運動参加率は関心が高いほど高い），左右イデオロギー（左の方が高い），制度の尊重（制度を尊重しない人の方が高い），性別（男性の方が高い）も有意な結果が出た。以上は先行研究でも指摘されていたものであり，これらの個人レベルの変数は一貫して有意であった。

国レベルの説明変数については，表 4-1 のとおり，資源レントと資源レント変動をそれぞれ単独で投入した場合，いずれも 5 % 有意水準を満たした。また，他の個別に投入された国レベルの説明変数の中では，制度指数と司法，政党が 10 % 有意水準を，選挙変易率が 5 % 有意水準を満たした（表 4-2 参照）。

表 4-3 は国レベルの説明変数を複数投入したモデルの分析結果である[11)]。資源レントと制度指数を同時に投入すると，いずれも 10 % 有意水準を満たした

11）国×年のクラスターの数が 53 であるため，最大で 3 つの国レベル変数を投入したモデルを検討した。Stegmueller（2013）によれば，最尤法を用いたマルチレベル分析で国レベルの説明変数を検証するためには最低でも 15〜20 の国レベルのサンプルサイズが必要だとされる。

(C列)。しかし，資源レント変動と制度指数を投入すると，資源レント変動が5％有意水準を満たした一方で制度指数は10％有意水準を満たさないという結果が出た（D列)。これはMachado, Scartascini and Tommasi（2011）の分析に再検討を迫るものである[12]。他方で，資源レントと選挙変易率を投入したモデルでは，選挙変易率のみが10％水準で有意となった（E列)。資源レント変動と選挙変易率を投入したモデルでは，ともに10％有意水準を満たす結果となった。制度指数をはじめとする制度要因の諸変数と選挙変易率とは，ほとんどが最低でも0.5以上の高い相関を有するため，制度要因と政党要因を同時に投入した分析，および資源要因を含めた3変数を投入した分析は避けた。この結果から，資源要因の中で資源レントよりも資源レント変動の方が変数として有意である可能性が高いことがわかった。すなわち，資源要因説を論じる際に，短期的な資源レントの値ではなく，2001年以降に資源開発によって生み出された利潤の変化という中期的効果を考えるべきことが示唆される。つまり，資源ブーム下であったとしても，どのようなタイミングで抗議運動が増加し，参加率が増えるのかは直ちにはっきりするわけではないということである。

参考までに，選挙変易率をコントロールした上での資源レント変動の影響の度合いを推計する。他の変数を平均値にそろえた場合，資源レント変動が最低値（全く資源レントの影響を受けなかったエルサルバドルやパラグアイの値）から最高値（2001年以降，大きく資源レントの変化があったボリビアの値）に増えることによって，抗議運動への参加率はおよそ1.5〜5.6％ポイント増加する[13]。ちなみに同様の推計によれば，選挙変易率が最低値から最高値に増えた場合，抗議運動参加率は1.9〜7.2％ポイント増加する。

6）頑健性チェック

続いて，以上の分析から得られた結果が頑健なものかを検証する。まず，他

12）必ずしも制度要因が全否定されたわけではなく，むしろ制度指数という変数の操作化の問題である可能性が高い。個人レベルで「制度を尊重する」と回答した人は抗議運動に参加しない傾向が確認されている点に留意されたい。

13）影響の度合いの違いは，国×年について投入されたランダム効果による。

表 4-4　頑健性チェック（他の国レベル説明変数を投入した際のロジット分析の推定値）

	G	H	I	J
資源レント変動	0.58（.20）***	0.35（.18）*	0.32（.19）*	0.40（.20）**
選挙変易率	0.01（.01）*	0.01（.01）	0.01（.01）*	0.01（.01）
民主体制	.07（.03）**			
政治的制約度		−0.58（.35）*		
インフレ率			0.33（.29）	
GDP				−0.21（0.25）

出所）筆者作成。
注）括弧内は標準誤差，** は $p < 0.05$，* は $p < 0.1$。個人レベルの説明変数やサンプルサイズの情報は割愛した（前者は一貫して有意，後者は表 5-2 と同様）。

の有意な独立変数を見落としている可能性を考える。ここでは，民主体制と政治的制約度という 2 つの政治変数と，インフレ率と GDP という 2 つの経済変数を検討する。結果は表 4-4 のとおりである。各変数の詳細については，章末の表 4-5 を参照されたい。

民主体制であるかどうかは，抗議運動に対する許容度に影響する可能性がある。2000 年代以降のラテンアメリカ諸国はほぼすべて民主体制であるが，政治競争の自由度，選挙の実施における透明性などの違いが抗議運動にもたらす影響を検討する余地はある[14]。ここでは一般的に用いられる Polity IV スコアを用いた。結果，民主体制変数を投入しても，資源レント変動と選挙変易率は有意であるとの結果が得られた（G 列）。

もう 1 つの有望な政治変数は，行政府に対する政治的制約度に関するものである。資源要因説は，膨大なレントの分配をめぐる政治闘争を想定しているため，資源レントの分配に関する決定を行政府が行いやすいような状況であれば，抗議運動は増加すると想定される[15]。ここでは Henisz（2000）によって作成さ

14）この点を指摘した飯田敬輔氏（東京大学）に感謝する。同氏は体制の違いが抗議運動に与える影響は，極めて抑圧的な権威主義体制，ある程度寛容な権威主義体制，民主体制の間で非線形である可能性を指摘したが，対象時期のラテンアメリカ諸国では一時期のベネズエラを除いてほとんどが一般的に民主体制とされるため，極めて抑圧的な体制は存在しなかったと考え，線形予測を行った。

15）例えば岡田（2013）は，ボリビアのモラレス政権下において抗議運動が減少しないの

れ，その後アップデートされたPOLCONV指標を用いた。この指標は，議会上下両院，地方政府，司法府といった各拒否権プレイヤーの選好にもとづいて，どの程度政策に対する抵抗が予想されるかを，全く抵抗がない（0）から，極めて抵抗が強い場合（1）まで，0～1の連続尺度でスコア化したものである。政治的制約度を投入したモデルでは予想どおり，資源レント変動が大きく（正で有意），政治的制約度が小さい（負で有意）ほど，抗議運動が増加するとの結果が得られた（H列）。

以上の他に，インフレ率や1人当たりGDPを投入したモデル[16]も試したが，いずれの変数も有意ではない一方で，資源レント変動は一貫して最低でも10%有意水準を満たした（I，J列）。

もう1つの頑健性チェックとして，外れ値による影響がないかを調べるために18カ国からそれぞれ一国ずつサンプルを除いて，どこまで資源要因が有効であるかを調べた。

まず，資源レントを単独の国レベル変数として投入した場合，ボリビアあるいはエルサルバドルを除いた場合のみ，10%有意水準を満たさなくなった[17]。これは，この2カ国が顕著な外れ値であり，資源レントが抗議運動への参加を高めるように見えた結果は，これらの外れ値を原因とする見かけ上のものであったことを意味する。他方で，資源レント変動を単独の国レベル変数として投入した場合は，いずれの国のサンプルを除いた場合であっても最低で10%有意水準を満たした。やはり2001年以降の資源レントの増減という中期的な影響が重要であることが再確認できる。

また，資源レント変動と選挙変易率を投入したモデルについても同様に18カ国からそれぞれ一国ずつサンプルを除いて調べた。資源レント変動について

は，同政権が上下両院で3分の2の絶対多数を有しており，行政府に対して利益分配や説明責任の要求が起きやすいためであると論じた。

16）1980年代のハイパーインフレの時代に，ラテンアメリカ諸国で抗議運動が高まったとの議論については，Walton（1989）参照。1人当たりGDPは，経済的な豊かさが抗議運動の多寡に与える影響に鑑みて投入した。

17）ボリビアは資源レントが多く抗議運動参加率も高い外れ値，エルサルバドルは反対に資源レントがなく抗議運動参加率も低い外れ値と推測される。

は，アルゼンチン，ボリビア，エルサルバドル，グアテマラ，パナマを除いた場合に10％有意水準を満たさなかったのに対して，選挙変易率については，ボリビア，ブラジル，チリ，ドミニカ共和国，エルサルバドル，メキシコ，ニカラグア，パラグアイ，ペルーを除いた場合に10％有意水準を満たさなかった。以上から，最も有望な仮説と考えられるのは資源レント変動と選挙変易率であるが，この両者を同時に投入したモデルは，いずれの仮説も地域18カ国すべてについて十分な頑健性を持たないことが明らかとなった[18]。

最後に，資源レント変動，選挙変易率，政治的制約度の3つを投入したモデルについても同様に調べたところ，やはりアルゼンチン，ボリビア，エルサルバドル，グアテマラ，パナマをそれぞれ除いた場合に，10％有意水準を満たさなかった。

おわりに

本章では，ある国で資源レントが増加すると一般的に抗議運動への参加率も増加するとの仮説に基づき，ラテンアメリカ18カ国について入手できる抗議運動データの1つである複数年のLAPOPデータを用いて，マルチレベルの一般化線形混合モデルによる検証を行った。その結果，国レベルのマクロ効果を考える上で，資源レント変動が単独では有意な影響を与えているが，選挙変易率という対抗仮説を投入した上で外れ値検証を行った結果，いずれの国レベル変数も18カ国すべてについて抗議運動への参加を説明するとは言いがたいことが明らかとなった。第2節と第3節で提示したリサーチ・クエスチョンに対しては，第一に，資源要因の影響は対抗仮説と比べて有望な仮説だが，中期的な変動に基づいて議論・分析した方がよいこと，第二に，対抗仮説を含めた厳密な検証の結果からは地域18カ国すべてに対する説明力は疑わしいこと，が結論づけられる。

18）現時点での結果と解釈は，データの入手可能性による部分が大きく，今後さらに精緻化された検証を行う余地がある。

他方で，対抗仮説についても一定の結果が得られた。本章の分析では，Arce (2010) が主張した政党要因は資源レント変動と同程度に有望な仮説ではあるが，地域全体の傾向を説明するものとは言いがたいことが示された。他方で，Machado, Scartascini and Tommasi (2011) が主張した制度要因は，資源要因を同時に投入すると全く有意でなくなった。本章の分析は Machado, Scartascini and Tommasi (2011) と類似のデータと方法論を用いた検証であるため，制度要因説に対する重要な反証となりうる。分析では，ランダム効果の投入によって不特定の要因をモデルに吸収する試みを行ったが，今後さらに因果メカニズムを特定して精緻化されたモデルによって異なった知見が生み出される可能性はある。本章が，Machado, Scartascini and Tommasi (2011) の分析を出発点としながら，それをさらに発展させる形で新たな知見を示したように，今後のさらなる議論が期待される。

データの制約や分析モデルの限界から，資源レント・制度・政党の相互関係や，資源開発と抗議運動の具体的な因果メカニズムについての探究は課題として残されている。資源レントがどのような条件下で抗議運動の増減に結びつくのか，ボリビアやペルーで資源要因が重要であるとしてなぜ他国では同様の現象が必ずしも見られないのか，資源要因が重要となるような特定のグループが存在するのか，といった課題に取り組むためには，より長期間のデータや詳細な情報を持ったカウント・データの利用が望ましい。

資源ブームが持つ抗議運動へのマクロレベルの影響が必ずしも有意ではないのは，データの入手可能性における制約にもよるだろうが，第 1 章で論じたように，抗議運動がより動態的かつ内生的な現象であることにもよるだろう。とりわけ，各国ごとの歴史的なコンテクストを理解することは重要である。次章以降では，ここまでのラテンアメリカ地域レベルの検証を踏まえた上で，資源レントの増加が抗議運動に影響したとされているペルーとボリビアについて，詳細な事例研究を行う。まず第 5 章と第 6 章では，ペルーとボリビアにおいて先住民層の政治参加がいかに異なった経路をたどってきたかを概説する。

表 4-5　説明変数一覧

国レベル

変数名	内　　容	要約統計量				
資源レント	2007，2009，2011 年の石油・天然ガス・鉱物資源レント（対数変換，世界銀行 World Development Indicator より）	最小値 0.000	中央値 0.801	最大値 1.563	平均 0.697	分散 0.292
変動	上記の 2001～07，2009，2011 年までの標準偏差（対数変換，世銀 World Development Indicator より）	最小値 0.000	中央値 0.359	最大値 1.137	平均 0.445	分散 0.155
制度	下記 3 点より因子分析によって算出したスコア	最小値 −1.606	中央値 −0.319	最大値 2.042	平均 −0.076	分散 1.001
司法	司法の独立性について，専門家意見による 0（最低）～10（最高）の得点（2000～07，2009，2011 年の数値の平均）。（Fraser Institute, Economic Freedom of the World Report より）	最小値 0.631	中央値 2.469	最大値 6.763	平均 3.029	分散 1.710
議会	議会の法制作業の効率性について，専門家意見による 1（最低）～7（最高）の得点（2002～03，2003～04，2004～05，2005～06 年の数値の平均値。2007 年以後は数値が存在しない）（World Economic Forum, Global Competitiveness Report より）	最小値 1.500	中央値 2.050	最大値 3.375	平均 2.121	分散 0.503
官僚	官僚の能力について，専門家意見による 0, 0.25, 0.5, 0.75, 1 の得点（2002～07，2009，2011 年の数値の平均）（International Country Risk Guide より）	最小値 0.250	中央値 0.500	最大値 0.750	平均 0.485	分散 0.146
政党	政党システムの機能について，専門家意見による 2003, 2006, 2008, 2010, 2012 年のうち，説明対象の年までの各国数値の平均値（Bertelsmann Transformation Index より）	最小値 4	中央値 6.5	最大値 9.25	平均 6.233	分散 1.600
選挙変易率	各国で民政移管以後，それぞれ 2008，2010，2012 年より前に起きた選挙の選挙変易率を平均（Alcántara 2012：43-45, Appendix IIA より）	最小値 6.617	中央値 24.900	最大値 50.700	平均 27.340	分散 11.717
民主体制	前年の Polity IV スコア（−10～10 までの 11 点尺度）	最小値 −3	最大値 10			
政治的制約度	行政府と，拒否権プレイヤー（議会，下位政府，司法）の選好にもとづいて，どの程度政策決定への抵抗が予想されるか（全くない（0）から，極めて強い抵抗が想定される場合（1）まで，0～1 の連続尺度でスコア化，前年値，Henisz 2000 より）	最小値 0.11	中央値 0.39	最大値 0.76	平均 0.39	分散 0.04
インフレ率	インフレ率（年平均，前年値，対数変換，IMF より）	最小値 0.187	中央値 0.799	最大値 1.448	平均 0.798	分散 0.054
GDP	1 人当たり GDP（米ドル換算，前年値，対数変換，世銀 World Development Indicator より）	最小値 3.125	中央値 3.672	最大値 4.162	平均 3.666	分散 0.086

個人レベル（以下，すべてLAPOPより）

変数名	内　容	要約統計量						
制度の尊重	政治制度をどれくらい尊重するか（回答は1（最低）〜7（最高）の7点尺度）	1 7.8％	2 6.4％	3 12.5％	4 18.6％	5 19.8％	6 14.8％	7 20.0％
政治への関心	政治に関心があるか（回答は1＝「全くない，とてもある」，2＝「ほとんどない」，3＝「ある程度ある」，4＝「とてもある」の4点尺度）	1 12.8％	2 25.3％	3 35.3％	4 26.7％			
政治への理解	あなたは政治をどれくらい理解していると思うか（回答は1（最低）〜7（最高）の7点尺度）	1 12.8％	2 10.7％	3 16.6％	4 22.3％	5 18.4％	6 10.0％	7 9.2％
左右 イデオロギー	あなたは自分が左右イデオロギーのどこにいると思うか（回答は1（極左）〜10（極右）の10点尺度）	平均 5.623	分散 2.517					
組織参加	宗教，PTA，共同体組織，専門家，商業者，生産者，農民組織，政党や政治運動の会合への参加（「毎週参加」に4点，「月に1，2回」に2点，「年に1，2回」に0.1点を付与して質問への回答を合計。LAPOP2008のみ6つの質問，LAPOP2010と2012は5つの質問のため，合計値をすべて最小値0，最大値1に標準化）	最小値 0	中央値 0.096	最大値 1	平均 0.128	分散 0.133		
賄賂経験	警察，公務員，地方自治体での手続き，仕事場，裁判所，病院，学校で過去12カ月間に賄賂を払ったことがあるか（「ある」と答えた場合1点ずつ付与して合計。LAPOP2008のみ8つの質問，LAPOP2010と2012は7つの質問のため，合計値をすべて最小値0，最大値1に標準化）	最小値 0	中央値 0	最大値 1	平均 0.048	分散 0.114		
性別	男性（1），女性（2）	男性 48.9％	女性 51.1％					
年齢	実際の年齢	最小値 15	中央値 36	最大値 101	平均 39.14	分散 15.96		
教育年数	教育年数	最小値 0	中央値 10	最大値 29	平均 9.16	分散 4.54		
収入	世帯所得について10〜16に階層分割した中でどこに位置するか。調査国・年ごとに分割単位が異なるので，最小値0，最大値1に標準化（0は収入なしに該当）	最小値 0	中央値 0.40	最大値 1	平均 0.45	分散 0.24		

出所）筆者作成。

第 III 部

政治参加の歴史的形成

ボリビア・オルロ市の銃を持った鉱山労働者のモニュメント（筆者撮影）

第5章

ペルーにおける先住民の政治参加

――「弱い社会」の形成――

はじめに

本章は，ペルーにおける先住民の政治参加の歴史的過程をたどるものである。ここでの目的は，ペルーで過去に存在した抗議運動と国家の対応を概観し，それらが今日の抗議運動にとってどのような構造的条件を形成することになったのかを知ることにある。本章と次章の歴史叙述は，第7章以降で2000年代の資源ブーム期に両国でどのような抗議運動が展開したかを理解する上での土台になる。

中心的な論点は，20世紀の半ば頃からペルーでは集合行為の組織的基盤が分散的なものにとどまり，この構造的な特徴が今日まで継続してきたというものである。以下ではこの特徴を「弱い社会」と表現する。この特徴は，次章で詳述するボリビアが「強い社会」であるのと比べると際立っている。

こうした構造的特徴が作られる上で，ペルーでは2つの重要な局面があったことを指摘できる。第一の局面は1968年に始まる軍事革命政権，第二の局面は1990年に始まるフジモリ政権である。この2つの局面において「弱い社会」は構成され，再構成された。表5-1は，本章の歴史叙述の大まかな流れをまとめたものである。

第1節では，歴史叙述に先立って，先住民人口の地理的分布と階層社会の構成を踏まえた上で，ペルーの「弱い社会」の特徴をまとめる。「弱い社会」が構成される上でなぜ上記の2つの局面が決定的であったのかも指摘する。

表5-1　主な流れ

1920年以前	太平洋戦争（1879～83年），インディヘニスモ
1920年代	レギア政権による改革，左翼の登場
1930年代	APRAの急進化
1940年代	CCPの設立（1947年）
1950年代	APRAの穏健化
1960年代	ベラスコ革命（1968年）
1970年代	農民組合の組織化，セルバでの組織化
1980年代	経済危機，テロ，左翼の分裂
1990年代	フジモリ政権下の新自由主義改革と社会政策
2000年代	フジモリなきフジモリスモ

出所）筆者作成。

第2節以降は，ほぼ時系列に沿ってペルーの先住民の政治参加の歴史を論述していく。第2節では，第一の局面である1968年のベラスコ軍事革命政権に先立つ過程とその成立，そして終焉までを扱う。第3節では，1980年の民政移管からフジモリ政権に至るまでを扱う。この時期には，左翼勢力と農民組合がある程度の影響力を有したが，「弱い社会」が変化する可能性は結局失われてしまう。第4節では，変化の可能性が失われた結果としてフジモリ政権が成立し，経済自由化政策と，農村や都市貧困層への社会政策の抱き合わせといった政治手法が現れたことを扱う。この政治手法はその後の政権にも踏襲されたが，同政権がその嚆矢であったため，一般的に「フジモリスモ（fujimorismo）」と呼ばれる。このフジモリスモは，「弱い社会」を更新するものであった。第5節では，1970年代までペルーの国家－社会関係の中では比較的重要性を持たなかったセルバ（アマゾン熱帯地方）の先住民組織を扱う。セルバでは，1970年代に自律した先住民組織が結成された。これはセルバの地理的特異性と資源開発の隆盛，そして国際援助の流入と関係があった。第6節では，1990年代後半から2000年代にかけて登場した，全国鉱山被害共同体連盟（Coordinadora Nacional de las Comunidades Afectadas por la Mína：CONACAMI）を取り上げる。この組織は，シエラ（アンデス山間部）での鉱山資源開発に起因する環境汚染を問題化したが，全国規模の組織とはなってこなかった。

1 「弱い社会」のペルー

本節では，歴史叙述に入る前にいくつかの基礎的情報を確認した上で，本章の議論を簡潔にまとめておきたい。以下では，先住民人口，階層社会とその変化についての一般的な趨勢，そしてペルーの特徴と言える「弱い社会」について端的に説明する。

1）先住民人口

ペルーは，シエラ中央部に位置するクスコ（Cusco）を中心として 14 世紀にはタワンティンスーユ（インカ帝国として知られる）の本拠地が存在していたこともあり，推定される限りでは南米最多の先住民人口を有する[1]。表 5-2 と表 5-3 は，先住民人口比率を県[2]ごとに表した統計である。表 5-2 は 1993 年の国勢調査によるもので，言語を先住民判別の基準としている。表 5-3 は 2001 年の世帯調査によるもので，先住民と自己同定する世帯の割合である。基準が異なるため人口に占める比率は異なるが，特徴をいくつか示唆することができる。

まず，シエラの中部から南部に位置するアプリマク（Apurímac），アヤクチョ（Ayacucho），クスコ，ワンカベリカ（Huancavelica），プノ（Puno）の 5 県はケチュアおよびアイマラ先住民の人口比率が高く，いずれもおよそ 3 分の 2 以上を占める。この 5 県は，歴史的に「インディオの沁み（mancha india）」あるいは「アンデスの台形（trapecio andino）」と呼ばれ，シエラの中でも特に先住民の人口比率が高いことで知られてきた。ペルー全土でケチュア語話者はおよそ 300 万人強，アイマラ語話者はプノを中心におよそ 50 万人と推計される。

1）人口比率の点ではボリビアが南米首位である。

2）2002 年 7 月の法 27783 号「地方分権基本法（Ley de Bases de Decentralización）」と同年 11 月の法 27867 号「州政府基本法（Ley Orgánica de Gobiernos Regionales）」によって，それまでの県（departamento）をベースとして自治権を持った州政府（gobierno regional）を設立することとなったが，地方行政区分については一部を除いて重要な変化はないので「県」という呼称を一貫して用いる。なお，首都リマがリマ市とリマ市以外，カジャオに分割された。

表5-2　母語話者による先住民人口比率（1993年，県別統計）

(%)

県	ケチュア	アイマラ	その他	合計
アマソナス	0.37	0.08	11.50	11.95
アンカッシュ	35.87	0.39	0.09	36.35
アプリマク	**76.58**	0.29	0.08	76.95
アレキパ	17.14	2.04	0.07	19.25
アヤクチョ	**70.58**	0.15	0.10	70.83
カハマルカ	0.56	0.58	0.13	1.27
カジャオ	6.06	0.56	0.08	6.70
クスコ	**63.23**	0.32	0.82	64.37
ワンカベリカ	**66.48**	0.23	0.08	66.79
ワヌコ	30.78	0.39	0.30	31.47
イカ	6.59	0.22	0.08	6.89
フニン	12.58	0.36	2.19	15.13
ラ・リベルタ	0.42	0.07	0.10	0.59
ランバイェケ	2.25	0.63	0.10	2.98
リマ	9.53	0.45	0.09	10.07
ロレト	1.68	0.04	3.68	5.40
マドレ・デ・ディオス	24.11	1.38	3.10	28.59
モケグア	10.86	12.73	0.08	23.67
パスコ	10.87	0.54	2.64	14.05
ピウラ	0.23	0.03	0.13	0.39
プノ	**43.23**	**32.61**	0.13	75.97
サン・マルティン	2.16	0.44	0.50	3.10
タクナ	3.52	20.76	0.10	24.38
トゥンベス	0.41	0.04	0.10	0.55
ウカヤリ	2.25	0.52	12.48	15.25

出所）INEI, 1993年国勢調査, Pajuelo（2006：44）を参照し，筆者作成。

ただし，一般に言えることだが，同じ言語を話す人々の間でも地方ごとに方言の違いも大きく，同質的な民族集団を構成しているわけではない。

また，およそ30強の民族が存在するとされるセルバ先住民は，アシャニンカ，アムエシャ，シピボ，アワフンといった先住民族が比較的多くの人口を有している。アマソナス（Amazonas），ロレト（Loreto），マドレ・デ・ディオス（Madre de Dios），サン・マルティン（San Martín），ウカヤリ（Ucayali）の各県に比較的多く存在する。しかし，セルバ先住民は総数がおよそ30万人と限られ，各県に占める割合は多くない。

さらに表5-3で特筆されるのは，統計上のメスティソ（混血）人口の圧倒的

表 5-3　自己同定による先住民人口比率（2001 年，県別統計）

(%)

県	セルバ先住民	ケチュア	アイマラ	黒人系	メスティソ	白人系	その他
アマソナス	15.1	6.4	0.4	1.1	74.8	1.7	0.5
アンカッシュ	0.2	55.0	0.2	0.6	43.5	0.5	0.1
アプリマク	0.2	90.5	1.1	0.2	8.0	－	－
アレキパ	0.6	44.5	6.7	0.5	43.9	3.5	0.4
アヤクチョ	0.1	86.9	－	－	12.8	0.2	－
カハマルカ	0.1	0.7	0.1	0.1	98.5	0.5	0.1
カジャオ	5.3	22.9	0.4	5.0	62.2	4.1	－
クスコ	2.7	76.8	0.4	0.3	18.3	0.6	0.9
ワンカベリカ	0.6	70.4	0.1	0.1	28.3	0.4	－
ワヌコ	7.7	60.9	－	0.9	29.8	0.7	－
イカ	0.2	24.0	－	0.6	72.3	2.5	0.5
フニン	2.2	46.6	1.2	0.1	45.6	3.8	0.5
ラ・リベルタ	0.6	0.8	0.5	0.6	92.4	4.8	0.2
ランバイエケ	0.4	3.7	0.2	1.2	91.8	2.4	0.2
リマ	1.7	26.8	1.2	1.2	63.6	4.7	0.7
ロレト	23.2	2.5	0.2	1.1	72.5	0.3	0.2
マドレ・デ・ディオス	24.1	45.3	2.7	0.2	27.0	0.5	0.3
モケグア	0.2	12.4	27.9	0.4	54.6	4.5	0.1
パスコ	5.1	44.4	0.4	－	49.6	－	0.5
ピウラ	1.7	1.3	0.1	5.1	75.7	6.1	10.1
プノ	0.2	51.9	43.4	0.1	4.3	0.1	－
サン・マルティン	8.6	5.8	0.2	0.2	81.6	2.9	0.7
タクナ	0.8	5.7	53.0	0.9	37.3	2.3	－
トゥンベス	0.4	1.2	0.2	2.7	88.5	7.1	－
ウカヤリ	16.4	8.4	0.2	0.3	72.4	2.3	0.1

出所）ENAHO IV-trimestre, Trivelli (2002), Pajuelo (2006：49) を参照し，筆者作成。

な多さと，リマにおけるセルバ先住民やケチュアのような国内移民の存在である。地理的に隔絶されてきたセルバの先住民の中にも，現在では都市やコスタ（海岸部）に出稼ぎあるいは移住する人々が多い。

2）社会構造の構成と変化

スペイン人が侵入した 16 世紀，現在のペルーが位置する地域にはインカと他の地方諸民族による階層化された社会がすでに形成されていた。その後，侵入したスペイン人との間で混血化が進み，ヨーロッパ系を上層，先住民系を下層とするピラミッド化された階層社会が構成されたが，そこに至る過程で先住民の伝統的な政治指導者層が排除された。

スペインの植民地政府下では，先住民を禁治産者とみなすことによる財産没収の合法化（1563年），賦役労働力の確保と土地獲得のための度重なる集住化政策[3]，そして「コンポシシオン（composición）」と呼ばれたスペイン人の私有地獲得のための土地収奪が行われ，先住民を大土地農園や鉱山での労働力あるいは課税対象とする体制が作られた。これはペルー，ボリビアに共通し，共和国独立後も20世紀前半まで変化しなかった。

抑圧・収奪的な体制に対する反乱は多かったが，最も重要なのは共和国が独立する直前の18世紀末に発生したトゥパク・アマル（Túpac Amaru）の反乱であろう[4]。これは先住民による独立運動ではなく，スペイン王室の官吏による寡占的で強制的な商業活動および苛酷な徴税に対して，インディオ首長が率いた反乱であった。その時点ですでにキリスト教とスペイン国王を頂点とした階層的構造化が進んでおり，トゥパク・アマルはスペイン国王に悪政を訴えようとした。トゥパク・アマルらはクラカ（kuraka，curaca）と呼ばれる首長であり，インディオとスペイン人という2つの世界を結びつける役割を担っていた。首長は，多くがメスティソ（混血）で，スペイン語と先住民言語を流暢に話し，教養もあり，税や賦役の免除などの特権を有しており，コレヒドール（corregidor）の代理で収税を行ったり賦役を割り当てる役目を負っていた。この反乱が鎮圧された後，植民地支配側はインディオの首長が再び反乱を起こすことを恐れ，クラカの特権を廃止し，行政官にケチュア語の使用を禁じた。

その後ベネズエラとアルゼンチンから始まった独立戦争がペルーにも到達し，1821年7月28日にホセ・デ・サン・マルティン（José de San Martín）がリマで独立を宣言した。その際に，彼は次のように述べた。

3）レドクシオン（reducción）およびコングレガシオン（congregación）と呼ばれた。

4）トゥパク・アマルは，本名をホセ・ガブリエル・コンドルカンキ（José Gabriel Condorcanqui）と言い，正確にはトゥパク・アマルII世であるが，ここでは一般的に知られているトゥパク・アマルを用いる。トゥパク・アマルの反乱について，真鍋（1986），寺田（1997）参照。

今後，原住民（aborígenes）をインディオ，土民（nativos）などと呼んではならない。かれらはペルーの子にしてかつ市民であり，ペルー人として知られるべきである[5)]。

サン・マルティンとその後1824年から統治者となったシモン・ボリバル（Simón Bolívar）はともに先住民を解放し，封建制を破壊しようとした。ボリバルはその過程でクラカという存在を法律によって廃止した。しかし，彼らの大統領令は独立後の混乱にあってほとんど順守されることはなかった。

クラカに代わって先住民世界と共和国世界を結びつける役割を担ったのは，ミスティ（misti）と呼ばれる非先住民の仲介者であった[6)]。独立後のシエラには，ガモナル（gamonal）と呼ばれた大土地所有地主が各地におり，先住民にはその農園で働く小作人[7)]と共同体の構成員（コムネーロ（comunero））が存在した。ミスティは，先住民言語とスペイン語を話す混血で，2つの世界を結びつけ農園主に労働力を提供した。この支配・従属形態は20世紀初めまで続いた。

1879～83年にペルーとボリビアはチリとの間で，国境沿いのコスタで採掘される硝石を争っていわゆる太平洋戦争（Guerra del Pacífico）を起こしたが敗れ，1883年にはリマの占領という屈辱を経験した。この敗北について，政治エリートや知識人は，チリが比較的先住民が少なく軍備の近代化が進み市民の愛国意識も高かったのに比べ，ペルーはシエラの先住民の間に「国」のために戦うという意識が全くなく，国民統合と近代化の遅れが原因であると認識していた。そのため，その後20世紀前半を通じて封建体制の打破と国民統合を目指した政治運動や政策が起こり，既存の寡頭支配層と争うことになる。その帰着点が，1968年に始まる軍事革命政権であった。

5）アンダーソン（2006：94–95）より引用。カッコ内のスペイン語は引用者による。スペイン語についてはDegregori（1993：119）を参照。なお，強調は原典のまま。

6）Degregori（1993）参照。また，クラカ排除後に現れた非正統的な仲介者であるミスティに抵抗する形で，バラヨック（varayoc）が先住民共同体側の代表となったとされる。詳しい経緯についてThurner（1997）参照。

7）労働条件によって，ヤナコナ（yanacona），コロノ（colono），ポンゴ（pongo）などと呼ばれた。Davies（1974：10–14）参照。

20世紀を通じて，次の3つの傾向が支配的となってきた（Degregori 1993：120-124）。第一に，国家主導の国民統合が促進され，先住民共同体の集合的権利とりわけ土地への権利について，国家は基本的に抑圧よりも承認をしてきた。もっとも，それは民族に対する承認ではなく庇護が必要な従属者へのものだった。先住民・農民共同体の権利は現在まで維持されており，全国でおよそ6,000近い共同体が法的に登記されている[8]。

第二に，20世紀に入ってマルクス主義の影響が農村部に広がり，その古典的な階級史観に則ってインディオという民族性が否定され，農民階級というイデオロギーが浸透した。ベラスコ革命では，この2つの傾向が積極的に実行に移された。

そして第三に，「インディオ」という一般的呼称には貧しい農民や奴隷に近いニュアンスがあったため，先住民としての自己認識が忌避される傾向にあった。教育権の要求は強いものがあり，先住民は社会的に差別を受けず経済的利益を得るために，ケチュア語やアイマラ語よりもスペイン語による教育を望むのが一般的であった。

インディオからの忌避は，シエラからコスタへの大規模な国内移住としても現れてきた。1950年代頃からシエラの先住民農民の多くが首都リマをはじめとするコスタに移住し，都市近郊の土地を占拠するようになった。その理由は，1950年代からリマをはじめとするコスタで保護主義的な工業化政策が盛んに行われ，相対的にシエラの農業生産が不振に追いやられたこと，シエラの農村人口が増加し経済的に賄いきれなくなったこと，ラジオなどの情報通信技術の発達や幹線道路の敷設により，コスタとシエラの往来が容易になったこと，などにあった（村上 2004：45-57）。

8）共同体の法律上の名称は，シエラについては法24656号に「農民共同体（comunidades campesinas）」，セルバについては法20653号に「先住民共同体（comunidades nativas）」と定められている。ここでは特に混乱は生じないと考え，置き換え可能なものとして先住民共同体，先住民農民共同体，農民共同体といった用語を使用している。Vittor（2008：16）によれば，登記されたシエラの農民共同体の数は，1991年に4,792，1995年に5,677，現在5,998とされ，およそ1400万ヘクタールの面積，農業用地の39.8％を占め，71万1571人の共同体員を抱えるとされる。セルバの先住民共同体については，第5節参照。

この結果，1940 年代にはシエラの農村部が全人口の 6 割以上を占めていたが，1990 年代にもなるとコスタの都市部が 6 割近くを占めるようになった。都市に移住した先住民農民は，先住民特有の服装を改めケチュア語の使用も控えて，できる限り先住民の特徴を消し去ろうとした。そのような人々は「チョロ（cholo)」と呼ばれ，都市の労働環境（多くは所得保証や法規制の外での労働）に適合し，子弟にはできるだけ高い教育を受けさせようとした。その一方で，音楽や祭祀などの文化面ではシエラの文化を維持していることも多く，都市にシエラの文化を持ち込むこともしばしばあり，都市の「アンデス化（andinización)」と呼ばれることもあった（Quijano 1980；Montoya 1987)。

以上をまとめると，ペルー社会における先住民の位置づけと政治参加は，社会構造が大きく変動するに伴って変化し，総じて多様化してきたと言える。およそ 1980 年までは，シエラの農村部での寡頭支配層による封建的支配を打倒し農地分配を実現することが主要テーマであり，農民運動においては左翼階級思想が重要なイデオロギーであった。しかし 1980 年の民政移管以後は，シエラの農村部の貧困や国内格差だけでなく，都市に移住した農村出身者（先住民）たちがペルー社会でどのような位置を占めるかに重点がシフトした。

階層社会の多様化の背景は，まず 1950 年代から加速度を増した人口増加と都市（特にリマ）への大規模な国内移住にある。加えて，1980 年代から 90 年代にかけての経済危機と経済自由化の結果，安定した賃金労働に就くことのできない都市の貧しい若者が激増した。彼らは生存のために街頭での物売りやサービス提供のようなインフォーマル労働，コカ栽培・麻薬取引・コピー商品製造といった違法経済に従事せざるをえなくなった（Durand 2007：105-118)。いまやペルーの下層民と言ったとき，シエラやセルバの農民・狩猟採集民だけでなく，都市貧困層やインフォーマル・セクター，そしてコカ栽培農民も対象とされる（Degregori 2000；Matos 2004)。しかし，それらに深く立ち入ることは本章の能力を超えるものであり，以下では主たる関心をシエラとセルバの先住民農民に絞る。

示唆的な統計として貧困率を見ておこう[9]（表 5-4)。2007 年の貧困率は全体で約 40 % であり，都市部より農村部，コスタよりシエラ，セルバの方が貧困

表 5-4　貧困率（2004〜07年）

(%)

	2004	2005	2006	2007
全国	48.6	48.7	44.5	39.3
リマ都市部	30.9	32.6	24.2	18.5
その他	55.7	55.2	52.8	47.8
都市部	37.1	36.8	31.2	25.7
農村部	69.8	70.9	69.3	64.6
コスタ	35.1	34.2	28.7	22.6
シエラ	64.7	65.6	63.4	60.1
セルバ	57.7	60.3	56.6	48.4
アマソナス	65.1	68.6	59.1	55.0
アンカッシュ	53.3	48.4	42.0	42.6
アプリマク	65.2	73.5	74.8	69.5
アレキパ	34.2	24.9	26.2	23.8
アヤクチョ	65.9	77.3	78.4	68.3
カハマルカ	66.2	68.8	63.8	64.5
クスコ	53.1	55.6	49.9	57.4
ワンカベリカ	84.8	90.3	88.7	85.7
ワヌコ	78.3	75.8	74.6	64.9
イカ	27.3	23.9	23.8	15.1
フニン	49.6	56	49.9	43
ラ・リベルタ	48.5	43	46.5	37.3
ランバイェケ	43.6	44	41.1	40.6
リマ	32.2	32.9	25.1	19.4
ロレト	66.9	71.5	66.3	54.6
マドレ・デ・ディオス	27.1	30.8	21.8	15.6
モケグア	38.7	30.3	27.3	25.8
パスコ	65.7	72.9	71.2	63.4
ピウラ	60.7	58.6	54.0	45.0
プノ	78.3	75.2	76.3	67.2
サン・マルティン	51.9	54.1	54.3	44.5
タクナ	24.7	30.3	19.8	20.4
トゥンベス	24.2	16.2	15.8	18.1
ウカヤリ	56.3	53.1	54.0	45.0

出所）INEI（2008：447）より筆者作成。

率は高い。また，2007年の時点で最も貧困率が高い県の中に，先ほど挙げたアプリマク，アヤクチョ，ワンカベリカ，プノといった先住民が多いシエラの

9）ペルーの貧困率と先住民人口の多寡との相関関係を直接扱った統計は筆者の知るところでは存在しない。そのため，ここでの分析も蓋然的な傾向にとどまる。

諸県が入っている。これらから，リマのようなコスタの都市部に移住することは，社会的・経済的な上昇期待を反映していることが想像できる[10]。全体として，今日までシエラやセルバとコスタとの歴史的な国内格差は変化していない。

3)「弱い社会」の形成

ペルーにおける先住民の政治参加は，「弱い社会」という構図が歴史的に形成されてきており，この傾向は一昼夜には変わりそうにない。次章で見るように，先住民大統領による政治改革にまで到達したボリビアと比べたとき，両国での先住民を中心とする下層民の組織化と動員力の違いは極めて大きい。このような「弱い社会」が作られる上で，2 つの局面がとりわけ重要であった。

第一の局面は，1968 年に成立したベラスコ軍事革命政権である。同政権が成立するまでの間，20 世紀前半を通じて大土地所有地主を中心とする寡頭支配層は長く権力に居座ってきた。なぜ長い間，寡頭支配層が政治的影響力を（次第に低下させながらも）維持できたのか。その理由は，特定の社会層を選りすぐって懐柔し，利益供与を行う「断片的編入（incorporación segmentaria)」にあったとされる（Cotler 1983 : 190–195)。

ペルー研究者は，ペルー社会が植民地期から継続する不平等な経済開発と異なった経済的利益の存在，文化的多様性の結果として「群島（archipiélago)」社会であると見る点で一致してきた（Matos 1983 : 58)。そのため，水平的に分断された個々の社会集団に対して，政治エリートが経済的利益と政治的支持の交換関係であるパトロン－クライアント関係[11]を構築することが伝統的であった(Cotler 1978)。寡頭支配層はこのような統治戦略によって，政治参加を制限しながら支配を維持してきたのである。

10）シエラやセルバ出身者が都市での就労機会などで差別的待遇を受けていることは明らかにされており，必ずしも移住が社会的・経済的上昇につながるわけではない（Mac Isaac and Patrinos 1995)。

11）Kitschelt and Wilkinson（2007 : 2）は，クライアンテリズム（パトロン－クライアント関係と同義）を「市民の票と雇用，モノ，サービスの直接的な交換や取引」と定義し，相手方が見返りを提供することの十分な認識と一定期間にわたる交換の繰り返しの 2 点をその条件とした。ここでは，選挙政治の定着以前から長く存在する政治行動であり，経済的な不平等が 1 つの誘因となったことも指摘したい。

たしかに20世紀初頭から一部の政治エリートの中には，様々な思惑からシエラの先住民農民を積極的に政治動員しようとする動きがあった。しかし，それらは成功せず，最終的に寡頭支配層による大土地所有制を解体し，先住民農民に農地分配したのは軍事政権であった。その時点で，先住民農民が組織化されず，強力な政治的影響力を持たない「弱い社会」が決定的となった。この経緯について，第2節で扱う。

第二の局面は，1990年に成立したフジモリ政権下での「フジモリスモ」という統治手法にある。1980年の民政移管に先立って，1979年憲法では非識字者にも普通選挙権が付与されていた。民政移管以後のこの時期には，左派政党や農民組合の間で，「弱い社会」から脱する契機があったが，結果的にそれはかなわず，「弱い社会」は更新されることとなる。この点は第3節，第4節で触れる。

第二の局面以後，現在まで「弱い社会」は変化していない。一部には，セルバの先住民組織や，資源開発に対抗する先住民組織が出現し，それらは2000年代に入って抗議運動を展開するようになるが，国政レベルで影響力を与えるには至っていない。これらは第5節と第6節で述べる。

2　ベラスコ革命までの歴史的経緯

ペルー共和国の独立は統合された国民形成を意味せず，クリオージョ（criollo，大陸生まれのヨーロッパ系住民）によるナショナリズムが支配的であった[12)]。このナショナリズムにおいて，インディオは市民から排除され，法制度や思想はスペイン的，人種主義的，封建的，カトリック的であった。その上，国内各地には，「ガモナル」と呼ばれる大土地所有地主が事実上国家政府から自律した権力を有しており，インディオは農園での労働力として搾取され続けた[13)]。

12）ベネディクト・アンダーソンは南米諸国の独立をナショナリズムの起源とするが，それは限定的・排除的な「クリオージョ・ナショナリズム」であったとする見方が一般的である（友枝 1988；後藤 2005 など参照）。

19 世紀の大半を通じて，工業生産のための労働者階級は限られており，ブルジョアや専門家からなる中産階級も形成されていなかった（Degregori 1978 : 23-32）。

変化は 19 世紀末に，経済自由化と国家近代化が模索されるとともに訪れた。チリとの太平洋戦争（1879～83 年）に敗北したことで，シエラの後進性と国民統合の欠如が盛んに議論されるようになった。同時に北部コスタとリマ，アレキパ（Arequipa），クスコといった主要都市を中心に外資導入によって鉱業や製造業が促進され，それまでのガモナルによる大土地所有制を中心とした経済構造からの転換が求められた。このような文脈を背景に，「インディヘニスモ（indigenismo）」と呼ばれる先住民擁護運動が起こる。

ペルーのインディヘニスモはシエラの先住民農民を大土地地主の支配から解放しようとする最初の思想・運動であったが，アウグスト・レギア（Augusto Leguía）政権によって懐柔され勢いを失う。その後，20 世紀半ばにはシエラの先住民農民は左翼運動へと動員されることになったが，左翼による農民運動は全国的な組織化へと至ることはなかった。国政を握り続けたのは，寡頭支配層，および経済自由化によって形成されたコスタの都市中間層であった。このように先住民農民の政治的影響力が低いまま，ベラスコ軍事革命政権によって農地改革が実施された。本節では，多様な政治エリートによる政治思想と政治運動の中で，いかにしてシエラの先住民農民が動員されないまま革命を迎えたのかを明らかにする[14]。

1）インディヘニスモ

インディヘニスモとは，19 世紀半ばに始まる知識人による先住民擁護あるいは統合言説と，それを実践する運動を指す[15]。当初のインディヘニスモは啓

13）主にヨーロッパからの移民を農場労働者としたチリとの違いについて，Kurtz（2009）参照。

14）本節を執筆するにあたり，Davies（1974），Kapsoli（1977），Degregori（1978），中川・松下・遅野井（1985），村上（2004），García（2005），Klarén（2005）を参照した。

15）本項の内容については，すでに日本語でも多くの議論が存在するところであり，辻（1983），友枝（1988），後藤（1996），小倉（1999 ; 2002）を参照した。

発的な文学作品においてシエラにおける先住民の苛酷な生活状況を描くものであった[16]。

20世紀に入り，マヌエル・ゴンサレス・プラダ（Manuel González Prada）が初めて人口の大多数を占めるシエラのインディオを国民統合の中心に置くことを説くようになる。ゴンサレス・プラダは，初めは教育の必要性を説くが，やがてインディオ問題は経済的・社会的問題であると考えるようになり，ブルジョアの一部とガモナルの結託を非難した。そして封建的農奴制の打破による政治的民主化こそ，国民統合であるとした。しかし，それ以上具体的な解決への道を提示することなくアナーキズムに傾倒したため，後継者たちにその問題は引き継がれた。

インディヘニスモは経済構造の変化とともに隆盛となったため，近代化を進めるコスタと封建的後進性が残存するシエラでは問題意識が異なり，言説の内容も分岐した。要約すると，リマを中心とするコスタでは自由主義の立場が，クスコやプノといったシエラではガモナル支配からの解放とインカ復興主義の立場が強くなった。

リマでは，人道主義・博愛主義の知識人によって「先住民擁護協会（Asociación Pro-Indígena）」が結成され，世論や公権力，法的弁護活動，研究を通じた擁護活動を展開した。クスコでは，ルイス・バルカルセル（Luis Valcárcel）らを中心としてクスコ大学改革，その後の「先住民再興グループ（Grupo Resurgimiento）」の創設といった動きがあり，現在の苦境をインカの過去の栄光との断絶から問い直す歴史再考運動となった。さらにアイマラ先住民が多いアルティプラノ（高地）のプノでは，「オルコパタ・グループ（Grupo Orkopata）」が結成された[17]。

これら各地のインディヘニスモは，機関紙発行や人的交流を中心とした知識人の活動であったが，1919～30年のレギア政権下で統合政策が行われると，自由主義改革を求める同政権との矛盾が明らかになる[18]（辻 1983）。

16）ナルシソ・アレステギ（Narciso Aréstegui）やクロリンダ・マット・デ・トゥルネル（Clorinda Matto de Turner）が代表的である。Tord（1978：30-36），辻（1983）参照。

17）Davies（1974：54-56），Tord（1978：144-148），辻（1983：85-96）参照。

レギアは，1900～10 年代の都市労働者や学生運動の台頭に支持を得て，保守的な寡頭支配層と対立することで政権についた。彼は先住民を国民統合することに同意し，1920 年に制定した憲法によって先住民共同体の法的地位を承認した。さらに 1921 年には，勧業省内に先住民の社会状況を調査し先住民からの陳情を引き受ける「インディオ関係局（Sección de Asuntos Indígenas)」を，続く 1922 年には「先住民保護機構（Patronato de la Raza Indígena)」を設置することで先住民の社会状況改善に積極的に介入する政策をとった。

加えて，リマや各地のインディヘニスタや先住民共同体のリーダーを集めて，政府公認の「先住民権利擁護委員会「タワンティンスーヨ」(Comité Pro-Derecho Indígena Tawantinsuyo)」(以下,「タワンティンスーヨ」委員会）が設立されたことは特筆に値する。この委員会設立にはインディヘニスタの要求の汲み上げとレギア政権への支持動員という抱き合わせの意図があったが，やがて先住民の強制労働を認めた「道路建設徴用令（Ley de Conscripción Vial)」をめぐって内部対立が起き，分裂した。道路建設の促進は，自由主義的な経済開発というレギア政権の方針が明確に表れたものであり，これに関して政府批判を行った「タワンティンスーヨ」委員会は，最終的には 1927 年に非合法化されることとなった[19]。先の先住民保護機構も他の国家機関と競合し，ほとんど機能を果たすことはなかった（辻 1983：93)。

2）APRA とマリアテギ

このようなレギアの官製インディヘニスモに対抗するものとして，1920 年代後半以降，ビクトル・ラウル・アヤ・デ・ラ・トーレ（Víctor Raúl Haya de la Torre）率いるアメリカ人民革命同盟（Alianza Popular Revolucionaria Americana :

18）クスコやプノなどの南部シエラでは，すでに先住民農民と大土地地主との衝突が起きていた（小倉 2002：177)。例えばプノ県での 1867 年のフアン・ブスタマンテ（Juan Bustamante）に率いられた蜂起，1915 年のルミ・マキ（Rumi Maqui）の蜂起，1921 年のドミンゴ・ワルカ（Domingo Huarca）の蜂起（Montoya 1989：57)，アンカシュ県（Ancash）における 1885 年のアトゥスパリア（Atusparia）の蜂起（Thurner 1997）などを挙げることができる。

19）この委員会の経緯について，特に辻（1983：93-94)，de la Cadena（2000：89-97）を参照。

APRA)[20]と，ホセ・カルロス・マリアテギ（José Carlos Mariátegui）率いる左翼運動という2つの新しい潮流が登場する。

この2つの潮流は，インディオ解放の主役，遂行されるべき革命の性質といった点で大きく異なるものであった（Degregori 1978：44–51)。前者のAPRAは，反帝国主義を基本理念とし，農民を収奪するガモナルが帝国主義と同盟関係にあると非難することで，労働者・農民・中間層による階級同盟を模索した。しかし，そのイデオロギーは曖昧で理想主義的であり，ペルー北部コスタの中間層を基盤としていたためにシエラのインディオ農民には二次的な位置づけが与えられるにとどまり，さらに国際的な従属関係に傾注して国内の従属関係は問わなかった（Degregori 1978：44–51；辻 1983：94–97)。

それに対してマリアテギは，『ペルーの現実解釈に対する7試論（*7 ensayos de interpretación de la realidad peruana*)』を発表し，インディオ問題は土地問題であり，先住民農民の階級闘争が問題であると主張した（マリアテギ 1988)。彼の批判は一部のインディヘニスモにも及び，それをエキゾチズム，理想主義，人種主義的なものと非難する[21]。彼曰く，人種問題として先住民を扱うこと自体が人種主義であり，結局は人種的劣等性を再フレーム化する[illegible]まってしまうため，ガモナルの封建的支配を終わらせるためには農民階級として先住民が覚醒し，自らを代表するようにならなければならないとした。しかし他方で，未だ自らを解放するに至らない限りでは，先住民を擁護するインディヘニスモが社会主義と合流することに意義があることも認めていた。労働者階級の形成が未成熟であるペルーで農民に革命主体を求める点で，階級闘争観が強烈に現れていた。

マリアテギは1928年にペルー社会党，1929年にはペルー労働総同盟（Con-

20) APRAは，レギア政権によって追放された大学改革運動の指導者だったアヤ・デ・ラ・トーレが1924年に亡命先のメキシコにおいて組織したもので，ラテンアメリカ諸国の団結と反帝国主義を中心的綱領とする。中川・松下・遅野井（1985：98–104）参照。

21) いわゆる「インディヘニスモ論争」については後藤（1996：40–44)，インディヘニスモについての立場はGarcía（2005：63–65)，小倉（2002：183–186）参照。マリアテギよりもインディヘニスモについて批判的な立場としてDegregori（1978：34–41）参照。

federación General de Trabajadores del Perú：CGTP）を結成するが，政治運動としての組織化は弱かった。当初は協調的であった APRA に対してより階級闘争観を強め，アヤ・デ・ラ・トーレとの関係も 1928 年に決裂した。さらに，1929 年にペルー社会党が参加したブエノス・アイレスでの第 1 回ラテンアメリカ共産主義者会議では，ペルーの現状と先住民の民族問題の重視などについて当時国際共産主義運動を率いていたコミンテルンと異なった見解を示したことから批判を浴びた（小倉 2002：137–146)。マリアテギが 1930 年に早逝した後，ペルー社会党はただちにペルー共産党（Partido Comunista del Perú：PCP）に改名し，マリアテギの主張から離れてコミンテルンに加盟した。

1930 年に 11 年間にわたったレギア政権が終わるのを境に，インディヘニスモによる問題提起は姿を消す。レギア政権下での盛んな国際投資流入によるコスタの経済成長は都市労働者と中間層の増加を導き，APRA が急速に組織化を進めた。「APRA のみがペルーを救う（Solo el aprismo salvará al Perú)」のスローガンのもとに，APRA はコスタを中心に運動を活発化させていく。他方でシエラでは反動的に封建制の度合いが強まることとなった。

急進的な政治思想を持つ APRA の成長は軍による反発を招き，それ以後，寡頭支配の存続と自由主義経済政策が不安定さをはらみながら継続することになる。1931 年 10 月の選挙には，APRA のアヤ・デ・ラ・トーレや PCP のエドゥアルド・キスペ（Eduardo Quispe）が選挙参加した。しかし，この選挙の後で政府軍と APRA の衝突が激化し，1933 年には選挙で選ばれた大統領が APRA の党員によって暗殺される事態に至ると，軍事政権の厳しい弾圧によって APRA と PCP は非合法化されてしまう。

その後，1945 年にアヤ・デ・ラ・トーレが出馬しないことを条件に選挙が認められると，APRA が支持した無所属で弁護士のホセ・ルイス・ブスタマンテ（José Luis Bustamante）が当選し，1948 年にクーデタで倒されるまで束の間の政治的機会が訪れた。この政権下では，レギア政権以後の封建制強化に対する揺り戻しを試みたが，3 年間の統治は実質的変化を生むには短いものであった。1946 年に，ラテンアメリカ全体で展開されていたインディヘニスモ（ペルーのインディヘニスモとは異なる）の流れに乗ってペルー・インディヘニスタ機関（Instituto Indigenista Peruano : IIP）が創設された。またクスコ派のインディヘニスモの筆頭であったルイス・バルカルセルが教育大臣に就任し，先住民の言語・芸術・文化・宗教の文化復興を反映したプログラムを試みた[22)]。

また，1947年には政治的機会を利用してPCPによって農民組合の全国組織であるペルー農民連合（Confederación Campesina del Perú : CCP）が結成されている。1930年代以降，APRAとPCPは農村部での組織化と農民組織への支配力について争っていたが，結局シエラではPCPが勝利し階級闘争路線が支配的となった。APRAはペルー全国農民連盟（Federación Nacional de Campesinos del Perú : FENCAP）を設立するが，コスタ丘陵部の農業生産者を組織するにとどまった。これら農民組合は次節で扱うことにして，先に1968年からのベラスコ革命について概観しよう。

3）ベラスコ革命とその意味

ブスタマンテ政権はわずかな期間で倒され，軍事政権による抑圧が繰り返された。ベラスコ革命が始まる1968年までの期間には，次のような3つの動きが存在した。

第一に，マヌエル・オドリア（Manuel Odría），マヌエル・プラド（Manuel Prado）と続いた政権下で一貫して自由主義的開放経済が採用され，国際投資が流入し，多様な産業発展と輸出増加が促進された。1959年には経済危機も起こるが，輸出志向の農業経済はシエラにまで浸透し，コミュニケーション技術の普及，教育の拡大，人口増加といった社会変化を生んだ。同時に，シエラの大土地所有地主の影響力が次第に低下し，農地奪還を求める農民の土地占拠運動が増加していく。重要な社会勢力とはならなかったものの，農民革命運動は存在感を増していった。1958年にはクスコ県のラ・コンベンシオン・イ・ラレス（La Convención y Lares）で，「土地か死か（Tierra o muerte）」と唱えるメスティソのウゴ・ブランコ（Hugo Blanco）率いる農民運動が起きた。1960年代になるとシエラ各地で農民による土地占拠が断続的に起こった。

22）新しい視点からのインディヘニスモ文学を生み出していたホセ・マリア・アルゲダス（José María Arguedas）も教育省のプログラムに関わっていた。

第二に，厳しい弾圧に対して 1956 年に APRA は，寡頭支配層と妥協する「共生関係（convivencia）」へと突如方針転換した。この結果，APRA 内の左派の一部は脱退し，ルイス・デ・ラ・プエンテ（Luis de la Puente）を中心に 1962 年に左翼革命運動（Movimiento de la Izquierda Revolucionaria : MIR）を結成し武力闘争路線をとる[23)]。MIR は 1965 年にクスコ，フニン，アヤクチョ県といった中央シエラでゲリラ闘争を開始するも，軍の弾圧により鎮圧された。

第三に，APRA の方針転換の結果として，都市大衆の支持を受ける政党が欠け，その空白を埋める形でフェルナンド・ベラウンデ（Fernando Belaúnde）の人民行動党（Acción Popular : AP）やルイス・ベドヤ（Luis Bedoya）のキリスト教民主党（Partido Democrático Cristiano : PDC）[24)]といった改革志向の大衆政党が結成された。前節で指摘したように，この時期にはシエラからコスタへの大規模な国内移住が起こっており，都市周辺にはバリアダス（barriadas，スラム）が急速に出現し，インフォーマル労働者が増加した。この都市大衆に支持を受けて，AP は急速に支持を伸ばしたのである。

1963 年には，ベラウンデが選挙で当選し，大衆層から支持を得て改革を進めることが期待されたが，国会での支持基盤の弱さと APRA や寡頭支配層による妨害，経済危機，ゲリラ闘争の勃発といった多面的な危機に直面し，米国との間にも政治摩擦が起きた。この混乱した状況下で，1968 年 10 月 3 日のクーデタにより，フアン・ベラスコ（Juan Velasco Alvarado）による軍事革命政権が成立した。

ベラスコ政権は，本格的な政治改革を実施した点でそれ以前の軍政とは一線を画していた。その成立，政権の性質，政策の内容から帰結に至るまで多くの研究が存在するが，ここでは先住民農民に対する政策に限定して叙述する[25)]。

23）これには 1959 年のキューバ革命の影響があった。

24）1967 年にベドヤは内部対立から PDC を離れ，キリスト教人民党（Partido Popular Cristiano : PPC）を結成した。

25）ベラスコ軍事政権について，次の研究を参照。Lowenthal（1975），Chaplin（1976），Cotler（1978），Stepan（1978），Pease（1986），大串（1993）。特に農地改革について Eguren（1975），DESCO（1977），Montoya（1989 : Ch. 6），Seligmann（1995 : Ch. 2），Hunefeldt（1997）参照。

ベラスコ政権は，ペルーの社会経済構造を転換することが国家の不安定さと将来の危機を抑える唯一の方法と考え，それまでの大土地所有地主による封建的支配を徹底的に解体して上からの国民統合を進める「ベラスコ革命」を行った。

1969年6月24日，大統領は「農民よ，もはや地主たちがその貧困を喰いものにすることはない」と宣言し，農地改革法（Decreto Ley, 17716号）を公布して大規模な農地分配を開始した[26)]。同時に「インディオ」という呼称の使用を差別的なものとして禁止し，「カンペシーノ（campesino，農民）」に置き換えた。1970年2月の大統領令（Decreto Supremo, 370–70–A号）により，レギア政権期に承認されていたシエラの「先住民共同体（comunidades indígenas）」は，すべて「農民共同体（comunidades campesinas）」に名称変更された。

さらにベラスコ政権は，かつて反乱を率いたインディオ首長のトゥパク・アマルを象徴として利用し，1971年設立の全国社会動員機構（Sistema Nacional de Apoyo a la Movilización Social：SINAMOS）によって先住民農民を政権支持に動員しようとした。1975年にはケチュア語を公用語としてスペイン語と同レベルの扱いとし，裁判所や学校でケチュア語の使用が認められた。さらに1972年に教育改革を実施し，二言語教育を導入することで国民統合を図った（García 2005：73–77）。他方でそれまで顧みられることのなかった広大なセルバについても，1974年に「先住民共同体（comunidades nativas）」を認知する法律を公布した。

以上のベラスコ革命の帰結は，次のように要約できる。まず，軍事革命政権は，「働くもののために土地を（La tierra para quien la trabaja）」という標語の下に，農民運動によって推進されていた土地分配要求を政策に取り入れた。農地分配には，農民による土地占拠，農園主による（改革を見越しての）土地売却，そして軍事革命政権による強制的農地接収と授与があった。表5–5は，軍事革命政権を含めた各政権下で接収・授与された土地面積である。政権が大規模な接収を行ったことで，封建的な寡頭支配層であったシエラの大土地所有地主は消

26）6月24日は，これ以後「インディオの日」として記念された。

表 5-5　各政権下で接収・授与された土地（1960〜90 年）

政　　権	接収（千ヘクタール）	接収（%）	授与（千ヘクタール）	授与（%）
1962 年リドレイ，ペレス・ゴドイ政権	59.7	0.6		
1963〜68 年第 1 次ベラウンデ政権	968.0	10.5	312.1	3.6
1969〜80 年ベラスコ，モラレス軍事政権	8,109.5	87.8	6,511.3	74.7
1981〜85 年第 2 次ベラウンデ政権	94.1	1.0	460.1	5.3
1985〜90 年ガルシア政権	5.6	0.1	1,430.2	16.4
全　　体	9,236.9	100.0	8,713.7	100.0

出所）Vegas（2008：20）を参照し，筆者作成。

滅し，農園での使役労働に従事していた農奴も解放された。同時にコスタの砂糖や綿花の大規模生産者も強制的に中規模以下に解体された。

しかしながら，この改革はすべての農業労働者に益したわけではなく，特に季節労働者は何ら利益を享受しなかった。軍事革命政権は，1975 年までにすべてのアシエンダ（大土地農園）の農地を農民に分配するとしたが，分配されたのは目標とされた面積の半数に満たず，成果は最初に着手されたコスタに集中した。しかし，法律で農地分配が謳われ大土地地主が否定されたことの間接的影響として政治的機会構造が変化し，例えば 1974 年のアンダワイラス（Andahuaylas）など，各地で農民による土地占拠運動が推進された。

また，政権は無数の生産農業協同組合（Corporativa Agraria de Producción：CAP）と社会共益農業組合（Sociedades Agrícolas de Interés Social：SAIS）を結成して，分配された農地の生産能力を向上させようとしたが，この試みは成功せず，シエラでは中小零細農が増えることとなった。その結果，都市への出稼ぎや移住も増加することになった。

農民組織として，軍事革命政権はそれまで土地所有者の全国組織であった農業経営者協会（Sociedad Nacional Agrario：SNA）を解体し，逆に農地改革を支援する全国農業連合（Confederación Nacional Agraria：CNA）を設立した。同時にそれまで影響力を失っていた CCP も再生し，左翼勢力が農村部で影響力を高めていく。この点については次節で詳述する。

やがてベラスコ政権が資金調達問題，労働者や企業家の要求の高まり，ストライキ鎮圧，そして大統領自身の病気のためにリーダーシップを失うと，1975年にフランシスコ・モラレス・ベルムデス（Francisco Morales Bermúdes）が無血クーデタによって政権につく。モラレス・ベルムデス軍事政権は深刻な経済危機を前にベラスコ革命の方向を修正し，IMF の勧告に従って漸次的に経済自由化を行っていった。しかし経済安定化政策は多くの失業者を生み，犠牲を強いるものにもなった。1977 年，1978 年に都市を中心とした全国ストが発生すると，モラレス・ベルムデス政権は民政移管を決断し，1978 年に憲法制定議会を招集し新憲法体制に移行した上で，1980 年に総選挙を実施することとなった。

1979 年憲法は，選挙権資格を 18 歳以上に引き下げ，非識字者にも付与することで多くの先住民農民を包摂することになった。また，軍事革命政権による農地改革の成果を保証する規定も盛り込まれた。

軍事政権による農地改革の第一義的な意味は，シエラで盛んになっていた土地回復運動の目標を国家の側に取り込んだことであった（Kapsoli 1977 ; Montoya 1989）。また，インディオから農民へというフレームの転換は，民族問題を政治の舞台から消し去ることに寄与した（Remy 1994）。他方で，このフレーム転換が農地改革によってガモナルによる地方での封建的支配構造の崩壊を伴ったことは，政治勢力や農民層の国民統合的な意識を醸成することになった。もう 1 つの重要な成果は，農業生産の改善などの解決しなかった問題を担うべく強化された CNA，CCP などの農民組合組織が，シエラの農村部で支配的な影響力を握ることになった点である。しかし，こうした農民組合組織は，国政レベルでは弱い左翼勢力の傘下にあった。次節は，この点を扱う。

3　左翼の伸張と失墜

ベラスコ革命の結果，それまで影響力を持たなかった左翼勢力，特に農民組合が伸張し，シエラの農村部に影響力を拡大した。本節では，左翼の勢力拡大，とりわけ全国規模の農民組合が組織化された過程をまず取り上げる[27)]。しかし左翼勢力は，1980年代末までに分裂し，失墜する。多くの論者が，現在までペルーで先住民運動が全国規模で起きなかった理由の1つ（おそらく最も重要な理由）は左翼勢力の分裂にあると主張する[28]。現在にまで続く動員構造の弱さの原因と言える左翼勢力の分裂についても本節では扱いたい。

1）左翼農民組合の伸張

ペルー左翼は，その出現は早かったにもかかわらず，政治的影響力を得るには時間がかかり，それも政治的機会構造に依存してのことであった。ロシアで3月革命が起きてから11年後の1928年にペルー社会党が結成され，1930年にはペルー共産党に改名し国際的共産主義運動に連なったが，20世紀半ばまで国内の組織化はほとんど進まず，リーダー間・地方間・闘争方針における相違から分裂していた。1947年9月11日に結成されたペルー共産党傘下のCCPも1948年からは軍事政権によって弾圧され，ほとんど組織化と影響力拡大を果たせなかった。

1950年代後半にAPRAが寡頭支配層と妥協したため，イデオロギー空間に埋めるべき隙間が開いたものの，全国の農民運動を統率し動員する力はなかった[29]。むしろリマなどの都市ではAPやPDCといった新しい大衆政党が選挙で支持を得ていた。

左派は革命闘争においてもそれほど決定的な勢力とはなりえなかった。ボリビアでは1952年に革命が起きていたが，ペルーでは1968年にベラスコ軍事革命政権が成立するまでは寡頭支配層が権力に居座っていた。1959年にキューバで革命政府が成立したことも影響して，前述したように1958年にクスコ県でウーゴ・ブランコ率いる農民運動が起き，APRAから脱退した左派が1965年に武装蜂起を試みたが，いずれも全国的な影響力を得るにはほど遠かった。

しかし武装蜂起する勢力の出現は，国家エリート側，特に軍に新たな政策の

27）Montoya（1989），Roberts（1998），Van Cott（2005），インタビューFを参考にした。

28）例えば，Van Cott（2005），Montoya（2008），村上（2009）など。

29）左翼が影響力を持ちえなかった原因として，リーダーシップの欠如あるいは支配権争い，先住民農民側の不信感，左翼リーダーのエリート意識が挙げられる。インタビューF，Roberts（1998），Van Cott（2005）。

必要性を感じさせた。1962年に政権を握っていた軍事評議会（junta militar）は農地改革の必要性を認識していた（インタビューF）。農地改革は1962年から少しずつ実施されていたが，大規模に行われたのはベラスコ革命においてであった（表5-5参照）。

ベラスコ革命の意義は前節で見たとおりだが，農民組合がシエラで支配的影響力を持つようになったのは軍事政権のおかげと言うほかない。1974年10月に第1回全国農業会議が開催され，親政府系の農民組合としてCNAが設立された。これは旧来の農民組合であるCCPの第4回会議と抱き合わせで行われたため，CCPが再活性化されることにもなった。

CCPの再活性化には，革命前衛党（Vanguardia Revolucionaria : VR）という左翼の一派が関わっていた。1964年から，CCPはペルー共産党毛沢東派の分派である赤旗派（Bandera Roja）の統率下にあり，軍事政権の農地改革に賛同していた[30)]。しかし，軍事政権によって農地改革が行われた後，CCPの顧問をしていた左翼活動家の中に，軍事政権によるSINAMOSを通じた先住民農民の支持動員に異議を唱える者が現れるようになる。シエラでは土地改革が期待されていたほどに進まず，政権側にも進める意思が見られず，アンダワイラス，クスコで農民による土地占拠運動が多発していたからである（Mallon 1998）。CCPに関わっていた左翼活動家たちは，軍事政権に融和的な赤旗派を見限り，1973年にVRを結成，CCPのコントロールを握った[31)]。

VRの活動家は軍事政権内の左派と交渉し，先住民農民による土地占拠を尊重することに合意させようとしたが拒否される。1974年，1975年には全国で数百もの土地占拠運動が起こっていた。モラレス・ベルムデス政権によって非合法化される中，CCPとCNAは農地改革をさらに促進すべく共闘姿勢にあっ

30）ちなみにアヤクチョで1970年に結成されるセンデロ・ルミノソは毛沢東派の異なる分派であり，ウーゴ・ブランコ率いるクスコ県ラ・コンベンシオンの農民運動はトロツキー派である。

31）VRはリカルド・ナプリ（Ricardo Napurí），リカルド・レッツ（Ricardo Letts），エドムンド・ムルガラ（Edmundo Murrugarra）といった左翼活動家や学生運動によって結成されたとされる（Roberts 1998 : 208-209）。さらにMIRに関わったカルロス・マルピカ（Carlos Malpica）の影響も指摘することができる（インタビューF）。

た。

2）シエラにおける先住民運動の可能性とその喪失

20 世紀初頭まで各地でインディヘニスモが隆盛したが，1930 年以降その潮流は消え去り，シエラでは農民階級が支配的な政治言説となっていたことはすでに見たとおりである。ロドリゴ・モントーヤによれば，1977 年以降，CCP 内に民族言説を取り入れようとする分派が現れたことがあったが，すぐに消滅した[32)]。このペルーのシエラにおける先住民運動の契機について少し紹介したい。

1978 年 8 月，クスコ県アンタ（Anta）で行われた CCP の第 5 回会議に，アイマラ先住民の一集団がタワンティンスーユを象徴する 7 色の旗を持って参加した[33)]。VR の CCP 支配に対抗して，共産主義革命党－労働階級派がアイマラの民族性を強調した農民組織を形成しようと試みたのであった。これは単に左派政党間の主導権争いではなく，先住民アイデンティティへのフレーム戦略の転換を要求するものだった点で興味深い。

続く 1978 年 11 月に，プノ県イラベ（Ilave）のカチ・プカラ（Cachi Pukara）で第 3 回アイマラ農民会議が行われ，そこで CCP の議長であったルナ・バルガス（Luna Vargas）に対して，CCP の執行部が官僚主義的であるため，CCP への所属は続けるが組織の戦略方針に次の 3 点で合意できないという動議が提出された。第一に，現在の農民組合の闘争は革命のためではなく現政権に追従する闘争になっている点。第二に，闘争は農村から都市へと向かうべきであるが，CCP 執行部は CNA との連携を求めており，都市から農村へと順序が逆であり，民主主義的と言えない点。第三に，民族性（nacionalidades）による自律的組織を求めているが CCP 執行部はそれを否定している点。これらは総じて CCP の執行部に対して戦略の方向転換を求めるものであった（Montoya 1989 : 60-65）。

32）Montoya（1989 : Ch. 2）参照。以下，本項はモントーヤの研究に依拠する。

33）7 色の旗はウィパラ（whipala）と呼ばれ，ボリビアやエクアドルでも象徴として用いられる。Pajuelo（2007）がこの旗について考察している。

この動議は，同年にCCPのクスコ県支部が行った試みと重なるものだったため，プノとクスコの地方支部は，1979年11月にクスコで「ケチュア，アイマラ，アマゾン少数民族の初会合」を行う。翌1980年11月には，他の組織を交えて「土地，言語と文化，地方自治のために」と題した会議が開催された。しかしCCP執行部はサン・ペドロ・デ・カスタ（San Pedro de Casta）で行われた全国会議で，このような動きを分裂主義だと非難した（Montoya 1989 : 65-68)。結果的に，上記の1980年11月会議に続くものは開催されなかった。

CCPがシエラに影響力を拡大し組織化を進める中で，南部シエラの中心的都市であるクスコとプノで民族的要求があったことは，興味深い。けれども，次章で見るボリビアのカタリスタ運動と異なり，ペルーではその主張は左翼内部の党派争いの1つとして扱われるにとどまった。すなわち，CCPの組織形成の途上では，毛沢東派，親ソビエト派，トロツキー派といった分派と同列に扱われ，民族的要求は他と画するような意味を持ちえなかったのである。

先住民運動のもう1つの契機は，1980年に知識人を中心としてリマで結成された南アメリカ先住民評議会（Consejo Indio de Sud América : CISA）であった(Pajuelo 2005 : 115)。しかし，これは世界先住民評議会（WCIP）というカナダに本部を置く国際NGOの主導によるもので，メスティソの知識人に率いられた形式的なもの，という理解が一般的である[34)]。後にCISAは内部対立から解体された。

3）左派政党の失墜

前述したように，シエラでは左翼農民組合が支配的な影響力を持つようになったが，1980年から再民主化により選挙参加が始まる中で，左派政党は分裂し失墜していく[35)]。そもそもペルー左派の間には，選挙に参加するかストライキやデモなどの動員政治にとどまるのかについて立場の相違があった。また，ベラスコ革命による上からの改革をどう評価するかといった点でも諸派の間に意見の相違があった。そのため，1980年5月の国政選挙では二派に分裂し，

34）CISAをめぐる問題について，Smith（1994）による批判を参照。
35）本項を執筆する上でRoberts（1998）を参照した。

統一候補を立てることができなかったが，それでも同年 9 月には選挙連合として統一左翼（Izquierda Unida : IU）を結成し，11 月の地方選挙で 23.9 % の得票を得てリマ市長も当選させる躍進を見せた。

しかし，このような地方行政職をそれ自体として政治躍進と見る穏健派と，革命のための勢力蓄積と見る急進派の間で対立が起きる。また個人崇拝のための政治グループが多く，全国規模で選挙支持を集められる組織，資源，人的資本を持たなかった。最も可能性が高かったのは，1984 年に諸派を糾合して結成された統一マリアテギ党（Partido Unido Mariateguista : PUM）であり，PUM は都市郊外のバリアダス（スラム）における草の根の組織化には長けていたが，1985 年の国政選挙では APRA のアラン・ガルシア（Alan García）に対抗しえなかった。

民政移管から 10 年後の 1990 年選挙では，主要政党の AP と APRA が政権を取りながらも社会・経済危機に有効な対策をできずに支持を失っており，左翼には選挙で躍進する機会があった。しかし，危機は同時に社会経済構造をも変化させており，インフォーマル労働者が増加し，労働組合の組織化が低下しつつあった。そうした中で，選挙において個人への支持を重要と考えるか，草の根の社会組織による権力奪取を重視するかが対立軸となった。

リマ市長を務めた IU 議長のアルフォンソ・バランテス（Alfonso Barrantes）は，個人のカリスマ性により首都リマの有権者の支持を集めたが，社会組織を基盤とした運動を唱える PUM と戦略面で対立し，IU は分裂の危機に直面した。ヘンリー・ピース（Henry Pease）らの中立派は，バランテスに 1989 年の党大会決定に従って大統領候補への出馬には党内投票を経るように要求したが，バランテスらはこれに反対して 1989 年 9 月に IU を脱退する。IU は，1989 年の地方選挙でのリマ市長候補，1990 年の大統領選挙での大統領候補にピースを立てるが大敗し，PUM は IU を脱退した。

左派政党の分裂と支持低下は，単にリーダー間の争いによるものではなく，1980 年代の文脈にもよっている。センデロ・ルミノソ（Sendero Luminoso : SL）やトゥパク・アマル革命運動（Movimiento Revolucionario Tupac Amaru : MRTA）といった極左のゲリラ活動が勃発していたし，経済危機は深刻になっていた。

ゲリラと政府軍との間の政治暴力が大きな社会問題となり，これに対して左派政党も態度を明確にすることができずにいる中，1990 年選挙で成立したフジモリ政権下で国政レベルの政治構図は一変する。この点については次節で見よう。

本節の内容は，次章で見るようにボリビアで 1970 年代末期に全国農民組合が先住民の民族的・文化的主張を受け入れ，民政移管に際して強力な動員能力を示したことを考えれば，決定的な相違点を浮き彫りにするものである。ボリビアでは早くも 1952 年から農民組合の全国連合が組織され，1970 年代にはラパス県のアイマラ農民が農民組合の執行部にまで昇りつめていた。そのため，1970 年代後半までに民族的なフレーミングへの転換と高い影響力が可能となったのである。それに対してペルーでは，1970 年代後半になってようやくシエラで農民組合が組織化を進めたのであり，同時期に民族的要求を導入することは組織固めに抵触する分離主義的傾向とみなされた。

1980 年代末の左派政党の失墜は，国政レベルと地方レベルの政治組織と要求の乖離を決定的なものとし，以下で見るように「弱い社会」という構図を更新する結果へとつながる。シエラ諸県では農民組合が支配的影響力を保つものの，それが選挙による政治変化や国政レベルへの運動には発展しない構図が，1990 年頃を境に支配的となっていく。そのため，ペルーで全国規模の抗議運動が生まれる余地はほぼ存在しなくなっていったのである。

4　テロとフジモリスモ

1990 年選挙では，政治的に無名であったアルベルト・フジモリ（Alberto Fujimori）が，AP およびキリスト教人民党（PPC）と連携したマリオ・バルガス・ジョサ（Mario Vargas Llosa）に勝利し，それまでの政党政治によらない「アウトサイダー」政権の誕生となった[36]。フジモリ政権は成立当初から，次のよう

36）本節の対象とするフジモリ政権期前後については，日本語でもすでに本格的な研究がある分野であり，遅野井（1995），村上（2004）を参考にした。

な深刻な社会・経済問題を抱えていた。

第一に，SL と MRTA という極左のゲリラ組織が 1980 年代から地方でテロ活動を展開しており，政府軍との衝突で政治暴力が起きていた。2003 年に発表された報告書によれば，シエラの先住民農民の犠牲者はおよそ 7 万人であり，そのうち約 75 % が先住民言語話者であった。また 1990 年代後半には首都リマでもテロ活動が起き，1990 年の時点で国土の約半分に非常事態宣言が出ているという有様だった。

第二に，ベラスコ政権期以来の債務処理と経済回復の問題が深刻化していた。ベラウンデ政権（1980〜85 年）は貿易自由化を行ったものの肥大化していた国営企業の民営化には着手せず，続くガルシア政権（1985〜90 年）は公然と IMF や国際金融界に反発して一方的に債務返済を制限することを宣言し，マクロ経済の不均衡と経済の停滞を招いた。同政権末期の 1988〜90 年には 4 桁のハイパーインフレとマイナスの GDP 成長率が続き，ペルー経済はまさに壊滅状態にあった。

以下では，この 2 つの危機とそれに対するフジモリ政権の対応，そして「弱い社会」の再構成を扱う。

フジモリ政権は，複合的で抜本的な政策対応を行った。まず，新自由主義経済モデルを採用し，緊縮財政を強いることで経済危機の抜本的解決と国際金融界の信用回復を図るとともに，民営化によって経済自由化と投資促進を打ち出した。さらに軍を動員してゲリラ組織を壊滅させ，政府の制度能力を高めるべく一連の政治制度改革を行った。そして社会支援政策を中心とした貧困層へのアピールによって選挙での支持を取り付けた。これらは，経済自由化によって本来は不平等の拡大につながるものでありながら，貧困層への選択的な利益分配も含むという政策ミックスであり，フジモリスモと一般的に呼ばれる。

重要なのは，この対応が社会経済構造と政治参加形態の変化に裏付けられていた点である。すなわち，ベラウンデの AP，ガルシアの APRA という既存政党が 1980 年代に失政により支持を失ったこと，シエラからコスタへの移住と深刻な経済危機の結果，大量の失業者と労働者のインフォーマル化が顕著となったために，労働組合は組織化率を著しく低下させていたことがその背景にあった[37)]。本節で明らかにするのは，結果としてフジモリスモが伝統的なペルーの「弱い社会」を更新し，同政権以後も続くペルー政治の基本路線になったことである。本節の最後には，フジモリスモが再構成した国家－社会関係の特徴をまとめる。

1）テロと政治暴力の時代

ペルー共産党の一派であるSLの結成は，中央シエラでの農地分配の不徹底と，教育レベルの向上に遠因を持っていたとされる[38)]。ベラスコ政権の成果として，非識字率は1961年の38.9％から1972年には27.2％，1981年には18％に下がっていた（Remy 1994：128；Van Cott 2005：150）。シエラでは貧困からの脱出のために教育への熱意が高まっており，アヤクチョ県では無償学校教育を要求する運動が1960年代から起こっていた。

1970年，シエラの農村部出身の若者が多く通うアヤクチョ県で，国立ワマンガ大学の哲学教授アビマエル・グスマン（Abimael Guzmán）を中心にペルー共産党毛沢東派の分派としてSLが結成された。1980年に民政移管選挙が行われると，SLはアヤクチョ県の選挙投票所を襲って武装闘争を開始する。

SLは，ペルーのシエラにおける「半植民地」的構造を打破し「センデロ・ルミノソ（輝ける道）」を目指すというマリアテギの主張によっていたが，その思想は2つの制約に直面することとなった。第一にこの主張は，本章第2節で触れたようにペルー共産党の中では1930年代に見限られていた。第二に，ベラスコ軍事革命政権下での農地改革と国内移住による社会変動の結果，1980年代にはガモナルの「半植民地」的支配は崩壊しており，シエラの先住民農民が抱える問題はすでに変化していた。結果として，SLは左翼勢力とも対立する姿勢をとり，やがて指導者とその思想への崇拝が先行するドグマ的集団と化していった。

37）ケネス・ロバーツによれば，1970年代後半に賃金労働者の組合組織化率は80％であったのが1990年には48％に低下しており，労働人口全体に対してはパーセンテージにして一桁しか組織化されていなかった（Roberts 1998：241）。

38）本項の執筆にあたり，デグレゴリ（1993），Stern（1998），Starn（1999），CVR（2003），García（2005）を参照した。

SL は先住民農民の伝統的秩序や実践を，革命運動にとって後進的な障害だとみなした。農村では独自の法廷を設置して敵対者とみなす人物や農民共同体の権威を処刑したり，市場経済を完全否定して自給自足体制を強要したため，先住民農民は離反した。組織的特徴としては，指導者のグスマンに忠誠を誓う戦闘部隊を作り上げ，暗殺，誘拐，インフラ破壊といったテロリズムを行った。

1982 年から，政府は SL の蜂起地域に軍を派遣して鎮圧に乗り出すが，不慣れなシエラでの戦闘や情報不足などにより，疑わしい先住民農民を殺害する事件が相次いだ。1983～84 年にかけて両勢力の衝突によって多くの犠牲者が発生し，「汚い戦争（Guerra sucia）」と呼ばれた。実際に SL と軍との衝突は事態を解決するよりも政治暴力の増加を生み，約 60 万人のケチュア農民がコスタへと逃れ，中には完全に消滅した共同体も存在した。1985 年 1 月の時点でアムネスティ・インターナショナルやペルー国会上院の人権委員会は数千の市民が殺害されたと報告していた。

図 5-1 は，2003 年に発表された真実和解委員会（Comisión de la Verdad y Reconciliación : CVR）の最終報告書による犠牲者の経年変化グラフである。1984 年に政府と軍が方針を変更し，農民との共闘姿勢を打ち出したため，それ以後の犠牲者数は相対的に減少している。

政府が共闘姿勢へと転換したのは，SL に対抗してシエラで農民共同体の自衛組織である農民自警団（rondas campesinas）が結成されたことにもよる。農民自警団は，1976 年にカハマルカ（Cajamarca）県で家畜泥棒から自衛するために結成されたのが始まりとされ，やがて北部シエラを中心に 3,000 以上が結成された（Starn 1999 : 52–58）。そして SL が暴力的に勢力拡大を図るようになるとシエラ全域に広まった。1986 年には自己防衛のための法的根拠を与えられ，1991 年にはフジモリ政権によって銃火器が貸与されるまでにもなった。

MRTA は，選挙に参加することは革命への裏切りであると考えた左翼の急進派によって 1982 年に結成され，同年 5 月 31 日にリマ市内での銀行襲撃から武装闘争を始めた。ビクトル・ポライ（Víctor Polay）を中心とし，銀行や警察署への襲撃によって武装部隊を育成し，やがてリマから中央シエラのフニン県，クスコ県，さらに北部コスタのランバイェケ（Lambayeque）県，アンカシュ県

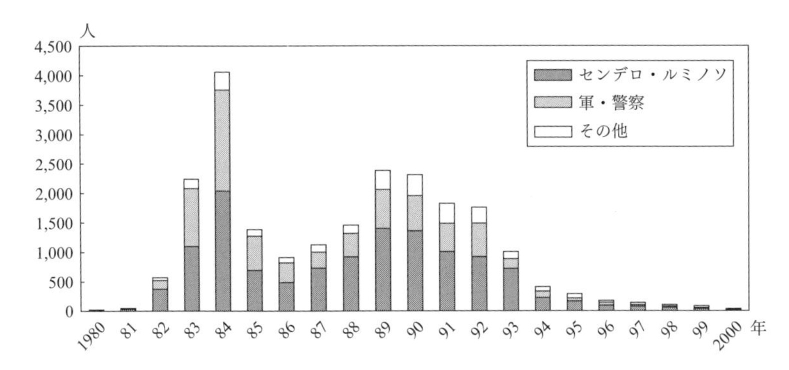

図 5-1　CVR に報告された犠牲者・行方不明者数（加害者内訳，1980〜2000年）

出所）CVR（2003 : anexo estadístico).

へと支部を広げていった。MRTA は SL の独裁的で強権的な姿勢にも，IU の選挙路線にも反発していた。

MRTA も SL も，CCP や CNA の農民組合組織の支配権を握ることも組織を解体させることもできず，先住民農民に支持を広げることはできなかった（強制的に武装闘争に動員することはあった)。むしろゲリラ組織の活動は，農民組合の政治的機会を狭め，動員構造を破壊し，しばしば国家と先住民農民の自警団が共闘するという予期せざる帰結を生んだ。

1980 年代の終わりに，MRTA と SL がコカ栽培の盛んな中央セルバの支配権をめぐって争い，アシャニンカやヤネシャといった先住民族と衝突した[39]。1989 年 12 月に MRTA がアシャニンカのリーダーを誘拐し，以前に左翼活動家がセルバで逮捕されたときに警察に協力したことを咎めて革命裁判所にかけ，そのうちの 2 人を処刑するという事件が起こった。残りのリーダーは逃走し共同体にこの一件を報告すると，アシャニンカの多くが MRTA に対する戦争を

39）アシャニンカは，およそ 4 万人を超すセルバで最も多い先住民族であり，フニン（Junín），パスコ（Pasco），ウカヤリ県のアンデス山脈東斜面の熱帯雨林に居住する。ただし，同一語族に所属するが 1 つの集団として自己認識しているわけではないとされる。セルバ先住民については次節で扱う。

宣言し，槍と弓で武装した。これは「アシャニンカ軍（Ejercito Asháninka)」と呼ばれ，後にヤネシャ先住民もこれに加わった。MRTA はアシャニンカと敵対することを好まず，部隊を引き揚げた（Manrique 1998 : 212-213)。

1991 年に今度は SL の侵入に対して再びアシャニンカ軍が組織されるが，SL はより苛酷な姿勢で臨み，多くの犠牲者を出すことになった。SL はコカ栽培が盛んでかつ戦略的要地でもあるアヤクチョ県北部のセルバにも侵入し，拠点を築いた。

SL と MRTA は，1992 年にそれぞれのリーダーであるグスマンとポライが政府軍に捕獲されたことによって勢力を失う。ゲリラ組織によるテロリズムは，シエラ，セルバを含めたペルーの大衆に恐怖と抑圧を与え，その敗退はフジモリスモの定着を生むことになった。真実和解委員会の最終報告によれば，6 万 9280 人が死亡しおよそ 4,000 人が行方不明となり，300 億ドルの損失があったとされる（CVR 2003)。

2）フジモリスモ

深刻な経済危機を前にしてフジモリは，1990 年 7 月の大統領就任後，直ちに公定価格・為替・貿易の自由化，公務員の賃金凍結といったショック療法的な経済安定化政策を打ち出した。「フジショック（fujishock)」と呼ばれたこの緊縮財政政策は，一時的にはインフレや価格上昇へと跳ね返り，教員組合を中心とした抗議運動が起きるが，この政策実施によって 1991 年までに国際金融界への復帰を達成した。

しかし，依然としてインフレは完全に収束しておらず，SL や MRTA のゲリラ活動により全国のおよそ半分は非常事態宣言下にあった。安定した政党基盤を持たない「アウトサイダー」大統領であったため，国会では野党が多数を占める分裂政府状態に悩まされた。経済・社会問題に対して積極的に政策を打ち出す必要があったにもかかわらず，国会では内閣の不信任動議を提出され，さらに大統領の権限を規制する法律を公布されるなど，対立姿勢を強めた。この危機的状況に対して，1992 年 4 月 5 日，フジモリ大統領は軍を出動させて「自主クーデタ（autogolpe)」を行い，司法と立法の再編に着手した。この手法は非民主的であったにもかかわらず，国民は高い支持を示した。1992年9月にはSLのグスマンを逮捕する成果を上げ，1991年にはまだ高かったインフレ率も1992年には低下するなど，大統領側に有利な状況に変わっていった（Tanaka 2005a）。しかし民主体制の停止は，国際社会からは厳しい非難を浴び，すぐに再民主化プロセスが着手された。

憲法制定と通常の国会の機能を合わせた民主制憲議会が発足し，1993年に新憲法の承認を問う国民投票が行われた。フジモリ政権派が50％を超える支持を得たことで，新憲法では一院制，大統領の連続再選容認，行政府の権限強化が盛り込まれた。また新憲法はあらゆる面で経済自由化を推進するもので，1979年憲法で認められていた農地改革の成果についても削除された。このため，1990年の大統領選挙ではフジモリ支持を示していたシエラでも，1993年の新憲法承認投票では半数以上が反対を示すことになった[40]（Pajuelo 2006：53–68）。

その後フジモリ政権は2000年まで政権を握ることになる。1995年選挙では政治・経済改革の成果を訴えて圧倒的な支持で当選する。この頃までには改革によって経済が回復し，GDP成長率も伸び調子であった。ただし図5-2でも明らかなように，1995年以降，経済成長はいったん停滞し，成長をさらに促す全体的計画も提起されなかった（村上2004：333–337）。フジモリ政権後半は，汚職問題の増加，フジモリの強引な三選立候補と不正選挙といった問題を積み重ね，2000年にはフジモリが外遊先の日本で解任され政治亡命することになる。

フジモリスモとは，端的に言ってシエラやセルバ，都市郊外のバリアダス（スラム）の貧民へのアピールと構造的・制度的な経済自由化政策の抱き合わせを指す。それは「貧者のためにならない（経済自由化）政策を，貧者の支援によって行う」という逆説的な政権運営であったともされる（Paredes 2007）。フジモリ政権は地方のインフラ整備を多く打ち出したほか，地方を歴訪し貧民のパトロンとしてのイメージを高めた。1993年から99年の間，7月28日の独

40）新憲法には多文化・多民族国家との規定が盛り込まれ，インターカルチュラル二言語教育の実施が謳われるという前進もあった。

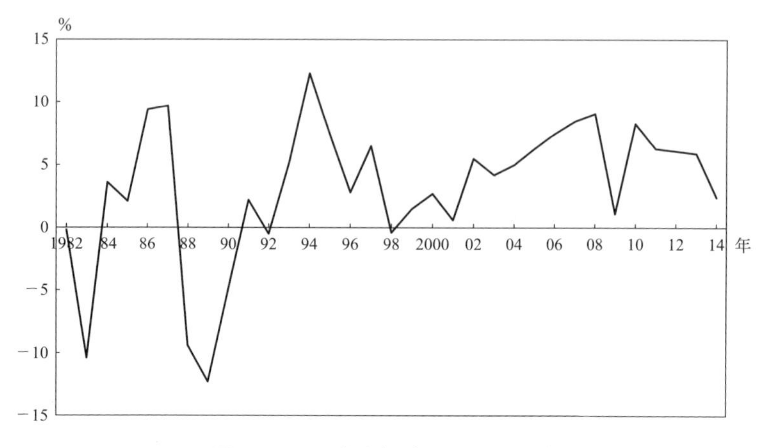

図 5-2　GDP 成長率（1982〜2014 年）

出所）国家統計局（INEI）より筆者作成。

立記念日には軍や市民のパレードに数千人の農民自警団メンバーやアマゾン先住民代表が参加した。

このような政権運営を可能とした 1 つの要因は，その社会政策にある。1991 年 8 月に創設された国家開発補償基金（Fondo de Cooperación para el Desarrollo Social : FONCODES）は，世界銀行や米州開発銀行の支援で行われた貧困層や特定地域を対象としたセーフティ・ネット的な社会援助政策であり，社会インフラ整備についてある程度の成果を上げた。しかし，長期的に一貫した社会開発方針を持たず，政権に近い人物が執行部に任命され，フジモリ政権への選挙での支持獲得のために思惑に則って予算が投下されたとされる（Wise 2003 : 194–196, 209–213 ; Arce 2006 : Ch. 5）。

その他にも，労働者への住宅保障を行う国家住宅基金（Fondo Nacional de Vivienda : FONAVI）や 6 歳以下の貧しい乳幼児を対象とする食糧支援計画（Programa Nacional de Asistencia Alimentaria : PRONAA）についても，本来はパトロン－クライアント関係や政治的操作から独立した組織を志向していたにもかかわらず，政府と貧困層とが直接的関係を結ぶ手段となった（Kay 1996 ; 遅野井 2005 : 135–137）。

以上のフジモリスモは，次で示すように，国－県－ローカルの3レベルの乖離を生み出し，「弱い社会」を更新することになった。

3) フジモリスモによって更新された「弱い社会」

フジモリによる統治スタイルについては盛んに議論されており，例えば「アウトサイダー」，「ネオポピュリズム」，「競争的権威主義」などの見解がある[41]。これらは確かに有効な視点だが，政党や選挙といった制度の変化や制度政治からの逸脱を中心としており，その制度を基礎づける社会基盤などへの着目は二次的なものにとどまっている点が物足りない。以上の視点と異なり，ここでは「弱い社会」がどう更新されたのかに焦点を合わせる[42]。

今日のペルーにおける先住民層を主体とした抗議運動の可能性を考える際，フジモリ政権期以降に国家－地方－ローカルの3レベルが乖離したと見ることができる[43]。すなわち，国家レベルの政治では「ペルソナリスモ（personalismo，人物中心主義）」，地方（県）レベルでは「組合主義（sindicalismo）」，さらにローカルなレベルでは「機会主義（opportunismo）」が支配的になったとの見方である。

国政レベルでは，「人物中心主義」と政党政治の崩壊が顕著となった。APRA，AP，PPC，左翼諸政党といった旧来の政党は1990年以後に総じて支持を失い，「アウトサイダー」であったフジモリが選挙での支持を独占した。

---

41) アウトサイダー論は，無党派・無所属・無名の候補が，既存政党が経済・社会問題を解決してこなかったと訴えることで政治的支持を獲得することに注目する。必然的にアウトサイダーは制度政治を維持しようとせず，しばしば選挙でのカリスマ的アピールに訴える国民投票的民主主義へと移行する（Mayorga 2006）。ポピュリズム論には様々な議論があるが，大衆と人格的・非制度的・感情的な紐帯を形成することで選挙での支持を集めようとする手法から，フジモリを選挙ポピュリズムに分類する研究がある（Roberts 2006）。競争的権威主義論は，選挙，議会，多数政党の存在といった民主主義のフォーマルな条件はクリアするも，実際には権威主義的に権力を行使する体制を指す（Levitsky and Way 2002；Tanaka 2005b；Remy 2005：169）。

42) 村上（2004：22-28）もまた，ペルーの国家－社会関係がフジモリ政権に始まるものではなく歴史的なものであると主張している。

43) このような理解について，ペルーで活動する国際NGOの現地スタッフより示唆を受けた。インタビューG参照。

1995 年に結成されたペルーのための統一（Unión por el Perú : UPP）も含め，APRA を例外として政治家の離合集散と機会主義的な所属党の変更[44]が甚だしく，選挙ごとに有権者の支持政党が変わる選挙変易率（electoral volatility）の高さが問題とされてきた（村上 2009）。

ペルーの選挙変易率の高さは，同じアンデス地域のボリビア，エクアドル，コロンビア，ベネズエラと比べても群を抜いている（Mainwaring, Bejarano and Pizarro 2006 : 19）。ラテンアメリカの政党システムが安定的でないことは通説となっており，その理由としては不安定な経済状況と経済政策，民政移管からの期間の短さ，伝統的なクライアンテリズムなどが指摘される（Roberts and Wibbels 1999 ; Kitschelt et al. 2010 ; 村上 2009）。その中でもペルーの選挙変易率は高く，およそ半数の有権者が選挙のたびに支持候補や政党を変えてきた。

Madrid（2011b）はその原因として，多くの有権者が先住民アイデンティティを背景に持つにもかかわらず，そのようなアイデンティティを掲げた政党や社会組織が存在せず，大統領候補への支持が安定しないためだと指摘する。そのような傾向が中心となった背景には，シエラの農民組合を基盤とした左派政党などが国政レベルでの組織化に失敗したこと，1950 年代に始まる首都リマへの大規模な国内移住の結果，リマ周辺のバリアダス（スラム）が巨大化し，そこに住むインフォーマル労働者へのアピールが重要になったことも指摘できる[45]（Tanaka 1998 ; 2005a）。

他方で地方レベルでは，左翼の農民組合が依然として支配的であり，「階級主義」が顕著である。SL と MRTA は極左の武装テロ組織であり，先住民農民から安定した支持を獲得することはできなかった。シエラでは 1970 年代から CCP，CNA が依然として影響力を持っているが，国政にアクセスする左派政

44）2000 年以降，選挙の期間内外に所属する党を変更して有利に立ち回り，結果として政策作成や国会の機能が混乱するという「変節性（transfugísmo）」がしばしば非難される。

45）その他の要因として，1993 年憲法によって，国政選挙が全国一選挙区の比例代表制になったため，立候補者は各地方の選挙区で支持基盤を組織化するインセンティブがなくなった。さらにはテレビなどの普及により，政治家の汚職，スキャンダルの糾弾といったネガティブ・キャンペーンや，イメージを売り込むメディア戦略が重要な意味を持つようになった。

党が分裂・失墜したのは前々節で見たとおりである。

その一方で，ローカル・レベルでは多様な政治参加の形態が出現した（大串 1995 ; Remy 2005 など）。たしかに，人権運動，宗教団体による組織化，民衆食堂や「一杯のミルク」運動といったバリアダスの民衆組織，シエラの農民自警団，セルバの開発 NGO などは市民参加を高めた。しかし多くの自発的な市民社会組織が実質的な社会サービスを提供するようになったことは，新自由主義の構造調整による国家の役割の縮小に伴った変化であり，国政レベルの政策転換を促すものではない（Remy 2005 : Ch. 6）。

もちろん，ローカル・レベルでの市民社会組織は政治参加の1つの形態であり，組織化の糸口ではあるのだが，県レベルや国政レベルの政治運動にはつながっていない。むしろ市民社会組織はしばしば社会保障政策の恩恵を求めて選挙での支持を機会主義に変えるため，特定地域や組織に限定した分裂状態が維持されることになり，政府への異議申し立て機能を果たすことにならないとの批判もある（Panfichi 2007）。

こうした3つのレベルで分裂と組織化の弱さが特徴的になったことは，フジモリ政権期に，ストライキのようなかつての抗議運動のレパートリーが急速に減少していったことにも表れている（図 5-3）。

以上のように，国政－地方－ローカルの3レベルが乖離した結果，複数の地方をまたぎ，同時にローカルに基盤を持つような政治運動を構築することが著しく困難となった。ここまでの歴史的プロセスを踏まえると，ベラスコ軍事革命政権，そしてフジモリ政権という2つの局面を経て，いかにペルーで先住民層の水平的な組織化と国政レベルでの影響力が限られる「弱い社会」が形成され，更新されたかがわかる。第6節で見るように，1990 年代後半から鉱山開発に反対する抗議運動がシエラで生まれるようになるが，そこでもこの「弱い社会」が大きな障害となる。次節ではその前に，セルバでの先住民組織の形成を紹介しよう。

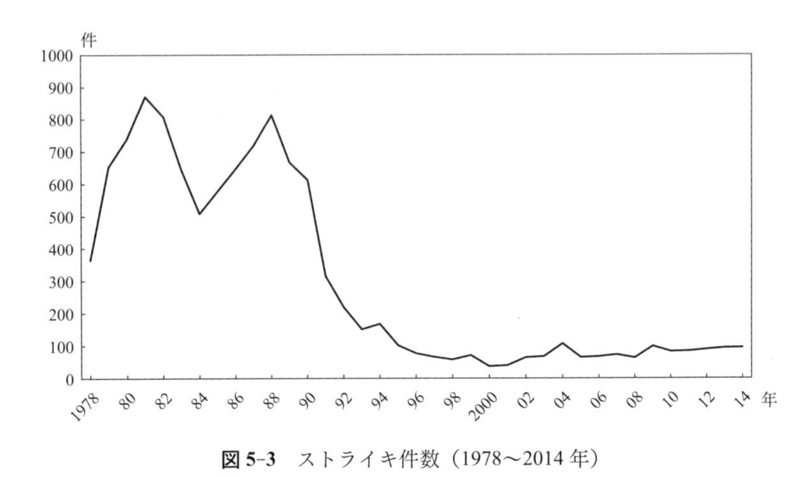

図 5-3　ストライキ件数（1978〜2014 年）

出所）労働省のデータより筆者作成。

5　セルバの先住民組織

首都から遠く離れたセルバは長い間，地理的に隔絶した地域であった。歴史的に 20 世紀の前半まで，セルバは事実上国家の統治が及ばない地域だった。植民地時代には宗教団体が盛んに活動を行い，「文明化」を促そうと改宗活動を進めたが，先住民は自らの文化慣習を破壊するものとして抵抗し追い出すこともあった。独立後も，19 世紀はゴム，20 世紀前半は石油の採掘がブームとなり，多くの採掘業者が流入し，先住民への虐殺，虐待，疫病の侵入が問題になった（Chirif y Mora 1981）。セルバ諸県で都市化が進み，コスタの都市へと移住や出稼ぎに行く人が増えるのは 20 世紀半ば以降のことである。

セルバで初めて個々の共同体を超えて先住民組織が設立されたのは 1960 年代末のことであり，その後も開発援助などや NGO によって自律的な組織が形成されてきた。セルバは面積としてはペルー全土の約 60 % を占めるが，人口の点では約 13 % にすぎない（INEI 2008）。ペルーで先住民という指標を含めた国勢調査が行われたのは 1993 年が最後であるが，その時点では，アマソナス，

表5-6　セルバの先住民人口（1993年国勢調査）

	合計	調査済み	推定加算
アマソナス	49,717	42,588	7,129
アヤクチョ	2,726	2,037	689
カハマルカ	646	646	−
クスコ	16,733	15,100	1,633
ワヌコ	2,547	2,241	306
フニン	57,530	40,400	17,130
ロレト	83,746	61,793	21,953
マドレ・デ・ディオス	5,319	3,882	1,437
パスコ	13,238	10,238	3,000
サン・マルティン	26,553	24,319	2,234
ウカヤリ	40,463	36,430	4,033
合　計	299,218	239,674	59,544

出所）INEI（1995 : 7）.

ロレト，ウカヤリ，フニン，サン・マルティンなどの県におよそ30万人の先住民が居住するとされていた（表5-6）。

1）AIDESEPとCONAP

国家との接触の始まりは1968年からのベラスコ軍事政権であり，同政権の改革の一部として1974年にいわゆる「セルバ共同体法」（Decreto Ley 20653）が公布された[46]。同法の意図は，セルバ先住民に法律上の市民権を与えること，その土地に対する権利を法的に認定すること，そして共同体に法人格を与えることであった。同法によって，1975年には1,035の共同体に居住する約25万人のセルバ先住民が共同体の登記を受けた（Van Cott 2005 : 157)。1960〜70年代には，政府の植民計画によって土地の所有権の問題が起き始めた。シエラからの植民が進み，それと同時に資源開発が促進されたのに対して，セルバ先住民の土地所有権を画定することが求められた。土地所有権の画定には，聖職者，NGO，人類学者の力によるところが大きかった（インタビューQ)。その後10年間で登記を受けた共同体の数は表5-7のとおりである。同法は先住民の法的

46）1978年，新憲法下で法22175号が同法律の規定を受け継いでいる。

表 5-7　セルバの先住民共同体登記数（1975〜84 年）

県	全登記数		
	共同体	ヘクタール	家族
カハマルカ	2	4,206	50
アマソナス	80	365,349	3,848
サン・マルティン	9	57,760	139
ワヌコ	3	2,668	102
パスコ	50	117,404	1,534
フニン	75	116,976	2,493
クスコ	20	45,565	608
ロレト	110	549,240	2,991
ウカヤリ	110	233,414	3,597
マドレ・デ・ディオス	4	23,056	123
全　体	463	1,515,638	15,485

出所）Ministerio de Agricultura（1984：15）.

地位を高めたが，そもそも定住せず焼畑農業や狩猟のために広範囲を移動する人々にそぐわない法制度であったとも言われる（インタビュー H)。

1970 年代頃から，新法の成果と法的地位のさらなる改善のため，また人類学者や宗教組織の援助もあって，セルバの諸先住民族の組織化が進められるようになった（Smith 1994)。それぞれの共同体を超えた代表組織が形成されたのは，1969 年のアムエシャ共同体会議（Congreso Amuesha）が初めだとされている。複数の先住民共同体に共通の問題の存在を確認するために指導者が集会を開くことで組織化が始まった。既存のローカルな共同体をおおむね河川の流域ごとに束ねた連合体（federación）が組織された。1979 年には，全アマゾン地方の代表組織としてペルー・アマゾン先住民共同体調整機構（Coordinadora de Comunidades Nativas de la Selva Peruana：COCONASEP）が結成され，同機構が翌 1980 年にペルー・アマゾンエスニック間開発連合（Asociación Interétnica para el Desarrollo de la Selva Peruana：AIDESEP）と改名された[47]。

AIDESEP は，いくつかの危機と組織変革を経験している。1990 年まではリマの本部と各連合体や共同体との間で意思疎通や連絡の点で距離があり，結果

47）“Historia de AIDESEP,” http://www.aidesep.org.pe より（2009 年 2 月最終閲覧）。

として国際援助資金の流用などの汚職問題が生じた。それを乗り越える形で本部と連合体の間に7つの地方支部が作られ，意思決定の自律化，ローカル化がはかられた[48)]。個々の連合体組織は多様な状況に置かれており，AIDESEP は決して一枚岩ではない。例えばセルバの先住民族の間で，アムエシャとアシャニンカ，アグアルナの間に歴史的に敵対意識が存在してきたと言われている。

AIDESEP とは別に，セルバ先住民を代表する組織として，ペルー・アマゾン民族連合（Confederación de Nacionalidades Amazónicas del Perú : CONAP）がある。CONAP の形成は，AIDESEP という大所帯が団結し制度化することの難しさに由来している[49)]。ベラスコ軍事革命政権化で設立された SINAMOS を通じて法制定にも関わった人類学者や弁護士らは，アマゾン調査促進センター（Centro de Investigación y Promoción Amazónica : CIPA）という組織を結成するが，やがて意見の相違から AIDESEP を批判する形で，1988 年に CONAP が設立された（インタビュー Q)。ローカル・レベルで最も早くから組織してきたアムエシャ会議が，シピボとヤネシャ先住民族とともに離れて CONAP を結成したのであった。

CONAP は，1980 年代に AIDESEP の運営と財源管理をめぐる内部の争いによって生まれた組織であり，現在でも両組織は反目状態にある[50)]。実際，政府に対して先住民を代表する会合では，AIDESEP は CONAP がいるなら参加しないという拒否姿勢がしばしば見られてきた。

48）分権化の動きは，サンロレンソ先住民族調整組織（Coordinadora Regional de Pueblos Indígenas San Lorenzo : CORPI-SL）の設立から始まり，アマゾン全域を埋める形で計6つの地方支部が作られた。後にウルバンバ川マチゲンガ会議（Consejo Machiguenga del Río Urubamba : COMARU）が7つめの地方組織として参加し，これは地方支部を介さず直接代表される形となっている。

49）AIESEP と CONAP との関係は Van Cott（2005），Yashar（2005）ですでに紹介されている。インタビュー I，Q なども参考にした。

50）加盟する共同体と構成員の数では，AIDESEP が CONAP よりはるかに多いと言われる。一般的に，CONAP は石油開発について政府に融和的な態度をとることが多く，天然資源開発にも肯定的だと言われる。他方で AIDESEP はイレギュラーな財政運用とリーダーシップにまつわる問題を非難されてきたが，ローカルの下部組織に自律した運営を委ねる改革を行ってきたと言われる。

2）自律的な下部組織と政治活動

AIDESEP はローカル組織の自律性を維持してきた。それは，地理的にも遠く離れ，多様性も著しいセルバの先住民組織にとって必然的な特徴であった (Smith 1994 ; Dandler 1998)。AIDESEP 本部のリーダーは 3 年に 1 度リマで開かれる全国総会で選ばれる。しかし，共同体で家族を養う生活を犠牲にして都市へ行きリーダーとなることには抵抗があると言われる[51)]。何百年もの間，自らの共同体を超えた政治組織を持たなかった点や，より平等的な先住民共同体とヒエラルキー化した全国組織との文化的違いも指摘される。結果として本部との距離は縮まらず，組織変革の結果，ローカルな共同体や連合体が決定権を持つことになった。

AIDESEP は認定された共同体のほとんどを代表しているとされ，また国境を越えたアマゾン流域全体の先住民の連携機構の形成にも主導的に関わってきた（Dandler 1998)。AIDESEP の成果は，先住民族の領域権認定，二言語教育などであるが，必ずしも AIDESEP 全体として取り組んだ成果であるとは限らず，各地の連合体が自律的な運動を展開していると見る方が適切である。例えば 1976 年に，連合体の 1 つであるアグアルナ・ワンビサ会議は，教育省に対して先住民言語を話せない教師ではなく，同じ先住民族出身の教師を認めさせることに成功した（Van Cott 2005 : 168)。

AIDESEP は，資源開発や政治参加についても一枚岩の態度や活動を示してきたわけではない。実際に先住民側が資源開発にどのように関わるかについては，ローカルな共同体や連合体が決定権を持っている[52)]。例えば，地方支部の 1 つである COMARU は，資源採掘によって得られた利益から妥当な割当を要求することによって，資源開発プロジェクトを受け入れてきた（インタビュー

51）また，中等教育以上を受けていてスペイン語の語学能力があることがリーダーとしての基本条件だが，そのような人はローカルな共同体の文化慣習を身につけていないことが多いという指摘もある（インタビュー J)。

52）資源開発を促進するペルー政府は，ILO169 号条約を 1994 年に批准するも，資源開発プロジェクトについて先住民への事前協議（consulta）を十分に行ってこなかった (Brendan 1998)。これは 2000 年代後半に大きな政治争点になり，2011 年のオジャンタ・ウマラ政権下で初めて国内法制化されることになった。第 8 章で詳述する。

I；J)。

AIDESEP は長い間デモ行進や道路封鎖などの積極的な政治行動を行うことはほとんどなかった。そのため，第 8 章で取り上げるように 2008 年 8 月〜2009 年 6 月にセルバ各地で一斉に起きた抗議運動は驚きを与えるものだった。全く政治参加がなかったわけではない。例えば，2001 年に中央セルバのアシャニンカ先住民族たちは首都リマまで行進を行い，1990 年代の SL と政府との衝突による犠牲と窮状を訴えたこともあった。また，AIDESEP のいくつかの連合体からは，地方選挙で行政職に当選するものも出ている。しかし，こうした政治参加はローカルの組織の自由に委ねられ，AIDESEP や CONAP といった全国代表組織は表に出ようとはしてこなかった（Van Cott 2005)。

AIDESEP は全国規模の代表組織だが，上位組織に決定権を委任しているのではなく，ローカルな組織が分権化された形で決定権を留保している。2008 年 8 月の「アマゾン蜂起」に際しても，すべての地方支部や連合体が一致して行動したわけではない[53)]。中央で政府と対話する代表と，それに対して高い自律性を持つローカルな連合体という構図が，AIDESEP の組織的特徴であると言えるだろう。

6　資源開発に対抗する先住民組織

第 4 節で述べたように経済危機とテロリズムという問題を解決し，憲法改正によって行政府への権力集中を実現したフジモリ政権は，1990 年前半に経済自由化の制度的条件を整え，シエラの鉱物資源とセルバの天然ガスの探査・生産・輸出を促進した。その結果，1990 年代後半になると各地で環境汚染や先住民農民の共同体との衝突を生むようになり，その中から全国鉱山被害共同体連盟（CONACAMI）が結成される。

CONACAMI は，その名が示すとおりシエラの鉱山開発による環境被害に対

53）インタビュー I。また，自律性が高く，命令ではなく実績にもとづいた権威によって指揮する伝統的なシステムが維持されていると言われる（インタビュー M)。

する抗議行動として始まったが，全国的な連合体を築くことはできず，2000年代に入ると先住民アイデンティティを闘争戦略の軸とするようになる。鉱山開発に対する抗議運動は，先住民共同体の権利要求と重なることが多く，CONACAMI が先住民組織へと発展したのは不自然なことではない。しかし，2000 年代に入って鉱山紛争が多発したにもかかわらず CONACAMI が広範な組織化に成功しなかったのは，興味深い事実である。以下では CONACAMI が設立された経緯を簡潔にたどった後，その戦略と限界について考察する[54]。

地理的条件ゆえに各地に自律した先住民組織が発展してきたセルバと異なり，シエラでは 20 世紀前半から左翼の存在が強く，ほとんどの地方では農民組合が典型的な組織形態となっていた。そうした中，1990 年以降のフジモリ政権下で「弱い社会」が再構成されたことは，第 4 節で説明したとおりである。CONACAMI の困難な取り組みは，そうした歴史的文脈の下で考える必要がある。

1）鉱山開発の促進

1990 年代に入る直前，ペルーの鉱業は危機的な状況に陥っていた（Campodónico 1999）。大きな鉱山会社はベラスコ革命期に国有化され，生産力が低下していた。1980～84 年には年平均で 3 億 4290 万ドルあった鉱業投資は，1986～90 年には年平均で 8150 万ドルに下がっていた。また鉱業への公共投資の対 GDP 比も，1975～79 年には 0.7 %，1980～84 年には 0.8 % であったものが，1985～89 年には 0.2 % にまで落ち込んでいた（Campodónico 1999：7）。

こうした状況に対して 1991 年にフジモリ政権は鉱山投資を促進するための制度改革を行い，その結果として「鉱業ブーム（boom minero）」が起きた（第 7 章で詳述）。1990 年代以降に目立って鉱山投資は伸長し，生産活動が活発化した。2000 年代に入ると，鉱物資源価格の高騰もあってますます鉱山開発は盛んになったが，それに対する抗議運動も多発してきた。

54）本項執筆にあたり，Vittor（2008）と Palacín（2008）を参考にした。この 2 つは CONACAMI 関係者による著書であり，特に Palacín（2008）は CONACAMI の広報活動的な性質が強いものだが，内部の視点から戦略と意図を知ることができる。

鉱山開発は中央政府によって推進された一方で，地方やローカル・レベルではこれと全く異なる利害関心が存在した。とりわけ，土地や水利用の点で先住民共同体の権利に抵触する潜在性を持っていた。ペルーは1993年にILO169号条約を批准し，先住民共同体の所有地における資源開発について事前協議を行うことが義務付けられていた。この事前協議の義務については，実施可能な手続き規則を定めることが必要であったが，長い間取り組まれることはなかった。また，鉱山開発を推進する中で，ベラスコ革命における農地改革の成果である先住民共同体・農民共同体の所有地についての取り決めが問題となり，この点も含めて2008年に大規模な抗議運動が起きることとなる。こうした問題や抗議運動については第7章と第8章で詳述するとして，本節では鉱山開発をめぐってシエラで起きた1つの組織化の動きについて取り上げ，それが「弱い社会」の中で全国的な政治参加に結びついてこなかったことを紹介したい。

2）CONACAMIの組織化

1990年代の終わりまで，シエラにおける主要な農民組織は，ベラスコ革命の前後に設立されたCCPとCNAであった。しかしそれら全国規模の農民組合組織は，フジモリ政権期に更新された「弱い社会」にあって，政治的影響力をほとんど持たなくなっていた。結果として鉱山にまつわる環境紛争について統合的に抗議運動を動員する組織は存在しなかったため，各地で多様な展開を見せるようになった。その中で，CONACAMIの創設者であるミゲル・パラシン（Miguel Palacín）が登場したパスコ県の事例に焦点を当てたい。

中央シエラに位置するセロ・デ・パスコ（Cerro de Pasco）市は，歴史的に鉱山の周りに作られた町であり，近隣県から鉱石を運びこんで処理する冶金精錬所も建設されていた。1970年代に鉱山や精錬所は国有化されたが，1990年代になると民間企業に売却された。以前から，鉱業処理水によるサン・フアン川やそれが流れ込むフニン湖の水質汚染が知られており，またセロ・デ・パスコ市の大気・水汚染も問題となってきた。いくつかの抗議運動組織が形成されたが，その中にパラシンを代表とする高地アンデス生態防衛組合（Frente Ecológico Alto Andino）も含まれていた。

パラシンはフニン湖畔のビッコ共同体出身であった。フニン湖畔の共同体は長い間水質汚染の問題を目の当たりにしており，1996年にカナダ国籍の企業が付近の地下資源探査・採掘権を得て活動を始めると抗議行動を展開した。1998年には鉱山地役権の無効化に成功したが，パラシンはこのカナダ国籍の企業から提訴され，パスコ県を離れることを余儀なくされた。その後，カナダの先住民組織によるトランスナショナルな支援を受けてパラシンへの提訴が問題化され，結局告訴は証拠不十分で取り下げられた。そこから抗議運動の組織化と国際的連帯の形成が始まったとされる（García and Lucero 2004）。

1998年11月に，NGOのCooperAcciónが主催する「鉱山と共同体」というセミナーに，パラシンを含めた中央・南部シエラの共同体リーダー[55]が参加し，そこで各紛争地域の間で調整組織を設立することが合意された。その後1999年上半期に中央シエラで準備会合を持った後，1999年10月の第1回全国会議でCONACAMIの設立が決定され，パラシンが初代代表に就任した[56]。

1999年10月の創立会議では，2003年までの戦略プランが合意され，生存権，共同体の領域や資源への権利，事前協議の権利が中心的な目標とされた。組織構成の多様な可能性に配慮し，農民共同体に限定することなく都市の住民組織も含むことが考えられていた。また，対話や合意形成を中心とした市民参加も戦略課題に含まれていた。しかし創立会議での決定であったことから，組織構築が第一目標とされ，国内外での認知を得ること，制度強化とリーダー育成，外部からの財源確保の3つが当面の最優先課題となった（Palacín 2008：154-155；Vittor 2008：38）。また，CONACAMIは鉱山開発自体への反対ではなく，そのネガティブな影響と国家の不十分な対応に抗議することがその目的とされた。鉱業ブームによるネガティブな影響が全国的に存在することを周知させ，

55）参加した共同体リーダーの中には環境保全運動組織に所属するものもいれば，農民組合の幹部や，農民自警団（rondas campesinas）に所属するものもいた（Vittor 2008：41-43）。

56）第2回会議には，カハマルカ，モケグア（Moquegua），タクナ（Tacna），アレキパ各県のリーダーも参加した。またエクアドル，チリ，ボリビアから先住民組織や環境紛争に従事する社会組織の参加もあった。Vittor（2008：34-35）によれば，CooperAcciónは複数の地域の共同体リーダーを招待したが，セミナーの意図は全国の現状を分析することにあって調整組織を結成することは当初は想定されていなかった。

国家や鉱山企業と有効な対話を行うために全国規模の調整機関を作ることが意図されたのであった（Vittor 2008：39）。

創立会議以降の3年で，CONACAMIは2度のデモ行進（marcha）を実施した。また，リマに事務所を設けた上で，国内各地で鉱山開発問題に取り組む社会組織との連携を模索し始めた。2000〜01年にかけて，問題を周知させるためにデモ行進をリマで行うとともに，国内各地で会議を開き地域住民と話し合った。

しかし，やがて組織構築に関する問題が起こり始めた。各地での地域住民を交えた会合は，鉱山活動によって被害を受けた共同体に対して代表性を確立することを目的の1つとしていたのだが，しばしば地方住民が支持する組織形態や要求がCONACAMIのそれと一致しなかったからである[57]（Vittor 2008：45；インタビューK）。

第2回目の行進のときには，セルバの先住民組織であるAIDESEPと連携し，政府と企業を合わせた三者協議を行おうと画策していた。しかしエネルギー鉱山省と鉱山企業はCONACAMIの代表性に疑義を呈して対話を拒否した。これを受けてCONACAMIは，NGOの仲介で主要な鉱山企業と交渉するとともに，米州人権委員会に対してペルー政府の人権侵害を訴えることを試みた（Vittor 2008：47）。

3）戦略の変化

CONACAMIの戦略は，2003年の第2回全国会議を境に変化する。鉱山開発による環境汚染に抗議する運動から，先住民アイデンティティについての運動へと問題の焦点をシフトさせていったのである。

まず組織形態を調整機関（Coordinadora）から組織連合（Confederación）へと変え，同時に先住民組織として自認し，先住民政治運動を開始することとした。第8章で述べるように当時のアレハンドロ・トレド（Alejandro Toledo）政権が

57）地方支部は創立当初の9から15に増えた。ただし，組織化の程度は様々であり，さらにアレキパの支部のように元々ローカルな基盤を持たないリーダーが名乗り出ていたために組織事態が霧散してしまったところもあった（Vittor 2008：48）。

先住民に対する擁護機関を作ろうとしていたことや，エクアドルやボリビアの先住民運動からの学習によっていたとされる（Vittor 2008：55；インタビュー L）。第 2 回会議での議論を踏まえて，2004 年初めに承認された 2006 年までの戦略プランには，先住民の政治・社会・文化・環境への権利を保障するために全国規模の代表組織を構築することが謳われていた。

しかし，CONACAMI は鉱山開発に関する抗議運動を全国統合することはできなかった。アプリマク県ラス・バンバス（Las Bambas），クスコ県ティンタヤ（Tintaya），カハマルカ県セロ・キリッシュ（Cerro Quilish）などの抗議運動では，地元の抗議運動組織が中心となり，CONACAMI は直接関与しなかった。鉱山開発に対しては，様々な利権や思惑が絡むこともあって，何を受け入れ，何を拒否するのかで方針を一致させるのは必ずしも容易ではなかったし，全国的な統合組織を作ることはなおさら難しかった。また，政府による排除もあった。ピウラ（Piura）県マハス（Majaz）鉱山での抗議運動の後，ペルー国際協力機関（Agencia Peruana de Cooperación Internacional：APCI）は CONACAMI が開発 NGO にあたらないとして登録を取り消した。

このようなローカル・レベルでの組織化の停滞を受けて，CONACAMI はパラシンを中心にますます先住民運動へと闘争戦略をシフトしていった。第 2 回会議で変更された「組織連合」という組織観念は，柔軟な調整機関から離れて政治的意図を強め，また憲法改正や先住民による国家の再建（refundación）の要求，新自由主義による資源採掘活動への抗議といった主張を行うようになった。しかし結果として鉱山開発自体に反対しているという印象を強め，ローカル・レベルとの協調がますます困難となり，政府から公然と非難されるようになった（Vittor 2008：59-62）。

パラシンは，2006 年にアンデス先住民組織調整機構（Coordinadora Andina de Organizaciones Indígenas：CAOI）設立のイニシアチブをとり，その代表に就任した[58]。CAOI はエクアドルやボリビアを含めたアンデス諸国の先住民組織の間で情報や経験を交換し，共通する問題を提起する組織であり，その創立宣言で

58）設立以来，CONACAMI 自体の分権化は常に議論されるところだったが，これによりパラシンは代表職を退き，マリオ・パラシオス（Mario Palacios）が代表を継いだ。

は，自由貿易協定を通じた資本主義的で新自由主義的な植民地化と国民国家メカニズムへの従属の拒否，民族主義や民主主義が低下しつつある現在の国家においてアンデス諸国の伝統的な慣習や精神性にもとづいた代替案を提示し，政治参加を促進するといった目的を謳っている[59]。

このように，1990年代後半以降，鉱山開発と環境汚染問題という全国的な要因が存在し，そこからCONACAMIという組織が出現した。しかし，CONACAMIは設立からおよそ4年後に先住民運動組織へと闘争戦略をシフトした。その際に，ローカル・レベルの多様な要求を結集することよりも，国際的な先住民運動言説とネットワークを利用する方を優先したが，それはペルー社会ではますます困難な道であった。第1節で論じたように，ペルーは群島社会の水平的分断が顕著で，それは歴史的に作られたものであって，フジモリ政権期にも再構成された。その結果，地方ごとの違いや方針の一致が難しく，言説は独り歩きしても組織化は進まない現実がある。このように，鉱山開発をめぐる抗議運動においても，「弱い社会」を乗り越える動きは現れてこなかったのである。

おわりに

本章ではペルーではいくつかの重要局面を経て，「弱い社会」という構図が構成され，再構成されてきたことを明らかにした。第4節で指摘したフジモリスモ以降，政治を垂直（国政－地方－ローカル）にも水平（地方間，ローカル間）にも分断し，全国的な視野を持った政治運動は現れてこなかった。

この構図は，ペルーで1990年代から新自由主義政策が継続し，鉱山と天然ガス部門で外国投資を誘致し続けていることの根本的な理由でもある。1990年代に同じく新自由主義改革と国営企業の民営化を実施したボリビアは，2000年代半ばには激しい抗議運動の結果，再び国家主導の経済政策へと舵を切った。

59）2006年7月17日のクスコにおける宣言より。Palacín（2008：238-242）参照。

しかしペルーでは，国政レベルに影響を与える抗議運動は存在せず，新自由主義政策が継続した。2011 年に成立したオジャンタ・ウマラ（Ollanta Humala）政権は，当初はこうした継続性に対する貧困層，特に南部シエラの先住民農民層の期待を集め，同政権は就任直後に先住民への事前協議法（Ley del derecho a la consulta previa a los pueblos indígenas u originarios, 法 29785 号）を制定する。しかし依然として「弱い社会」は変わることなく，既存の鉱業コンセッション制度などは全く手を付けられず，研究者の間ではウマラ政権も左派政権とは認識されていない（Cameron 2011）。

ペルーでは，農民組合の遅れた組織化と弱い影響力，インディヘニスモに始まる国家エリートからの先住民擁護運動，そしてパトロン－クライアント関係に由来する分裂したエリート－大衆関係が，政治運動の文脈を歴史的に形作ることになった。近年の地方政党には，パチャクティやインカといった先住民由来の名前を冠するものも少なくない。しかし，その用法は，（現在までのところ）国家の再建を問い直すようなリーダーシップや組織化には至っておらず，政治的支持を獲得し，競合するライバルに一歩先んじるための手段となっている。そのために貧困や不平等から逃れようとするシエラやセルバの人々は，そのような言説にますます見切りをつけ，農村を離れ，スペイン語を習得し，教育を受けることで既存の体制の中で有利な立場を得ようとする。人類学者マリア・エレナ・ガルシアが示したように，ケチュア農民の間の強いスペイン語学習欲こそ，ペルーの先住民層の現状を雄弁に物語るものである（García 2005）。

次章では，このような「弱い社会」のペルーとは対象的なボリビアの先住民の政治参加の歴史を叙述する。ペルーのベラスコ軍事革命とボリビアの 1952 年革命の違い，主要政党が果たした役割の違い，そして特にアンデス高地の農民組合のたどった経緯の違いを浮かび上がらせたい。そのような歴史的文脈の違いから，ボリビアにおける多様な先住民組織の結成と国政への高い影響力を理解できる。すなわち，ボリビアは対極的なまでに「強い社会」として理解することができるのである。

第6章

ボリビアにおける先住民の政治参加

——「強い社会」の形成——

はじめに

本章は，前章と対置する形でボリビアにおける先住民の政治参加の歴史過程をたどる。どのように先住民の政治参加が拡大し，どのような国家－社会関係が構成されてきたのかに注目することで，ボリビアで「強い社会」が形成された過程を明らかにする。

表6-1は，本章の歴史叙述の主な流れをまとめたものである。

ペルーと同様にボリビアについても，2つの重要な局面を指摘することができる。1つめの局面は，ペルーのベラスコ軍事革命政権よりも16年早い1952年の革命政権である。ペルーとの相違は時期だけでなく，この「1952年革命」の担い手，革命の性格，そしてその帰結にもあった。要約すると，強力な鉱山労働組合が革命の推進者であり，その後の政権下では農民組合が重要な政権基盤となった。第二の局面は，時期的に特定することは難しいが，1978〜82年の民政移管プロセスと，以後の民主政治であった。民政移管プロセスにおいて先住民の文化・民族的主張が現れ，農民組合において先住民リーダーが台頭した。その後，民政移管以後に農民組合の影響力は一時的に低下したが，多様な社会組織が胚胎し，1990年代の政治制度改革もあって同年代後半から激しい政治動員を展開した。

第1節では，こうしたボリビア政治の特徴を概観する。ボリビアでは，端的に言ってペルーとは対照的な「強い社会」が構成され，短期的な変動を超えて

表 6-1　主な流れ

1920 年以前	先住民共同体の解体（1874 年）
1920 年代	左翼の登場
1930 年代	チャコ戦争（1932～36 年）
1940 年代	MNR の結成，鉱山労働組合の組織化
1950 年代	1952 年革命，農民組合の組織化
1960 年代	軍農協定（1964 年～）
1970 年代	カタリスタ運動の登場
1980 年代	協定による民主主義
1990 年代	国家主導の多文化主義改革
2000 年代	政治動員の高まり，モラレス政権の誕生

出所）筆者作成。

再構成されてきた。ボリビアでは多様で複合的な社会に対して，政治エリートは常に統治を可能にするために「暫定的合意（modus vivendi）」を模索しなければならなかった。先住民人口比率が南米で最も高く，著しい多様性と不平等を抱える社会では，鉱業と農業を中心とした収奪経済が中心で，中産階級が形成されなかった。20 世紀半ばに労働組合を基礎とした革命政権が成立するが，その崩壊以後も労働組合や農民組合との交渉は避けられず，あるいは統治能力の確保のために軍による厳しい抑圧が行われた。統治能力の確保は最優先課題であり，高い政治動員能力を持つ社会組織と対峙する関係が続いてきた。

第 2 節では，共和国独立からいわゆる「1952 年革命」までを概観する。20 世紀初めの対外戦争の後，知識人や鉱山労働組合を中心とする改革勢力は寡頭支配層と激しく対立し，1952 年に革命政権を成立させた。第 3 節では，1964 年に革命政権を倒して登場した軍事政権下でのいわゆる「軍農協定（Pacto Militar-Campesino : PMC）」と，それを批判する形で 1970 年代に登場した「カタリスタ（Katarista）運動」を見る。カタリスタ運動は，以後のボリビアの先住民の政治参加に大きな役割を果たした。

第 4 節と第 5 節は，民政移管以後の先住民運動を扱う。第 4 節は，1980～90 年代に出現した 3 つの重要な社会組織を概観する。第 5 節では，1980 年代以降の民主体制下でのカタリスタとこれらの先住民運動の経験をたどる。最後に第 6 節では，1990 年代後半以降に様々な社会組織による激しい政治動員が政治変化の原動力となり，エボ・モラレス政権が誕生するに至った経緯を述べる。20 世紀半ばに構成された「強い社会」は，2000 年代初頭に再び明らかになっていた。

1 「強い社会」のボリビア

本節では，ボリビアの先住民の政治参加が，「強い社会」として理解できることを指摘する。ボリビアで「強い社会」を決定的なものとしたのは，1952年革命である。1952年革命やその後の国家－社会関係について20世紀後半に提出された古典的研究は，「混成的な社会」における統治能力の確保という根本的な課題を論じた。以下では，簡単に地理的条件と先住民人口についての統計情報を概観した後，それらの既存研究の議論を紹介する。

1）地理的条件と先住民人口

現在，ボリビアは9つの県に分かれており，多様な地理と自然環境を有している。かつてボリビアには太平洋に面した海岸部が存在したが，19世紀末の対外戦争で海への出口を失い，内陸国となった。西部のラパス（La Paz），オルロ（Oruro），ポトシ（Potosí）県には，峻険なアンデス山間部の標高4,000メートルを超える高地高原が広がり，アルティプラノと呼ばれる。アンデス山脈の東斜面には一般にバジェと呼ばれる渓谷部が広がり，コチャバンバ（Cochabamba），チュキサカ（Chuquisaca）県がここに位置する。アンデス山脈東斜面の一部，特にラパス県北部とコチャバンバ県チャパレ（Chapare）地方は，多雨で亜熱帯気候となっており，コカ栽培の中心地として知られている。さらに東部へと下った低地は一般にオリエンテと呼ばれ，北にアマゾン熱帯雨林地帯，南にステップ気候のいわゆるチャコ地方が存在する。おおむね，パンド（Pando），ベニ（Beni）両県とサンタクルス（Santa Cruz）県北部がアマゾン熱帯雨林，サンタクルス県南部とチュキサカ，タリハ（Tarija）県東部がチャコ地方にあたる。

多様かつ苛酷な自然条件は，長い間国家としての事実上の統合を困難としてきた。歴史的には，植民地期に銀をはじめとする鉱山開発でポトシが繁栄し，その後19世紀になると錫鉱山を有するオルロ，ラパスが栄えた。独立の時点ではポトシに近いスクレ（Sucre）に首都が置かれたが，19世紀末に国内エリート間の争いの結果，事実上の首都がラパスに移されると，それ以後ラパスが政治の中心となった。それに対してオリエンテ（東部低地）が農業や鉱山資源，炭化水素による経済開発の点で注目されるようになったのは 20 世紀に入ってからであり，自治・自律の意識が高い。また交通やコミュニケーションが改善されたのも 20 世紀後半のことである。

先住民人口について，直近の 2001 年の国勢調査における人口統計が表 6-2 と表 6-3 である[1)]。先住民人口が比較的多いのは，ラパス，オルロ，ポトシ，コチャバンバ，チュキサカの 5 県であり，アンデス山脈のアルティプラノ（高地高原）とバジェ（渓谷部）に位置する。これらの 5 県に多く居住するのは，ケチュアとアイマラである。2001 年の統計では，ケチュア語話者がおよそ 220 万人，アイマラ語話者が 150 万人存在するとされる[2)]。

他方で，タリハ，サンタクルス，ベニ，パンド県には，グアラニ，チキタノ，モヘーニョをはじめとする約 30 の先住民族が存在する（表 6-3 参照）。これらはおよそ 6 万人存在するグアラニを除いて，それぞれは 1 万人を超えない少数先住民族である。ちなみに 2009 年公布の現行憲法 5 条では，これらの少数民族言語を含め 36 の先住民言語がスペイン語と合わせて公用語であると定められている。

次に，先住民人口比率の歴史的推移を見てみよう。表 6-4 から，総人口は 1976 年から 2001 年の 25 年間でおよそ 80 % 増加して 830 万人弱となり，先住民人口も非先住民人口も増加していることがわかる。しかし，先住民人口比率

1）2001 年の自己同定に基づいたこの統計には，手法面に疑義が唱えられている。自己同定基準では「ケチュア，アイマラ，グアラニ，チキタノ，モヘニョ，その他の先住民族のいずれかに属すると考えるか」という質問に沿って統計が取られたため，回答者にはメスティソ（混血）やヨーロッパ系，あるいはアジア系などと自己同定する選択肢がなかった。もし仮に，メスティソと同定する選択肢を含んだ統計であったならば先住民自己同定数は格段に低下し，メスティソ人口が半数以上を占めるだろうし，他の統計資料ではそのような結果が出ている。しかしながら，メスティソを加えることは先住民人口を低く見積もり，その存在を不可視化するという再反論もある。この議論について，Molina y Albó（2006），Zavaleta（2008）などを参照されたい。いかなる場合も「中立」な統計は存在せず，議論の余地があることは認識されるべきだろう。

2）ケチュア語とアイマラ語を両方話す者を重複して数えている。アルティプラノとバジェ地方以外にも，オリエンテに移住したケチュア，アイマラ先住民が多く存在する。

表6-2　自己認識による先住民人口比率（2001年，県別統計，15歳以上に限る）

	全体			都市		
	総数	先住民人口		総数	先住民人口	
		総数	割合（%）		総数	割合（%）
全国	5,064,992	3,142,637	62.05	3,268,660	1,746,429	53.43
ラパス	1,501,970	1,163,418	77.46	1,011,883	710,238	70.19
オルロ	250,983	185,474	73.90	152,134	92,801	61.00
ポトシ	414,838	347,847	83.85	146,125	99,517	68.10
コチャバンバ	900,020	669,261	74.36	555,865	357,280	64.27
チュキサカ	308,386	202,204	65.57	139,775	79,743	57.05
タリハ	239,550	47,175	19.69	157,874	36,381	23.04
サンタクルス	1,216,658	456,102	37.49	949,361	328,028	34.55
ベニ	202,169	66,217	32.75	142,648	39,643	27.79
パンド	30,418	4,939	16.24	12,995	2,798	21.53

	農村		
	総数	先住民人口	
		総数	割合（%）
全国	1,796,332	1,396,208	77.73
ラパス	490,087	453,180	92.47
オルロ	98,849	92,673	93.75
ポトシ	268,713	248,330	92.41
コチャバンバ	344,155	311,981	90.65
チュキサカ	168,611	122,461	72.63
タリハ	81,676	10,794	13.22
サンタクルス	267,297	128,074	47.91
ベニ	59,521	26,574	44.65
パンド	17,423	2,141	12.29

出所）INE（2006：68）より筆者作成。
注）15歳以上に限るため，総数は総人口と一致しない。

は，1976年から2001年にかけて次第に低下している[3)]。先住民人口比率の相

3）ここでは先住民を使用言語基準から判断しているため，先に取り上げた自己同定基準と一致しない。また，統計手法の点で数値にかなりの誤差が生じることを理解しているが，他の研究でも同じ四半世紀に先住民言語話者人口が減少していることが指摘されている。例えば，注1で取り上げた2001年の統計結果に関する論争を受けて国際連合開発計画の支援で集中的に行われた研究においても同じ結果が指摘されている。Molina y Albó（2006：111）参照。

表 6-3　使用言語による先住民人口内訳（2001 年）

（人）

使用言語	総人口				
	総数	男性	女性	都市	地方
先住民言語話者推計 *	4,133,138	2,055,257	2,077,881	1,857,342	2,275,796
スペイン語（castellano）	2,848,719	1,500,917	1,347,802	1,579,963	1,268,756
ケチュア（Quechua）	2,281,198	1,121,404	1,159,794	973,431	1,307,767
アイマラ（Aymara）	1,525,321	758,744	766,577	751,363	773,958
グアラニ（Guaraní）	62,575	33,490	29,085	17,189	45,386
グアラジョ（Guarayo）	8,450	4,279	4,171	5,361	3,089
チマン（Chimán, tsimane）	6,351	3,433	2,918	358	5,993
チキタノ（Chiquitano, bésiro, napeca, paunaca, moncoca）	4,615	2,394	2,221	973	3,642
モヘーニョ（Moxeño）	4,228	2,309	1,919	1,090	3,138
マタコ（Weenhayek, mataco）	1,929	969	960	490	1,439
ユラカレ（Yurakaré, yura）	1,809	941	868	53	1,756
ウル（Uru）	1,795	995	800	93	1,702
アジョレオ（Ayoreo, zamuco）	1,398	704	694	300	1,098
モビマ（Movima）	1,173	660	513	510	663
タカナ（Takana）	1,153	691	462	223	930
モセテン（Mosetén）	948	519	429	59	889
カビネニョ（Cavineño）	601	318	283	23	578
チャマ（Ese ejja, chama）	518	272	246	39	479
イトナマ（Itonama）	389	211	178	23	366
チャコボ（Chácobo）	380	206	174	27	353
シリオノ（Sirionó）	187	104	83	10	177
ユキ（Yuki）	140	72	68	2	138
レコ（Leco）	132	93	39	10	122
アラオナ（Araona）	111	59	52	14	97
バウレ（Baure）	67	32	35	39	28
レジェサノ（Reyesano, maropa）	53	30	23	25	28
ヤミナワ（Yaminawa）	51	28	23	1	50
モレ（Moré）	44	29	15		44
タピエテ（Tapieté）	29	19	10	1	28
カユババ（Cayubaba）	23	7	16	3	20
ホアキニアノ（Joaquiniano）	13	6	7	6	7
マチネリ（Machineri）	13	7	6		13
パカワラ（Pacahuara）	6	3	3		6
カニチャナ（Canichana）	4	2	2	2	2
特定せず	664	353	311	317	347

出所）INE（2006：65）を参照し，筆者作成。
注）* 複数の言語を話す人がいるため，総数は一致しない。

表6-4　ボリビアにおける先住民人口の推移（1976，1992，2001年）

（人）

国勢調査年	総人口	非先住民人口	先住民人口	先住民人口比率（%）
1976	4,613,419	1,639,504	2,973,915	64.46
1992	6,420,792	2,477,278	3,943,514	61.42
2001	8,274,325	4,141,187	4,133,138	49.95

出所）INE（2006：27）より筆者作成。

対的な低下は何を意味しているのだろうか。確証を与えることはできないが，ここではそれが農村部から都市部への移住者の増加とメスティソ（混血）化によっているという仮説を立てて，都市人口と農村人口の推移に着目してみよう。

表6-5は，各県について県都の人口割合の推移と，2006年の県都に限らない都市部の推定人口比率を表したもの（右端の列）である。

表6-5から明らかなのは，20世紀を通じて急速に都市化が進んできたことである。例えば，1976年と2006年で県都に居住する人の割合はおよそ16％ポイントも増えている。また2006年現在に都市部に居住する人口は，全国でおよそ3分の2にまで増加している。これがすべてを説明するわけではないが，先住民の多くが農村部に居住し農業を中心とした半自給的経済を営んできた社会で，20世紀後半に都市化が進んだことが先住民人口比率の漸次的低下と相関関係にあったと推測できる。

ボリビア先住民の組織化と政治参加は，都市への移住と密接なつながりがある。20世紀後半に先住民運動の先駆けとなったカタリスタ運動は，教育や就業のために都市に居住するようになった農村出身者によるものであったし，2000年以降の大規模な政治動員でも，ラパス市に隣接するエル・アルト（El Alto）市の貧困層によるものであった。

しかし，ボリビアの先住民運動を農村から都市への移住のみから理解するのは過度の単純化である。次に，ボリビアの国家－社会関係の特異性をまとめる。

2）「混成的な社会」での「暫定的合意」

1980年代にレネ・サバレタは，ボリビア社会を「混成的な社会（sociedad abigarrada）」と解釈した（Zavaleta 1986）。これは，ボリビアが多様な文化や社会

表 6-5　人口推移（県と県都および都市部，1846～2006 年）

（人）

年	1846	1900	1950	1976	1988**	2006	都市部の割合	2006
ラパス	412,867	426,930	948,446	1,484,151	1,926,200	2,672,793	ラパス	2,672,793
県都（ラパス）*	42,849	52,697	321,073	654,713	976,800	1,662,406	都市部	1,804,832
県都の割合（%）	10.40	12.30	33.90	44.10	50.70	62.20	割合	67.50
コチャバンバ	279,048	326,163	490,475	730,358	982,000	1,709,806	コチャバンバ	1,709,806
県都（コチャバンバ）	30,396	21,881	80,795	205,002	403,600	586,813	都市部	1,059,037
県都の割合（%）	10.90	6.70	16.50	28.10	41.10	34.30	割合	61.90
オルロ	95,324	86,081	210,260	311,245	388,300	437,131	オルロ	437,131
県都（オルロ）	5,687	13,575	62,975	124,121	176,700	216,620	都市部	268,321
県都の割合（%）	6.00	15.80	30.00	39.90	45.50	49.60	割合	61.40
ポトシ	243,269	325,615	534,399	658,712	667,800	772,578	ポトシ	772,578
県都（ポトシ）	16,711	20,910	45,758	77,334	110,700	149,246	都市部	268,499
県都の割合（%）	6.90	6.40	8.60	11.70	16.60	19.30	割合	34.80
チュキサカ	156,041	196,434	282,980	357,244	442,600	611,660	チュキサカ	611,660
県都（スクレ）	19,235	20,907	40,128	62,207	105,800	247,256	都市部	280,044
県都の割合（%）	12.30	10.60	14.20	17.40	23.90	40.40	割合	45.80
サンタクルス	78,581	171,592	286,145	715,072	1,110,100	2,467,440	サンタクルス	2,467,440
県都（サンタクルス）	6,005	15,874	42,746	256,946	529,200	1,397,692	都市部	1,908,604
県都の割合（%）	7.60	9.30	14.90	35.90	47.70	56.60	割合	77.40
タリハ	63,800	67,887	126,752	188,655	246,600	471,563	タリハ	471,563
県都（タリハ）	5,129	6,980	16,869	39,087	66,900	170,906	都市部	315,680
県都の割合（%）	8.00	10.30	13.30	20.70	27.10	36.20	割合	66.90
ベニ	48,406	25,680	119,770	167,969	215,400	414,758	ベニ	414,758
県都（トリニダ）	3,194	2,556	10,759	27,583	50,200	86,385	都市部	289,897
県都の割合（%）	6.60	10.00	9.00	16.40	23.30	20.80	割合	69.90
パンド						69,541	パンド	69,541
県都（コビハ）						32,217	都市部	32,453
県都の割合（%）						46.30	割合	46.70
全体***	1,377,336	1,626,382	2,999,227	4,613,406	5,979,000	9,627,270	全国	9,627,270
県都のみ	129,206	155,380	621,103	1,446,993	2,419,900	4,549,541	都市部	6,227,367
県都の割合（%）	9.40	9.60	20.70	31.13	40.50	47.26	割合	64.68

出所）2006 年の数値については INE（2007），それ以外の数値については Klein（1992：319）にもとづき筆者作成。

注）* ラパス市には隣接するエル・アルト市を含む。エル・アルト市がラパス市から分離したのは 1985 年，市制開始は 1987 年のことである。

** 1988 年の数字は 1989 年の国立統計局の資料にもとづくが，暫定的数値である。

*** 全体は各県人口の合計（筆者計算）であり，国外居住者などは含まない。1938 年に設置されたパンド県は Klein（1992）において割愛されている。

組織の網の目によって構成されており，多様な生産・社会・法的関係が混在し共存していることを指摘するものであった。これと同じ視点に立って，これまで多くの研究が，自由主義的な政治システム，すなわち個人の利益代表・競争メカニズムとしての選挙や政党だけでなく，むしろしばしばそれらに優先して，利益集団，労働・農民組合による「組合主義（sindicalismo）」や「運動主義

(movimientismo)」，マルク（mallku）やクラカといった先住民権威の役割，多様な価値や理念とそこから導かれる行動様式，といった多元性が存在することを論じてきた[4)]。

実際に，鉱山労働組合を筆頭とする強力なボリビア労働中央本部（Central Obrera Boliviana : COB）は長い間国政に対して強い影響力を持ち，またアルティプラノの先住民共同体や各地の先住民族の伝統的組織[5)]は事実上の自治を確保してきた。したがって，ボリビアでは政府と市民個人の関係ではなく国家と多様な集団（社会組織）との関係が重要であった。

「混成的な社会」における政治システムについては，様々な見方ができる。1952年の革命政権に続く時代の政治システムに着目するならば，コーポラティズムとして捉えることができる（Yashar 2005）。民族的対立軸に沿って見るならば，植民地期の1680年にトレド副王によるインディアス法（Ley de Indias）で明確に示されたスペイン人とインディオの「2つの共和国」の延長のままに「2つのボリビア（los dos Bolivia）」が存在してきたと見ることも可能だろう（Rivera 1993）。かつては分離され相互に承認しあっていた2つの社会が，19世紀末に一方が他方によって介入を受け収奪されたことによって，調和的で国民統合的なメスティサへ（混血性）ではなくて敵対的で相克しあう関係になっていったと解釈できる[6)]。

こうした2つないし複数のボリビアの存在と，コーポラティズムを取り入れた見方として「暫定的合意（modus vivendi）としての国家」という見方がある

---

4) Tapia（2002），Laserna（2004），PNUD（2007），藤田（2009）など参照。

5) アルティプラノやバジェの先住民共同体は，理念型としては，国レベルのスーユ（suyu），郡レベルのマルカ（marka），複数の親族集団によるアイユ（ayllu）といった階層構造となっており，それぞれのレベルを代表する長が存在する（インタビューQ）。もちろん，完全にこの伝統的な階層秩序が維持されているわけではなく，比較的存続しているのはアイユであるが，それも植民地時代におおむね破壊され，現存する親族集団の集まりも数度の変革を経験した後のものであると考えた方が適切である。

6) しかしこのような解釈も，アクターにとって闘争の文脈を構成する「集合的記憶」（リベラ 1998）として解釈することは可能かもしれないが，すべてのアクターの認識として共有されているかどうかは確かではない。宮地（2014）は，こうした集合的記憶が経験的に存在すると言えるどうかを批判している。

(PNUD 2007；Gray 2007；2008)。この論を代表するジョージ・グレイ・モリーナは次のように，ボリビアの国家と「暫定的合意」について説明している。

> ボリビアの国家，あるいはより適切に言えば国家秩序は，国家と社会の共存メカニズムである「暫定的合意」の産物であり，20 世紀を通じて，大規模な社会的・政治的暴力を回避してきたが，大多数のボリビアの解決しがたい社会経済的不平等を再生産してきた（Gray 2007：5)。

この「暫定的合意」という見方は，『国家の状態』（PNUD 2007）という研究プロジェクトの成果を踏まえたものである。この研究は，世論調査や歴史研究などの多様な手法を用いて，国家についての言説や認識と国家の実践を明らかにした。その結果，国家の統治能力は，複数の多元的な社会組織と政治エリートとの暫定的な連携関係にあったことを明らかにした。容易に調和せず，組織，思想，行動様式といった様々な点で混成的な社会が存在する中で，しばしば国家は，強力な社会組織間で暫定的な連携関係を形成することによって，最低限の統治能力を維持してきたという。

この「暫定的合意」という考え方にもとづくと，ボリビアは「強い社会」として理解できる。前章で見たように，ペルー社会もまた著しい多様性を抱え，労働・農民組合や先住民共同体は存在したが，社会組織の影響力についてはボリビアとの間には顕著な相違が存在してきた。

3)「強い社会」の形成

社会が「混成的」であるだけでなく，国家に対して「強い」とはどのような状況を言うのだろうか。本章はこの点を，歴史叙述を通じて明らかにしていく。

ボリビアにおける「強い社会」を決定的なものとしたのは，1952 年の革命政権であった。この革命政権は，鉱山労働者や先住民農民と政党との連携により政権を掌握し，主要鉱山の国有化や農地改革などの改革を可能にした。同政権下で，全国レベルの労働・農民組合組織が結成され，その後の軍事政権は農民組合を主たる支持基盤とした。この時期から，労働・農民組合は全国的に組織化され，強い影響力を示してきた。

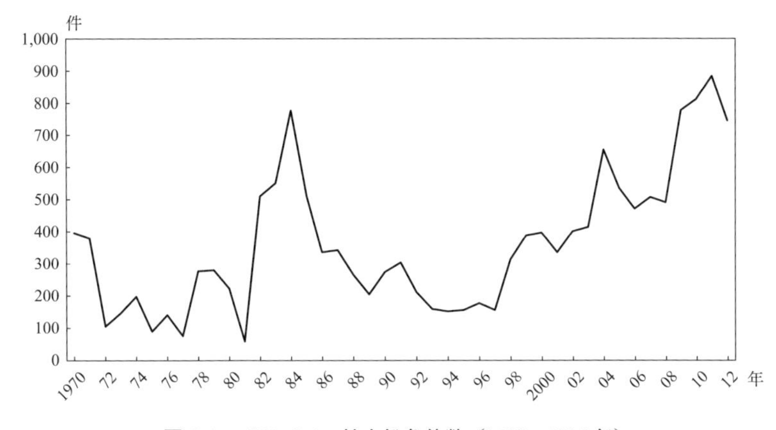

図 6-1　ボリビアの社会紛争件数（1970〜2012 年）

出所）Laserna y Villarroel（2013）より筆者作成。

もっとも，社会組織の組織化度や動員能力は決して一様ではなかった。例えば農村部から都市部への国内移民は，農村部における若年労働者を減少させるとともに，都市周辺部に大量のインフォーマル労働者を生み出し，新しい住民組織を生み出すこととなった。また，1980 年代の民政移管と新自由主義経済モデルの導入は，労働・農民組合の動員能力を一時的にせよ削ぐことになった。

Laserna y Villarroel（2013）は，主要紙の報道をベースに 1970〜2012 年にボリビアで起きた「社会紛争（conflict social）」（本書で言う抗議運動）についてのイベント・カウント・データを作成している。図 6-1 は，彼らの研究成果の 1 つである社会紛争件数をグラフにしたものである。1971 年に始まる軍事政権下で抗議運動は減少するが，民政移管直後の 1982 年以降に急増する。その後新自由主義改革がとられ，鉱山労働組合の要であった国営鉱山公社が解体される 1990 年代前半に再び減少し，1998 年以降に漸進的に増加している。2000 年代前半に繰り広げられた激しいデモ行進と道路封鎖の中で，新自由主義政策を推し進めた政権は倒れ，2006 年に社会組織のリーダーであったエボ・モラレスによる政権が成立するのである。

ボリビアにおける抗議運動の高まりは 2000 年代前半から顕著に見られるようになったが，その動員構造はより長期的な歴史の産物であった。とりわけ，労働組合や農民組合，その他の社会組織がいかに形成されたか，それらがどのような戦略や目標について争い，何を勝ち取ってきたかを理解しなければ，今日の抗議運動の動員構造やフレーミングの由来を理解することはできない。

端的に言って，ボリビアでは先住民運動を含む社会運動組織が，歴史的に「強い社会」を形成し，更新してきた。どのようなイデオロギーや組織形態がより影響力を持ったかは時代によって異なったが，2000 年代に起きた激しい抗議運動についても，この構造的背景のもとで理解すべきなのである。

2　1952 年革命

植民地時代のボリビアはポトシ銀山を中心に繁栄し，「ミタ」と呼ばれる制度によって，アルティプラノのケチュアやアイマラ先住民共同体から毎年数万人のインディオが鉱山での労働力として強制的に徴用された。そうした強制労働や過酷な徴税のため，1780 年からペルーのトゥパク・アマルの蜂起に同調してトゥパク・カタリ（Túpac Katari）が蜂起し，一度はラパス市を包囲して陥落寸前まで脅かすこともあった。しかし全体としてはインディオへの苛酷な徴税と鉱山での労働，道路建設などの強制労働，大土地農園での農奴的労役が 1825 年に共和国が独立した後も続いた。

独立以後，半世紀ほどは軍人カウディージョ（caudillo，政治ボス）や寡頭支配層による政権が続いたが，経済の悪化と 2 度の対外戦争の敗北により急速に支配力を失い，結果として 1952 年には革命政権が樹立されることになった。本節ではこの 1952 年革命とそれに至る過程から，どのように「強い社会」が現れてきたかを考察する[7)]。

1）1952 年革命に至る過程

共和国独立以来，国家財政はインディオからの税金によって多くが賄われて

7）本節は全体として，中川・松下・遅野井（1985），Klein（1992），リベラ（1998）を参照した。

いたが，1860年代に入ると，北米やヨーロッパからの投資が増加して交通インフラが整備されたことで鉱物資源の輸出体制が確立し，インディオ税の歳入に占める割合が相対的に低下した。そのため，国家はインディオに対して強行策を用い始めた。

1864年から政権を握った軍人大統領マリアーノ・メルガレホ（Mariano Melgarejo）は1866年に政令を出し，インディオ共同体の所有地を国有化した上で，共同体に所属するインディオが改めて個人所有地として買い取らねばならないとした。もし買い取らなければ第三者への競売にかけられ，国に対する債権者（寡頭支配層や外国資本）はその債権でもって土地を購入できるとされた。さらに，もし競売で誰も土地を取得しなくても，インディオは5年ごとに賃借料を払う義務を負った。これに対してインディオの反乱が各地で起き，メルガレホは軍隊を出動して暴力的に鎮圧したが，あまりの抵抗の激しさに結局この試みは撤回されることとなった（Klein 1992：139–140）。

メルガレホの試みは失敗に終わったが，その後1874年の土地非継承法（Ley de Exvinculación de Tierras）の施行によってインディオ共同体は法的に廃止され，共有地は個人に分配されることとなった（リベラ 1998：16；Gotkowitz 2007：6–7）。これにより大土地所有制がラパスやコチャバンバに拡大し，収奪された土地の回復がそれ以後，先住民農民にとって最大の要求となっていく[8]。

19世紀末には錫を中心に鉱業輸出が隆盛となったが，貿易を完全自由化して鉱産品取引の国家独占を廃止したことや汚職による放漫財政のため，やがて財政難に苦しむようになった。1876年にクーデタで権力を握ったイラリオン・ダサ（Hilarión Daza）政権は，硝石や銀鉱山を求めてチリと太平洋戦争（1879～1904年[9]）を戦うが，チリに決定的な敗北を喫し，太平洋沿岸領土を割譲することとなった。

この敗北後，銀鉱山主を中心とする南部の保守派と，貿易拠点となったラパ

8）ラウラ・ゴトコヴィッツは，この土地の共同所有を公的に廃止した法律への反動が，その後1952年革命に至るまでのインディオ農民による抗議運動の根底にあったことを19世紀末から20世紀前半の歴史資料から明らかにしている（Gotkowitz 2007）。

9）ペルーとチリの間には1893年に講和条約が結ばれたが，ボリビアとの間には1904年に講和条約が結ばれた。

スの自由派と間で政治抗争が繰り広げられた。この抗争は容易に決着を見なかったため，それまで政治参加から徹底的に排除・弾圧されてきたインディオが自由派によって一時的に政治闘争に組み込まれた。アイマラの首長であったパブロ・サラテ・ウィリュカ（Pablo Zárate Willka）は，収奪された土地の回復などの約束の下に数千のアイマラ先住民を率いて自由派に味方した。しかし勝利を確実なものにするや否や自由派はウィリュカらを弾圧する。その後，銀輸出は没落し錫輸出ブームが訪れ，1920 年頃までは自由派の安定した支配が続いた。

20 世紀初頭のアルティプラノのインディオ農民は，ウィリュカ後の弾圧と大土地農園の拡大に対抗して，旧来のクラカやマルクといった伝統的権威を中心に反乱を繰り広げた。リベラ・クシカンキによれば，この時期の反乱は植民地期にまで遡って土地所有の正当化を訴える法的闘争から始まった（リベラ 1998 : 35–45）。アルティプラノのアイマラによる，1914 年のアチャカチ（Achacachi）での反乱，1920 年のパカヘス（Pacajes）での反乱などはそのような原因によっていた。

自由主義の鉱業輸出経済は，1920 年代に世界恐慌の影響で錫価格が下落し，深刻な打撃を受けることになる。折から高まりつつあった学生運動や左翼運動によっても圧迫を受けた寡頭支配層は，この危機を対外戦争に転化する。ダニエル・サラマンカ（Daniel Salamanca）政権（1931〜35 年）は，パラグアイとの間で石油埋蔵の噂のあるチャコ地方の領有権を争って「チャコ戦争（Guerra del Chaco）」（1932〜36 年）を起こすが，およそ 6 万 5000 人の死者を出す結果となった。それだけでなく，経済危機はさらに深刻さを増した（中川・松下・遅野井 1985 : 89–90）。

チャコ戦争に参加した青年将校は，急進的な政治改革の必要性を認識するようになる[10)]。1936 年からのダビド・トロ（David Toro），ヘルマン・ブッシュ

10）チャコ戦争への従軍は，戦場でインディオ，メスティソ，クリオーリョが混じりあい，解決されざる国内問題への批判精神とインディヘニスタ精神を培ったとされる。また強制的に徴用された多くのインディオ兵には，地主や軍隊から反乱を起こしそうだとにらまれていた者が多かった（リベラ 1998 : 51–52）。

(Germán Busch) 両軍事政権は，チャコ戦争を誘発させた外資系の石油企業を国有化し，鉱業銀行を設立して国家による鉱業管理を強めた。さらに労働運動に対しては，社会保障制度を拡充し労働組合を統合化することで，コーポラティスト的改革をはかった。

これらの改革を後押しした若い青年将校と労働組合，都市中間層は，体制変革を求めてそれまでの寡頭支配層との対立を深めていく。1940〜43年のエンリケ・ペニャランダ（Enrique Peñaranda）政権が労働者保障法制を反故にすると，1943年には軍の改革派がクーデタを起こし，グァルベルト・ビジャロエル(Gualberto Villarroel) 政権が成立した。1941年1月に改革派によって結成された民族革命運動（Movimiento Nacionalista Revolucionario : MNR）は，ビジャロエル政権に3人の閣僚を送り込み，労働組合の権利保障を強化し，労働組合への支持拡大を進めた[11]。

ビクトル・パス・エステンソーロ（Víctor Paz Estenssoro）率いるMNRは，後に1952年革命で中心となる政党だが，この新しい政党は鉱山労働組合と農民層を動員する戦略をとった。

数百年間のインディオの強制徴用によって構成されてきた鉱山労働者は，苛酷な労働と生活環境にあったために組合組織が最も進んでいた。1920年代頃から組合組織化が始まっていたが，1940年代になって第二次世界大戦の需要で鉱山開発が促進されるようになると，ストライキを繰り返すようになる(Klein 1992 : 216–219)。1942年12月にカタビ（Catavi）鉱山での鉱山労働者のストライキに軍隊が発砲し，およそ400人の死者を出す事件が起きた。その後ビジャロエル政権下の1944年には，MNRに支援されたワヌニ（Huanuni）の会議で，フアン・レチン（Juan Lechín）を指導者としておよそ6万人の鉱山労働者による鉱山労働組合連合（Federación Sindical de Trabajadores Mineros de Bolivia : FSTMB）が結成された。

11) 同時期には，1934年にトロツキー派の労働革命党，1940年に親ソ派の左翼革命党が結成されており，MNRよりも早くから労働者や農民の組合組織化に力を注いでいたが，ビジャロエル政権下での閣僚入りと1944年のカタビ鉱山での虐殺事件を通じてMNRが鉱山労働組合との支配的な結びつきを得ることとなった。Klein（1992 : 198, 213–218）参照。

他方で様々な反寡頭支配勢力が，先住民首領（クラカ，マルク）との間で，組織化と支持者としての取り込み工作を始めていた。1942 年には労働組合や学生運動の支援で，チュキサカ県スクレ（Sucre）で第 1 回ケチュア先住民会議が開催された。1943 年には第 2 回会議が開催され，複数の県において大土地農園の小作人（コロノ）による労働組合運動が模索された。MNR もビジャロエル政権下での立場を利用してインディオ農民へのアピールを行う。1944 年の制憲議会では草案の段階で土地分配の条項を盛り込み，さらにそれまでインディオの広場立ち入りを禁止していた法令を撤廃した。1945 年にはケチュア・アイマラ語を用いた第 1 回インディオ全国会議を開催し，実行には移されなかったがコロノの無償労働廃止を宣言した。

もっとも，ビジャロエル政権は反対派である寡頭支配層や鉱山労働者を除くマルクス主義左派に対しては暴力的に弾圧した。そのため，これら反対派や学生も含めた蜂起により，1946 年 7 月 14 日にビジャロエルは大統領府から引き出され，中央広場の街灯に吊るされることになった。

ビジャロエル政権以後，1952 年革命に至る 6 年間は，再び寡頭支配層の政権が続いた。1947 年にはラパス，ポトシ，オルロ，コチャバンバ県でインディオ農民の蜂起が続いたが，いずれも政府軍によって暴力的に弾圧された。

この期間には MNR が反体制派として支配的な地位を占めるようになり，2 度のインディオ会議が秘密裡に開催された。MNR は鉱山労働者，農民，中産階級による連帯を作り上げようとしたが，基本的に混血化とスペイン語化による同質的な国民形成，および国内市場の発達を目標とするものであった。そのため，クラカやマルクとは潜在的矛盾をはらんでおり，MNR はインディオの「農民」化を進めることになるのである。

2）1952 年革命

寡頭支配層の政権が，やがてインフレと錫産業の低下による危機と労働運動の高まりに直面して崩壊へと進む中で，MNR は「諸階級の協調」を謳い，中間層から FSTMB をはじめとする労働組合勢力まで広範な支持を集め，革命への地歩を固めた。1951 年に行われた選挙でパス・エステンソーロが圧倒的な支持を獲得したのに対して，寡頭支配層側は権力を一時的に軍事評議会に引き渡し，彼の政権樹立を阻止する。しかし，翌1952年4月には軍事評議会の一員がMNR支持へと態度を変えたことをきっかけに，レチン率いる鉱山労働者や都市民衆の民兵が政府軍との市街戦をラパスで3日間繰り広げ，500人余りの死者を出しながらも革命政府を樹立させるに至った。

1952年革命は，それまでの自由主義経済を転換して抜本的な改革を行った。アルゼンチンに亡命していたパス・エステンソーロは同年4月15日に帰国し，大統領の座についた。翌16日には労働組合の全国組織として，COBが設立され，FSTMBが主導権を握った。7月には非識字者も含めた普通選挙制が導入された[12]。10月には財閥の支配下にあった錫鉱山を国有化してボリビア鉱山公社（Corporación Minera de Bolivia : COMIBOL）が創設され，鉱山労働者と政府の「共同統治（co-gobierno）」に置かれた。

革命政権樹立は，インディオ農民に土地分配への期待を生み出した。1952〜53年初頭にかけて武装したインディオ農民による大土地地主への襲撃が多発し，農民組合の組織化が急速に進んだ。当初，MNR革命政権は大土地所有制の解体にそれほど乗り気ではなかったが，農民運動の圧力によって1953年1月に左翼勢力やMNRを含めた農業改革委員会が結成され，8月には農地改革が宣言された（Albó 1987 : 383 ; Klein 1992 : 234–235）。その上で，COBのもとにボリビア全国農民労働組合（Confederación Nacional de Trabajadores Campesinos de Bolivia : CNTCB）が結成された。ケチュアやアイマラのインディオ農民がほとんど存在しなかった東部低地のサンタクルス県などの例外を除いて，大土地所有制は解体された。しかし，土地は農民個人に分配され，共同体の共有地が認められることはなく，結果として中小零細農が増加することとなった。さらにインディオの名称が禁止され，公式には「農民（campesino）」と改められた。

1952年革命について，レネ・サバレタは，中産階級の知識人と強力な動員

12）ボリビアでの男子普通選挙権の施行は近隣国と比べて最も早かったが，当時の多くの先住民農民は身分証を持たなかったため，実際の投票者の割合は全人口の20％程度にとどまったとされる（Tuesta 2010 : 55–58）。

力を有する労働組合という2つの勢力による「二重権力（el poder dual）」という概念によって説明する（Zavaleta 1987）。彼によれば，自然発生的な労働者・大衆の抗議運動と，労働者階級のイデオロギーを持たないMNRとの共存が，1952年に成立した革命政権の特徴であった（Zavaleta 1987：94-109）。4月9〜11日のラパス市街戦で勝利した鉱山労働組合は新政権下でも民兵を武装解除せず，旧来の軍隊が解体された。このように権力の奪取は労働者階級によったが，彼らは革命のイデオロギーと理念は持たなかったため，知識人中心で構成される政党MNRがその権力を担うことになった。1952年の時点で，ボリビアの都市人口は未だ3割に満たず，産業革命や工業化からはほど遠く，文盲のインディオ農民が人口の多数を占め，鉱業資源に依存する経済構造であった[13]。こうした中，国家の近代化やナショナリスト的な経済発展を志した政党MNRと，強固に組織化された労働者勢力との一時的同盟関係はやがて乖離していくことになる。

1950年代後半になると，革命政権は国際収支の悪化，インフレ，通貨の下落といった経済危機を迎え，IMFと米国の経済援助に頼らざるをえなくなった[14]。IMFの勧告により経済安定化のために緊縮財政と消費水準の抑制を余儀なくされた。さらに冷戦下という状況で社会主義化は断念され，1956年には米国の指導のもと，MNRによって軍隊が再建された[15]。1960年にはFSTMBのレチンを副大統領につけることで労働組合との関係修復を図るが，MNRは内部分裂し，一部のリーダーは脱退して新たな左派勢力を結成した。1960年

13）都市人口の割合について表6-5参照。Klein（1992：227-228）によれば，1952年の時点でボリビアは極度の農業社会であった。1900〜50年の間に，識字率は17％から31％に，大学以前の高等教育を受けたものは1.3％から4.6％に上がりはしたものの，全体としては微々たるものだった。72％の人口は農業や農村部での経済活動に従事したが，国内総生産のおよそ33％を占めるのみだった。教育レベルが農村部で向上するのは1952年革命以後である。

14）財政危機とインフレによって都市中間層がMNRに反対姿勢を示すようになると，1930年代にカトリック教会の支援で結成されていたボリビア・ファランヘ社会主義党（Falange Socialista Boliviana：FSB）が急速に対抗馬として登場した（Klein 1992：237-242）。

15）1959年のキューバ革命に先立つタイミングであったこともあり，米国は1970年代のチリで起きたような革命政権の転覆工作は志向しなかった。

以後，政府軍と労働者の衝突が多発するようにもなった。

この時期，アンデス高地の農民組合の組織化が左翼勢力や COB の労働組合，そして MNR の支援で進んだ。最も農民組合の組織化が進んだのは，コチャバンバ県ウクレーニャ（Ucureña）地方とラパス県アチャカチ（Achacachi）地方であり，それぞれバジェのケチュア農民，アルティプラノのアイマラ農民を組織化する主導的役割を担った（リベラ 1998 : 89–99 ; Klein 1992 : 235)。しかしいずれの地方でも，MNR の政治エリートや労働組合が政治的支持を求め，パトロン－クライアント関係を構築しようと侵入した。さらに 1962 年以降には，方向転換する MNR 率いる革命政権と COB の対立に巻き込まれる形で，各地で対立が起きるようになった（Albó 1987 : 383–384)。

農地改革は，分配された土地が個人所有とされたことで中小の土地所有者への小区画化が進み，先住民共同体の再生にはつながらなかった。つまり，1874 年に法的に解体されたインディオ共同体を，さらに経済構造の点でも解体する圧力となった（リベラ 1998 : 101)。しかし，地方による多様性も見られ，大土地所有農園から多くの小作農民が解放されたコチャバンバ県などでは農民組合が支配的となったが，ラパスやポトシ県のアイマラ共同体では伝統的な組織形態が比較的維持された（リベラ 1998 : 100–104 ; Ticona, Rojas y Albó 1995 : Ch. 2)。

3　軍農協定からカタリスタ運動へ

MNR が分裂したまま 1964 年の選挙でパス・エステンソーロは当選するが，直後に副大統領に指名されていたレネ・バリエントス（René Barrientos）空軍司令官がクーデタを起こし，12 年間続いた MNR 革命政権は崩壊する。このバリエントス軍事政権下で，国家による家父長主義的な先住民農民の懐柔が試みられていくが，やがてそれに対抗する自律的な農民運動が生まれることになる。本節では，バリエントス軍事政権によるいわゆる「軍農協定（Pacto Militar-Campesino)」と，それに対抗したカタリスタ運動を扱う[16]。

1）軍農協定

バリエントス軍事政権は，COMIBOL を合理化する必要性と，労働組合の政治への影響力を削ぐために，1967 年に鉱山労働組合に対して厳しい弾圧を行った。その代わりに，政治エリートによるパトロン－クライアント関係形成が進んでいた農民組合との間に「軍農協定」を作り上げようとした。

バリエントス大統領個人はケチュア語を流暢に話す人物で，国中をヘリコプターで飛びまわり，先住民農民とチチャ酒を飲み，農民が持っていたライフルを鋤と交換した（Albó 1987 : 386)。彼のスタイルは，伝統的な「カウディジスモ（caudillismo，頭領主義)」と言われるもので，下層大衆に対するパトロンとして自らをアピールする家父長主義的なものだった。MNR 革命政権の末期からコチャバンバ県のウクレーニャとクリサ（Cliza）の農民組合間の紛争（チャンパ（Ch'ampa）戦争と呼ばれた）が数千の死者を出して泥沼化していたのに対して，バリエントスは仲裁者として名をはせた。彼は特にコチャバンバ県では，農民から支持を得ていたとされる（Albó 1987 : 385–386)。バリエントスは「農民の最大のリーダー（líder máximo del campesinado)」と自らを呼んだ（Hurtado 1986 : 24)。その一方で軍事政権は，農民たちが反抗的姿勢を見せると既存の組合に並列させる形で別の農民組合組織を作った。

しかし，財政状況が芳しくない状況下で，1968 年にバリエントスが個人の所有地を課税対象とする農業単一課税（impuesto único agropecuario）を導入しようとすると，アルティプラノのアイマラ農民は抗議運動を起こし，これを撤回させた（リベラ 1998 : 121)。この事件をきっかけとして，軍農協定に対抗する自律的な農民運動が生まれる。これがカタリスタ運動につながるのだが，その前にバリエントス以後の国政の動きを概観しよう。

バリエントスが 1969 年 4 月に飛行機墜落事故で死亡すると，アドルフォ・シーレス（Adolfo Siles)，アルフレド・オバンド（Alfredo Ovando)，フアン・ホセ・トーレス（Juan José Torres）といった軍人が次々と大統領に就任したが，いずれも数カ月たつとクーデタで倒されるという混乱が続いた。安定した政治支

16）本節を執筆するにあたり，Hurtado（1986)，Albó（1987)，Ticona, Rojas y Albó（1995)，Ticona（2000)，リベラ（1998）を参照した。

持が得られない状況で，それぞれの軍事政権の権力基盤は不安定であった。

この混乱は，それまで抑圧されてきた左翼勢力が巻き返しを行ったことにもよっていた。1969年10月にオバンド政権は，最大の外国資本であったGulf Oil社を国有化し，1970年初頭に非合法化されていたCOBとFSTMBを再合法化し，鉱山から軍を撤収した。もっとも，オバンドが労働勢力を積極的に政治動員することはなかったのに対し，右翼のクーデタの揺り戻しを抑えてその改革主義を受け継いだトーレス政権は，COBや学生運動，左翼勢力を動員して人民議会（Asamblea Popular）を設立した点で，かつての革命政権に近づこうとした[17]。COBは1970年の全国大会で，MNRやマルクス主義に分裂していた左翼を結集しており，トーレス政権によるマチルデ（Matilde）鉱山国有化などの国家主義的政策を支援した。しかし，COBは自律した労働運動を維持することを優先し，1952年革命時のような政府と労働組合による「共同統治」には至らなかった（Zavaleta 1987 : Ch. 4)。他方で，農民組合はバリエントスによる懐柔と分裂の結果，消極的になっており，トーレス政権の人民議会にも積極的に参加することはなかった。

左翼に傾倒したトーレス政権に対して，1971年8月21日にウゴ・バンセル（Hugo Banzer）将軍がクーデタを起こし，再び権威主義体制による弾圧へと逆戻りすることになる。折からの資源価格の高騰による好況もあって，バンセル政権は長期化したが，その統治方法は極めて抑圧的なものだった。

ここで，軍農協定の後，1970年代に生まれたいくつかの自律的な農民運動について見ることにしよう。農業単一課税に対する抗議運動の波に乗って出現したのは，独立農民組合ブロック（Bloque Independiente Campesino : BIC）である。BICは，COBに近く，バリエントスに弾圧された左翼活動家を中心としていたが，そのほとんどは農民組合や共同体とのつながりを失っていた。そのために，COBの統率下に置かれることとなり，エリートの集まりにとどまったと

17）人民議会は，それまでの共和国議会に置き換わることを意図したが，投票によったわけでも立法権を得たわけでもなく，1971年のクーデタで解散した。218の議員の中には，農民組合から23人，労働組合から123人（そのうちFSTMBだけで38人），中産階級から52人の代表が含まれていた。さらにMNRの左派から新しく結成された左翼革命運動党（MIR）も参加していた（Klein 1992 : 253-254)。

される（Albó 1987）。

それに対して，軍農協定から自律する姿勢を示した別の 2 つの農民組合は，現在まで続く先住民運動の先触れとなるものであった。以下で，開拓農民組合とカタリスタ運動という 2 つの農民組合運動を紹介する。

2）開拓農民組合

1970 年に設立されたボリビア開拓農民組合連合（Confederación Sindical de Colonizadores de Bolivia : CSCB）は，現在まで続く社会組織の 1 つである（García 2008 : 269–319）。開拓農民（colonizadores）とは，政策によってあるいは自発的にアンデス高地からオリエンテの熱帯地帯に移住したアイマラ・ケチュア農民を指す。主な移住先は，道路インフラが初めに整備されたラパス県アルト・ベニ（Alto Beni），コチャバンバ県チモレ（Chimoré），サンタクルス県ヤパカニ（Yapacaní）であった。

国内移民は 1952 年革命政権下で国家政策として始まり，1953 年からボリビア開発公社（Corporación Boliviana de Fomento : CBF）によって，1965 年からは全国開拓機関（Instituto Nacional de Colonización : INC）の管轄によって，1970 年までにおよそ 5 万家族が移民したとされる。開拓計画の目的は，人口過多にあったアンデス高地の先住民農民を「未開発」の低地に植民させることであり，米国，国際連合，米州開発銀行の援助があった[18]。

やがてコチャバンバ県チャパレやラパス県ユンガス（Yungas）に入植した開拓農民は，コカ栽培を中心として行うようになり，チャパレでは 6 つのコカ農民組合連合が結成されるが，これについては次節で扱う。

開拓農民たちはアンデス高地の小区画零細農業から新しい豊かな土地へと移ることを目的としていたが，慣れない気候，新しい土地での開発は苛酷な経験であった。アイマラ・ケチュアの先住民農民は，アンデス高地の先住民共同体のシステムを再生産し連帯することで防衛戦略をとったが，さらに農民組合の経験が加わると国家に対して生活環境や開発の支援を要求するようになった。

18）1950 年代当時，オリエンテ（東部低地）は無人の荒野と考えられており，低地先住民の権利主張はもっと後に始まった。

1964年以降のバリエントスによる軍農協定下でも国内移民は促進されたが，自律した農民組合の設立は禁止された[19]。しかし，鉱山労働者出身の開拓農民も多かったことから，やがて開拓農民組合はCOBに近づき，軍農協定との決別を明確にした。

各地には，農民組合（sindicato）ではなく協同組合（cooperativas）や共同体会議（asamblea comunitaria）のような組織を形成した開拓農民もいたが，彼らには様々な政治勢力が政治的支持を求めて近づいた。例えばサンタクルスでは，毛沢東派の共産主義者によって貧困農民連盟（Unión de Campesinos Pobres）が結成され，土地占拠を行った。また自発的な国内移民が多かったラパス県北部のカラナビ（Caranavi）では，学生や労働組合の支援で国家役人に対する抗議運動を繰り広げた（Albó 1987 : 389-390）。これら各地の組織は，1970年に全国会議を開催し，ボリビア開拓農民組合連合（Confederación Sindical de Colonizadores de Bolivia : CSCB）を結成した[20]。CSCBはCOBに所属し，以下で見るカタリスタとも連携するようになる。

3）カタリスタ運動

カタリスタ運動は，1960年代の終わりに都市で教育の機会を得たラパス県のアイマラ先住民たちの間で始まり，1970年代の終わりには新たな農民代表

19）組合組織化が禁止された理由には諸説ある。1つめは，国内移民と物質的援助によって必要なものは充足しているはず，と政府が考えたためである（García 2008 : 277）。2つ目は，国際機関の援助が入っていたため，政府に監督された計画として完遂したかったというものである（Albó 1987 : 389）。3つ目は，バリエントス政権下の鉱山の合理化で解雇された鉱山労働者が多数入植していたので，反政府的態度を持ち込むことを防ごうとしたというものである。

20）文献により結成年と初期の組織名称が異なる。ある文献によれば1971年2月にFederación Nacional de Colonizadoresが結成されたとある（Albó 1987 : 390 ; Hurtado 1986 : 24）。別の文献は，同じ1971年2月にConfederación Nacional de Colonizadores de Boliviaが創設されたとある（リベラ 1998 : 128）。その後1990年代に開拓農民の組合が政治の舞台に出てくるときはCSCBの名であり，1971年2月の全国会議の前に1970年に組織化のイニシアチブはあったようであるから，ここでは当初から1970年にCSCBが結成されたと便宜上考えることにする。ちなみに，CSCBは後に開拓農民（colonizadores）との名称を忌避して，ボリビア複数文化共同体組合連合（Confederación Sindical de Comunidades Interculturales de Bolivia : CSCIB）と改称した。

組織を形成するに至った。その過程をたどってみよう。

1952 年革命以後，農村部でも教育が進み，アイマラ農民の子弟の中には首都ラパスで高等教育を受けるものも現れるようになった。1960 年代の終わりに，ラパス県のアロマ（Aroma）郡から高校に進学するためにラパス市にやってきたアイマラの学生たちの間で，「11 月 15 日運動（Movimiento 15 de Noviembre)」という文化サークルが作られた[21]。このサークルでは，アイマラの若者が，自らの過去や都市での体験を話し合い，それを通じて歴史を違った視点からとらえる文化活動を形成した。彼らは革命後に高等教育を受けるようになった農村部出身のアイマラの若者の常として，都市では日常的に出自に対する差別を受けていた。その後，「11 月 15 日運動」に参加したアイマラの学生たちの中で国立サンアンドレス大学に進学した者たちは，フリアン・アパサ学生運動（Movimiento Universitario Julián Apaza：MUJA）を結成した。MUJA は人種差別的な大学行政や学生と衝突するようになった（Hurtado 1986：33)。

この活動には，知識人のファウスト・レイナガ（Fausto Reinaga）の強い影響があり，トゥパク・カタリを英雄として称揚するとともに，インディオの闘争や従属的地位，人種主義的差別に対して批判的な視点を持っていた[22]（Hurtado 1986：31-32)。

都市と農村とを結ぶ文化・社会活動は，カタリスタの政治運動の基盤を構成するものになっていった。1969 年には農民振興調整センター・ミンカ（Centro de Promoción y Coordinación Campesina MINKA）が，1971 年 8 月 12 日にはトゥパク・カタリ農民センター（Centro Campesino Túpac Katari：CCTK）が設立され，ラジオを使って全アイマラ居住地域へカタリスタの思想と文化的活動が伝播されるようになった。

すでに述べたように，1952 年革命期に COB のもとに作られた CNTCB は，

21）1781 年 11 月 15 日は，植民地時代の先住民蜂起の指導者であったトゥパク・カタリが処刑された日であり，その出身地であるアロマ郡アヨアヨ（Ayo Ayo）では毎年この日にミサが行われてきた（Hurtado 1986：30)。

22）ファウスト・レイナガはメスティソであり，都市の知識人であったが，先住民自らの手による運動を主張した。ファウスト・レイナガの子であるラミーロ・レイナガ（ワンカール）の著作は，日本語にも翻訳されている。

軍農協定下では軍事政権と先住民農民とを家父長的に媒介する制度へと変貌していた。しかしバリエントスが1968年に農業単一課税を導入しようとしたことから，アルティプラノのアイマラ農民の間では信頼を失っており，ここに若きカタリスタたちが入り込む余地が存在した（インタビューO）。

都市と農村を頻繁に往復し，教育も受けたヘナロ・フローレス（Jenaro Flores）らカタリスタ運動のリーダーたちは，軍農協定を破るために農民組合のヒエラルキーを急速に駆け上がる。1969年の終わりにフローレスらはそれぞれの共同体の農民組合の代表となり[23]，1970年3月にはフローレスがアロマ郡全体の委員長（Secretario Ejectivo）に就任した。翌1971年3月に，フローレスはラパス県農民組合連合（Federación Departamental de Trabajadores Campesinos de La Paz : FDTCLP）の委員長に選出され，この地方農民組合の略称の語尾にトゥパク・カタリのTKを加えてFDTCLP-TKとした。彼は「代表者は政府ではなく基盤とする人々に応答しなければならない」と明言し，それまで農民組合で認められていなかったアイマラ先住民の伝統衣装を纏って代表就任を祝った(Hurtado 1986 : 37, 48)。同時期にオルロ県でも，カタリスタ運動に連なるマカベオ・チラ（Macabeo Chila）が政府の傀儡を追い出して委員長となっていた。そして終に，1971年8月2日にポトシで開催されたCNTCB全国大会で，フローレスは全国組織の委員長に任命された[24]。

しかし，フローレスは19日間しかCNTCBの頂点に留まることができなかった。同年8月21日，ウゴ・バンセル将軍がクーデタを起こすと，フローレスをはじめとするカタリスタ運動のリーダーたちは弾圧され，多くは海外に亡命することになったからである。しかし，軍事政権の間もカタリスタ運動の

23）軍農協定下で，農民組合の中央・地方の上級幹部は基本的に政府の傀儡であったが，共同体レベルの代表は共同体の慣習（uso y costumbre）によって任命されていた。カタリスタ運動の代表的研究者であるハビエル・ウルタードは，これを「草の根の民主主義（democracia de base)」と呼んでいる（Hurtado 1986 : 34)。

24）Ticona（2000）は，カタリスタのリーダーにインタビューを行い，なぜカタリスタが頭角を現すことができたかについて分析している。その中で，都市と農村との仲介，サッカーなどのスポーツが得意で人気があること，政党の政治家や国家機関などでの経験や人的つながりといった要素が重要であり，伝統的権威の血を引いていることはそれほど重要でなかったと結論づけている。

リーダーたちは活動を続けた。軍事政権下で組合活動は基本的に非合法化されたが，農民振興調整センター・ミンカや CCTK が行っていたような社会・文化活動は容認された。そのため，ラジオ放送が，カタリスタの思想の伝播と広範なネットワーク形成の手段となった（リベラ 1998：133–134）。この時期にアルティプラノのアイマラ語圏やラパス市だけでなく，全国にカタリスタの言説が広まったとされる。文化活動は，閉じられた政治的機会に対する柔軟な戦略であった。

フローレスら数人のリーダーは，亡命先から秘密裡に帰国し，潜伏しながら活動を続けた。彼らは 1973 年に「ティワナク宣言（El Manifesto de Tiahuanaco）」を打ち出す。この宣言は次のような文言で始まる。

> ボリビアでは今日まで文化の統合は起きておらず，ただその上積みと支配だけが行われてきた。支配のピラミッドの中で我々は常に最下位に位置づけられ，上位から搾取されてきた。ボリビアはすさまじい挫折感を味わい，そしていまだにそれを感じ続けている。それはおそらくケチュア，アイマラ農民が真の意味で国家レベルの経済・政治・社会生活に参加していないことによる。この点において抜本的な変革がもたらされない限り，国家の統合や社会的要請に合ったダイナミックで調和のとれたふさわしい経済的発展は絶対に不可能である（リベラ 1998：193）。

この宣言は，国内外に広く配られ，カタリスタ運動はボリビアの先住民運動として広く知られることになった。

軍事政権期には，バリエントスの時代から軍農協定が染み渡っていたコチャバンバでも，農民組合と国家との家父長的関係を打ち壊す事件が起こった。1974 年 1 月に，コチャバンバ県のトラタ（Torata）とエピサナ（Epizana）で大統領との対話と政令撤回を求めて道路封鎖を行ったケチュア農民に対して，軍が武力行使によって鎮圧し，数十名の死者が出る惨事が起きた。同年 11 月には政党および組合活動を非合法化する大統領令が発布され，1975 年には CCTK の法人格が取り消された。軍事政権は農民組合をコントロールしようとし，代表選挙を買収して傀儡的なリーダーを据えようとした。しかしこれらは結果として，カタリスタ運動への支持を高める結果になった。

亡命先から帰国したフローレスは，アヨアヨでCNTCB掌握宣言を行った[25]。続く12月には総特赦や民主的自由の保障を求めて2,000人以上が参加するハンガーストライキを動員すると，バンセル大統領はその要求を呑むことを余儀なくされた。バンセル軍事政権は一貫して労働・農民組合運動を弾圧してきたが，最終的に1978年から米国のカーター大統領の圧力もあり，民政移管プロセスを開始せざるをえなくなった。

4）CSUTCB結成

1978年7月の選挙以降，1982年にエルナン・シーレス・スアソ（Hernán Siles Zuazo）政権が成立して民政移管が確定するまでの間，実に3回の選挙と4回のクーデタが起き，8人の大統領が乱立した。1952年革命以来，バンセルに代表される軍部右派や，労働組合と連携した左派，さらに左派の一部と手を結んだMNRのパス・エステンソーロといったように政治的対立軸は多極化しており，国際的圧力で始まった民政移管の中で暫定的な一致すらも見出すことが困難であった。

農民組合の主流を占めるようになっていたカタリスタは，民政移管プロセスのさなかに分裂することになる。問題は，それまで左派政党のような外部の政党や政治家が，先住民農民を単なる支持提供者（「政治的ポンゲアへ（pongueaje político)」[26]）とみなしてきたことにあった。カタリスタは1978年の選挙で左派政党と連携するかどうかの点で分裂し，これを是とするトゥパク・カタリ革命運動（Movimiento Revolucionario Tupac Katari：MRTK）と，非とするトゥパク・カタリ・インディオ運動（Movimiento Indio Tupak Katari：MITKA）との2つに分かれた[27]。MITKAは，人種主義的文化が残っている左派政党を支援することは

25）この時期，CNTCBの名称にトゥパク・カタリの頭文字である「TK」が付け加えられ，以後，CNTCB-TKと呼ばれるようになる。1978年3月の第7回CNTCB-TK全国会議において，フローレスは委員長に任命された。

26）ポンゲアへとは，大土地所有地主の農園における低賃金あるいは無賃金でのインディオの使役労働のことを指す。政治的ポンゲアへはこれを比喩的に派生させたもので，クリオーリョやメスティソのために安い見返りで政治的支持を与えることを意味する。

できないとして独自の大統領候補を擁立し，完全な独立勢力として選挙を戦った[28]。それに対して MRTK は，1970 年半ばの亡命生活で知己を得た左翼の政党政治家と連携を試みた。

MRTK が 1978 年の選挙で支持したのは左派を糾合した人民民主連合（Unidad Democrática Popular : UDP）であった[29]。MNR の顔であったパス・エステンソーロは 1971 年のバンセル軍事政権に協力していたため，アイマラ農民の間では信頼を失っていた（Albó 1987）。選挙では，明らかな票の操作もありバンセル派が 50 % 以上の票を得るが，クーデタが起こり，1979 年に 2 回目の選挙が行われることとなった。

MRTK は UDP を選挙で支持はしたが，相互に自律した関係を望んでいた。しかし UDP は依然として家父長主義的姿勢で臨み，MRTK が絶対的忠誠を示さないことが明らかになると，独自の農民組織としてフリアン・アパサ農民連合（Confederación Campesina Julián Apaza : CCJA）を設立する。そのため，MRTK は UDP への組織的な選挙支持を控えるようになった。他方で，2 回目の選挙に際して MNR のパス・エステンソーロは農民の支持獲得のために邁進した。これにより 1979 年の選挙で MRTK の中には，UDP と MNR のそれぞれを支持する分派が出現した（Hurtado 1986 : 125–130 ; Albó 1987 : 399–400）。1979 年の選挙は比較的公正ではあったが，いずれの政党も過半数を得られず，国会で大統領選出交渉を行った結果，暫定大統領が就任した。

選挙政治を模索した一方で，CNTCB-TK は農民組合の組織的統一と自律性を求めて，COB を頂点とする労働組合に接近していった。しかし，レチンをはじめとする COB の労働組合リーダーたちも，多くの政治エリートと同様に先住民農民に対して家父長主義的な態度をとっていた[30]。しかし COB は，次

27）カタリスタ運動は複数のリーダーによって構成されており，MITKA は先住民自らの代表を求める傾向が強いリーダーによる政治組織である。他方で MRTK は，農民組合のリーダーを中心とし，いわば CNTCB-TK の政治部門であった。

28）MITKA は先住民組織に対する国際援助に依存していたが，このために内部対立が起こり，1980 年にはさらに 3 派に分裂することになる（Albó 1987 : 401）。

29）UDP は，MNR の指導者の 1 人であったシーレス・スアソ率いる民族革命運動左派（Movimiento Nacional Revolucionario de Izquierda : MNRI）と，左派諸勢力を糾合した MIR，そして共産党親ソ連派が連合したものだった。

第にカタリスタ運動が農民組合に支配的な地歩を築きつつあることを認め，1979年5月の第5回全国会議で農民組合統一のための臨時会議を開くことを決定した（Hurtado 1986：133–139）。

1979年6月25，26日にCOBの主催で開催された農民統一臨時会議で，BICの一部，CCJA，そしてCNTCB-TKといった諸派を糾合してボリビア統一農民組合連合（Confederación Sindical Única de Trabajadores Campesinos de Bolivia：CSUTCB）が設立され，フローレスが初代の委員長に就任した。CSUTCBは農民組合の全国組織として，従来のCNTCBに完全に置き換わるものであった。その後1979年11月の軍事クーデタと12月の経済危機への緊縮政策に対して，CSUTCBは大規模な道路封鎖を敢行し，強力な動員能力を示した（Hurtado 1986：139–144）。

以後，民政移管が達成されるまでのプロセスは混迷したものであった。1980年6月の3回目の選挙で，MRTKはCOBの指導者であるレチンを大統領候補として選挙協力したが，多くの票を獲得できなかった。UDPが最多得票を得るも，またもやクーデタが起き，1年余りの間，左派政党と組合活動は軍事政権によって弾圧された。最終的に1982年にシーレス・スアソのUDP政権が成立することで民政移管は達成される。

本節では，軍農協定からカタリスタ運動の結成に至るプロセスを見た。カタリスタ運動は，農村から都市部へと移住した若者によって始まり，文化活動を通じて闘争のフレームを再構成しながら，農民組合という既存の代表制度を利用することで影響力を急速に拡大した。CSUTCBは民政移管プロセスという契機の中で，新しい自律的な農民組合組織として頭角を現したが，民政移管が達成されると，政治参加の中心は農民組合政治から選挙による政党政治へと次第にシフトしていく。この新たな状況下でCSUTCBは一時的に影響力を低下

30）カタリスタ運動の指導者であるフローレスやビクトル・ウゴ・カルデナス（Víctor Hugo Cárdenas）がCOBの会議に赴いた際の，次のような逸話がある（インタビューO）。COBのレチンらは3時間も会議に遅刻したあげく，カタリスタたち農民代表に「息子よ（Hijos）」という言葉で呼びかけた。それは荘園の主人が従僕に使う言葉である。カルデナスは怒って，「レチン，その言葉を訂正してくれ」と言った。しかし訂正しなかったので，カルデナスたちは退席した。

させていくが，それと同時並行して他の先住民組織も結成されるようになる。次節で概観する新しい先住民組織は国際的な影響を強く受け，カタリスタやCSUTCB とは異なった論理と異なった支持基盤を持つものであった。

4　CIDOB，CONAMAQ，コカ農民 6 連合

民政移管と同じ 1980 年代には，トランスナショナルな動きに後押しされて，オリエンテ（東部低地）やセルバ（アマゾン熱帯地方）でも先住民族の組織化が起きていた。ヨーロッパ人の南北アメリカ大陸への到達 500 周年を記念する 1992 年の前後には，国際連合，国際金融機関，欧米ドナーや国際 NGO が多文化主義，先住民擁護の言説を推進していた。また 1980 年代から米国の介入によって，コカインの原料になるコカの葉と麻薬撲滅政策が本格化する。しかし，期せずしてこの政策は，コカを先住民にとっての「聖なる葉（la sagrada hoja de coca)」とする先住民言説と抵触し，強い抵抗勢力となるコカ農民組合を出現させることとなった。

本節では，トランスナショナルなネットワークを誘因とする 2 つの先住民組織とコカ農民組合の形成を扱う。これらの組織と CSUTCB との関係，さらに民政移管後の先住民運動の展開については次節で扱うことになる。

1）CIDOB

オリエンテには，人口比率の点では少ないが 30 を超える多様な先住民族が存在してきた（表 6-3 参照）。最も人口が多いのはグアラニであり，サンタクルス県南部，チュキサカ県東部，タリハ県東部のいわゆるチャコ地方に居住する (Rojas 1994 : 66)。グアラニは国境を接するパラグアイにも多く居住し，この地帯の天然資源を争ったチャコ戦争（1933〜36 年）の結果，国境を跨いで分断されることとなった。

オリエンテの先住民族を結集して社会組織を結成しようとする動きは，1979 年頃から，グアラニの大権威（capitán grande，グアラニ語で mburuvicha guasu）で

表 6-6　CIDOB 加盟組織一覧

組織名	先住民族	県・地方
CIRABO	Araona, Cabineño, Chácobo, Esse-ejja, Machineri, Pacaguara, Tacana, Yaminagua	パンド県， ベニ県リベラルタ（Riberalta）
CPIB	Baure, Canichana, Cayubaba, Itonama, More, Movima, Moxeño, Sirionó, Tsimane	ベニ県
APG	Guaraní, Tapiete	サンタクルス，チュキサカ，タリハ県
CPESC	Ayoreo, Chiquitano, Guaraní, Guarayo ※ 2002 年 10 月 CIDOB から脱退	サンタクルス県
ORCAWETA	Weehnayek	タリハ県ビジャモンテス（Villamontes）
CPITCO	Yuracaré, Yuqui	コチャバンバ県
CPILAP	Leco, Mosetén, Tacana	ラパス県
CIPOAP		パンド県
COPNAG	Guarayo ※ 2004 年 7 月 CPESC の一部が分離して CIDOB に加盟	サンタクルス県

出所）García（2008：221–222）を参照し，筆者作成。

あったボニファシオ・バリエントス・イヤンベ（Bonifacio Barrientos Iyambe）によって始まったとされる。また国際援助の影響もあり，1982 年にはグアラニ，チキタノ，アジョレオ，グアラジョ，チリグアノの 5 先住民族によって，ボリビア東部先住民共同体本部（Central de Pueblos y Comunidades Indígenas del Oriente Boliviano：CIDOB）が結成された（García 2008：217–219；Patzi 2007：62)。

その後，オリエンテの各地で多様な先住民族の連合組織が作られ CIDOB に加盟していく。加盟組織がオリエンテとアマゾン熱帯雨林地帯のおよそ 80％にわたった 1989 年，第 6 回全国会議が開催され，ボリビア東部・チャコ・アマゾン先住民連合（Confederación Indígena del Oriente, Chaco y Amazonía de Bolivia）に名称が変更された。その後，アンデス高地の先住民が “pueblos originarios” と呼ばれたのに対し，オリエンテやアマゾン低地の先住民は “pueblos indígenas” と呼ぶことが一般化し，1994 年に再度組織名称が変更されてボリビア先住民連合（Confederación de Pueblos Indígenas de Bolivia：CIDOB）となった[31)]。表 6-6 は，CIDOB に加盟する地方組織の一覧である。

CIDOB やその加盟組織の設立は，国際援助により支援を受けた NGO や宗教団体に促されたものであった。国際連合や米州開発銀行，ILO，IMF，さらに西欧諸国による先住民への国際援助資金を有効利用するために，1970 年代後半にボリビア東部農民支援団体（Apoyo para el Campesino-Indígena del Oriente Boliviano : APCOB）が創設された。APCOB は複数の先住民族を招いて現状理解や開発戦略を策定するための会議を開催し，そこから CIDOB が設立された（Patzi 2007 : 60-62）。

1987 年には，グアラニ民族会議（Asamblea del Pueblo Guaraní : APG）が設立される。同年，ベニ県ではモヘーニョ先住民族による会議が開催され，1989 年にはベニ県の他の先住民族も交えてベニ先住民連合（Confederación de Pueblos Indígenas del Beni : CPIB）が設立される。いずれの場合も設立の背景には，AP-COB などの NGO の積極的な支援が存在した（Patzi 2007 : 63）。

CPIB によって主導された 1990 年 8〜9 月の「土地と尊厳のための行進」は，これらのオリエンテやアマゾン低地の先住民運動に対する認知を高める点で重要であった。ベニ県の県都トリニダー（Trinidad）から 300 人余りで始まった行進は，34 日後にアルティプラノに位置する首都ラパスに到着する頃には 800 人余りに増えていた。高地ではアイマラやケチュア先住民と合流し，全国的な注目を集めた結果，大統領は 4 つのアマゾンの先住民居住区を承認する大統領令を発布することとなった。

1996 年には 2 回目の行進が行われた。1990 年の行進で公布された大統領令の実行と農業改革法の要求のために，「土地と領域，政治と開発への権利のための行進」が行われた。この行進は，CIDOB だけでなく，CSUTCB や CSCB とも連携したものであった。CIDOB の主な要求は，先住民共同体の集合的権利の保障，少数先住民族のための国会における政治代表枠の確保，領域自治権，そしてこれらを推進するための制憲議会の実施であった（インタビュー P）。そ

31）最終的な名称変更が 1994 年であったというのは，宮地（2007 : 22，注 2）による。ただし，例えばウリオステらの文献（Urioste, Barragán y Colque 2007 : lii）には，1992 年とある。ここでは代表職に交替があった 1994 年の方を採用している。またこの名称変更は，第 5 節で見る INRA 法作成作業への参加と関係があった。

の要求のいくつかは，CSUTCB や他の先住民組織にも共有されていった（García 2008：249–260）。

2000 年からは，CIDOB の中にアンデス高地の社会組織に同調して国家に対する対立的姿勢を明確にすべきとの意見が生まれ，分裂が起きる。2002 年にはサンタクルス民族調整組織（Coordinadora de los Pueblos Étnicos de Santa Cruz：CPESC）が，CIDOB の政治行動の消極的な態度を非難して分離する[32]。それに呼応して CPIB や APG の中からも分裂の動きが起きた。さらに 2002 年以後にオリエンテの先住民居住区域で天然ガス井が見つかり，国政レベルでも政治的争点となると共同体レベルの利益還元や自治権が要求されるようになった。2004 年 8 月には，APG によってアルゼンチンに輸出するパイプラインが破壊される事件も起きた。

2）CONAMAQ

コリャスーユ・アイユ・マルカ全国会議（Consejo Nacional de Ayllus y Markas del Qullasuyu：CONAMAQ）は，1997 年 3 月 22 日にアルティプラノにあるオルロ県チャジャパタ（Ch'allapata）で結成された。その名称に含まれるコリャスーユ（Cullasuyu, Collasuyu とも）とは，現在のボリビアにあたる領域のインカの時代の呼称である。アイユとマルカもタワンティンスーユの時代の行政区分である。すなわち CONAMAQ は，かつての社会制度・政治代表制度を「再構築（reconstituir）」しようとする先住民運動である[33]。

アイユやマルカのようなインカの時代の統治制度がどの程度現在にもあてはまるのかという問いは，容易に答えられる問題ではない。そしてこの根本的問いかけにこそ，CONAMAQ の不安定な立場が現れる。カタリスタや CSUTCB

32）分裂の原因は複数存在するようである。CIDOB は特定の政党を結成せず，複数の政党から候補者を立てていたが，CPESC はコカ農民が主導する政党（後述）との連携を強調していた。また，2002 年の行進のあとで，CIDOB が政府と妥協的協定を結んだこと，その後に CIDOB の代表であったマルシアル・ファブリカーノ（Marcial Fabricano）が副大臣のポストを割り当てられたことを，CPESC は操作あるいは懐柔と見ていた（Van Cott 2005：92–93）。

33）CONAMAQ 幹部は自らを 1 つの「統治システム（sistema de gobierno）」であると主張している（インタビュー T）。

のリーダーは，1960〜70 年代の農民組合から生まれたが，彼らはインディオやアイマラ，ケチュアという民族的要素は闘争言説の上では有効であっても，政治代表制度としてはユートピア的なものと考えていた（インタビューO)。他方で，1983 年から活動を始めたアンデス・オーラル・ヒストリー・ワークショップ（Taller de Historia Oral Andina：THOA）という NGO は，文献に記述されてこなかった歴史を人々の口述から編みなおす作業を始める中で，伝統的な統治制度の価値を再発見していった（Stephenson 2002；Rivera 1990)。

CONAMAQ が，加盟組織を得たのはオルロとポトシ県であった[34]。1982 年から 83 年にかけてアルティプラノ一帯で旱魃が起き，国際援助を求める姿勢が強まった。また，いくつかの国際援助が，農民組合ではなく明確に先住民共同体をターゲットとしており，財政・人的資源が流れやすい状況にあった。このような要因によって，1980 年代に南部オルロ・アイユ連盟（Federación de Ayllus del Sur de Oruro：FASOR）と北部ポトシ・先住民アイユ連盟（Federación de Ayllus Originarios Indígenas del Norte de Potosí：FAOINP）が結成された[35]（Stephenson 2002：112；García 2008：323；Lucero 2008：164-165)。これらの社会組織は，THOA や Oxfam America をはじめとする国際 NGO の支援もあり，1990 年代になると全国会合を開催し，その結果として 1997 年に CONAMAQ が設立された。

CONAMAQ は設立当初から，明確な要求の実現よりも，いかにして先住民の伝統的制度に沿って組織を構築するか，CIDOB や CSUTCB との関係で，政府に対していかに戦略的な位置取りをするかを重視してきたと言われる（Schilling-Vacaflor 2008；Lucero 2008：171-173)。このため政治的立場はしばしば一貫しないものとなった。2001 年にはかつての独裁者で民主体制下で大統領に返り咲いたバンセルと融和的態度を見せたが，国際 NGO の非難にあって立場を翻した（Lucero 2008：171)。CONAMAQ は最もケチュア，アイマラ先住民

34）カタリスタが支配的な影響力を持ったラパス県，農民組合が強力であったコチャバンバ県とは異なることが示唆的である。

35）García（2008：323）では FASOR 設立は 1983 年とあるが，Stephenson（2002：112）では FASOR 設立が 1987 年，FAOINP 設立が 1988 年とある。

の民族アイデンティティに忠実であろうとする組織だが，加盟組織が限られていることから動員能力は高くない。

3）コカ農民6連合

2006年に大統領に就任したエボ・モラレスは，コチャバンバ県チャパレ地方のコカレーロ（cocalero），すなわちコカ農民の組合リーダーである。チャパレのコカ農民組合は，6つの組合の連合体となっており，コカ農民6連合（Las Seis Federaciones del Trópico de Cochabamba）と呼ばれる。モラレスは1980年代からこのコカ農民6連合の代表であり続けている（2016年7月現在）。

コカの葉は，アンデス高地の人々にとっては伝統的に用いられてきたもので，口に含んで唾液とともに成分を吸い出すことで疲労・空腹感を緩和したり，祭祀や儀式で用いられてきた。コカ葉は痩せた土地でも育ち，気候の変動にも強く，年に複数回収穫できるといった生産効率の良さが特徴である。しかし，麻薬業者が流入し，コカインの原料として需要が発生したことでコカ栽培は政治問題化してきた。

ボリビア国内の主要なコカ産地としては，コチャバンバ県チャパレとラパス県ユンガスの2つがある。チャパレは現在でこそコカ農民組合の本拠地となっているが，20世紀前半にはラパス県ユンガス地方でほとんどのコカ葉が栽培されていた。1937年には全国で97％がユンガス，1％がチャパレであった。1948年でもユンガスが89％，チャパレは10％を超えたに過ぎなかった。1953年になって，革命政権下でコチャバンバ県の大土地農園から解放された小作農民が多数入植するようになった。それ以後急速に入植者が増え続け，個人の所有地が小区画化されたことで，年に3，4回収穫できて収益率が高いコカ葉栽培が進んだのであった[36]。1978年の時点では全国で80％がチャパレで栽培されるようになった（García 2008：384-385）。

さらなる入植ブームは，旱魃が起きた1983年と，鉱山合理化で多数の労働者が解雇された1985年にあった（Patzi 2007：58）。多数の元鉱山労働者が，ア

36）コカ葉を米やとうもろこし，ユカ（yuca）などと合わせて転作することはよく見られるが，50％以上の収益はコカ葉栽培によるとされる（García 2008：385）。

表 6-7　コカ農民 6 連合

組合連合	上部組織
熱帯（トロピコ）連合（Federación del Trópico）	CSCB
マモレ地方連合（Federación Mamoré）	CSUTCB
熱帯カラスコ地方連合（Federación de Carrasco Tropical）	CSCB
地方本部統一連合（Federación Centrales Unidas）	CSUTCB
チャパレ・ユンガス地方連合（Federación de Yungas del Chapare）	CSCB
チモレ地方連合（Federación Chimoré）	CSCB

出所）García（2008：390–391, 456）を参照し筆者作成。

ルティプラノの鉱山を放棄し，チャパレに移っていった。コカ農民運動の形成は，国家による苛烈なコカ・コカイン撲滅政策という要因による。コカ栽培撲滅政策の始まりは，ボリビアがウィーン条約に署名した 1961 年に遡るが，民政移管が果たされた 1986 年になって，コカ栽培撲滅政策は米国政府の積極的な後押しによって強化されることになった。コカ撲滅政策は，コカ葉栽培を放棄した農地ごとの報奨金，代替作物の栽培支援，そして武力を用いた強制的な撲滅活動の 3 つから構成されていた。ユンガスは，生産量も少なく，また麻薬取引業者よりもコカ葉の伝統的利用が中心と考えられていたので，自発的な放棄に対する報奨金が政策の中心となった。他方でチャパレでは「紛争地域 (zona militar)」とされ，強制的な撲滅活動が行われた。

チャパレ地方では，およそ 1960 年代後半から農民組合の組織化が進み，当初は 1 つの農民組合であったものが次第に地方ごとに分裂し，1988 年に 6 つのコカ農民組合からなる連合が形成された（表 6-7 参照)。

これらのうち，4 つは CSCB に，2 つは CSUTCB に加盟しながら，主に撲滅政策に起因する政治問題のために，1992 年には 6 つの連合とラパス県ユンガスを含めた調整機構（Coordinadora）が創られた。

政府の撲滅政策に対してコカ農民は道路封鎖などの抗議運動を動員した。しかし軍との衝突から，1987 年 5 月にはパロタニ（Parotani）で 8 人，1988 年 6 月にはビジャ・ツナリ（Villa Tunari）で 11 人の死者が出る事態となった。抗議にもかかわらず，法 1008 号が 1988 年 7 月に公布された。1988 年 7 月 19 日に法 1008 号が公布されると，コカ葉の合法的な栽培地域と非合法な地域が画定され，チャパレ全域は非合法な地域とされて，代替作物への移行が義務付けられた（Patzi 2007：102–104）。

コカ撲滅政策は，米国から財政や武力装備の面で支援を受けていただけでなく，麻薬取引の撲滅という目的のために国際経済援助と関連付けられていた。その一方で，経済的に下層に位置するコカ農民にとってコカ栽培は最も有望な生計維持手段であった。このため，1990 年代から 2000 年代にかけてコカをめぐる衝突は熾烈さを増していく。米国の直接的な支援の下で結成された警察特殊部隊が，強制的な撲滅作業の中で容赦なくコカ農民に発砲する姿勢を見せるようになり，人権問題にもなった（Ledebur 2002）。

1997～2002 年のバンセル政権は「コカ・ゼロ政策」を提起し，1 万 5000 家族をチャパレから他地域に移住させてコカ栽培を激減させることを試みた。1998 年 4 月には政府とコカ農民との対話が決裂し，コチャバンバ－サンタクルス間の幹線道路がコカ農民によって封鎖されたことをうけ，軍が介入して 15 人の死者が出た（García 2008：399）。その後 2001 年 11 月には大統領令 26415 号が公布され，チャパレで生産されたコカの乾燥，輸送，売買が違法とされた。ゴンサロ・サンチェス・デ・ロサーダ（Gonzalo Sánchez de Lozada）政権に変わった 2003 年 1 月にも，チャパレを中心に道路封鎖が起き，死者が出た。

衝突が和解の鍵を見出すことなく犠牲を増やしていく中で，コカ農民 6 連合の戦略はより政治的なものへと変わっていく。1991 年頃からは，CSUTCB の中に支配的な地歩を築くようになった（Patzi 2007：59）。コカ農民 6 連合は，道路封鎖だけでなく首都ラパスまでデモ行進も行ってきた（Patzi 2007：105–106）。初めての「主権と尊厳のための行進」にはおよそ 1 万人が参加したとされ，問題についての世論の周知を得た。その後，1995～96 年と 1998 年にも行進が行われた。また 1995 年以後，コカ農民は政党を結成して選挙参加し，そのリーダーであるエボ・モラレスを政界に送り込むようになる。

5　民政移管後の政治参加と 1990 年代の改革

本節では，1982 年から 90 年代前半にかけての政治の動きと先住民運動の展開について述べる。

1）「協定による民主主義」

1982 年に就任した左派のシーレス政権は深刻な経済危機に対処できず，任期を繰り上げて 1985 年に総選挙を行うことに同意した。1985 年に争った主要政党は，パス・エステンソーロの MNR，ハイメ・パス・サモラ（Jaime Paz Zamora）の左翼革命運動（Movimiento de Izquierda Revolucionaria : MIR），ウゴ・バンセルの民族民主行動（Acción Democrática Nacional : ADN）であった。この選挙で大統領に就任したパス・エステンソーロは，当選後直ちにかつての 1952 年革命体制を 180 度転換した「新経済政策（Nueva Política Económica）」を打ち出した。これは，価格・貿易の自由化，緊縮財政，さらに COMIBOL の合理化と 2 万人を超す鉱山労働者の解雇を含む，新自由主義経済改革であった。その上でエステンソーロ大統領は ADN のバンセルと「民主主義のための協定（Pacto por la Democracia）」を結んで国会で多数派を形成し，戒厳令を出して COB など労働組合の抗議行動を弾圧して乗り切った。

1985 年選挙で経済危機に対処する「暫定的合意」を結んだ MNR，ADN，MIR といった主要政党は，多少のいさかいを含みながらも，1989 年，1993 年，1997 年，2002 年の国政選挙で政権連合を形成した。1967 年に制定された憲法は，選挙でいかなる大統領候補も過半数を取れなければ，大統領は国会で指名されると規定していた。そのため，円滑な政権運営を可能とするためには，議会で多数得票を得た政党間で，妥協と政権連合の形成を行うことが必要不可欠だった（Gamarra 1997）。これは，大統領制に議院内閣制の要素を組み入れるもので，結果として主要政党が政権連合を作ることで民主体制を安定させたことは，「協定による民主主義（democracia pactada）」と呼ばれた。

この「協定による民主主義」システムは，政党間対立を安定化させる効果があったため，政策の継続性には好都合だったが，有権者の意向を直接的に政権運営に反映させることが難しいという欠点があった（Gamarra 1997 : 133–135)。1985年以後，選挙で多数票を獲得したADN，MNR，MIRといった主要政党がすべからく「新経済政策」に追従したため，イデオロギー的対立軸が実質的に消滅した（Mayorga 2005 : 153–154)。議会では与党連合が常に多数派を占めたため，クライアンテリズムによる任官と汚職が増えても，政府を糾弾し罷免するような立法府の自浄機能が働くことはなかった。

1980年代末以降には，新政党が参入したことで，「協定による民主主義」のこの欠陥はある程度は補われた。コチャバンバの連帯市民連合（Unidad Cívica Solidaridad : UCS)，ラパス，エル・アルトの愛国良心党（Conciencia de Patria : CONDEPA）といった新政党が，代表されてこなかった社会層にアピールすることで急速に支持を拡大しながら，政権連合に参画したのである。また，このシステムの下で，MNRはカタリスタのリーダーに手を差し伸べることになったのである。

2）カタリスタの分裂とカルデナスの副大統領就任

「協定による民主主義」は，左派政党に近かったカタリスタにとって実質的な政治改革の機会を与えるものではなかったが，政権入りするものも現れ，政策上の成果もあった。

まずCSUTCBが民政移管後に行ったのは，農業政策改革の要求であったが，これが分裂を生むことになった。CSUTCBは1983年に，農業基本法の公布と農民農業協同組合（Corporación Agropecuaria Campesina : CORACA）の設立を要求した。シーレス政権は後者のみを1984年4月に大統領決定により設立し，農業基本法については検討もしなかった（Urioste, Barragán y Colque 2007 : li)。CORACAは，農業支援のための国際援助やNGOとの仲介組織となったため，その経済的利益を求めて汚職とリーダーシップ争いが起こった。また，政党や政治家も介入したために，さらに分裂が増えた（Patzi 2007 : 43–46)。以後，1984～87年にかけて，CSUTCB内の対立が深まった。

他方で，対立は民主体制下でどのように政党政治に参加するかをめぐっても起きた。1983 年 6 月に行われた第 2 回 CSUTCB 会議で，ヘナロ・フローレスは次のように述べ，先住民農民の自律した政党が必要になることを主張していた。

> 農民はもはやいかなる政党の後見（tutelaje）も必要としない。我々の闘争は国家運営への直接参加に向けられている（Rocha 2006：37）。

カタリスタ運動のリーダーたちは，1985 年 3 月 12 日にトゥパク・カタリ解放革命運動（Movimiento Revolucionario Tupak Katari de Liberación：MRTKL）を設立し，1983 年の選挙に参加するが，全国で 1.8 % の得票しか得ることができなかった[37)]。その後，MRTKL の中でフローレス，ビクトル・ウゴ・カルデナス，ワルター・レイナガ（Walter Reynaga）の対立が起きる[38)]。

1987 年 6〜7 月にコチャバンバで行われた CSUTCB 第 3 回会議では，COB に近い立場のビクトル・モラレス（Víctor Morales）派と，カタリスタの多文化的主張を重視するフローレスの対立が明確になった。この会議ではフローレスが設立から 3 期連続で委員長に当選したが，その当選は MNR などの政党が介入してフローレス当選のために画策したためだと非難された（García 2008：118）。この非難を前にして，1988 年 4 月にフローレスは委員長を辞任した。1988 年 5 月にカルデナスやレイナガを交えたカタリスタ会議でもフローレスは非難され，同日フローレスは MRTKL を脱退し，支持者とともにカタリスタ解放統一戦線（Frente de Unidad de Liberación Katarista：FULKA）という新しい政党を結成した。

1989 年の選挙では MRTKL と FULKA に分かれて争ったが，全国での得票率は合わせて 2.5 % にとどまった。内部対立に加えて，左翼や労働・農民組合に対する世論の支持が全国的に低下していたことも低得票率の原因であった

37）それでも，カタリスタの選挙参加においては最多得票率であった。県別では，ラパス，オルロ，北部ポトシ，チュキサカで比較的多くの票を得たが，それでもラパス県農村部平均で 5.1 % であった（Romero 1998：213–217）。

38）この対立は MRTKL 内でのリーダーシップの争いであり，Patzi（2007：49）におけるレイナガへのインタビューによれば，個人的な確執がエスカレートしたものであったとされる。

(Romero 1998 : 217–221)。また農村ではイデオロギーよりも現実主義的論理が優先し，先住民農民は選挙では当選の可能性の高い大政党とのパトロン－クライアント関係を優先したと言われる (Patzi 2007 : 56 ; Mayorga 1995)。

この選挙以後，カタリスタ運動は，カルデナスのような一部の活動家を除いて政党政治から姿を消すことになる。1992 年は，コロンブスがアメリカ大陸に到達してから 500 周年を記念する象徴的な年であった。政府は CSUTCB とともに「2 つの世界の出会い」を記念することを提案するが，1989 年 9 月に開催された CSUTCB の会合ではこれに反発する形で「諸民族会議 (Asamblea de Nacionalidades)」の設置が提案された。CSUTCB や CSCB，CIDOB といった組織を巻き込んで準備のためのセミナーや会議が開催されたが，結果的には具体的な目的や意味は不明確なものにとどまり，1992 年 10 月 12 日に 500 周年記念の「祝福」を拒否するために 2 万人の先住民農民やその関係者がラパスに集まったが，具体的な提案を示さずに解散した (Patzi 2007 : 85–87)。

カタリスタの中で唯一，選挙政治で一定の成果を見出したのは，MRTKL のカルデナスであった。彼は 1993 年の選挙で MNR のゴンサロ・サンチェス・デ・ロサーダと選挙連合を組み，副大統領に当選した。カルデナスを副大統領に迎えたサンチェス・デ・ロサーダ大統領は，「すべての人の計画 (Plan de todos)」と呼ぶ数々の制度改革を実施する。その中には，国営石油公社 (YPFB) の民間資本への開放と年金改革を含めた新自由主義政策もあったが，他にもいくつかの重要な改革があった。

3) INRA 法をめぐる先住民組織の立場の違い

アンデスのアイマラ，ケチュア先住民共同体の共有地が 19 世紀に解体され，1953 年の農地改革でも個人所有のみが認められたことはすでに述べた。先住民運動の主張の 1 つは先住民共同体の共有地と集合的権利の承認であったが，サンチェス・デ・ロサーダ政権下の改革は，部分的にこれを進展させるものだった。

1994 年の憲法改正では，171 条において，①先住民の社会的・経済的・文化的権利，②先住民・農民による共同体，結社，組合の法人格，③先住民・農民共同体における伝統的権威と慣習法の実践，といった内容が承認された。この憲法規定を具体化していく作業の 1 つに，農地改革機関法（Ley de Instituto Nacional de Reforma Agraria, 以下 INRA 法）があった。この法は 1996 年 10 月に公布されることになるが，その過程でアンデス高地の CSUTCB とオリエンテの CIDOB の立場の相違を明らかにするものとなった。

1984 年に CSUTCB はシーレス政権に農業基本法（Ley de Agraria Fundamental）の案を提出したが，国会で議論すらされなかった。この法案は，「先住民共同体（comunidades originarias)」を規定し，農民の土地所有権を要求するものであった。1990 年になると，左派政党のボリビア自由運動（Movimiento Bolivia Libre : MBL）は，カタリスタの主張を取り入れて農民・先住民共同体法案（Ley de Comunidades Campesinas e Indígenas）を国会に提出した（Urioste, Barragán y Colque 2007 : li–lii)。この法案では，共同体の法人格認定と分権化，伝統的権威秩序の承認，共同体への 10 % の直接的財源委譲が求められたが，下院の憲法委員会で否決された[39)]。

共同体の認知に向けた改革案はなかなか日の目を見なかったが，1992 年頃から教育省の汚職問題をきっかけに，農地改革についての再検討が政府の議題として浮上する。前述のとおり 1990 年に CIDOB に加盟するオリエンテの先住民組織が行ったベニ県からの行進の結果，その地方の先住民共同体が承認されることが決まっていた。そのため，CIDOB は INRA 法についての政府会合に参加していた。INRA 法では，原初共同体地（Tierras Comunitarias de Origen : TCO）の創設による共同体の共有地認定を含む CIDOB の提案が盛り込まれるが，多様な反対勢力が存在したために議論は容易に前進しなかった。反対勢力には，大規模農業が盛んなサンタクルス県の市民団体や農業団体だけでなく，CSUTCB などのアンデス高地の先住民組織もいた（Urioste, Barragán y Colque 2007 : lii)。CSUTCB が反対に回った理由は，改革法案が低地の先住民共同体だけを対象としており，自分たちは議論から排除されていると考えたためだった。

39）この時の提案の多くは，1990 年代半ばの政治制度改革に取り入れられることになる。

法案の成立はさらに難航する。一方で政府はCIDOBの代表者が頻繁に交代することに不満を抱いており，他方でCIDOBは政府が一度合意された法律を国会提出に向けて修正し，さらに国会で野党によってさらに修正が入れられたことに不満を持っていた（Albó 2002 : 92)。懸念を抱いたCIDOBは，1996年にCSUTCB，CSCBなどとともにINRA法案の修正と成立を求めてデモ行進を動員した（Yashar 2005 : 217)。

この抗議運動にあたっても，それぞれの先住民組織の思惑は様々であったと言われる（García 2008 : 120-122 ; Albó 2002 : 93)。デモ行進は9月26日にラパスに到着するが，2週間以上待たされた挙句，政府は10月に入ってからCI-DOBとのみ交渉し，法案をほとんど修正せずに同月公布してしまった。交渉すら受け入れられなかったCSUTCBは1998年3月になって抗議の全国道路封鎖を敢行した。

INRA法制定における争いで浮き彫りとなったのは，アルティプラノ，バジェ，オリエンテといった地方間の先住民組織が持つ立場の歴史的相違である（宮地2007)。また，政府との交渉にあたっての柔軟性の違いも指摘されている（Gustafson 2002 : 282 ; Albó 2002 : 94)。このような対立関係は，第9章で見る抗議運動でも明らかとなる。

4）政治制度改革

サンチェス・デ・ロサーダ政権下で導入された一連の政治制度改革は，ローカル・レベルでの政治参加を促したことで，2000年代以降の激しい抗議運動の遠因になったと言われる。また，新しい政党の登場を促し，それまでの「協定による民主主義」が崩壊していくきっかけにもなった。

まず，1994年の大衆参加法によって新たに地方自治体（municipio）が創設され，新旧合わせて全国311の地方自治体に分割整理された。その上で，税収の20％が人口比に応じて地方自治体に財源委譲され，政策作成への住民参加が規定された。住民参加は，法的に認可された先住民共同体や都市の住民組織を含む地域基礎組織（Organización Territorial de Base : OTB)[40]を基礎として行われ，さらに地方自治体の公共政策策定を監視するために住民代表による監視委員会

(comité de vigilancia) が設けられた[41]。

さらに1995年の地方分権化法によって，教育，保健，インフラ整備などの権限が中央政府から県に移譲された。県知事は依然として大統領任命制であったが，地方自治体の代表による県審議会 (consejo departamental) が設置され県行政に対する監視機能を果たすものとされた[42]。

これらと抱き合わせで，選挙制度改革が行われた。1994年の憲法改正によって，大統領任期の半ばで地方自治体首長と地方議会議員の直接選挙が実施されることになった。さらに国会下院選挙についても1996年の選挙制度改革によって，それまでの比例代表制から，比例代表制と小選挙区制の並立制になった。

これらの一連の改革は，地方への財源・権限委譲によって政治参加への動機を与え，開放的な選挙制度によって政治参加の機会を広げるものであった。ローカル・レベルで委譲された財源の分配にあやかろうと，新たに農民・先住民政治家が増加し，国政レベルでの政治システムに変化が生まれる土台が築かれた。1995年の地方選挙では，全国の5分の1の自治体で先住民首長が生まれ，先住民議員は全国の3分の2の地方政府で議席を獲得した (Mayorga 1995 : 167-170)。さらに1997年の地方選挙では全国で464 (29％) の先住民農民の地方議員，市長が誕生した (Albó 2002 : 82)[43]。

大衆参加法と選挙制度改革は，チャパレのコカ農民組合の間で，後に政権を握ることになる社会主義運動 (Movimiento al Socialismo : MAS) という政党の結

---

40) 1994年の時点では，新たなOTBという区分単位が伝統的な先住民共同体を破壊する意図を持ったものであると考えられ，先住民農民による反対運動が起きた。そのため，明示的に先住民共同体をOTBとして承認する法修正が行われた。

41) 舟木 (2008) は，この大衆参加法と地方分権化法が中央集権的に行われたのには，高まりつつあった県レベルの自治に対抗する意図があったとしている。カルデナス副大統領 (当時) は1993年選挙で連合を組んだ際に先住民共同体に直接財源委譲することを要求しており，他方でサンタクルスなど地方勢力からは県レベルでの分権化要求があったため，その中間の地方自治体レベルで分権化を行うことになったとする (インタビューR)。

42) 民主化以降，サンタクルスなど地方の県は歴史的にラパスに集中してきた政治システムの分権化と自治を要求してきた (Calderón y Laserna 1985 ; 舟木 2008)。2005年の選挙から県知事は直接選挙で選ばれることとなった。

成も促すことになった。チャパレのコカ栽培農民は1980年代から強固に組織化されていただけでなく，コカ栽培撲滅運動に対して危機感を持っていたため，政党形成というアイデアは以前から存在した[44]。しかし，直接の動機は政治制度改革であった。1994年のコカ農民による行進の後，CSUTCB第6回大会で政党の創設が承認され，1995年3月27日にサンタクルスで開催されたCSUTCB，CSCB，CIDOBといった先住民組織が参加した集会で，民族主権会議（Asamblea de la Soberanía del Pueblo：ASP）という名称の政党が設立された（Zuazo 2008：27）。

ASPは1995年の地方選挙に参加したが，選挙裁判所から政党登録の認可を得られなかったため，統一左翼（Izquierda Unida：IU）[45]の一部として連合を組んで選挙参加した。ASP-IU連合は全国レベルでは3％ほどの得票だったが，基盤を持つコチャバンバ県で11の地方首長と49の地方議席を獲得した[46]。

続く1997年の国政選挙への参加は，ASP-IUを分裂させる結果となった。ASP-IUはアレホ・ベリス（Alejo Véliz）を大統領候補に，エボ・モラレスら4人をチャパレの小選挙区からの下院議員候補に立てたが，モラレスら下院議員候補が全員当選したのに対し，ベリスは落選した[47]。ベリスと袂をわかったモ

43）ただし，これらの数字から直接政治システムの変化を導くことはできない。例えばハビエル・アルボは，①既存政党から選ばれた先住民農民候補もいれば，先住民共同体から選ばれて選挙参加した候補もいたこと，②それらの中で元々何らかの政党に関わってきた候補が多かったこと，③大政党が自らの候補者リストに先住民農民の候補をリクルートした場合もあれば，先住民農民が選挙参加のために政党の屋号を借りようとした場合もあったこと，を指摘している（Albó 2002：82-84）。地方ごとに制度変化の帰結は多様であったことが留保されるべきであろう。また，委譲された財源を農民組合によるストライキやデモといった抗議運動の資金に転用することで，従来の社会組織を強化した場合もあったとされる（Albó 2002，およびインタビューR）。

44）1980年代から93年までの国政選挙・地方選挙で，コカ農民たちは，統一左翼（IU），パチャクティ枢軸（Eje Pachakuti），MBLといった他政党を支持していた。コカ農民の支持によって，例えばIUは1989年にコチャバンバ県で33%の得票を得ていた（Albro 2005：440）。

45）IUは1988年結成でMBL，ボリビア共産党，MIRの各党の分派を創設者とする。

46）同時期に，左派のMBLからも先住民議員が立候補している（Van Cott 2005：72）。

47）ASP-IUの得票率は，全国レベルで3.4％，コチャバンバで12.6％，モラレスを選出したコカ栽培地域の小選挙区で50.3％であった（Romero 1998：177-179）。

ラレスらは，1999 年の地方選挙で別の左派政党であった MAS の屋号を借り，ベリスはボリビア共産党から参加した。結果として前者が 81，後者が 28 の地方議席を獲得した（Rasguido 2006：27）。モラレスがコカ 6 連合の代表として強固な基盤を持っていたことが，モラレス派の躍進の鍵であった（Zuazo 2008：29）。小選挙区制によって，地方での強固な組織基盤と選挙での勝利とが結びついたのであった。

MAS はその後，急速に最大野党へと台頭した。2002 年の国政選挙では第 2 位となる 20.9％の得票を得て首位の MNR に肉薄し，8 人の上院議員と 27 人の下院議員を選出した。2004 年の地方選挙では 99 人の地方首長と 452 人の地方議席を獲得した。

Muñoz-Pogossian（2008）は，MAS が 2005 年の大統領選挙で圧倒的勝利を得て政権を獲得するに至った理由として，選挙制度に着目する。1996 年に導入された小選挙区制は，全国レベルではほぼ勝ち残れない小政党でも特定の地方に基盤を持つならば議席を得ることを可能にしたからである。他方でこの選挙参加の新たな動きに呼応する形で，次節で見るように 2000 年代に入ると激しい抗議運動が繰り広げられるようになっていった。

6　政治動員の高まり

本節では，1990 年代後半から 2000 年代にかけて先住民組織を中心に激しい政治動員の高まりが見られ，「強い社会」が顕著になったことを述べる。

1997 年に，かつて軍事政権として統治し，その後 ADN という政党を率いてきたバンセルが選挙で政権についた。バンセル率いる ADN は自党だけでは安定的な議会運営を得られなかったため，MIR，CONDEPA，UCS を加えた「メガ連立（Megacoalición）」政権を成立させた。しかし，同時期に国際通貨危機に起因する不況によって失業者が増加すると抗議運動が噴出するようになる。1985 年以降，新自由主義経済改革と「協定による民主主義」はゲームのルールとして定着したように見えたが，経済的成果を享受できない多くの社会層に不満を募らせ，街頭での直接的な抗議運動へと走らせた。

抗議運動の主役も多様化しつつあった。Laserna y Villarroel（2013）のデータベースによれば，ボリビアでは伝統的に学生や教員組合によるデモ行進や労働組合のストライキが多かったが，それらの割合は少しずつ減少し，1990年代後半に増加したのは，都市住民と農民組織による抗議運動であった。以下では，首都ラパスに隣接するエル・アルトの住民組織，コカ農民運動をはじめとする社会組織が，どのように2000年代初頭に抗議運動を繰り広げたかを概観する。

エル・アルトはラパスを取り巻く標高4,000メートル超のアルティプラノにあり，ラパスから他都市や空港に向かう交通の要衝に位置する。1960年代以降に人口が急速に増加し，2000年代半ばにはおよそ80万人の人口を抱える全国第3の大都市となった（INE 2006)。さらに市民のおよそ75％がアイマラ先住民であり，多くが周辺のアルティプラノの農村からの移住者で占められてきた。

エル・アルトの主な社会組織は，市民組織と労働組合である[48]。住民組織連合（Federación de Juntas Vecinales : FEJUVE）は，1957年に6つの居住区画の隣人組織の連携から始まったもので，1966年には30区域，1989年には急増して166区域，2000年代初頭には285区域が存在した（García 2008 : 592 ; Gill 2000 : 32)。FEJUVEはそうした住民組織の代表として，都市開発，教育・医療，その他様々な要求をデモ行進や道路封鎖によって国家に提示し，交渉してきた。1979年には反軍政闘争の高まりの中，コチャバンバでの会議によって，全国住民組織連合（Confederación Nacional de Juntas Vecinales : CONALJUVE）が結成されたが，各地のFEJUVEは自律的で，特に首都郊外のエル・アルトのFEJUVEは高い組織度と影響力を有してきた[49]。

それに対して労働組合エル・アルト地方本部（Central Obrera Regional-El Alto : COR-El Alto）は，1980年代後半にCOBの地方組織として結成された。設立時点で，すでにFEJUVEは高度に組織化されており，多くの住民はいずれの組

48）その他に，教育を受ける子どもの親による組織や母親クラブ，若者組織，文化センターなどの組織も存在し，政治動員に際して連携的な関係にある（Lazar 2006)。
49）エル・アルトのFEJUVEについて，Gill（2000)，Lazar（2006）など参照。

織にも所属していたため，COR-El Alto は FEJUVE と密接に連携してきた（インタビュー R)。

エル・アルトの社会組織は，1990 年代終わり以後の政治動員，とりわけ 2003 年 10 月にサンチェス・デ・ロサーダ大統領を転覆させることになった紛争の主役となったが，その理由はその地政学的位置にある。ラパスへの主要幹線道路はエル・アルトを通り，国際空港もエル・アルトに位置している。そのため，エル・アルトで道路を封鎖してしまうと，ラパスは社会的，経済的に孤立する。さらに，移住者からなる都市住民は新しい都市の開発と生活向上について切迫した要求を抱いており，農民組合，労働組合，先住民共同体といった多様な社会組織で培った政治経験も持ち込まれていた。したがって，エル・アルトの住民組織や労働組合は，国家に対して影響力のある政治動員を行える立場にあった。

コカ農民が，コカ栽培撲滅政策に対して抗議運動を繰り返し，1990 年半ばに政党を結成して選挙参加に乗り出したことは第 4 節，第 5 節で説明した。それと同時にコカ農民は CSUTCB にも影響力を拡大し，道路封鎖やデモ行進などあらゆる手段でコカ撲滅政策に対峙しようとした。コカ政策という，特殊利益でもありながら国家的でもある問題を抱えていたために，コカ農民運動は「国家再建（refundación)」という政治的な要求を最も強く模索したのである（インタビュー R)。

1990 年代後半から 2000 年代前半にかけてボリビアで起きた激しい政治動員は，こうした多様かつ強固に組織化された社会組織による街頭での抗議運動と，社会組織を基盤とする新しい政党による選挙参加という 2 つの闘争戦略に沿って展開した。

きっかけは，2000 年 2 月から 4 月にかけてコチャバンバで数万人の灌漑農民や市民が繰り広げた，上水道の民営化に関する抗議運動であった。「水戦争（Guerra del Agua)」と呼ばれるこの事件が公共サービスの民営化という新自由主義政策であったこともあり，CSUTCB はコチャバンバの抗議運動に呼応してラパス，コチャバンバ，オルロ，チュキサカ，タリハ，ベニ，パンド各県で道路封鎖を行い，コチャバンバの運動を支援した。また同年 9 月には首都ラパスでも水道の民営化問題が出現し，CSUTCB はコカ農民6連合と共に全国で道路封鎖を行った。

2003年は，1月にコカ農民の道路封鎖，2月には増税に抗議する警察と軍との衝突があり，激しい抗議運動が続いた。同年9月にフェリペ・キスペ（Felipe Quispe）率いる CSUTCB がラパス県で道路封鎖を開始し，キスペ自身はエル・アルトのラジオ放送局でハンガーストライキを開始した。同時期にエル・アルトの FEJUVE も市長と対立し，デモ行進を行った。政府は，これらの抗議運動との対話を拒否し，9月20日，道路封鎖によって孤立していた観光客を救出するために，軍に強制排除を命令する。この結果，抗議運動側に死者が出たことで事態は悪化する。コチャバンバ，スクレ，サンタクルスでも抗議運動が発生し，ラパスでの抗議運動に合流した。10月8日にはエル・アルトの FEJUVE が「市民スト（paro cívico）」を宣言し，数万人が天然ガスの国有化を叫びながらラパスに行進を行い，大統領官邸前の広場を埋め尽くした。さらに抗議運動はラパスへのガス供給を停止するなど強行策に乗り出した。

「ガス戦争（Guerra del Gas）」と呼ばれるこの抗議運動では，コカ農民運動のエボ・モラレスや CSUTCB のフェリペ・キスペが指揮をとったわけではなく，多様な組織と市民による大規模な政治動員であった（Hylton and Thomson 2007 : 114–115）。最終的に10月17日にサンチェス・デ・ロサーダ大統領が辞任し，ヘリコプターで脱出するという結末となった。

副大統領であったカルロス・メサ（Carlos Mesa）が大統領に就任し，天然ガス国有化を含めた経済改革を実施することで，統治能力を維持しようと試みる。メサ大統領は MNR を含めた政党から距離を置き，コカ農民運動，COB，エル・アルトの FEJUVE，CSUTCB の様子を窺いながら2004年に天然ガスの国有化の是非を問う国民投票を実施する。しかし他方で，県自治を主張するサンタクルスの市民組織との対立を深め，2005年に入ると同県では50万人の署名のもとに自治憲章が採択された。さらに，既存政党が支配する国会は天然ガスに関するメサ大統領の改革政策に対して拒否権を行使し，政権は八方ふさがりに陥る。

2005年5月から6月にかけて，エル・アルトの FEJUVE と COR-El Alto，そしてコカ農民派の CSUTCB によって道路封鎖と首都へのデモ行進が起きると，メサ大統領も辞任せざるをえなくなった。抗議運動の結果として政権が倒壊する 2 つめの事例だった。そして同年 12 月の選挙で，コカ農民組合のリーダーであるエボ・モラレスが過半数の得票を得て当選された。

おわりに

本章は，ボリビアにおける先住民の政治参加の歴史をたどってきた。本章の歴史叙述から，いくつかの点が明らかになる。まずボリビアの国家は，鉱山労働組合，農民組合といった強力な影響力を有する社会組織との間で「暫定的合意」を築くことで統治を可能としてきた。1952 年の革命政権では，MNR と鉱山労働組合の間で「暫定的合意」が作られた。1964 年以降には軍事政権と農民組合が「軍農協定」を結んだ。民政移管以降は，「協定による民主主義」が作られたが，しだいに正統性を失い，1990 年代の政治制度改革によって政治参加が促されると，ついにコカ栽培農民という社会組織を母体とした新政党に政権を任せるほかなくなった。「暫定的合意」を持たなかった政権は，反対する社会組織を弾圧するか，あるいは極めて短命だった。

国家と対峙する組織には多様なものがあった。1960 年代からアルティプラノでは，都市と農村を結ぶアイマラ先住民の若者の間でカタリスタという新しい運動が起き，農民組合をより自律的なものにシフトすることで CSUTCB が結成された。他方で 1980 年代には CIDOB や CONAMAQ といった別の組織が結成された。これらの組織にはそれぞれ立場の違いがあり，戦略も異なってきた。CIDOB は比較的，政府との交渉において柔軟であったが，CSUTCB やコカ農民組合は，その歴史的経緯もあって基本的に対立姿勢であった。

21 世紀初頭のペルーとボリビアを比較したとき，ボリビアでは 2000 年からの激しい抗議運動の結果，政権・政策レベルでの変化を実現したことが大きな違いである。それはつまるところ，社会組織が政策決定や政権選択に与える影響力の違い，すなわち「弱い社会」と「強い社会」の違いにあると考えられる。

ボリビアと比べてペルーの政権運営は，軍や政治エリートによるもので，社会組織が抗議運動を動員することはあったが，分断されていた。第7章で見るように，2000年代には鉱山開発に対する抗議運動が頻発したものの，それらは政権や政策レベルの変化には至ってこなかった。

「弱い社会」と「強い社会」は，何によって生まれたのであろうか。2カ国の詳細な歴史叙述にもとづくと，次のような解釈が可能である。1つには，歴史的な動員構造のようなものがあって，社会組織の全国レベルの組織化度が重要であった。これは20世紀に両国で結成された労働組合や左翼運動が何を達成したかによっている。ボリビアでは鉱山労働組合が革命政権を誕生させ，以後も全国レベルで労働組合やそれから派生した社会組織が影響力を持ち続けた。それに対して，ペルーでは反寡頭勢力は右傾化したか非合法化され，革命政権を誕生させたのは軍だった。こうしてみると，「弱い社会」と「強い社会」の違いは，歴史的な産物であって，その違いが初めて明確に現れたのは20世紀半ば頃であり，その後いくつかの局面を経て更新されてきたと考えられる。

もう1つは，先住民リーダーのような社会アクターが，既存の国家エリートとのパトロン－クライアント関係から決別し，自律的な決定を行い，その成果を得ることができたかどうかである。これは組織化度とも関係するが，同じものではない。ボリビアではカタリスタが設立したCSUTCBが，国家に対して自律した要求や運動を展開した例である（軍農協定からの自律について第3節参照）。他方でペルーでは，シエラ（アンデス山間部）の農民組合の例が示すように，影響力が限られる中で生き残るために新しい自律的な方針に賭けることをしなかった。その結果，選択はより短期的になり，大きな変化はますます起きにくくなった。

他方で，ペルーでもボリビアでも，セルバやオリエンテのように地理的に国家政治の中心地から遠く，比較的人口規模の小さい先住民の組織化は全く別のストーリーであったと言える。それらは，国家から放置されたために自律的な組織形成と意思決定が可能であった。その結果，第8章と第9章で見るように，中央政府が開発政策を強行しようとした時にはそれぞれの国でほぼ類似する時期に大きな抗議運動が起きた。

本章の歴史叙述を見ると，2000 年代以降の抗議運動を，単に資源ブームの影響という点だけで理解するのは難しいことがわかるだろう。むしろ，人々の政治参加行動は少なくとも部分的には歴史的な産物として考える必要がある。次章以降では，ペルーとボリビアでそれぞれの歴史的文脈を踏まえた上で，資源ブームがどのような抗議運動を引き起こしたかを明らかにしていく。

第 IV 部

資源政策をめぐる政治参加の諸側面

ペルー・アマゾンエスニック間開発連合（AIDESEP）の元代表アルベルト・ピサンゴ（柴田大輔撮影）

第7章

ペルー I

——鉱山紛争の質的比較分析——

はじめに

2000年代に入り，ペルーでは鉱山開発にまつわる抗議運動が増加してきた。2006～14年の間に，合計で245人が社会紛争によって死亡し，3,000人以上が傷害を受けたとも言われる[1)]。その間，ペルーは銅や金，銀といった豊富な鉱物資源をグローバル市場に供給してきた。

鉱山開発をめぐる社会紛争は何を表しているのだろうか。どのような理由から，社会紛争が増加したのだろうか。本章では，こうした問いについて，ペルー護民官局（Defensoría del Pueblo）[2)]の月次データを用いた分析を試みる。ちなみに本章では，抗議運動と置き換え可能なものとして，護民官局が用いてきた「社会紛争（conflicto social)」もしくは「鉱山紛争（conflicto minero)」といった呼称を用いる[3)]。

この問題については，すでに明らかになっていることも多くある。1990年代からペルー政府が鉱業促進政策を継続してきた中で，2000年代に入ると企

1）鉱山開発問題に造詣が深いNGOであるCooperAcciónの2016年3月7日付のメールマガジンより。原典は，護民官局の2015年10月30日の報告。

2）護民官局は1993年憲法161条において独立機関として設立が規定され，1995年8月8日公布の法律26520号によって設立された。憲法に定められた市民と共同体の権利を保障し，国家行政の適切な執行を監視することを目的とするが，強制力を伴った命令や法規定を発令する権限はなく，勧告を行うにとどまる。

3）護民官局は「社会環境紛争（conflicto socioambiental)」という表現も用いているが，ここではより一般的な表現を用いる。

業と地方住民，そして地方政府や中央政府も巻き込んだ社会紛争が起きてきた。しかし，広範囲での不満が見られたものの，第 5 章で論じたように「弱い社会」のペルーではそれらは統合的なものにはならなかったし，隣国のボリビアで起きたような社会組織のリーダーによる政権奪取や政策の抜本的な変化は起きてこなかった。

本章では，護民官局が公開している月次データや既存研究の知見を踏まえながら，質的比較分析（QCA）という手法を用いて，より体系的に鉱山紛争という現象に迫る。本章は，鉱山紛争が起きた事例と起きなかった事例を含めた比較分析を行うことで，鉱山紛争が増加してきた一般的な条件を指摘しながらも，実際には状況は一様ではないことを主張する。むしろ鉱山紛争は内生的で動態的なプロセスなのであって，複合的かつ多元的な因果関係を含むものである。つまり，鉱山紛争は，実際には鉱山開発がもたらす不利益を拒絶するだけでなく，利益をめぐる争いも含んでいるのであり，それらがどのように混じり合っているかについての知見が必要なのである。こうした新たな知見を提供することが，本章の目論見である。もっとも，序章で論じたように究極的にはこれらを区別するのは不可能だろう。そこで本章では，いくつかの条件の組み合わせが存在したときに何が起きたかを，論理的に整理するにとどまる。

以下，第 1 節では，資源開発と鉱山紛争の増加について簡潔にまとめた上で，既存研究とその限界について述べる。第 2 節では，入手可能なデータを利用して，鉱山紛争の「量的なイメージ」を提示する。第 3 節では，質的比較分析を用いた分析を行う。

1　鉱山紛争研究

ペルーの鉱山紛争は盛んに研究されてきたが，研究が進むにつれてこの現象が複雑なものであると認識されるようになってきた。本節では，まず背景状況を簡潔に紹介し，鉱山紛争が増加した一般的要因をまとめる。その後，鉱山開発がもたらした影響は多面的なものであったことを指摘し，そうした多面的影響を踏まえた既存の比較研究とその限界を述べる。

1）制度改革，鉱業ブーム，鉱山紛争

第 5 章で触れたように，ペルーでは 1990 年代前半に導入された法制度改革を受けて外資が流入し，「鉱業ブーム」が起きた。1990 年代前半に，フジモリ政権は鉱山開発を促進させるために一連の制度改革を行った（Vittor 2008：19）。1981 年の鉱業法は，私的投資は認めるが国家経営を維持するものだった。1991 年に，投資促進のためのいくつかの法令[4]が公布され，採掘契約に対する 10 年間の法的補償，資源採掘に対する租税徴収規定，鉱山コンセッションの条件などが定められた。一定額以上の投資を行った鉱業コンセッションは，法的安定化条項（convenio de estabilidad jurídica）を結ぶことを許され，いったん契約されると 10 年もしくはコンセッション期間中は増税その他民間資本に不利益を与える法改正の適用除外を受けることが認められていた。同時に，環境影響調査（Environmental Impact Assessment：EIA）や環境適正管理計画（Programa de Adecuación y Manejo Ambiental：PAMA）といった環境基準法制度も制定された。

制度改革の結果，1991 年におよそ 100 万ヘクタールであった鉱業開発区画は，1997 年にはおよそ 180 万ヘクタールに増え，新しい法制度に則ったコンセッションが 80％近くを占めるようになった（Campodónico 1999：19）。1991～2000 年の間に，332 の租税安定契約（Contrato de Estabilidad Tributaria）が署名され，そのうち 286 は多国籍企業とのものであった（Durand 2012：32）。ヤナコチャ（Yanacocha），セロ・ベルデ（Cerro Verde），ティンタヤ（Tintaya），アンタミナ（Antamina）といった大鉱山が，1992 年から 96 年の間に次々と多国籍企業に売却された。1992 年に 2000 万ドルであった投資総額は 1998 年には 11 億ドルに激増し，1992～98 年に総額 29 億 2400 万ドルの投資が舞い込んだ。また 1990～97 年の間に年平均で 20 億 700 万ドルの鉱業資源が輸出され，輸出総額の 41％を占めた（Campodónico 1999：9）。

同時期には石油・天然ガス部門での探査・生産も促進された。1997～2007

4）委任立法令（Decreto Legislativo）662，674，708，757 各号および大統領令（Decreto Supremo）014-92-EM 号が挙げられる。

年の間，石油の生産量についてはおおむね変化はないが，クスコ（Cusco）県カミセア（Camisea）を中心に天然ガス生産が急速に増加した。2000年に約586億立方フィートあった年当たりの天然ガス生産量は，2010年には約5143億立方フィートに急増したが，そのほとんどはセルバ（アマゾン熱帯低地）のカミセア天然ガス田の生産開始によるものだった。

2000年代を通じて鉱物資源生産はペルー経済をけん引したが，いくつかの鉱山プロジェクトでは深刻な抗議運動が発生し，停止に追い込まれたものもある。例えば，2001年2月にはピウラ（Piura）県のタンボグランデ（Tambogrande）で，大規模な鉱山開発に反対する運動が発生し，翌2002年6月に自主的に実施された住民投票で98％が反対票を投じた結果，2003年にプロジェクトは停止に追い込まれた。2004～05年には同じピウラ県の別の鉱山プロジェクトに対しても大規模な抗議運動が起きた。2004年9月には，カハマルカ（Cajamarca）県にある世界最大級の金鉱山を所有するYanacocha社によるセロ・キリッシュ（Cerro Quilish）という丘での鉱山開発プロジェクトに対して，水資源の保護をめぐって大規模な抗議運動が起き，丘は「不可侵」のものと宣言された。同地では，2011年にもコンガ（Conga）という別のプロジェクトをめぐる抗議運動が起き，8名の死者を出した結果，プロジェクトは停滞した。

こうした例以外にも，数多くの鉱山紛争が起きてきた。護民官局に報告された社会紛争件数の中で，資源開発がらみの紛争は常に半数近くを占めており，増加傾向にあった（第2章の図2-5参照）。2007年には，この状況を憂慮した護民官局から資源開発と環境問題についての特別報告が国会に提出されてもいる(Defensoría del Pueblo 2007)。

2）鉱山紛争が増加する一般的な要因

鉱山紛争については，すでに多くの研究がその詳細を報告してきた（Arce 2014；De Echave y Diez 2013；De Echave y Gómez 2013；Bebbington 2013；Arellano 2011a；2011b；Gil 2009；De Echave et al. 2009；Scurrah 2008；Salas 2008)。そうした研究は，鉱山紛争の増加や熾烈化について，以下のような一般的な要因があることを指摘してきた。

1つ目に，中央政府・企業と，地方政府・地方の利害関係者の間に利害の不一致があった。1990年代初頭に経済危機の中で導入された法制度は，外国資本に極めて有利な条件を与えただけでなく，その条件を将来にわたって保証する法的安定化条項を認めてきた。さらにそうした民間企業を優遇する政策は，2000年代の諸政権によっても軒並み維持され続けた。資源開発資本へのコンセッション契約や許認可は，中央政府のエネルギー鉱山省と経済財務省に握られており，これらは鉱山企業に近い立場にあった[5)]。これに対して，2000年代初頭に始まる地方分権化によって地方の農業や漁業関係者は，地方の社会組織や地方政府を中心に政治行動を行っており，中央政府とは異なった利害や考えを持っていた。

2つ目に，開発企業や中央政府と，ローカル・レベルの政府や共同体，関係住民との間で，法的権利関係に明らかな不整合性が存在してきた。資源開発の促進を前提とする企業や中央政府は，資源開発の遂行を当然視した上でどの程度の補償や見返りを与えるかが問題だと考えたが，資源開発地の住民は，資源開発の遂行は当然ではなく，ILO169号条約に定められた先住民の権利規定に則って，地元民の了解を得るべきだと考えた。そうした認識の不一致がありながら，鉱業プロジェクトの決定権は基本的に中央政府に握られており，地方住民には直接的な抗議運動以外に政策決定に影響を与える方法が欠けていた。

3つ目に，資源の存在する場所を動かすことはできないため，開発対象地を変えるという譲歩が難しく，有限な環境資源（土地，水など）の利用が争われることになった。しばしば鉱物資源は，村が存在する場所や，川の上流，水源の真下にあったが，中央政府はそうした場所に鉱業コンセッションを与えてきたため，実際の操業のための地表所有権や利用権をめぐる交渉が大きな問題に発展した[6)]。

---

5) Durand（2012）は，「国家の乗っ取り（西 captura del Estado，英 state capture)」という用語を用いて，政府の中で経済財務大臣，国税庁長官などが国際金融機関や民間資本と極めて近い立場にあり，外国民間資本の利益に資する政策を行ったと指摘している。ちなみに，彼は政策判断と利益授受との関係を確証づける経験的証拠があるわけではないことを認めている（Durand 2012：49)。

6) 有名な例では，プロジェクトが停止されることになったタンボグランデや，村が丸ご

4つ目に，近年の鉱山開発は資本集約型産業であるため，地元社会での雇用創出は限られた。また，鉱山企業の納税額を地方自治体に分配する「鉱業カノン（canon minero)」や企業による自発的補償が増加したが，急激な増加に対応しなければならない地方自治体の行政能力は低く，期待と現実の著しいギャップが生まれた。

5つ目に，以上と重なりもする重要な点として，公正な規範設定者や中立な紛争調停者としてあるべき国家が役割を果たしてこなかった。とりわけ，当初はエネルギー鉱山省が環境影響調査を審査し，認可を与える権限を有したことは批判を生んだ。同省は鉱業コンセッションを与える権限も有していたことから，環境影響調査自体が形骸化しているとの批判があった。後に環境影響調査の許認可権が環境省に移されるが，仮に問題があっても鉱業コンセッションの無効化を行うことはできず，鉱山開発の推進は当然視されてきた。

6つ目に，こうした背景にあって，しばしば民間企業は資源開発にあたって地元住民から合意を得ること，いわゆる「社会ライセンス（licencia social)」の獲得を重視してこなかった。例えば，*New York Times* 紙の取材に対して，カハマルカ県のヤナコチャ（Yanacocha）鉱山に投資するロケ・ベナビデス（Roque Benavides）は，「私は社会ライセンスが何を意味するのか知らない。ライセンスは政府，鉱山省からもらうものだ。ライセンスは地方政府からもらうものだ。全共同体からもらうものではない」と述べている[7)]。民間企業は，企業の社会的責任（Corporate Social Responsibility : CSR）としてインフラ建設や教育・医療など多額の社会投資を地元住民に与えてきたものの，それは資源開発自体の是非とは関係ないものと考えられてきた。

3）鉱山開発がもたらす様々な影響

もっとも，鉱山開発は自然環境や住環境についての利害の不一致だけでなく，

と移動することになったアプリマク（Apurímac）県のトロモチョ（Toromocho）鉱山がある。

7）2010年6月14日付 *New York Times* 紙 “Tangled Strands in Fight Over Peru Gold Mine” 参照。

より多面的な影響があったことも指摘されている。例えばHervé（2013）は，ラス・バンバス（Las Bambas）という巨大プロジェクトが位置するアプリマク（Apurímac）県のフエラバンバ（Fuerabamba）という共同体について報告している。彼は，多国籍鉱山企業Xstrata社によって雇用機会や周辺産業の機会，さらには経済的補償がもたらされたことで，もともとフエラバンバには住んでいなかった人々がこの地に移住してきたり，レストランなどのサービス産業で成功した人がいたことを明らかにしている。

Hervé（2013）の「農民からミクロ起業家へ」というタイトルは，彼の主張の多くを物語っている。このタイトルは，20世紀後半にDe Wind（1985）が発表した論文のタイトル「農民から鉱山労働者へ」を彷彿とさせる。De Wind（1985）は，20世紀後半のセロ・デ・パスコ（Cerro de Pasco）の事例についての研究で，鉱山周辺の農民が，当初は農産品の提供を中心としながら季節労働的に鉱山で働いていたものが，やがて常勤の鉱山労働者になったことで，生活の糧を鉱山に依存するようになり，それが20世紀後半の鉱山ストライキにつながったことを指摘している。それに対してHervé（2013）は，21世紀のフエラバンバでは，労使関係も依然として重要ではあるものの，周辺住民に対する様々な経済的補償や機会の提供の方が問題だったことを明らかにしている。

こうしたことを考えると，21世紀初頭の鉱山開発は，不利益だけでなく利益の分配をめぐる争いも生んだことは，容易に想像できるだろう。すなわち鉱山紛争は，単に鉱山開発に反対したり拒絶したりするのではなく，多面的な影響にさらされた状況で起きた，より複雑なものと考えられる。

4）より体系的な比較研究へ

こうした洞察を持った研究者たちは，より体系的な比較研究に取り組んできた。以下で取り上げる2つの研究は，詳細な事例観察にもとづき，比較の視点や統計分析も取り入れた点で，より体系的な理解を試みたものだった。

まず取り上げるのは，ペルー問題研究所（Instituto de Estudios Peruanos : IEP）による共同研究（De Echave et al. 2009）である。彼らは，タンボグランデ，マハス（Majaz），ヤナコチャ，アンタミナ，ティンタヤ，ラス・バンバスという6

つの大きな事案についての詳細な分析を行い，その背景と利害関係者との間のやりとりに注目した。その結果，彼らは次の3点を見出した。

(1) 鉱業活動が生み出す可能性がある影響の大きさについて，住民が持つ認識が重要であった（De Echave et al. 2009：193）。もし住民が，鉱業活動に脅威を感じたり，深刻な影響を受けると感じるときは，それに対して組織化や動員を行う動機があった（De Echave et al. 2009：194-195）。

(2) 2つ目に重要な変数は，分裂を乗り越えて組織化し，組織を作って多様な行動を調整する能力だった（De Echave et al. 2009：195）。

(3) 鉱山紛争が起きたときの鉱業活動の段階には差異があり，採掘や生産が始まった後だけでなく，探査の段階でも起きた（De Echave et al. 2009：201）。

もう1つの研究は，Arellano（2011a；2011b）である。彼は定量的分析と定性的分析を組み合わせ，紛争度が高い事例だけでなく，低い事例も視野に入れた分析を行った。彼の研究は，次のような重要な示唆を含んでいた。

(1) 抗議運動は，鉱業活動が引き起こす環境リスクやその懸念についてだけでなく，鉱業レントに対する住民の期待からも起きていた。それは例えば企業からの直接的な補償や，地方政府が中央政府から財源移譲されている鉱業カノンに向けられていた。

(2) 県レベルのパネルデータについての最小二乗法（OLS）を用いた回帰分析から，1人当たりの鉱業カノンと貧困率が社会紛争数を説明することを明らかにした。すなわち，鉱業カノンが多く，貧困率が高い県でこそ，社会紛争の数が多いことを検証したのである。

(3) 住民の主観的認識が重要で，鉱業プロジェクトについての過去の経験が社会紛争に関係することを事例研究から示した[8]。

こうした研究は，鉱山紛争がより複雑な文脈や多様な要因から起きていることを理解した上で，より体系的な分析を試みたものだったが，いくつかの限界を有していた。

---

8) Barrantes, Zárate y Durand（2005）もまた，住民の主観的認識が，鉱業活動に対する反応を理解する上で重要だとしている。

1つ目のDe Echave et al.（2009）は，その詳細な事例研究も含めて多くの示唆を与えるものではあったが，すでに起きた紛争について，いかにその対立や暴力の度合いを下げて対話へと変換できるかに関心を持っていた。そのため，紛争が起きていない事例は見ていなかった。

2つ目のArellano（2011a；2011b）は，これまでで最も体系的な分析を行ったものと言えるが，やはり限界を有していた。回帰分析はペルーのすべての県を分析に含むものであり，紛争が起きていない事例も間接的に視野に入れていた。しかし，分析単位が県レベルであって，下位の郡や区レベルの分析を行っていないために大雑把な検証にとどまった。また回帰分析の性質上，平均的な因果効果を論じるにとどまり，複数の要因の複合的効果や，複数の因果経路を視野に入れていなかった。そのため，主観的認識が重要だと示唆しながらも，検証作業自体は量的な操作化が可能な変数に限られてしまった。彼はそうした限界をいくつかの事例研究で補ったが，主張点が十分に検証されたとは言いがたかった。

以上の限界を踏まえて，本章では質的比較分析（QCA）という異なった手法を用いた分析を行う。QCAは，レイガン（1993），Ragin（2008），Ragin and Rihoux（2009）などによって開発されてきた分析手法であり，集合論を用いて，複数の条件の組み合わせや複数の因果メカニズムが，分析したい結果とどの程度一致するかを論理的に導き出すことができる。また，従来は事例において，特定の条件が存在する（1）かしないか（0）という二値分析であったのに対して，Ragin（2008）は特定の条件の存否を段階的に分析できるように，1から0までの連続値を取るファジー集合を用いることを提案している。ここでは分析手法について詳細に説明しないが，McAdam et al.（2010）やWright and Boudet（2012）は抗議運動についてファジー集合を用いたQCA分析を行い，因果条件について論理的な知見を導き出している。

本節でQCAを採用するのは，以下の理由による。第一に，鉱山紛争が起きていない事例も含めて体系的な分析を行う必要があり，QCAはそれを可能とする。第二に，回帰分析では特定の変数の平均的な効果を見ることはできるが，その複合的な因果や，複数の因果経路を取り入れることは難しい。その点，

QCAはそれを可能とする分析手法である。第三に，地方住民の主観的認識を分析に取り入れることがArellano（2011a；2011b）の限界を踏まえた上で重要だが，回帰分析ではこれが困難な一方で，QCAでは間接的にこれを取り入れることができる。

次節では，QCAを行う前段階の作業として，どこでどれだけの鉱山紛争が生じてきたかを概観する。

2　鉱山紛争の量的なイメージ

まず鉱山開発に対する抗議運動の「量的なイメージ」を確認したい。量的なイメージを確認する目的は，鉱山紛争が起きた事例から分析を始めるのでは事例選択バイアスを生むと考えるためである。鉱山開発地で紛争が起きる理由を知るためには，紛争が起きた事例と起きていない事例を比較しなければならない。とりわけ，「鉱山紛争が起きそうだが起きていない事例」は重要な意味を持つと考えられる。そのためには，資源ブーム下のペルーにおいて，いったいどれくらいの鉱山プロジェクトが存在し，そのうち鉱山紛争がどれくらい起きてきたかについて，可能な限り正確な全体像を知らなければならない。この作業のために，入手可能なデータを検討した結果，以下の方法をとることにした。

ペルーのエネルギー鉱山省の鉱業年鑑によれば，2012年末の時点で，ペルーには4万1817の鉱業コンセッションがあり，延べ1930万ヘクタールに及ぶ。種類の異なる鉱石の生産量を比較するのは容易でないが，2003〜11年の主要鉱石（金，銀，銅，亜鉛，鉛）の生産量を当該年の鉱石価格と掛け合わせることで，各鉱山企業の米ドル建ての生産価値を産出することができる。これにもとづいて主要鉱山を割り出したのが，図7-1である。ちなみに鉱山企業は現地法人の名前であり，1つの企業が複数の大きな鉱山を有している場合もあるし，鉱山ごとに多国籍資本が設立した現地企業も多くある。

図7-1から，最大の鉱山企業はアプリマク県のAntamina社であり，それに複数県に大鉱山を有するSouthern Peru Copper社，カハマルカ県のYanacocha

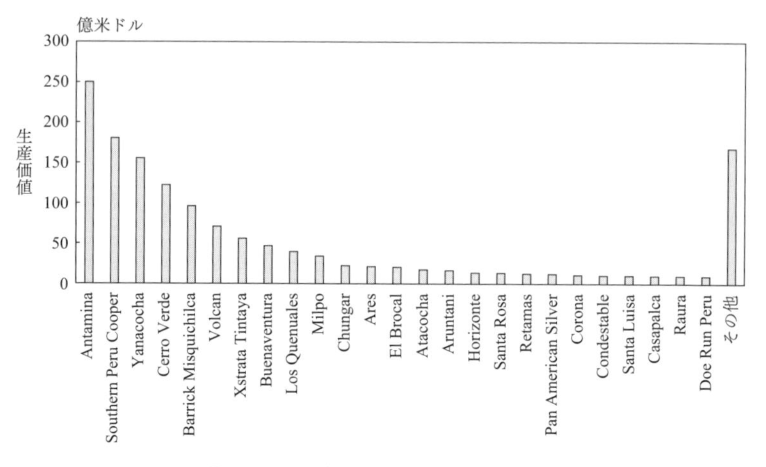

図 7-1　主要鉱山 25 社（2003〜11 年）

出所）エネルギー鉱山省の生産量と IMF の鉱石価格にもとづいて筆者作成。
注）鉱山社名は略称。

社が続く。10 社程度の巨大企業のあとは，比較的中規模の鉱山が続く。

ここで導き出された鉱山企業について，それらが所有する鉱山プロジェクトとその所在地をエネルギー鉱山省のデータから割り出すことができる。1 つの鉱山が複数の郡（provincia）や区（distrito）にまたがることもある。ちなみに，図 7-1 はすでに生産価値を生み出している企業に限られ，まだ探査中の鉱山プロジェクトを含んでない。しかし探査中ではあっても，インパクトが大きければ住民との接触や期待の醸成が起きていてもおかしくはなく，そのような点は既存研究でも指摘されている。そこで，Directorio minero del Perú（2011）から予定投資額が大きい 7 つの未採掘プロジェクトを含めた[9]。

それぞれの鉱山プロジェクトと所在地を特定した上で，護民官局が発表している月次レポートをもとに，どの程度鉱山紛争が報告されてきたかをカウントする。ここでは，2005 年 1 月〜2012 年 12 月までのレポートより，報告された紛争件数と，延べ紛争月数を抽出した[10]。ちなみに予め紛争の種類を限定せず

9）Las Bambas, Tía María, Los Chancas, Pukaqaqa, Hilarión, Rondoni, Majaz.

10）レポートは 2004 年から存在するが，データ収集の方法論が異なるため 2004 年分は除

に，すべての紛争事例について月次レポートの詳細な記述を調べた上で，実際に鉱山開発に関係があるか否かを判断した[11]。延べ紛争月数を考慮する理由は，偶発的に起きた事故をめぐる訴えのような，重要性が低い（そしておそらく短期間で解決されやすい）紛争と，そうでない紛争とを差異化する必要があると考えるからである[12]。

表7-1は，こうした作業から導き出された109の鉱山プロジェクトについて，その所在地，延べ紛争件数，延べ紛争月数をまとめたものである。この表から，アンタミナとヤナコチャという2つの鉱山プロジェクトで10を超える紛争が報告されており，他と一線を画すること，38の鉱山プロジェクトでは該当期間に1件の紛争も報告されていないこと，残りの69の事例では最低でも1件の紛争が起きていることがわかる。69の事例のうち約半数の35件は延べ24カ月（2年）以上の紛争期間があり，34件はそれ以下であった。

3　質的比較分析（QCA）

1）分析の概要

ここで行う分析は，既存研究によって指摘されており，なおかつ重要と考えられる5つの条件について，それらが鉱山紛争の発生をどの程度説明するかを明らかにするものである。5つの条件とは，①農業の重要性（AGROMIN），②社会経済的困窮（POBREZA），③鉱業カノン分配額（RENTA），④過去の鉱業

外する（インタビューV）。また2013年以降は含めていないため，それ以降に大きな紛争が起きたティア・マリア（Tía María）などの事例については，以下の分析では留保が必要である。

11）Arellano（2011a；2011b）はこのようなチェックを行っていないが，入手可能な情報を最大限有益に用いるためには必要な作業であろう。また，インタビューVにもとづき，本書では護民官局の「社会環境紛争」というカテゴリーを無批判に用いることは避けるべきと判断した。

12）これ以外の方法での一貫性を持った分類は難しいと判断した。しかし，いずれにしてもこのような分類は筆者の恣意的なものであるため，以後の分析では頑健性をチェックする必要がある。

表7-1　主要109鉱山における鉱山紛争の動向（2004〜12年）

	鉱　山	県 (Departamento)	郡 (Provincia)	区 (Distrito)	紛争件数(アクティブなもの)	延べ紛争月数
10件以上の紛争が報告された鉱山						
1	Antamina	Ancash	Huari	San Marcos	13	319
2	Yanacocha	Cajamarca	Cajamarca	Cajamarca, La Encañada	12	252
1件以上，のべ24カ月以上の紛争が報告された鉱山						
3	Pierina	Ancach	Huaraz	Jangas	2	42
4	Contonga	Ancash	Huari	Huachis	1	40
5	Las Bambas	Apurimac	Cotabambas Grau	Coyllurqui, Chalhuahuacho, Tambobamba Progreso	4	69
6	Los Chancas	Apurimac	Aymaraes	Cotaruse, Pocohuanca	2	97
7	Catalina Huanca	Ayacucho	Victor Fajardo	Canaria	5	139
8	Calorina I	Cajamarca	Hualgayoc	Hualgayoc	3	63
9	Conga	Cajamarca	Celendin	Huasmin, Sorochuco	3	33
10	La Zanja	Cajamarca	Santa Cruz	Pulan	1	56
11	Michiquillay	Cajamarca	Cajamarca	La Encanada	1	31
12	Shahuindo	Cajamarca	Cajabamba	Cachachi	1	64
13	Tantahuatay	Cajamarca	Hualgayoc	Chugur	3	26
14	Tintaya	Cusco	Espinar	Espinar	2	63
15	Antapite	Huancavelica	Huaytara	Ocoyo	2	25
16	Huachocolpa	Huancavelica	Huancavelica	Huachocolpa	1	29
17	Julcani	Huancavelica	Angaraes	Ccochaccasa	2	68
18	Recuperada	Huancavelica	Angaraes	Lircay	2	63
19	Raura	Huanuco	Lauricocha	San Miguel de Cauri	2	52
20	Marcona	Ica	Nazca	Marcona	4	25
21	La Oroya	Junin	Yauli	Santa Rosa de Sacco	2	82
22	Toromocho	Junin	Yauli	Morococha	1	58
23	Lagunas Norte	La Libertad	Santiago de Chuco	Quiruvilca	2	44
24	Coricancha	Lima	Huarochiri	San Mateo	1	53
25	Iscaycruz	Lima	Huarochiri	Chicla	2	65
26	Raura	Lima	Oyon	Oyon	2	36
27	Yauliyacu	Lima	Oyon	Pachangara	1	24
28	Cuajone	Moquegua	Mariscal Nieto	Torata	3	92
29	Atacocha	Pasco	Pasco	San Francisco de Asis de Yarusyacan	2	76
30	Cerro de Pasco	Pasco	Pasco	Simon Bolivar	3	37
31	Porvenir	Pasco	Pasco	Yanacancha	3	30
32	Majaz, Rio Blanco	Piura	Huancabamba Ayabaca	El Carmen de la Frontera Ayabaca	1	84
33	Andres	Puno	Lampa	Ocuviri	4	84
34	Mariela	Puno	Puno	Acora	3	75
35	San Rafael	Puno	Melgar	Antauta	2	26
36	Pucamarca	Tacna	Tacna	Palca	1	69
37	Toquepala	Tacna	Jorge Basadre	Ilabaya	3	94
1件以上，のべ24カ月未満の紛争が報告された鉱山						
38	El Recuerdo, Santa Luisa	Ancash	Bolognesi	Huallanca	1	6
39	Nueva California	Ancash	Yungay	Yungay	2	20
40	Berlin	Ancash	Bolognesi	Pacllon	1	7
41	Haquira	Apurimac	Cotabambas	Haquira	1	3
42	Opaban	Apurimac	Andahuaylas	Andahuaylas, San Jerónimo	1	16
43	Cerro Verde	Arequipa	Arequipa	Yarabamba	4	23
44	Arcata	Arequipa	Condesuyos	Cayarani	1	1
45	Orcopampa	Arequipa	Castilla	Orcopampa	1	9
46	San Cristobal	Arequipa	Caylloma	Caylloma	2	8
47	Tia Maria	Arequipa	Islay	Dean Valdivia, Mejia, Cocachacra, Mollendo	1	20
48	Pallancata	Ayacucho	Parinacochas	Coronel Castaneda	1	11
49	Galeno	Cajamarca	Celendin	Sorochuco	1	7
50	La Granja	Cajamarca	Chota	Querocoto	1	7
51	Anabi	Cusco	Chumbivilcas	Quinota	1	21
52	Constancia	Cusco	Chumbivilcas	Chamaca/ Velille	1	12
53	Cobriza	Huancavelica	Churcampa	San Pedro de Coris	1	7
54	San Genaro	Huancavelica	Castrovirreyna	Santa Ana	1	15
55	Cerro Lindo	Ica	Chincha	Chavin	1	1

	鉱山	県 (Departamento)	郡 (Provincia)	区 (Distrito)	紛争件数(アクティブなもの)	延べ紛争月数
56	Corihuarmi	Junin	Huancayo	Chongos Alto	1	8
57	Palmapata	Junin	Chanchamayo	San Ramon	1	22
58	San Cristobal, Carahuacra	Junin	Yauli	Yauli	1	9
59	San Vicente	Junin	Chanchamayo	Vitoc	1	22
60	La Arena	La Libertad	Sanchez Carrion	Huamachuco	1	9
61	Retamas	La Libertad	Pataz	Parcoy	1	3
62	La Poderosa	La Libertad	Pataz	Pataz	3	22
63	Canariaco	Lambayeque	Ferenafe	Canaris	1	9
64	Invicta	Lima	Huaura	Leoncio Prado, Paccho	1	9
65	Uchucchacua. Mallay	Lima	Oyon	Oyon	1	2
66	Yauricocha	Lima	Yauyos	Alis	1	9
67	Santa Rosa Uno	Madre de Dios	Tambopata	Inambari	1	8
68	Chucapaca	Moquegua	General Sanchez Cerro	Ichuna	1	8
69	Quellaveco	Moquegua	Mariscal Nieto	Moquegua	1	2
70	Animon	Pasco	Pasco	Huayllay	2	12
71	Bayovar	Piura	Sechura	Sechura	1	13
紛争が報告されていない鉱山						
72	Aquia	Ancash	Bolognesi	Aquia	0	
73	Hilarion	Ancash	Bolognesi	Aquia	0	
74	Magistral	Ancash	Pallasca	Conchucos	0	
75	Pucarrajo	Ancash	Bolognesi	Huallanca	0	
76	Ares	Arequipa	Castilla	Orcopampa	0	
77	Aurifera Calpa	Arequipa	Caraveli	Atico	0	
78	Esperanza de Caraveli	Arequipa	Caraveli	Atico	0	
79	La Capitana	Arequipa	Caraveli	Huanuhuanu	0	
80	Pampa de Pongo	Arequipa	Caraveli	Bella Union	0	
81	Breapampa	Ayacucho	Parinacochas	Chumpi	0	
82	Inmaculada	Ayacucho	Paucar del Sara Sara	Oyolo	0	
83	Chaquicocha	Cajamarca	Cajamarca	La Encanada	0	
84	Antapaccay	Cusco	Espinar	Espinar	0	
85	Coroccohuayco	Cusco	Espinar	Espinar	0	
86	Quechua	Cusco	Espinar	Espinar	0	
87	Pukaqaqa	Huancavelica	Acobamba	Andabamba	0	
88	Rondoni	Huanuco	Ambo	Cayna	0	
89	Mina Justa	Ica	Nazca	Marcona	0	
90	Americana	Junin	Yauli	Yauli	0	
91	Andaychagua, Colombia y Socavon Santa Rosa	Junin	Yauli	Huay huay	0	
92	Austria Duvaz	Junin	Yauli	Morococha	0	
93	Chilpes	Junin	Jauja	Monobamba	0	
94	Manuelita, Anticona	Junin	Yauli	Yauli	0	
95	Morococha	Junin	Yauli	Morococha	0	
96	Suitucancha	Junin	Yauli	Suitucancha	0	
97	Ticlio	Junin	Yauli	Morococha	0	
98	Nuevo Horizonte	La Libertad	Pataz	Pias	0	
99	Parcoy I	La Libertad	Pataz	Huayo	0	
100	Quiruvilca	La Libertad	Santiago de Chuco	Quiruvilca	0	
101	Condestable	Lima	Canete	Coayllo	0	
102	Maria Teresa	Lima	Huaral	Huaral	0	
103	Playa Nuevo Horizonte	Madre de Dios	Tambopata	Tambopata	0	
104	Chapi	Moquegua	General Sanchez Cerro	La Capilla	0	
105	Los Calatos	Moquegua	Mariscal Nieto	Moquegua, Torata	0	
106	Aurex	Pasco	Pasco	Simon Bolivar	0	
107	Colquijirca	Pasco	Pasco	Simon Bolivar	0	
108	Huaron	Pasco	Pasco	Huayllay	0	
109	Corani	Puno	Carabaya	Corani	0	

出所）護民官局の月次レポート（*Reporte de conflictos sociales*, 2005-12 年）。

開発経験（EXPERIENCIA），⑤急進的とされる野党候補への支持（UPP）である。

次のステップとして，分析に用いる事例数を決めなければならないが，集合論を用いる QCA では様々な条件の有無の組み合わせが結果の有無とどの程度一致した関係にあるかを比較対照するため，条件の有無の組み合わせを反映したバリエーションのある事例をそろえる必要がある。ここでは検討する条件の数が 5 つであるため，2 の 5 乗（2^5）すなわち 32 が適当である。そのため，前節で取り上げた 109 の事例から，バリエーションを重視して 32 を選び出した。

以下では，5 つの要因と結果についてどのように指標化したかを説明し，その後で分析結果を報告する。

2)「条件」と「結果」

①結果

ここで説明したい「結果」は，鉱山プロジェクトで紛争が報告されたかどうかである。もっとも紛争は偶発的なものではなく，鉱山プロジェクトと論理的な関係があるものでなければならない。そこで，紛争の程度として前節で用いた 4 カテゴリー分類を用いたい。すなわち，10 件以上の紛争が報告された事例を「有（1)」，1 件以上の紛争と 24 カ月以上の延べ紛争月数があった事例を「ほぼ有（0.95)」，紛争があったが延べ 24 カ月未満であった事例を「曖昧な事例（0.5)」，1 件も報告されていない事例を「無（0)」とする[13)]。1，0.95，0.5，0 といった数字は「メンバーシップ値」と呼ばれ，分析者が明確な基準でもって各事例がどの程度条件にあてはまるかを数値化したものである。小数点以下 1 桁の実数で表しているのは，メンバーシップ値（あてはまり具合）を段階的なものと考えるファジー集合によっている。表 7-2 は，紛争の報告された件数と事例数をまとめたものである。

---

13) 報告されていない紛争がある可能性も否定できないが，インタビュー V によれば，護民官局はほとんどの県に事務所を有し，報道だけでなく紛争当事者からの情報提供も受け付けており，情報の信頼度は高い。

②農業の重要性（AGROMIN）

第一に検討したい条件は，鉱業プロジェクトが人々の収入源，とりわけ農業に対して持つ意味である[14)]。その一方で，鉱業従事者が農業従事者より多い地方自治体では，人々の認識も異なるだろう。そこで2007年の国勢調査から，農業従事者の割合を鉱業従事者の割合で除すことで，農業と鉱業のバランスを表現する。表7-3は，この数値が1より大きい（農業従事者の方が多い）事例数と，逆に1より小さい事例を示したものである。分析のために，この数値が3に達する事例に農業の重要性が「有（1)」，0の事例に「無（0)」，1の事例に「最も曖昧（0.5)」のメンバーシップ値を与えた。

表7-2　結果

メンバーシップ値	事例数
1	2
0.95	16
0.5	4
0	10

出所）筆者作成。

表7-3　AGROMIN

農業/鉱業	事例数
> 1	21
< 1	11

出所）筆者作成。
注）区レベルでの農業従事者割合を鉱業従事者割合で除したもの。

③社会経済的困窮（POBREZA）

Arellano（2011a；2011b）は，回帰分析の結果，貧困度が高い県ほど紛争が多かったことを報告している。そこで，2007年の国勢調査から各鉱山プロジェクトが位置する区レベルの社会経済指標を調べたところ，貧困度，人間開発指数，教育レベル，家産労働への従事者数といった数値が高い相関関係にあることがわかった。そこで，これらを因子分析にかけ[15)]，最も因子係数が高い事例を社会経済的困窮という条件が「有（1)」，最も低い事例を「無（0)」とし，平均値である0をとった事例を「最も曖昧（0.5)」とした[16)]。

14）Damonte（2012）は農業と鉱業がペルーのシエラでは排他的関係にあると言う。De Echave et al.（2008）は，重大な紛争が起きたタンボグランデなどは，従来から農業が盛んであったために，鉱業が土地や環境，水利用に与える脅威が深刻であったとする。
15）いくつかのテストを行った結果，1つの因子で十分と判断した。
16）ファジー集合を用いたQCAでは，「有（1)」「無（0)」「最も曖昧（0.5)」が明確であれば，残りの値をとる事例に自動的にメンバーシップ値を与えることができる。詳細はRagin（2008）を参照されたい。

表 7-4　RENTA

1 人当たりの鉱業カノン分配額（ヌエボ・ソル）	事例数
0～50	7
51～500	8
501～1,000	8
1,001～5,000	6
5,001～10,000	2
10,001 o más	1

出所）経済財務省のデータより筆者作成。
注）郡レベルの延べ分配額。

ちなみに Barrantes, Zárate y Durand（2005）は，鉱山の存在や次で挙げる鉱業カノン分配額と貧困率との間には有意な相関が見られないことを指摘している。つまり，鉱山開発は，貧困度の高いところでもそうでないところでも行われてきており，かつ鉱山開発が社会経済的困窮を改善する効果を持たなかったと主張している。

④鉱業カノン（RENTA）

ペルー税制では，鉱山会社の純利益に課される法人税の 50 % が地方政府に配分され，これを「鉱業カノン」と呼ぶ。鉱業カノンの分配方法は優れて政治的な問題であって，過去に変更されてきたが，2003 年から適用されてきた方法は，10 % を鉱山所在地の区に，25 % を鉱山所在地の郡に，40 % を同じ県のその他の郡に，そして 25 % を県政府に分配するというものであった。鉱山会社の純利益は鉱物資源価格の高騰に比例したため，2003 年以降に鉱業カノンは激増し，多大なるインパクトを与えてきた。2003 年の時点で，鉱業カノンは地方政府の全収入の 80 % にも上ったとされる（Barrantes 2005 : 28–57)。表 7-4 で示されるとおり，鉱業カノンの受給額には大きな違いがあり，いわば指数関数的に異なるが，それをめぐる利益分配紛争は額に比例して指数関数的に増加するとは考えにくい。そのため，1 人当たり 5,000 ソル（およそ 2,000 ドル）以上を鉱業カノンが「有（1)」，50 以下を「無（0)」，その中間値（メディアン）を「最も曖昧（0.5)」とする。

⑤過去の鉱山開発経験（EXPERIENCIA）

既存研究が指摘してきたように，過去の鉱山開発経験は重要な条件と考えられる。ペルーは歴史的に鉱業国であり，20 世紀半ばから続く鉱山もあれば，フジモリ政権期の 1990 年代に生産開始した鉱山，2001 年以後に開始した鉱山もある。表 7-5 は，こうした違いを示している。Arellano（2011a）は，過去に鉱山開発があった地方では環境汚染にある程度寛容であったのに対し，過去の経験がないところでは不確実な脅威を人々が実感したと言う。ここでは，1990年より前から鉱山開発が始まっていた事例に過去の経験が「有 (1)」，1990年代に開始した事例に「どちらかといえば有 (0.6)」，2001年以降に始まったものに「無 (0)」のメンバーシップ値を与える。

表 7-5　EXPERIENCIA

操業開始時期	事例数
1990年以前	11
1991～2000年	6
2001年以後	15

出所）エネルギー鉱山省のデータより筆者作成。

表 7-6　UPP

2006年選挙でのウマラ候補の得票率（%）	事例数
0～25	11
25～50	7
50～75	11
75～100	3

出所）選挙管理委員会（ONPE）のデータより筆者作成。

⑥野党支持（UPP）

最後に，鉱山所在地の地方自治体がどのような政治的傾向を持つかを条件に加えたい。鉱山所在地の地方自治体で，選挙の際にどのような候補に票が投じられてきたかは，重要な指標である。2005～12年という分析対象期間については，2006年選挙でのペルーのための統一党（Unión por el Perú：UPP）のオジャンタ・ウマラ（Ollanta Humala）候補への支持がこうした政治的傾向を測る上で適当である。この選挙でウマラ候補は，鉱業政策を含め新自由主義政策からの転換を明示的に訴える候補と考えられた[17)]。ちなみにこの2006年選挙で，ウマラは敗れる。彼はその後2011年選挙で当選するが，その時の選挙キャンペーンではより穏健なアピールにとどまっていた。

以上を踏まえて，2006年の大統領選挙での，鉱山所在地の区レベルのウマラ候補の得票率を示したのが表7-6である。ここでは得票率を25%ごとに区切っている。QCAの分析のために，得票率が70%以上の場合に野党支持が「有 (1)」，30%以下に「無 (0)」，50%に「最も曖昧 (0.5)」のメンバーシップ値を与えた。

この条件は，注意して扱う必要がある。なぜなら，特定の候補への支持は

17）2010年10月24日付 *El Comercio* 紙など参照。

様々な理由から起こりうるからである。例えば，必ずしもそうとは言い切れないが，先住民人口比率の高い南部シエラ（アンデス山間部）の諸県でウマラへの支持が高かったため，この条件は政治的支持ではなく地方ごとの違いを反映している恐れもある[18]。

3）分析結果

表 7-7 は，分析事例である 32 の鉱山プロジェクトがどのようなメンバーシップ値をとったかを示している。以下，このデータセットをもとに fsQCA 2.0 というソフトウェアを用いて分析を行った。細かいステップは冗長なため，ここでは省略する[19]。

表 7-8 は，fsQCA 2.0 を用いた結果，最終的に残った解（鉱山紛争を起こす条件組み合わせ）である。それぞれの行は論理積（ともに存在すべき条件），そして 4 つの行は論理和（どれかの条件組み合わせが必要）を意味する。大文字は条件が存在することを，小文字は条件が存在しないことが必要であることを意味する。例えば，1 行目は，社会経済的困窮（POBREZA）と鉱業カノン（RENTA）が存在し，かつ過去の経験（EXPERIENCIA）と野党支持（UPP）が存在しないことが必要であることを意味する。

表 7-8 からは，4 つの異なった条件組み合わせがありうることがわかる。これらは鉱山紛争が起きる条件について，複合的因果と複数の因果経路がありえることを示唆している。4 つの条件組み合わせのうち，3 つで農業の重要性（AGROMIN）が必要であり，一目で農業に与える脅威が重要な条件であったことがわかる。また，鉱業カノン（RENTA）も重要であることが多い（3 つの条件組み合わせで存在が必要とされている）。

他方で，注目すべきは，過去の鉱山開発経験（EXPERIENCIA）である。過去の経験がないことが必要条件とされる事例（1 行目と 2 行目）では，社会経済

18）回帰分析ではそうした変数は見かけ上の相関を生み出すために問題視され，欠落変数バイアスを避けるためにコントロールすべきとされるが，QCA では投入できる条件の数に制約がある上，コントロール変数を投入するという考え方はなじまない。

19）真理表において，0.7 もしくはそれ以上の一致度を閾値としたところ，7 の条件組み合わせが残った。その上で，条件の組み合わせの単純化を行った。

的困窮（POBREZA）と鉱業カノン（RENTA）の存在が必要なようである。ここから，過去の経験がないときに鉱業カノンが困窮した状況を解決する資源になると認識されたのではないか，すなわち経験がないためにこそ期待が高まったのではないか，と推測できる。

それに対して，過去の経験がある事例では，必ずしも鉱業カノンの存在は必要ないし，社会経済的に困窮しているという条件も必要ではないようである。むしろ，農業に対する危惧が条件であったり，逆に鉱業カノンが少ないことが紛争を起こしたように見える（4行目）。

野党支持（UPP）については，それが存在することが求められる場合も，存在しないことが求められる場合もあって，その意味ははっきりしない。やはり，適切な指標化を行えなかったのではないか，と考えられる[20)]。

被覆度と一致度は，明らかになった4つの条件組み合わせが32の事例のうちどれくらいの数を説明するか，そしてどの程度条件組み合わせと結果が一致して説明されているかを示すものである。一致度は十分に高いが，被覆度はそうでもないので，他の条件が鉱山紛争の発生を理解する上で重要な可能性がある。

最後に，32の事例で報告された鉱山紛争の「結果」について，その分類方法の恣意性を考慮して，異なったメンバーシップ値をあてはめて再分析を行ったが，分析の解はほとんど変化しなかったことを述べておく。

おわりに

本章では，2000年代に注目が集まったペルーの鉱山紛争について護民官局の月次データを用いて可能な限り体系的な分析を行うことを試みた。まず鉱山紛争が数多く報告された事例とそうでない事例があることを把握した上で，

20）ちなみに，県知事や郡・区の長が野党であるかどうか，2002年，2010年の野党得票率，UPPだけでなく非政権与党以外の合計得票率といった条件も試したが，明快な結果は得られなかった。

表 7-7　各鉱山プロジェ

鉱山	県	郡	区
Antamina	Ancash	Huari	San Marcos
Ares	Arequipa	Castilla	Orcopampa
Catalina Huanca	Ayacucho	Victor Fajardo	Canaria
Cerro de Pasco	Pasco	Pasco	Simon Bolivar
Cerro Lindo	Ica	Chincha	Chavin
Cerro Verde	Arequipa	Arequipa	Yarabamba
Condestable	Lima	Canete	Coayllo
Conga	Cajamarca	Celendin	Huasmin, Sorochuco
Cuajone	Moquegua	Mariscal Nieto	Torata
Hilarion	Ancash	Bolognesi	Huallanca
Horizonte	La Libertad	Pataz	Pias
Inmaculada	Ayacucho	Paucar del Sara Sara	Oyolo
Iscaycruz	Lima	Huarochiri	Chicla
La Oroya	Junin	Yauli	Santa Rosa de Sacco
Lagunas Norte	La Libertad	Santiago de Chuco	Quiruvilca
Las Bambas	Apurímac	Cotabambas, Grau	Progreso, Coyllurqui, Chalhuacho, Tambobamba
Los Chancas	Apurímac	Aymaraes	Cotaruse, Pocohuanca
Majaz	Piura	Huancabamba, Ayabaca	El Carmen de la Frontera, Ayabaca
Mariela	Puno	Puno	Acora
Morococha	Junín	Yauli	Morococha
Pierina	Ancach	Huaraz	Jangas
Porvenir	Pasco	Pasco	Yanacancha
Pukaqaqa	Huancavelica	Acobamba	Andabamba
Quiruvilca	La Libertad	Santiago de Chuco	Quiruvilca
Retamas	La Libertad	Pataz	Parcoy
Rondoni	Huanuco	Ambo	Cayna
Tia Maria	Arequipa	Islay	Dean Valdivia, Mejia, Cocachacra, Mollendo,
Ticlio	Junín	Yauli	Yauli
Tintaya	Cusco	Espinar	Espinar
Toquepala	Tacna	Jorge Basadre	Ilabaya
Yanacocha	Cajamarca	Cajamarca	Cajamarca, Encañada
Yauliyacu	Lima	Oyon	Pachangara

出所）筆者作成。

QCA という手法を用いて，それらの事例を分けた条件の組み合わせが何であったのかを導き出した。

分析結果は，既存研究が指摘した農業の重要性，社会経済的困窮，鉱業カノンといった条件がやはり重要であることを示している。それだけでなく，興味

クトのメンバーシップ値

結果	AGROMIN	POBREZA	RENTA	EXPERIENCIA	UPP
1	0.7	0.86	0.99	0	0.64
0	0.02	0.2	0.45	0.6	0.81
0.95	0.52	0.95	0.04	1	0.94
0.95	0.11	0.27	0.64	1	0.02
0.5	0.6	0.02	0.04	0	0.96
0.5	0.92	0.01	0.09	1	0.78
0	0.95	0.05	0.07	1	0.03
0.95	0.95	0.99	0.16	0	0.02
0.95	0.83	0.02	0.97	1	0.25
0	0.8	0.63	0.53	0	0.15
0	0.88	0.95	0.19	0	0.02
0	0.95	0.8	0.04	0	1
0.95	0	0.15	0.74	0.6	0.01
0.95	0	0.02	0.54	1	0.03
0.95	0.38	0.76	0.51	0	0
0.95	0.91	0.98	0.04	0	0.97
0.95	0.54	0.94	0.14	0	0.99
0.95	0.95	0.99	0.04	0	0.75
0.95	0.95	0.72	0.07	1	0.91
0	0	0.02	0.54	1	0.02
0.95	0.92	0.26	0.58	0.6	0.2
0.95	0.12	0.28	0.64	1	0.02
0	0.95	0.99	0.04	0	0.98
0	0.38	0.76	0.51	1	0
0.5	0.03	0.95	0.19	0	0.01
0	0.95	0.96	0.04	0	0.93
0.5	0.95	0.04	0.06	0	0.63
0	0	0.02	0.54	1	0.01
0.95	0.82	0.87	0.74	0	0.57
0.95	0.49	0.02	1	0.6	0.39
1	0.87	0.58	0.66	0.6	0.02
0.95	0.94	0.23	0.54	0.6	0.06

深いことに，過去の紛争経験によって異なった因果メカニズムがありうることを示唆している。一方で過去に鉱山開発の経験がない事例では，困窮した状況に対して激増した鉱業カノンが何らかの解決を与えるとの期待が生まれたようである。利益分配をめぐる争いや，増加した鉱業カノンを地方政府がうまく社

表 7-8　fsQCA の解

条件組み合わせ
POBREZA * RENTA * experiencia * upp ＋ AGROMIN * POBREZA * RENTA * experiencia ＋ AGROMIN * RENTA * EXPERIENCIA * upp ＋ AGROMIN * renta * EXPERIENCIA * UPP
被覆度（coverage score）：0.408854 一致度（consistency score）：0.816857

出所）fsQCA2.0 を用いて筆者作成。

会に還元できないことによる不満が，鉱山紛争を生み出したのではないだろうか。他方で過去に鉱山開発の経験がある事例では，そうした期待はそれほど大きくなく，むしろ農業への脅威が危惧されたようである。膨大な鉱業カノンがあったとしても，それが社会に恩恵を与えるわけではなく，それよりも持続的な農業に対する脅威が先行したと解釈できる。こうした違いは解釈にすぎないが，紛争が起きる上での多元的・複合的な因果関係の存在を明示している点で新たな知見である。

ペルーは護民官局の月次データをはじめ，詳細なデータが入手可能な稀有な国である。本章のような分析は，同様のデータが入手できなければ極めて難しいだろう。しかしいずれにしても，より体系的で，特に抗議運動が起きていない事例も含めた形で説得力のある分析を行うことは，極めて重要である。

第 5 章で，ペルーの特徴は「弱い社会」であると述べた。本章の分析は，ペルー各地の鉱山紛争が基本的に分散しており，互いに独立したものと想定している。そのため，相互参照や波及効果，全体として国政レベルでの政策決定に与える影響といったものを考慮に入れていない。他方で，全国レベルでの影響を与えた（少なくとも耳目を集めた）抗議運動も存在しないわけではない。次章では，そのような事例を叙述する。

最後に，本章の分析があくまでも 2012 年末までにとどまることを改めて断っておきたい。次章で見るように，2011 年にはそれまで鉱山開発に反対する候補と目されていたオジャンタ・ウマラが政権を握り，先住民への事前協議法が制定されたが，これにはいくつかの問題があった。そして，やはり同政権下でも鉱山開発の推進という基調路線は続き，大規模な鉱山紛争によって停滞に追い込まれたプロジェクトもあった。本章の分析対象期間中は紛争がそれほど激しくないと報告されていたアレキパ県のティア・マリア（Tía Maria）の事例はその 1 つである。それだけでなく 2012 年以降に鉱物資源価格が下落を始め，鉱山投資の停滞や税収減が始まると，ウマラ政権は 2014 年 6 月から鉱業投資を促進させる法改正を行った。その中には，環境影響調査に対する許認可を緩和する内容も含まれており，紛争を増加させる一般的要因は改善されるどころか，ますます深刻化していることを指摘しておきたい。

第8章

ペルー II

――非制度的な政治参加から制度的対話への困難な過程――

はじめに

1990年代後半から2000年代半ばにかけて，新自由主義政策が推進される中，エクアドルやボリビアでは激しい抗議運動が起き，左派の大統領が誕生した。新しい左派政権は折からの資源ブームをうけて政策転換を行い，多国籍の資源開発資本に対して増税を宣言するとともに，財政好転による政策変化を実行に移した。それに対して，ペルーでは新自由主義政策が継続されてきた。マクロ経済が安定し，1990年代以降に鉱業と天然ガス部門に多くの投資が流入した。積極的な資源開発に対して抗議運動が増加してきたことは前章で見たとおりである。しかし，そうした抗議運動は全国レベルの抗議運動に発展せず，地方ごとの分散した運動にとどまってきた。

このようなペルーで，複数の県にまたがる大規模な抗議運動が起きたのは2008年のことであった。それは，シエラ（アンデス山間部）ではなく，セルバ（アマゾン熱帯地方）を中心としたものだった。2008年5月にアラン・ガルシア（Alan García）政権によって公布された委任立法令（以下で法令とあるのもこれに同じ）[1]に対して抗議運動が始まり，8月にはセルバの先住民組織による「アマゾン蜂起（paro amazónico）」をきっかけに，その法令の一部が国会によって撤廃された。政府の譲歩によっていったんは収まるが，先住民組織と政府と

1）委任立法令とは，立法府から授権された行政府が，授権法の定める範囲と期間に限って公布する法律のことである（ペルー共和国憲法104条）。

の対話は実を結ばず，再び2009年6月にアマソナス（Amazonas）県バグア（Bagua）を中心に抗議運動が起き，「バグアッソ（Baguazo）」と呼ばれる暴力的な衝突が発生することになる。

この一連のプロセスは，大きなインパクトを与えた。第2章の図2-6で示したように，護民官局の月次データによれば，2008年はペルー全土で鉱山紛争が目立って増加した年だった。また，ILO169号条約が定める先住民族への「事前協議（consulta previa）」に注目が集まり，その法制化作業が着手された。

またこのプロセスは，資源ブーム期に資源生産国が抱える，ある種類の問題を映し出している。資源開発を強行する政府と抗議運動を行う住民との溝が埋まらず，対立が深まるという問題である。ペルーでは，シエラの鉱山開発やセルバの石油開発が促進される中，多くの抗議運動が起きてきたが，単発的な政府の譲歩や停滞を別として，抜本的な変化をもたらしてこなかった。それは，歴史的にペルーが「弱い社会」であることによるだろう。そうした中，抗議運動が深刻化し，しばしば多くの死傷者が出る事態に発展してきたのは悲しい事実である。

本章は，そうした資源ブーム期の問題について，制度的対話の可能性という視点から考えたい。抗議運動が必ず政権や政策レベルの抜本的な変化に直結しなければならないわけではないが，少なくとも暴力的衝突ではなく制度的解決が求められるべきであろう。制度的解決が実現しなければ，結局のところ資源開発は徐々に不安定性を増し，持続可能なものではなくなっていく。では，なぜ制度的解決は難しいのだろうか。

本章は以下の構成をとる。第1節では，背景として，セルバ先住民組織と政府の歴史的確執を2000年代初めのトレド政権下での出来事を中心に紹介するとともに，問題の背景となった法律上の争点をまとめる。第2節は，アマゾン蜂起に始まる一連のプロセスの叙述である（表8-1）。まず2008年5〜8月に起きた第1回のアマゾン蜂起について，続いて第1回の蜂起後に先住民組織と政府とが協議する場が設けられるもののうまく行かず，2009年6月に30人超の死者を出す暴力的な衝突に至った経緯を述べる。第3節では，後に「バグアッソ」と呼ばれるこの暴力的事件の後に設置されたバグア事件調査委員会と，そ

表 8-1　アマゾン蜂起に始まる一連の流れ（2008～10 年 7 月）

2008 年 1 ～ 6 月	政府は，米国の自由貿易協定発効と経済促進のために 97 の委任立法令を公布	
8 月 7 日	アマゾン地方の複数州で先住民組織による抗議運動が発生	
22 日	国会は，法令 1015 号と 1073 号の撤廃を決議	
9 月 11 日	国会は，係争法令の処置などについて超党派委員会設置	
2009 年 1 月 13 日	超党派委員会は，係争法令の撤廃を求める報告書を国会に提出	
2 月 1 日	米国との自由貿易協定発効	
3 月 13 日	AIDESEP は，国会議長に係争法令撤廃の要求書を提出	第 2 節
4 月 9 日	AIDESEP は，係争法令撤廃を求めて抗議運動再開	
5 月 19 日	国会の憲法委員会は，法令 1090 号撤廃を決議	
28 日	国会本会議は，法令 1090 号撤廃についての決議を延期	
6 月 4 日	国会本会議は，法令 1090 号撤廃について改めて決議延期	
5 日	バグア事件（アマソナス州バグアおよび第 6 石油基地での衝突）	
15 日	首相は，抗議運動を展開する先住民組織と協議	
	国会は，全会一致で 6 月 5 日事件調査委員会を設置	
18 日	国会は，法令 1090 号と 1064 号の撤廃を決議	
22 日	政府は，「アマゾン開発のための調整部会」（調整部会）を設置	
9 月 7 日	政府は，調整部会の作業部会の 1 つとして，バグア事件調査委員会を設置	
12 月 21 日	調整部会のバグア事件調査委員会は，最終報告書を提出	
2010 年 5 月	国会のバグア事件調査委員会は，4 つの報告書を提出	
5 月 6 日	プエブロ委員会は，事前協議法案を可決し，国会に提出	第 3 節
18 日	憲法委員会は，事前協議法案を修正し，国会に提出	
19 日	国会本会議は，事前協議法案を可決	
6 月 21 日	政府は事前協議法案に対する修正「意見」を国会に提出	
7 月 6 日	プエブロ委員会は，5 月 19 日法案の原案維持を全会一致で可決	
13 日	憲法委員会は，5 月 19 日法案の修正を多数決で可決	

出所）筆者作成。

の勧告に従って進められた事前協議法案の制定作業がガルシア政権下では実現に至らなかった点を明らかにする。

1　背　　景

アマゾン蜂起を理解するためには，2 つの前提知識が必要であろう。1 つ目はセルバの先住民組織と国家との間の確執であり，2 つ目はそうした中で国家が進めようとした国家主導の改革である。

1）セルバの先住民組織と国家の間の確執と不信感

先住民に関するペルーの国家機関は，機能不全と混乱を繰り返してきた。1946年に創設されたペルー・インディヘニスタ機関（IIP）は，その後半世紀続いたものの，ほとんど意味を持ってこなかった。1991年にIIPは労働省の下に移転され，さらに1996年に女性支援人間開発省（Ministerio de la Promoción de la Mujer y del Desarrollo Humano : PROMUDEH）[2)]が創設されるとその下部組織へと移転された。そして翌1997年，POMUDEHにおいて先住民族開発計画班（la Unidad de Programas para Poblaciones Indígenas : UPPI）が設置されるとともに，IIPは50年にわたる歴史に終止符を打ち，改組されることになった。

1998年に世界銀行によるプロジェクトに主導されて，PROMUDEH下に先住民問題事務局（Secretaria Técnica de Asuntos Indígenas : SETAI）が創設される。これは，シエラから2人，セルバから2人の先住民代表を参加させて，世界銀行が提供する500万ドルの資金管理とプロジェクトへの配分を行うための機関であった。初代のSETAI代表となったハイメ・ウルティア（Jaime Urrutia）が述べているように，この時期に先住民機関が再編されたのは，プログラムによって使途が特定された国際援助の受け皿を作るためであった（Urrutia 2007 ; García and Lucero 2004 : 169）。

これらとは全く別の動きとして，1997年には護民官局に「セルバ先住民共同体プログラム（el Programa de Comunidades Nativas）」が，国会に先住民問題委員会（Comisión de Asuntos Indígenas）が創設されている。こうした動きは，概して国際援助の分配とプログラム実施にとどまるものであったが，結果として先住民機関再編と制度的乱立は先住民側に混乱を生んだ。

2001年の2月初頭，フジモリ大統領の突然の辞任後に成立したバレンティン・パニアグア（Valentín Paniagua）政権が選挙の準備を進めているときに，中央セルバのアシャニンカ，ノマチゲンガ，ヤネシャといった先住民族のリー

2）女性支援人間開発省は1996年10月29日に大統領令866号によって設立され，2002年7月11日にトレド政権下で法27779号により女性社会開発省に再編されている。

ダーたちがリマまで行進を行い，政府に陳情を行った。これらの先住民は鉱山企業による資源採掘や木材企業による伐採に対して先住民共同体の土地に対する権利が欠如していることを訴え，またテロ組織と軍の衝突による被害への補償を求めた。これに対してパニアグア政権は，共同体保護区，多言語教育，保護地域などの優先事項について行動計画を策定し，さらにSETAIの中にペルー・アマゾンエスニック間開発連合（AIDESEP）とペルー・アマゾン民族連合（CONAP）などのセルバの先住民組織代表，農業省などの関連省庁，護民官局を含めた委員会を設立した。けれども，この試みは，数カ月後に政権交代が起きると，実効性を失った。

他方でこの時期には，先住民組織の間でも横断的な組織を設立しようとする動きが始まっていた。1997年12月に，クスコ（Cusco）で第1回ペルー先住民の権利会議（I Congreso Nacional de Derrechos Humanos y Pueblos Indígenas del Perú）が開催され，この会議の常設組織としてペルー先住民常設会議（Conferencia Permanente de los Pueblos Indígenas del Perú : COPPIP）が設立された[3)]。しばらくCOPPIPはさらなる発展の糸口を見出せないでいたが，2001年8月に第2回会議を開催し，そこにアレハンドロ・トレド大統領夫人のエリアン・カープ（Eliane Karp）を招待した。このベルギー出身の人類学者でもある大統領夫人を中心に，先住民組織と政府との対立は深まることになる[4)]。

2001年に選挙に勝利したトレド大統領は，2001年7月の大統領就任式を世界遺産で有名なマチュピチュで行い，自らを先住民の指導者としてアピールし[5)]，就任式に来訪したラテンアメリカの各国首脳とともに，民主主義・人権・先住民の権利を尊重することをうたったマチュピチュ宣言（Declaración de Machu Pichu sobre la Democracia, los Derechos de los Pueblos Indígenas y la Lucha Contra la

3）この第1回会議には，ペルー農民連合（CCP），全国農業連合（CNA），AIDESEP, CONAP，プキナ連合（Federación Puquina），アンカラ民族会議（Consejo de la Nación Ankara），アイマラ民族連合（UNCA）といった組織が参加していた。後にCONACAMIも参加するようになった。

4）García and Lucero（2004），García（2005），Pajuelo（2005 ; 2006 ; 2007），Huber（2008）を参考にした。

5）彼はシエラ出身で，米国のスタンフォード大学で博士号を取得したというサクセス・ストーリーを持っていた。

Pobreza）に調印した。

2001 年 8 月，COPPIP の第 2 回会議に参加したカープ大統領夫人は，自らの関心もあり，新たな先住民政策の実施に乗り出す。同年 12 月，政府はアンデス・アマゾン・アフロペルー人全国委員会（Comisión Nacional de Pueblos Andinos Amazónicos y Afroperuanos : CONAPA）を創設し，大統領夫人自らがその代表に就任した。CONAPA は，SETAI を引き継いで世界銀行プロジェクトの財源と政府からの補助金を管轄することとなった。

けれども，CONAPA の内部では，すぐに人事と財源管理をめぐる対立が起き，翌 2002 年 5 月，AIDESEP と全国鉱山被害共同体連盟（CONACAMI）は COPPIP を分裂させ，それまでの COPPIP の C にあたる「会議（conferencia)」の部分だけを同じ C を頭文字とする「調整機関（coordinadora)」に代えた別の組織，ペルー先住民常設調整機関（Coordinadora Permanente de los Pueblos Indígenas del Perú : COPPIP）を設立した。CONACAMI や AIDESEP は，CONAPA が先住民を代表する国家機関であるという正統性に異議をとなえたが，CONAPA の持つ潤沢な財源にあやかろうとした先住民組織もいた。以後，COPPIP（会議）はカープ大統領夫人の CONAPA を支持し続けるが，COPPIP（調整機関）は CONAPA と距離を置くという構図が続いた[6]。

CONAPA をめぐる対立は，2 つの COPPIP の間で激しく繰り広げられた。2003 年 3 月に COPPIP（調整機関）は CONAPA の監査役となることを提案するが拒否され，続いて CONAPA の幹部に，AIDESEP や CONACAMI の顧問であった社会学者のロベルト・エスピノサ（Roberto Espinoza）を就任させるが，3 カ月後に解雇された。このことを受けて，2003 年 6 月に COPPIP（調整機関）は同機関の混乱を公に非難し，世界銀行からの援助停止を模索するようになった。同時に，メディアの調査によって CONAPA 代表であり続けたカープ大統領夫人の不正行為が非難されるようになった[7]。メディアによる非難に耐えか

6）Pajuelo（2005）によれば，COPPIP（調整機関）は内閣府に対して CONAPA に代わる組織の設立を提案していたが，相手にされなかった。

7）カープが CONAPA 代表職を利用してアンデス開発基金（Corporación Andina de Fomento : CAF）から相談役として 12 万 5000 ドルを受け取った疑惑と，自らが代表を務める NGO を通じた援助計画に多くの財源を配分したという疑惑があった。

ねて，7 月 3 日，カープは代表を辞職した。

その後も CONAPA をめぐる対立は続き，最終的に大統領就任 2 年目となる 2004 年 7 月 28 日に，トレドは CONAPA を解散し，後身としてアンデス・アマゾン・アフロペルー人開発全国機構（Instituto Nacional de Desarrollo de Pueblos Andinos, Amazónicos y Afroperuanos : INDEPA）の設立を決定した。

以上の混乱と確執は，AIDESEP と政府との間に不信感を生んだ。2006 年 7 月にガルシア政権が成立すると，与党アメリカ人民革命同盟（APRA）の元国会議員が INDEPA 代表に就任し，2007 年 2 月には女性社会開発省の下部組織に格下げされた。2007 年 12 月 6 日には再びもとの独立した組織に復帰するが，ガルシア政権下で先住民をめぐるイシューが優先事項でなくなったのは明白だった[8]。

CONAPA の設立から解体に至る過程は，セルバの先住民組織が国際援助の受け皿をめぐって争ってきたことと，政権の意向によって先住民支援制度が左右されてきたことを示している。いずれも，国家と先住民組織の間に不信感を醸成してきたために，より深刻な紛争が起きるきっかけになっただけでなく，制度的対話の場を構築することを困難にしてしまった。

2）先住民に対する新自由主義政策の脅威

2000 年以降，ペルーのマクロ経済は好況を続けてきたが，それは天然ガスや鉱業などの資源開発に牽引されたものだった，2000 年 10 月に第 3 期目のフジモリ大統領が明白な汚職問題の末に解任されると，8 カ月のパニアグア暫定政権を経て，翌 2001 年 7 月にトレド政権が成立した。このトレド政権（2001〜06 年）と，これに続くガルシア政権（2006〜11 年）は，いずれも新自由主義経済モデルの維持と社会政策の組み合わせを継続したので，「フジモリなきフジモリスモ」と揶揄されてきた（Paredes 2007 ; Degregori 2008）。そうした中，前章で見たように資源開発に対する抗議運動が各地で頻発してきた。

2000 年代には，米国との自由貿易協定（FTA）も推進された[9]。2001〜06 年

8）CONACAMI の関係者は，ガルシア大統領や APRA 党は，先住民イシューを再び不可視化しようとしていると述べた（インタビュー L）。

のトレド政権下で交渉が進み，2006年4月には両国間で合意・署名が取り交わされ，同年6月にはペルー国会で，2007年12月には米上下院で承認された。最終的には，2009年2月にFTAが発効することになるが，その間に米国側から，協定発効に先立って環境保護などについて法整備することが要求された。

2006年7月に政権についたガルシア大統領は，1985～90年に政権を担った際に国家主導型経済モデルを強硬に推進し，そして深刻な経済危機を導いた過去と決別し，経済自由化政策を継続させた。それだけでなく，ガルシアはさらなる自由化政策によってセルバやシエラの天然資源開発を進めるべきだと考えていた。2007年10月28日に，大統領は主要紙*El Comercio*に「農場の番犬(Perro del hortelano)」と題する寄稿を行い，経済自由化と外資導入がいかに開発の遅れたシエラ，セルバにとって望ましいかを説いた[10]。反鉱山開発主義者，環境主義者，多文化主義者といった「番犬」が木材や地下資源などの潤沢な資源を自ら開発せず，また他者にも開発させないために，セルバやシエラでは貧困に陥っているという主張であった。

ガルシア大統領は，2008年に入ると米国とのFTA発効に向けた法整備に取りかかった。2008年上半期に，国会からの委任（授権法29157号）にもとづいて，法的条件の整備，貿易促進などのために97の法令を公布した。その中には，米国側から要求されていた環境省設置，環境基準の法制化も含まれていたが，先住民共同体の所有地譲渡についての規制緩和も含まれていた。

ペルーでは，先住民共同体の土地所有権と利用権に関する不可侵性（譲渡，売却の原則的禁止）が歴史的に問題となってきたのは第5章で見たとおりである。1920年代からシエラで土地分配を求める農民運動が活発化し，1968年に

---

9) 実際は完全無制限な関税撤廃ではなく規定された品目についてのものであり，貿易促進協定（Trade Promotion Agreement）と呼ばれるが，ここではより一般的な自由貿易協定という呼称を用いる。この協定締結交渉は，1990年代の米ブッシュ大統領の対麻薬政策を端緒とするアンデス貿易促進麻薬撲滅法（Andean Trade Promotion and Drug Eradication Act : ATPDEA）の下で可能となっていたペルーからの特定品目の輸出自由化を延長させるものとして始まった。ちなみにボリビアではATPDEAの再延長交渉が決裂し，ベネズエラ等との地域連携を目指すことになったのとは非常に対照的である。

10) その他にも2007年11月25日，2008年3月2日，3月9日の同紙上にもガルシア大統領の関連論考がある。

始まるベラスコ軍事政権下では大規模な農地改革と先住民共同体の登記が実施された[11)]。1979年憲法163条では，共同体構成員の3分の2の同意がない限りは共同体の土地を譲渡できないと明記された。

フジモリ政権は資源開発促進のために，この規定に修正を加えることを試みた。同政権下で改定された1993年憲法89条は，土地の不可侵性に関する憲法上の明示規定を削除し，別途法律の定めによるとした。しかし，翌1994年にペルーはILO169号条約を批准したため，同条約14条，15条における先住民の土地の所有権，占有権，および天然資源に関する権利を法的に認める義務が生じた[12)]。結果として1995年公布の法律（法26505号）では，先住民共同体の所有地の譲渡・利用について，コスタ（海岸部）では共同体構成員の過半数，シエラ，セルバでは3分の2の同意が必要であることが再確認された。

ガルシア大統領が2008年5月に公布した法令には，先住民共同体の不可侵性という歴史的な争点を再び蒸し返すものが含まれていた[13)]。2008年5月20日，政府は共同体の土地譲渡の具体的な手続きとして，共同体総会での投票で有効票の過半数の賛成があればよいとする法令1015号を公布した。正確には，法令1015号は，法26505号10条でコスタに限定されていた過半数合意という土地取得の条件を，シエラとセルバも含むように修正したものである。この時，法令1015号では土地譲渡に「共同体総会出席者」の過半数が必要であるとされたが，出席を妨害することで容易に採決される恐れがあるため，1カ月後に公布された法令1073号では「1年以上の土地所有者」の過半数の賛成を必要

11)「農場の番犬」論でガルシア大統領が言及した「かつての共産主義者や保護貿易主義者」は，当時の農民運動を率いた指導者や軍事政権に関わった知識人を指していた。

12) 1989年に成立したILO169号条約は，先住民族に影響ある法的・行政的措置の策定や，先住民族の所有地における鉱物，地下資源の探査や開発に際し，国家が対象先住民族と事前協議する義務を定めている（6条，15条）。ペルーでは国際法上の権利も自動的に国内法上の権利とみなされるため，特別な措置を経ずに同条約は国内的効力を有する（ペルー1993年憲法55条）。ただし，条約は事前協議実施手続きについて自動執行しうるほど明確であるわけではなく，国内法整備が必要とされてきた。

13) バグア事件調査委員会の報告書によれば，米国との自由貿易協定発効に必要として公布された諸法令のうち，27法令は実際には自由貿易協定発効とは関連性がなく，法令1015号と1089号は過去に国会常設委員会で否決されていた法案01992/2007-PE号，01770/2007-PE号と酷似する内容であったとされる（Isla 2010：106-109）。

とする旨への改正が行われた。

法令1015号が公布された10日後の5月30日，護民官局は先住民族の権利保護を求めたILO169号条約に照らして，憲法裁判所に同法令の違憲性の疑義を提出した。続く6月，7月には国内の様々な県で，農民組合組織や先住民組織によって同法令の撤廃を求めるストが発生した。すぐに法令1015号は政治問題化したのである。しかし，最終的に同法令を撤廃させるきっかけとなったのは，8月に起きたセルバでの一斉蜂起であった。

2 「アマゾン蜂起」――なぜ対話できず衝突へと進んだか

本節では，2008年8月に起きた「アマゾン蜂起」と，2009年6月に起きた「バグアッソ」について，報道[14]やインタビューをもとに叙述する。なぜ抗議運動が起きたのか，なぜいったんは収束したのに，その後対話ができず，再び死者を出す衝突へと向かったのかを考察する。

1）1回目の蜂起

8月7日，アグアルナ，アワフンといった先住民族は無期限の抗議運動を宣言し，10日にはロレト（Loreto）県マンセリチェ（Manseriche）のPetroperú社の第5石油採掘基地と，アマソナス県アラマンゴ（Aramango）の水力発電施設に侵入，占拠した。続いて9日にクスコ県のマチゲンガ先住民族もウルバンバ（Urubamba）でPluspetrol社のガス輸送車を拿捕し，11日には同社の油田基地，ヘリコプター基地，宿泊地を占拠した。さらに13日にはウカヤリ（Ucayali）県プカルパ（Pucallpa）でシピボ先住民族が河川を封鎖し石油会社の船舶の通行妨害を始めた。

これらを受けて8月15日，政府は5月に就任したばかりの環境大臣アント

14）*El Comercio* 紙，*La República* 紙，*Perú 21* 紙およびServindi（http://www.servindi.org）というNGOの配信ニュースを参考にしている。Servindiは先住民に関連する報道や先住民組織に近い立場だが，報道内容は基本的に事実にもとづくものである。

ニオ・ブラック（Antonio Brack）をロレト県のダテム・デ・マラニョン（Datem de Marañón）に派遣し，抗議リーダーとの間で対話の場を設けた。いったんは合意に達しかけたものの，同日中に交渉は決裂する。先住民側は，交渉相手としてブラックを拒否し，首相，国会議長との交渉を要求した[15]。

続く17日に警察と抗議集団が激しく衝突するが，再対話の糸口はつかめなかった。18日にはロレト，アマソナス，クスコ各県の蜂起地域に非常事態宣言が発令され，政府は強圧的姿勢を示すが，各地で都市住民組織，農民組合組織が先住民組織への支援を表明し対立は深まった。教会やNGOなども食糧や医療品などの支援を行った。地域住民の多くは抗議運動に理解を示し，支援した。複数県での先住民蜂起は，AIDESEPを通じて連携していた。政府は先住民側に，左派の弁護士，野党の議員が関与していると非難したが，AIDESEPに率いられた先住民側はそれを否定し，常に自らの自律性を主張した。

19日，法令1015号と1073号は行政府に与えられた立法授権の範囲を超えるものだとして，国会で野党が委員長を務める「アンデス・アマゾン・アフロ系ペルー人および環境委員会（Comisión de Pueblos Andinos, Amazónicos y Afroperuanos, Ambiente y Ecología）」（以下，プエブロ委員会）が2法令の撤廃を決定する。首相もガルシア大統領もこの決定を非難するが，国会議長は立法府の独立を主張した。これを受けて一部の先住民族は休戦を宣言するが，アマソナス県バグアのように警官とデモ参加者との衝突で11人の負傷者を出し，対立が激化する地方もあった。

20日，AIDESEPと国会代表との間で，以下の点について合意がなされた。①抗議行動の撤収，②その後22日9時から国会本会議で法令撤廃について議論すること，③超党派委員会を設立し，ILO169号条約に基づいた先住民の協議権を含めるように国会規定を修正すること，④非常事態宣言の撤廃などである。結果として，22日に国会本会議で66票の支持，29票の反対で法令1015号と1073号は撤廃されることとなった。行政府は最後まで反対したが，9月

15）交渉決裂の理由は定かではないが，先住民側は前節で取り上げた経緯から，先住民に関する政府機関に不信感を持っており，それまで存在しなかった環境大臣がやってきたので，政府側の交渉者の正統性に疑いを持ったと言われる（インタビューE）。

19日に国会議長の名で公式に撤廃された。

同蜂起に対して，各当事者へのインタビューが新聞上に発表された。AIDESEP代表のアルベルト・ピサンゴ（Alberto Pizango）は，セルバの65の先住民族（65万人，1,279の共同体）について1300万ヘクタールの土地を不可侵とすることを求め，また，蜂起にいかなる政党やNGOも介在していないことを明言した（2008年8月24日付 *La República* 紙）。

これに対して環境大臣ブラックは，法令は読まれておらず神話が出回っていること，政治化した人々との対話は難しいこと，メディアの役割が大きいことなどを主張した。さらに，法令は基本的に新しい共同体員への所有権譲渡を想定したものであるし，そもそも地下資源は国家に属するのだから共同体は拒否権を持ちえないと述べた（2008年8月31日付 *El Comercio* 紙）[16)]。

この蜂起は，それまで大規模な抗議運動を見せなかったセルバの先住民組織に率いられていた点で，ペルー国内では驚きをもって受け止められた。この抗議運動では，携帯電話やインターネットを利用した情報通信技術によって，複数のセルバ諸県で一致した行動がとられた点が特徴的だった。もっとも，第5章で見たように，AIDESEPに対して下部組織は高い自律性を持っており，すべての下部組織が一致して行動したわけではない（インタビューI，M）。他方で，AIDESEPを援助してきた国際NGOを通じて情報が国内外に発信されており，トランスナショナルな支援ネットワークが存在した。また資源搬送路や石油採掘施設を封鎖するという闘争戦略には，過去に成功事例が存在した。2006年10月に，ロレト県でアチュアル先住民がアルゼンチン系Pluspetrol社の施設を封鎖したことがあり，その際には河川の水質汚染防止が約束され，その後2年間約束が守られたことがあった（2009年5月6日付 *El Comercio* 紙）。

以上のような点から，セルバ先住民とAIDESEPは2008年8月のアマゾン蜂起で一定の成果を収めた。問題はこの最初の紛争の後，政府とセルバ先住民

16）同インタビュー中で，ブラックは交渉者としての自らの曖昧な立場を吐露してもいる。法令1015号が作成された時点では大臣ではなかったことを申し添え，法令1015号は先住民共同体の土地の不可侵性を脅かすものであることを認めた。特に資源濫獲の歴史を持つセルバ住民にとって，同法令は敏感な問題に触れるものであり，「首をくくった人の家に縄を入れるようなものだ」と述べた。

とがさらなる紛争を予防することができるかどうかにあった。しかし，一度高まった不信感は容易に解消できなかった。

2)「バグアッソ」

抗議運動がいったん収束したことで対話の糸口が見られたにもかかわらず，2009年6月5日に「バグアッソ」と呼ばれる多数の死者を出す衝突が起きる。これは，ペルー政府とAIDESEPおよび地方先住民諸組織の間で，対立が徐々にエスカレートする過程であった。

第1回のアマゾン蜂起のあと，政府と先住民組織との間では対話の機会が存在していた。法令1015号と1073号が撤廃された直後の2008年9月，先住民組織が撤廃を要求していたその他の法令の是非とILO169号条約の事前協議権の法制化について，国会に超党派委員会が設置された。同委員会は同年12月に係争法令の執行停止を求める動議を国会に提出（結果は否決），翌2009年1月には係争法令の一部の撤廃を求める報告書を国会に提出した。

こうした動きに対して，与党議員らは法令撤回の議論を先延ばしにし，政府による先住民組織との直接対話で事態収拾を図ろうとした。2008年9月から2009年3月まで，数度にわたって政府からAIDESEPに対話提案があったが，進展はなかった。2009年3月13日，AIDESEPは国会議長宛に要求書を提出し，係争法令を撤廃しなければ抗議運動を再開すると通告した，3月22日に政府は交渉の場（Mesa de dialogo）を設けるが，AIDESEPはこれを懐柔策だと見て参加しなかった。AIDESEPは歴史的に仲違いをしてきたCONAPも招待されたことに不信感を抱いていた。

対話へと歩みよることができなかったのは，双方の当事者がいわゆる「囚人のジレンマ」に置かれていたからだと解釈できる。すなわち，政府と先住民組織がそれぞれ「対立」と「対話」という選択肢を有していると考えられるが，相互不信のために相手が「対立」を選ぶと予想するがために，結局それぞれが「対立」を選ぶことになり，結果として事態はエスカレートしていったのである。

双方の当事者にとって「対立」は十分に現実的な選択肢であった。先住民組織としては，2008年8月の抗議運動によってすでに2法令を撤廃できたのであるから，それ以外の法令についても抗議運動によって撤廃を引き出せるだろうと考えるのは自然であった。他方で政府としては，先住民組織が大規模な抗議運動を繰り返すのは難しいと予測して，法令撤廃の議論を先延ばしにすることを選択肢とした[17)]。その一方で，「対話」という選択肢が何を生み出すかは不信感をもって受け止められていた。

4月9日から再び，アマソナス県バグアとロレト県で河川・道路封鎖が開始された。4月中旬から下旬にかけて，AIDESEPと国会，政府との間で交渉委員会を設ける合意が結ばれかけた。しかし，AIDESEPが交渉開始の大前提として法令撤廃の約束を求めたのに対し，政府と国会は蜂起が継続している状態では必ずしも約束はできないとした。政府・国会側は，圧力をかければ話し合いができるという前例を作りたくないため，蜂起を撤収した上でなければ交渉を行わないという考えであった。しかしAIDESEPと先住民側は，蜂起を撤収したならば法令撤廃の実現は難しくなると見て，その条件を呑むことができなかった。

4月末になってイェウデ・シモン（Yehude Simon）首相と国会議長がAIDESEPとの対話に乗り出し，国会で法令撤廃の議論がようやく始まるが，アマソナス県のアワフン先住民族らは国会が即時撤廃の意思を見せないとして行動を急進化させた。5月7日，首相は「圧力行動を撤収すれば対話の席に着く，さもなければ非常事態宣言を発令する」と述べ，圧力行動に対する譲歩は行わない姿勢を固持した（2009年5月7日付*Andina*紙）。

5月9日，複数県の蜂起地域に非常事態宣言が発令されると，5月14日にAIDESEPは憲法46条に定められた反乱権（derecho de insurgencia）の発動を宣言した。護民官局がAIDESEP代表と話し合い，反乱権の発動宣言は撤回させたが，アワフンの先住民組織リーダーは，「対話は譲歩であり抗議運動の分裂

17）Remy（2005）は，様々な政治参加形態の中で，市民が国家から便宜を得ようとする上で最も有効なメカニズムはデモ行進や道路封鎖のような直接的な抗議運動であり，暴力的になればなるほどより有効になるが，多数の参加者の確保と調整，逮捕や身体的危害を被る恐れがあるといった点でコストが高いと述べている。

を引き起こすものだ，法令を撤廃するまでは対話の席にはつかない」と主張した[18)]。このように，政府と先住民組織がともに「対立」の選択肢を取り続ける中で，状況はエスカレートしていった。

6月5日の「バグアッソ」はこうした膠着状態の中で起きた。5月19日に野党のペルー民族主義党（Partido Nacionalista Peruano：PNP）がとったイニシアチブによって，国会の憲法委員会は法令1090号の撤廃を決定した（賛成7，反対6，棄権1)。これは2008年の法令1015号と1073号撤廃のときと同様に，国会本会議で撤廃審議にかけられることになった。6月4日，APRA議員は野党議員が国会に現れない間に，法令1090号撤廃審議を先送りする動議を提出し可決した。これに対して，AIDESEP代表のピサンゴは6月11日に全国ストを決行する旨を宣言するが，アマソナス県バグアでのアワフン先住民らの反応はもっと素早かった。

6月4日，アワフン先住民は国会での先送り動議を見て闘争の急進化を決定し，幹線道路の封鎖と第5，6石油施設の占拠を決定した。幹線道路の占拠に向かう先住民の集団に対して，警察は同日午後4時までに抗議を収束しなければ実弾射撃を行うと警告した。6月5日朝5時から，効果的な道路封鎖を行える橋梁への侵入を試みる先住民集団と警察，軍の特殊部隊との間で衝突が起きる。同日，アマソナス県イマシタ（Imazita）にある第6石油基地を防衛していた37人の警察と1人の石油会社（Petroperú社）社員が，先住民により人質として拘束された。これら地域一体にはすぐに外出禁止令が発令され，多くの蜂起参加者が逮捕された。翌6月6日，第6石油基地で捕獲されていた37人のうち，22人が救出されるが，9人の警察官が死亡，7人が行方不明となる。政府の公式見解によれば，警察側に24人，先住民側に10人の死者が出たとされる。これらは一般的に「バグアッソ」（バグア事件の意）と呼ばれるようになった。

AIDESEPはバグアの事件について，国際人権監視団の介入を要求した。6月6日から数日のうちに，国際NGO，国際機関はペルー政府によるバグアで

18）http://www.servindi.org/actualidad/opinion/9776/ 参照（2010年8月28日最終閲覧）。

の「虐殺」を非難し，人権の保障を求めた。他方でペルー政府は社会騒擾の罪でAIDESEP代表のピサンゴに逮捕状を出した。6月8日，ピサンゴはニカラグア大使館に亡命を申請する。翌9日，ニカラグア政府は亡命を許可し，17日にニカラグアへと向かった。

アマソナス県に続いて，サン・マルティン（San Martín）県のユリマグアス－タラポト（Yurimaguas-Tarapoto）間でも道路封鎖が始まっており，ここでも暴力的衝突が起きる可能性があった。6月10日，同地域で蜂起していたアチュアル先住民たちのもとにタクシー運転手，建設業労働者が結集して数千人の群衆となり，道路封鎖と無期限ストを決定していた。その他，クスコ，マドレ・デ・ディオス（Madre de Dios），さらにはアプリマク（Apurímac）県アンダワイラス（Andahuaylas）でも空港占拠と道路封鎖が起きた。6月11日には，最も大規模化していたユリマグアスで政府が非常事態宣言を出して軍の介入を決定すると，事態は再び緊張感を増した。リマではセルバ先住民に賛同するデモ行進が行われていた。

第2回のアマゾン蜂起は，法令1064号と1090号が撤廃されることで収束へと向かう。まず6月10日に国会は，これら2法令の効力の無期限停止を決定する[19)]。同日，大統領決定によって，法令撤廃や新たな法制などを含めた全権委任組織として「アマゾン先住民の開発のための調整部会（Grupo Nacional de Coordinación para el Desarrollo de los Pueblos Amazónicos）」（以下，調整部会）が設置された。これは政府から4人，セルバの各県知事，10人のアマゾン先住民代表から構成される問題解決のための全権委任組織であった。

その上で6月15日に，シモン首相は複数のセルバ地域における直接交渉を開始した。まず同日の午前11時から，中央セルバの先住民とフニン県（Junín）チャンチャマヨ（Chanchamayo）郡サンラモン（San Ramón）にて会合を持ち，法令1064号と1090号の撤廃[20)]，フニン県の道路封鎖の一時解除，ILO169号

19）同時に，野党PNP議員の中でデモに参加した18人については制裁決議を行い，活動停止を決定した。

20）他の係争法令とは異なり，法令1064号と1090号は護民官局によって違憲性が指摘されていた。首相は，AIDESEPやバグアの先住民組織とではなく，暴力的衝突の起きていないフニン県の先住民組織と交渉し，法令撤廃，抗議運動の撤収，非常事態宣言の

条約の事前協議メカニズム制定など，11 の点で合意を取り付けた。

同日午後，首相はリマに戻ると，記者会見を開き，国会議員たちに対して無期限停止されていた法令 1064 号と 1090 号の撤廃への理解を求めた。6 月 17 日午後，国会は審議の結果，法令 1064 号と 1090 号について撤廃を決定した。その日の夜 10 時，ガルシア大統領は法令の過ちを認め，首相の努力を評価した。

6 月 18 日にはユリマグアス－タラポト間を封鎖していた人々が封鎖を解除して家に戻り始めた。アプリマク県アンダワイラスとクスコ県シクアニ（Sicuani）でも蜂起が起きていたが，シモン首相は 6 月 23 日から 24 日にかけて精力的に足を運び，対話を行った。6 月 24 日，セルバ諸県に出されていた非常事態宣言は解除された。

6 月 22 日，調整部会の会合が開かれ，バグア事件の調査委員会の立ち上げ，係争法令についての審議，ILO169 号条約の事前協議メカニズムの法制，セルバの開発への国家の関与について合意された[21]。調整部会は 6 月 25 日に活動を開始した。同日，政府はアンデス人民についての統合開発委員会（Mesa para el Desarrollo Integral de los Pueblos Andinos）を設立した。

第 2 回のアマゾン蜂起は，第 1 回蜂起の後に「対話」よりも「対立」が選ばれたことで，エスカレートしたものであった。政府にとって直接的恣意行動に応じて法令を撤廃するという轍を踏み続けることは認めがたく，事態が悪化するまでは具体的な妥協案を打ち出さずにいた。結果として，全く交渉が進まずに対立姿勢が続いたことで，いわゆる要求と圧力行動の「競り上げ（overbidding)」が起こり，犠牲者が出る事態に至った。次節では，「バグアッソ」の後，制度的対話の糸口がつかめるかどうかを論じる。

解除について合意した。

21）調整部会発足に向けた同会合への参加者は，政府閣僚（農業，環境，女性・社会開発の各大臣），セルバ県知事もしくはその代理人（ロレト，フニン，サン・マルティン，ワヌコ），AIDESEP とその下部組織の代表，CONAP，司教会（Comisión Episcopal）代表および貧困撲滅会議（la Mesa de Concertación para la Lucha Contra Pobreza）代表であった。

3　バグア事件調査委員会——制度的対話への困難な道のり

バグア事件の後，政府と国会による調査委員会が設立され，複数の報告書が提出・公開されている。本節では，これら調査委員会の報告書を参照しながら，バグア事件以後に訪れた制度的対話の機会について考察する。

前節で述べたように，政府と先住民組織の間の問題は，対話に対する不信感にあった。そして，政府が設置した調査委員会もこの問題を払拭できたかは疑わしい。12月21日に提出された最終報告書には，先住民組織代表でもある委員長ら2委員が署名を拒否し，政府主導の対話は決裂が明らかとなった。署名拒否の理由は，報告書が調査で得られた多様な意見を反映していない点，先住民が法令の内容をよく理解せず，政党や聖職者，NGOなどに扇情・操作されたことを抗議運動の原因だとしている点，6月5日前後に何が実際に起きたのかを明らかにしていない点にあった（Manacés y Gómez 2009）。

それに対して，国会が設置した超党派の調査委員会は，6月5日前後の事実関係を含めて詳細な報告書を作成した。もっとも，事件の解釈と責任の所在について意見対立があったため，3委員の署名による「多数派報告書」（Moyano, Espinoza y Perry 2010）とは別に，与党のAPRA委員，野党のPNP委員，そして委員長のギド・ロンバルディ（Guido Lombardi）が，それぞれ「少数派報告書」（Falla y Calderón 2010；Isla 2010；Lombardi 2010）を作成し，計4つの報告書が国会に提出された。

国会の調査委員会の報告書は，政府設置の調査委員会よりも広範で綿密な調査に則っており，6月5日前後の事実関係を詳細に明らかにしている。多数派報告書によれば，暴力的衝突は，6月3日の閣議で大統領が「そろそろバグアに秩序を与える時だ（ya era hora de poner orden en Bagua）」と内務大臣に指示して，道路封鎖の解除のために警察による実力行使を決定したことにある。しかし，警察行動の準備が十分でなかったために，先住民側との衝突において警察官に多くの犠牲者を出したとされた[22]（Moyano, Espinoza y Perry 2010：80–84）。以上については，他の少数派報告書もおおむね一致している。

しかし，与野党委員の少数派報告書の間には，事件の解釈について顕著な相違が見られる。与党 APRA 委員による報告書は，道路封鎖は違法行為であり，いかなる理由でも先住民による暴力は免罪されない，先住民は急進的なイデオロギーを持つ外部者により操作されていた，係争法令は先住民共同体の決定の自由を保障するもので事前協議の対象ではない，と結論づけている（Falla y Calderón 2010：167-182）。他方で野党 PNP 委員による報告書は，政府に対する市民の異議申し立ては民主主義の必須条件である，係争法令は国会による授権範囲を超えた違法なものであった，係争法令の撤廃論議が遅れ対話が進まなかったことが問題であった，と結論づけている（Isla 2010：241-248）。このような解釈の相違は，与野党の政治的対立を反映しており，前者は政府を可能な限り免責しようとするのに対して，後者は政府の責任を最大限に強調している。

このように紛争原因の解釈には相違があるとしても，悲惨な衝突の再発を回避するために，ILO169 号条約における事前協議手続きを法制化し，制度的対話を確立すべきとする点で与野党の報告書は一致していた（Falla y Calderón 2010：175；183-185；Isla 2010：243-249）。ロンバルディ委員長による少数派報告書は，ILO169 号条約に定められた先住民族への事前協議の欠如こそが抗議運動発生の根本的問題であったとする。そして，バグアッソへと至る過程で国会が法令撤廃論議に真摯に取り組まなかったことを，アマゾン先住民と政府との制度的問題だと指摘した（Lombardi 2010：257-259）。

以上のように，バグア事件の調査委員会によって制度的対話の必要性は明らかにされたが，実際にそれは可能となるだろうか。バグア事件調査委員会の活動と並行して，ILO169 号条約にある先住民への事前協議メカニズムを具体的に法制化する試みが進められてきた。最後にこの点を見てみよう。

近年の政治制度についての研究は，対立する紛争当事者が自らを拘束するような調停制度に合意することは，一般的に困難だとする。古典的著作『リヴァ

22）バグアの幹線道路で 6 月 5 日午前 6 時から警察が道路封鎖解除に着手したが，約 1 時間後にその情報を得た数千の先住民抗議者が第 6 石油基地を占拠し，捕虜となった警察官を多く殺害した。警察犠牲者が多いのはこの石油基地での犠牲による（Moyano, Espinoza y Perry 2010：84-93）。

イアサン』は，国家制度を，異なった利害を持つ個人や集団が果てしない闘争を回避して共存するための「社会契約」（＝対話・調停制度）としている。しかし，そのような「社会契約」がどのように作られるかは決して自明ではない(Bates 1988)。むしろ，紛争当事者は自らの利益追求行動を縛ることには往々にして同意しない。「弱い社会」のペルーで，政府が譲歩の必要性を感じていなければなおさらである。ペルーにおける事前協議法の成立に向けた過程も，このような困難さを露呈するものであった。

先住民族の権利擁護という観点から，事前協議制度の法制化作業を進めてきたのは，護民官局と国会常設のプエブロ委員会であった[23]。護民官局は，先住民組織と国会や政府との橋渡し役を担っており，バグア事件直後の2009年7月6日には事前協議法案を起草した。これを受け継いだプエブロ委員会は，護民官局と共に政府諸官庁，国際機関，司法府，先住民組織といった関係者から意見聴取を行いながら新法案の起草作業を進めた。2010年5月6日，同委員会は法案を全会一致で可決し，国会本会議に提出した。

その後，プエブロ委員会の法案には，国会常設の「憲法規則委員会（Comisión de Constitución y Reglamento)」（以下，憲法委員会）が憲法との関連性から修正を加えた。同委員会でも事前協議法成立は不可避であるとの見方が趨勢であり，5月18日には修正法案が同委員会で可決され，同法案は翌5月19日には国会本会議で可決された（賛成62，反対7，棄権6)。その後，国会承認の事前協議法案は大統領による公布を待つのみとなった。しかし，6月21日，ガルシア大統領は同法案には修正が必要であるとの意見を示し，ストップをかけた[24]。大統領は，事前協議において先住民組織が拒否権を持っていないこと，先住民族に直接影響を与えない国・地方開発計画については対象としないこと，協議主体にアンデスやコスタの先住民族や住民は含まないこと，協議に参加する先住民代表組織を登録すべきことなどについて，全8点の確認・修正を求め

23）各法案や法案審議過程については，ペルー国会ウェブサイト（http://www.congreso.gob.pe）参照（2010年9月19日最終閲覧）。各委員会での審議状況も参照できる。

24）憲法108条によれば，国会で承認された法案はその後大統領の手に委ねられる。大統領が署名すれば法案成立だが，署名せずに修正要求を示した場合には，国会で再審議にかけられ，修正法案は最終的に国会議員の過半数の賛成によって成立する。

た。大統領および政府は，民間資本を主導したアマゾン開発がペルー全体の利益からして望ましいという立場を変えておらず，同法案が生み出す法環境の変更を最小限にとどめようとするとともに，協議過程で混乱を生まないように手続きのさらなる明確化を求めた。

修正意見に対しては，最終的に国会本会議での多数決投票によって法案成立の是非が決まる。しかし，国会内では大統領の修正意見を踏まえて意見が分かれた。2010 年 7 月 6 日，プエブロ委員会は 5 月 19 日に承認された法案の原案維持を出席議員の全員一致で可決した。他方で 7 月 13 日，憲法委員会は大統領の修正意見を踏まえた修正案を多数決で可決し，8 月 6 日に国会に提出した。しかしその後，この法の成立は遅れ，実際に事前協議法が成立したのは 2011 年 8 月，ガルシアから PNP の党首であるオジャンタ・ウマラに政権が引き渡された後のことだった。

おわりに

本章では，2008～09 年のガルシア政権期のペルーで，資源開発を進めるために行われた法改正に対して，セルバ先住民から激しい抗議運動が起きたことを詳細に論じた。ガルシア政権だけでなく，以前から先住民組織と政府との間で蓄積されてきた不信感が抗議運動のエスカレートと暴力的衝突の発生に一役買っていることは否めない。一連の抗議運動の結果，政府は先住民族への事前協議法の制定に向けた対話を開始した。こうした変化は，問題が深刻であるとの一般的な認識を高め，制度的対話の糸口になったように見える。しかし，短期的な抗議運動は成功を収めたものの，「弱い社会」が顕著なペルーで，政府が自らの政策実施に制約を課すような制度を作るのは容易ではない。

事前協議法の制定は，2011 年に変化の期待を担って就任したウマラ政権のもとで実現することになる。しかし，事前協議法は資源開発プロジェクトについての拒否権を与えてはいない。同法 15 条は，法制や行政手段の承認についての最終決定は国家機関に属すると定めており，国家と先住民との間で合意に達しない場合には国家機関が先住民の集合的権利を保障するために必要な措置を行うとしている。結局のところ，事前協議が何を意味するかは政治的判断に委ねられており，問題の構図はあまり変化していないと言える。

当初は急進的な変化を訴えていたウマラ政権も，2011 年の選挙キャンペーン中に態度を軟化させ，結局のところ外資誘致政策の基本路線は転換しなかった。その後も同政権下では，カハマルカ（Cajamarca）県のコンガ（Conga）金鉱プロジェクトやアレキパ（Arequipa）県のティア・マリア（Tia Maria）銅鉱山プロジェクトで死者を出す大規模な抗議運動が起き，プロジェクトの停滞に追い込まれた。民主的統治において，利害の不一致が抗議運動に現れることは，意見や利益の表出という意味で，必ずしも悪いことではない。しかし，抗議運動が熾烈化し，暴力的になることは望ましいこととは言いがたい。それは多大なる人的および経済的損失につながるだけでなく，歩み寄りをますます困難にするからである。ペルーでは「弱い社会」が形成されてきたが，それは資源開発の促進政策の継続と，各地の人々による抗議運動の繰り返しに結びついてきた。そうした中での制度的対話の難しさは資源開発の持続可能性にとって重大な支障となる。これについては，終章で振り返ることにする。

第9章

ボリビア I

——集権化が政治参加に及ぼす影響——

はじめに

2000年以降の政治変動の中で変化への期待を担って2006年に誕生したボリビアのエボ・モラレス政権は，多民族国家建設という壮大なプロジェクトを打ち出した。モラレス大統領は就任早々，初の先住民大統領の誕生として注目を集め，天然ガスの国有化や憲法改正といった改革を実行に移してきた（遅野井2008)。その後2010年に始まる第2期モラレス政権は，国会で絶対多数を形成したにもかかわらず，抗議運動の増加が見られるようになった。

本章は，2010年に始まる第2期モラレス政権を取り上げて，資源ブーム期に政権・政策両面での抜本的変化を達成したかに見えた政権が，なぜ抗議運動の増加にさらされるようになったかを考える。モラレス政権は潤沢な天然資源採掘からの歳入を謳歌し，与党社会主義運動（MAS）による一党優位体制を確立したが，第6章で見たように，ボリビアの市民社会は歴史的に強固に組織化されており，人々は政策の実施や拒否を押し通そうと，デモ行進や道路封鎖を動員する能力を有してきた。第2期モラレス政権にとっても，利害関係者との調整を行いながら持続可能な制度構築を行うことが課題であるが，その政策形成過程はこれを困難にする特徴を多く有している。その顕著な例が，オリエンテ先住民との正面衝突となった「イシボロ・セクレ国立公園・先住民居住区(TIPNIS)」への道路建設問題であった。

次節では，2000年代以降のボリビアの政治経済情勢を簡単に振り返った上で，第2期モラレス政権の政策形成過程における特徴を指摘する。第2節では，この特徴が顕著に現れたTIPNISへの道路建設問題を事例として紹介する。

1　モラレス政権下の政策形成過程の特徴

1）激動の2000年代から第2期モラレス政権へ

2000年代のボリビアは，1990年代の大衆参加法をはじめとする政治改革の影響と，炭化水素資源（主に天然ガス）の発見が，大変革のうねりとなって現出した時期であった。2000年代前半には，天然ガスの利潤配分方式，制憲議会設立，地方自治といった要求が俎上にあがり，そうした要求の実現にあたって，人々は選挙を待つことなく，抗議デモや道路封鎖のような直接行動によって短期的な変化を求めた。第6章で見たように，2003年のゴンサロ・サンチェス・デ・ロサーダ，2005年のカルロス・メサといった政権が，変化の要求に耐え切れずに任期半ばで崩壊したことは，既存の政治経済モデルが維持不可能であることを明らかにし，その中で変化の実現を嘱望されてエボ・モラレス率いるMASが政権についた。

2000年代後半は，モラレス政権がヘゲモニーを握りながら社会運動による要求に対応する時期となった。ただしその実現方法が，弁護士や経済学者といった知識人に支えられた現実主義的なものであったことは特筆に値する(Mayorga 2010)。2004年の国民投票で合意されていた天然ガス資源の「国有化」政策は2006年5月1日に実行に移されたが，資産接収ではなく外資系企業に対して増税再交渉を迫るものであって，既存の生産プロジェクトを維持しながら利潤配分方式の変更に成功した[1)]。新憲法の制定については，左派系の知識人と法学者によって法案が起草され，東部サンタクルス（Santa Cruz）県他との地方自治問題での衝突を乗り切って，2009年2月に国民投票で承認され

1）天然ガス価格が高騰していたために企業側も増税の中で最低限の利潤を確保できたこと，政治交渉の結果，ブラジルが天然ガスの長期購入契約を継続したことが，「国有化」政策成功の背景にあった（アルゼンチンとも長期契約を締結した）。第3章参照。

た[2]。マクロ経済運営については，経済財務省と中央銀行のテクノクラートが堅実な対応を行い，1980 年代前半のボリビア左派政権下で経験したハイパーインフレの教訓を元に，それとはほど遠い好実績を上げた[3]。

このように「変化のプロセス」を実行に移した MAS 政権は，2009 年の国政選挙でモラレスを約 64 % の得票率で再選させるとともに，上下両院で 3 分の 2 以上の議席を確保し，名実共にヘゲモニーを握った。その背景には，潤沢な財源を元手とする「尊厳基金（renta dignidad）」（年金給付），「ボノ・フアンシート・ピント」（就学児童給付），「ボノ・フアナ・アズルドゥイ」（養育婦女給付）といった直接現金給付政策，「変化するボリビア，責任を果たすエボ（Bolivia cambia Evo cumple）」のような大統領裁量予算によるインフラ建設を通じて，広く有権者の支持を集めていたこともあった。

しかし，第 2 期モラレス政権が盤石な基盤を作り上げたとは必ずしも言いがたい。政府は，短期的な変化を求める社会運動の要求に対して一定の満足を与え，それを選挙での高い支持に結びつけることには成功したものの，天然資源の「国有化」政策による歳入増以外に具体的な成長戦略と成果を示したわけではなかった。

ここで 1 つのデータを見てみたい。図 9-1 は，Fundación UNIR という NGO が報道ベースでまとめた 2006 年 4 月～2012 年 8 月のボリビアにおける抗議運動件数のグラフである[4]。このデータからは，2010 年に入ってボリビアで顕著

2）2006～09 年の憲法制定過程の中で，モラレス政権は，西部アルティプラノの農民組合や住民組織，チャパレのコカ農民組合などを積極的に動員しつつ，東部の諸県の県知事や市民団体と対立した（舟木 2014；上谷 2010；遅野井 2008；Madrid 2011a）。

3）IMF の 2011 年度第 4 条協議報告書参照。好景気の背景には，天然ガスからの潤沢な資源利潤，鉱物資源価格の高騰，2004，2006 年の重債務国（HIPCs I, II）イニシアチブによる債務残高の減少，対外貿易高と外国直接投資が元々少ないことによる国際経済危機の影響緩和，といった好条件があった。

4）方法論が異なるため第 2 章の図 2-6 と実数が異なる。いずれも新聞報道から抗議運動件数をカウントしたデータであるが，報道（新聞・雑誌）の数，データ構築に関わった人数と規模，そのような条件の経時的な変化，紛争の分類や定義方法といった点で違いが生まれる。ここで示したデータについては，いずれもデータセットを構築した機関に赴き，担当者に確認した上で均質性が認められる範囲について示している（インタビュー W；X）。

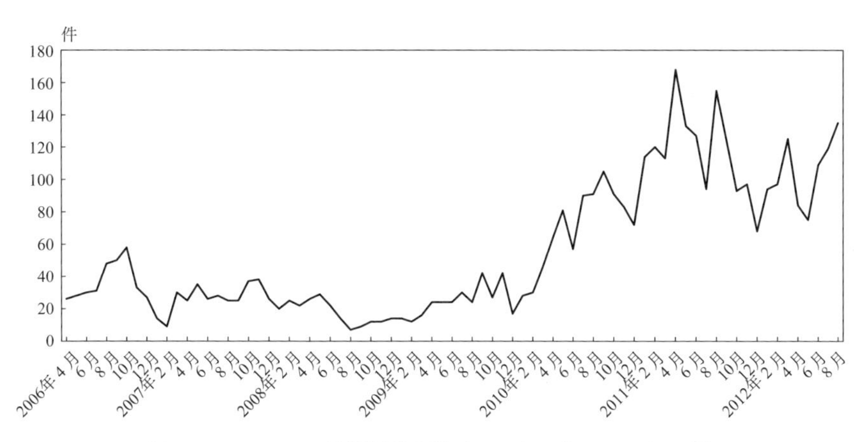

図 9-1　ボリビアの抗議運動件数（2006 年 4 月～2012 年 8 月）

出所）Fundación UNIR の informe de conflictividad Bolivia を基に筆者作成。

に抗議運動が増加したことがわかる。この変化は，資源価格の変動とは必ずしも関係がなさそうである。むしろ，第 2 期モラレス政権の発足と抗議運動件数の増加には，時期的に何らかの関係がありそうに思われる。

何が 2010 年以降に抗議運動を増加させたのだろうか。まず想定できるのは，豊富な資源レントを前にして，人々が街頭に出て早急な問題解決を求める短期的かつ直接的な行動様式が緩和されるどころか強化された可能性である。また，社会組織のリーダーやその推薦者を政府機関に多く任用したために，行政経験を持たない中央・地方役人が増え，高まる期待に見合った政策成果を生み出す能力を欠いていた可能性もある。もっとも，それらは 2010 年に顕著に変化したわけではないだろう。むしろ 2010 年以降の際立った特徴としては，第 2 期モラレス政権が以下で論じるように合意形成を欠く排他的なものに変化したことが指摘できる。

2）第 2 期モラレス政権の政策決定過程の特徴

2010 年に始まる第 2 期モラレス政権では，より長期的な視点からの経済政策が課題となった。アルバロ・ガルシア・リネラ（Álvaro García Linera）副大統領は，2000 年からの「変化のプロセス」の第 1 課題は政治的ヘゲモニーの達成であったとしながら，2010 年に始まる「革命の第 5 段階」では経済改革の断行を主要課題として挙げた（García 2011）。2012 年予算において，政府は史上最多の 32 億ドル相当の公共投資額を計上し，雇用を創出し，基幹産業となりうる農業や炭化水素・鉱業分野への戦略投資，予算執行率の低い地方行政の改善，実業界との対話の機会設置，投資促進といった改革方針を打ち出した。

しかしながら，これらを実行する上での課題も明らかであった。2012 年 3 月 9 日にコロイコ（Coroico）で実施された拡大閣議で，モラレス大統領は財源は拡大したものの，それを有効に活用した政策を実行できる人材が政府に不足していることを認めた。また目標の達成には，2009 年憲法に適合する形で，炭化水素・鉱業分野の基本法，投資・貿易・銀行を規制する制度・法律，土地整理や先住民への事前協議法を整備しなければならなかったが，いずれも関係する利益が複数に及ぶ上に，憲法規定は地域住民・労働者・先住民といった利益関係者に強い権利を認めており，各法律に関する交渉は難航することが予想された。

こうした状況にあって，2010 年以降にモラレス政権が選挙で大勝したことは，逆説的に，複数の利害関係者の間での協調的な合意形成を困難にし，抗議運動を増加させる効果があったと考えられる。以下，その理由を簡潔にまとめる。

民主体制下において，国家は諸利害を調停する役目を負っており，議会や政党，裁判所といった制度は，それぞれのメカニズムを通じて利害衝突を緩和し，制度化された手続きによって政治決定を行うことが期待される。もっとも，個々の国家制度がその機能を有効に果たすかどうかは保証されていない。しばしば大統領はじめ政治家は，自らの再選と生き残りを可能とする支持基盤に便宜を図るために，特殊利益に配慮した政策に肩入れしがちである。

そうした中で，第 2 期モラレス政権の政策形成過程は，協調的な合意形成や正統性[5)]を備えた調停を困難とする要素を多分に含んでいた。第一に，モラレ

---

5)「正当性（legalidad）」とは法や規則にもとづくこと，「正統性（legitimidad）」とは法や規則に実効性の基礎を与える国民の一般的な支持を意味する。PNUD（2007：101）は，カール・シュミット（Carl Schmitt）を参照しながら，法の支配が不完全で，国家が全

ス大統領に権力が一極集中する傾向があった。それは，大統領が高い動員能力を持つコカ農民組合のリーダーであること，様々な社会組織のリーダーと人格的な信頼関係を築いていることによる。さらに，猟官制によって大統領をはじめとする行政府中枢に人事権や政策責任が集中するため，専門性を重視して決定を分権化することが難しかった。

第二に，2009年12月の総選挙で与党MASが上下両院の3分の2を独占した後，議会野党に配慮する必要がなくなったことが指摘できる。とりわけ農村部で与党が強く安定した支持を受けていた上，野党は統一連合を作れずにいたため，この傾向は一昼夜では変わらないものになっていた。また地方レベルでもMAS優位が強まっていった。地方の野党政治家に対しては，2010年公布の「地方自治基本法」における「国家利益に損害を与えた首長は，刑事起訴を理由に停職させうる」との条項にもとづいた巧妙な野党首長の排除戦略が実行に移され，ベニ（Beni），パンド（Pando），タリハ（Tarija）の各県知事，スクレ（Sucre），ポトシ（Potosí）の各市長をはじめとする野党の現職首長が停職に追い込まれた（2011年5月3日付*La Razón*紙等参照）。こうした中，大統領に近い政治家からは，法的正当性に欠ける政策も押し通してしまおうとの姿勢が見られるようになった。

第三に，上下両院を与党MASが独占した帰結として，行政・立法・司法の三権が実質的に分立せず，「どこに訴えても結局はMASに有利な解決」という一元化が起きた。とりわけ行政府の権力濫用を監視し，紛争仲裁機能を担うべき司法府の正統性が低下した。2009年憲法規定は最高裁判所長官等司法府幹部の直接選挙を採用し，2011年10月16日に第1回選挙が行われたが，裁判官候補者をMASが3分の2を占める議会で選出するという「出来レース」となったため，三権分立の実質的確保が問題となった。同選挙では，棄権・無効票が約50％に上る結果となった。

第四に，モラレス政権は選挙や抗議運動を通じて影響力を有する特定の社会組織との間で，政権への支持獲得を最優先して「柔軟で不安定な連合」（May-

---

領域において行政サービスや強制力を貫徹しえないボリビアでは，正統性に裏打ちされていることが支配の重要な条件であると指摘している。

orga 2010：81）を形成した。そのため，政策形成においてもそのような特定の組織に対する短期的な利益供与に傾く傾向が強まった。1 つの例は，2011 年 6 月に実施された密輸自動車を合法登録させる政策であり，その背景には，自動車密輸で私利を得る MAS 議員の影響力があったと言われる。

第五に，短期的な利益分配と長期的な視野に立った経済政策の両立が難しい理由は，MAS とモラレス政権の組織的特徴からも指摘できる。MAS は，1990 年代以降に政治参加意識を高めた地方の政治指導者や社会組織のリーダーの集票力に頼っているが，他方で法律案や政策案の作成においては知識人が影響力を持つ（Zuazo 2008）。そのため，専門家の策定する論理的に必要な政策と，それを実行するための政治的調整が噛みあわない危険性を常にはらんできた。1 つの例は，2010 年 12 月末に実行に移され，大規模な抗議運動後に撤回された石油燃料価格の大幅値上げ政策であった（岡田 2011）。この政策は，将来的に原油輸入による債務増を抑えるためには必要と考えられたが，市民に負担を強いるものだったため政治的には受け入れられなかった。結果として長期的な必要性は，短期的な政治配慮から脇に追いやられた。

以上の結果として，大統領や行政府は強力な権力基盤にもとづいて，しばしば特殊な政治的支持基盤を優遇する政策を強行し，それゆえに政策は短期的で一貫性を欠く傾向を強めた。そのような政府の傾向に対して，不利益を被る恐れを抱いたものは，発言権を確保するために抗議運動に訴えることになる。モラレス政権は資源ブームの波に乗って圧倒的な支持を得るようになったが，次第にその集権性や特定の社会組織に偏る傾向によって，抗議運動件数の増加を生み出したのである。モラレス政権にとって，2000 年代の激しい社会的要求に対して統治能力を確保することは重要な課題であったことだろう。しかし，政権基盤を安定させるや否や，協調的で一貫的な政策を形成するような力学には結びつかず，逆説的にも安定性を欠く政策が生まれやすくなってしまったのである。2011～12 年にかけて全国的論議を生んだ TIPNIS 道路建設問題は，このような政策形成過程の特徴が如実に現れた事例であった。

2　TIPNIS 道路建設をめぐる政治参加

本節では，TIPNIS の道路建設問題の背景，利害関係者，そして2つのデモ行進について叙述する[6]。

1）背　景

TIPNIS は，コチャバンバ（Cochabamba）県とベニ県にまたがるイシボロ川，セクレ川等の流域に位置し，1965年に国立公園となった。その後1990年の低地先住民の行進の成果によって先住民居住区としても登録され，1996年の農地改革法の下で原初共同体地（TCO）に認定された。TIPNIS には，モヘーニョ，ユラカレ，チマネ先住民族の64共同体，約6,000人が居住しており，多様な自然環境を有する地域として知られてきた。

他方で，政府は経済開発と地理的な国家統合のために，アマゾン熱帯地方にあって隔絶された北部のベニ県へのアクセスを整備することの必要性を1980年代から認識していた。また，未開発の炭化水素資源の多くが TIPNIS を含めた同種の原初共同体地に存在する可能性が高いことを指摘する石油公社（YPFB）の資料があり，TIPNIS での道路建設に対する抗議運動は，さらなる資源開発促進の脅威にも応じるものだった。

やがてコチャバンバ県のビジャ・トゥナリ（Villa Tunari）とベニ県のサンイグナシオ・デ・モホス（San Ignacio de Moxos）を結ぶ幹線道路の建設が計画され，2008年8月1日，ボリビア道路公団はブラジル建設企業 OAS 社と道路建設を契約した。OAS 社は，TIPNIS に重なる区間とその前後2区間の全3区間に工事区間を分け，保護区監督局（Servicio Nacional de Áreas Protegídas : SERNAP）が全3区間を統合的に検討すべきと勧告したにもかかわらず，3区間別の環境ライセンス（環境影響調査にもとづく開発実施許可）取得を申請した。環

6）本節の記述は，特に断りのない限り *La Razón*, *Página Siete*, *El Diario*, *El Cambio*, *El Deber* といった主要紙の報道，Fundación Tierra（2012），Fundación UNIR（2011a；2011b），Defensoría del Pueblo（2011）といった報告書にもとづく。

境ライセンスの発行についてはボリビア政府内で意見の衝突が起き，環境省の幹部 2 名が辞任しながらも，TIPNIS と重なる第 2 区間を除く第 1，3 区間に対して環境ライセンスが発行された。結果として 2011 年 1 月 20 日，ボリビア政府はこの道路建設のためにブラジル開発銀行（BNDES）と 3.32 億ドルの融資契約を締結し，6 月 3 日に第 1，3 区間の道路建設が開始された。

2）利害関係者とその立場

TIPNIS 縦断道路の建設には，多くの利害関係者が存在する。第一に，モヘーニョ，ユラカレ，チマネ先住民族は，それぞれの部族組織を通じてボリビア先住民連合（CIDOB）に加盟しており，これらオリエンテの先住民組織は自然環境と居住環境への悪影響を理由として当初から道路建設に反対していた。

第二に，コチャバンバ県チャパレ（Chapare）地方から TIPNIS 内に侵入してきたコカ栽培農民を中心とする高地からの「開拓農民」は，道路建設による未開発地へのアクセス促進と耕地面積の拡大を期待していた。実際，当初の TIPNIS 認定面積は 122 万 5347 ヘクタールであったのが，2009 年に南部地域に開拓農民が入植したことで 109 万 1656 ヘクタールに削減された経緯がある。

第三に，政府は道路建設を積極的に支持していた。その理由として，TIPNIS 領域内には炭化水素資源の存在が有望視されており，また木材業者も多く入植していただけでなく，コカ栽培農民組織のトップでもあるモラレス大統領を中心に，上記のコカ栽培農民や開拓農民の利益を促進する意向があったためだとされる。

こうした思惑から，政府と与党 MAS は国会の絶対多数を背景として道路建設法案を可決した。2011 年 6 月の時点で，モラレス大統領は「是が非でも（sí o sí）」道路を建設すると宣言し，先住民への事前協議を実行する意思を見せなかった。

これに対し，TIPNIS 先住民族と CIDOB は，環境保護と先住民の権利を憲法や ILO169 号条約に定められた正当な要求として訴え，道路建設を拒否する立場を鮮明にした。東部先住民は人口が少なく，選挙での数的不利は明白である一方，コカ栽培農民はモラレス政権に対する重要な支持基盤として影響力を有している。こうした状況下で，TIPNIS 先住民族と CIDOB が取りえた戦略は，自らの正当な権利である事前協議権を訴えること，そしてこうした要求を可能な限り国内外の世論に対して可視化することであった。

3）CIDOB の行進

2011 年 6 月と 7 月に CIDOB は，TIPNIS 先住民組織を含む全国集会を開催し，ベニ県の県都トリニダー（Trinidad）から首都ラパスに向けて TIPNIS 防衛のための抗議行進を行うことを決定した。8 月 15 日に 156 人でトリニダーを出発した行進は，道路建設の所管大臣であるワルテル・デルガディージョ（Wálter Delgadillo）公共事業大臣やカルロス・ロメロ（Carlos Romero）大統領府大臣等が数度にわたり行進の滞在地を訪れて対話を提案したにもかかわらず，当初からモラレス大統領と直接対話することを求め，交渉を拒否し続けた。9 月 12 日にはアイマラ先住民であるダビド・チョケワンカ（David Choquehuanca）外務大臣が行進の滞在地を訪れて対話を試みたが，行進参加者は大統領の来訪と，道路建設に先立つ事前協議の実施を求め，交渉は決裂した。

8 月 30 日に，行進がベニ，ラパス両県の県境にあるユクモ（Yucumo）に近づくと，コカ栽培農民を中心とする開拓農民たちは行進先住民のラパス県への侵入を阻止すべく，道路封鎖を開始した。大統領や MAS 党に極めて近い支持勢力であり，コカ栽培等に利権を有する開拓農民たちは，直接行動によって抗議先住民の妨害を行おうとしたのである。9 月 8 日，政府は暴力的衝突を回避する目的で約 400 名の警察を派遣した。

9 月 24 日に再度の対話を試みるべくチョケワンカ外相がユクモを訪れると，行進参加者の女性たちは外相を行進の先頭に連れて行き，開拓農民の道路封鎖に向けて「盾」として共に歩くことを強要した。外相を「盾」にした行進は，開拓農民の封鎖地点まで到達することなく，2 時間半で解放されたが，この後政府側は強硬姿勢になった。翌 25 日午後，警察は休憩中の行進参加者を包囲し，マスキングテープ等で捕縛すると，強制的にバスに乗せてベニ県トリニダー等への強制送還を試みた。こうした自体は警察が無防備な先住民の行進に強権的に介入した事態として，国内外に報道され，広く世論の関心を集めた。

警察の介入事件は，政府内にも亀裂を生んだ。セシリア・チャコン（Cecilia Chacón）国防大臣が抗議辞任したほか，サチャ・ジョレンティ（Sacha Llorenti）内務大臣他が引責辞任をした。全国で政府の介入に抗議するストが発生し，大統領も介入は遺憾であったと発言せざるをえなくなった。行進は 10 月 1 日に，少し離れたキキベイ（Quiquibey）から再開され，数度の対話提案を拒否し続けた挙句，10 月 19 日に首都ラパスに到着した。CIDOB の行進は国内外の世論を味方につけ，多くのラパス市民の支持を受けた状態で，大統領との交渉の席に着くことに成功した。

政府は，行進が開始された後，TIPNIS 先住民への事前協議を行う可能性を示し始めていた。9 月 16 日にロメロ大統領府大臣は事前協議実施の意図を書簡で先住民側に伝えており，10 月 6 日には行進がラパス市に近づくのを見てコチャバンバ県とベニ県の全県民に道路建設の是非を問う法案を国会審議にかけた。しかし，CIDOB は抗議行進に対して多くの世論支持が集まっていた中で，事前協議の実施という政府の妥協案には同意せず，一気に道路建設中止という要求を実現する方向に向かったのである。

10 月 20 日の大統領府前での警察との小競り合いの後，先住民は大統領府前の中央広場を占拠し，21 日から大統領との直接交渉に入った。24 日，大統領は先住民側の要求を受け入れ，TIPNIS の「不可侵性」を規定した法 180 号を公布した。先住民は，自らが開発プロジェクトに先立って事前協議を受けるという権利を，いわばデモ行進という非制度的ながらも実効的な手段で行使したとも言える。そして世論の支持という政治資源を活用することによって，拒否権を示すことに成功したのである。

4）Conisur の行進

しかし TIPNIS 道路建設問題は，先住民の圧勝では終わらなかった。政府は，続く数カ月間で，曲がりなりにも先住民が要求していた事前協議権を実行し，道路建設中止の是非を再び問い直すべく地歩を築くことになる。

道路建設を求める主勢力でもある，TIPNIS 南部に入植した開拓農民たちは，TIPNIS 南部先住民会議（Consejo Indígena del Sur：Conisur）という組織を形成していた[7)]が，12月9日にコチャバンバで道路建設の決行を求める集会を開き，19日にはベニ県イシヌタ（Isinuta）から首都ラパスに向けてTIPNISの「不可侵性」を定めた法180号の撤廃，そして道路建設の断行を要求する行進を開始した。Conisurの行進は44日間歩き続け，警察等との衝突を経験することなく，ラパス市民の歓待は全くなかったものの親政権派の農民組合組織の支持を受けながら，2012年1月30日にラパスに到着した[8)]。

政府はTIPNIS不可侵性を謳った法180号を撤廃はしなかったが，Conisurリーダーと会合した後，2月10日にTIPNISの「不可侵性」の是非を問う協議実施を規定した法律を公布した。TIPNIS先住民とCIDOBの行進にとっては，自らが勝ち得た「不可侵性」をもう1つの行進によって再び議論の俎上に戻されることになった。

5）CIDOBによる2度目の行進と協議の実施

Conisurの行進を踏まえて，政府は，TIPNISの住民（先住民と開拓農民を含む）に対する協議によって問題の決着をはかるという解決策を考え出した。「事前」協議ではなく，道路建設が開始された「事後」ではあったが，先住民族への協議という国際規範にもとづくことで正統性を確保しようとしたのである。しかし，開拓農民を含めて協議を行う方針が示されたため，CIDOBらオリエンテの先住民組織はこれが政府の策略であるとの疑念を抱いた。

政府による事前協議実施法の公布に対して，直ちにTIPNIS先住民とCIDOBは疑念を明確にし[9)]，3月末に開催された会合で，首都ラパスに向けた抗議行進を再度4月25日に開始することを決定した。その直後，政府は2012年5月

7）ハビエル・アルボ（Xavier Albó）は，Conisurはコチャバンバ県政府がベニ県に対して県境を有利に定める意図で設立を支援した組織であり，ほとんどは入植コカ農民であって，一部のみが先住民居住区に居住しているとする（2012年2月19日付*Página Siete*紙）。

8）2012年1月17日報道によれば，Conisurの行進参加者の一部は，300ボリビアーノスの日当が政府から支払われないため，行進から離脱した。

9）2012年2月7日にベニ県モヘーニョ民族組織（Central de Pueblos Étnicos Mojeños del Beni : CPEMB）が配布した『国内外世論に訴える』と題する署名文書において，「不可侵性」を問い直そうとする政府と事前協議に対する不信感が表明された。

10日〜6月10日に協議を実施すると発表し，識者による批判も顧みず，人口でTIPNIS先住民に勝る開拓農民も協議対象に含めることを決めた[10)]。再び開始された抗議行進は，2012年6月27日にラパスに到着したが，政府は交渉に応じず，いくつかの先住民組織は政府から個別的に便宜を得て解散した。7月10日，CIDOBはモラレス大統領と交渉することなく，地元に帰還することを決定した。

政府は，予定より若干遅れて，2012年7月29日〜12月7日に，実際に政府関係者を各共同体に派遣する形で，TIPNISの道路建設を問う協議を実施した。2012年12月にガルシア・リネラ副大統領が記者会見で発表した協議結果によれば，TIPNISの69の共同体のうち，協議を受け入れたのは58であった[11)]。その中で道路建設に賛成を表明した共同体は55，TIPNISの「不可侵」に反対したのは57であったとされる[12)]。

他方で，政府による協議が政治的偏りを持つことを懸念したカトリック教会とボリビア人権常設委員会（Asamblea Permanente por los Derechos Humanos de Bolivia：APDHB）は，2012年11月29日〜12月13日に独自に協議を行った。その報告は2012年12月17日に記者会見で発表され，36の共同体のうち30が道路建設に反対したことを明らかにした。その上で，政府の協議は，①国内外の規範に則っていない，②利益供与を伴っていて自由な協議とは言いがたい，③「不可侵性」の内容を広くとらえて何もできなくなるかのように協議のプロセスの中で提示している，と記者会見で批判した[13)]。

このようにTIPNISの住民に対する協議は実施されたものの，それ自体が政

10）同時に，政府は3月末までにTIPNIS地域以外の低地先住民の地方組織と6つの開発プロジェクトに関する合意を結んだ。CIDOBは低地先住民の連帯を分断し，抗議行進の影響力を削ぐ目的であると非難した（2011年4月1〜2日付*La Razón*紙）。

11）2012年12月8日付*Los Tiempos*紙等参照。

12）協議を受けた先住民からは23の訴えが呈され，主なものは，隣接地との道路整備，河川交通の改善，土地登記，菜園設置，農牧漁業の運営改善，共同体ツーリズムの促進，手工業製品の販促，身分証付与，教育などであった。

13）報告書は*La Razón*紙のウェブページ（http://www.la-razon.com/nacional/Informe-Iglesia-Catolica-APDHB-TIPNIS_LRZFIL20121217_0003.pdf.）からダウンロード可能である（2016年4月2日最終閲覧）。

治化されることになった。結果的に，TIPNIS への道路建設は，それ以降停滞したままとなったが，本件に関して政府が譲歩したと一面的に解釈するのも難しい。この事例は，制度的解決と考えられた協議という手段が，それ自体もまた政治化の対象となり，正統性を持ちえなくなることを示唆している。とりわけ，抗議運動が起きた後での事後的な協議であったため，協議の意味が異なるものになってしまったのは間違いないだろう。

おわりに

2000 年以降のボリビアでは，「強い社会」の中での政権運営・政策実施が求められた。2010 年に始まる第 2 期モラレス政権は安定的な基盤を獲得したかのように見えた。しかし実際には，政権維持を優先し，短期的で特殊利益に奉仕する政策への誘因が高まったのであり，容易に法律を制定できるがゆえに，しばしば少数派の利益を排除し，安定的な政策形成を妨げるという逆説を生んだ。

この紛争事例の後，政府は，各国から専門家を集めて国際法としてすでに適用のあった事前協議の実施について勉強会を開き，様々な類似事例が予見される中で手続き面での正統性を確立すべく，事前協議一般法を制定する準備を開始した。しかし，TIPNIS の抗議運動が注目を集めた後に事前協議の中身を議論し始めたことで，このイシューは政治問題にすり替わってしまったように思われる。TIPNIS の道路建設をめぐる抗議運動の事例からは，2 つの点が特に顕著である。第一に，事後的な対応になったため，本来は制度的解決として考えられてきたものがその意味を失い，政治化されたものになってしまった。第二に，国会で与党が圧倒的多数を占める中で，政府と社会組織，あるいは社会組織どうしの利害関係が制度的に調停される機会が失われており，そのこともあって，事前協議制度の正統性が築けなくなってしまった。

TIPNIS 道路建設に対する CIDOB の抗議運動は，第 7 章で取り上げたペルーのペルー・アマゾンエスニック間開発連合（AIDESEP）を中心とした抗議運動と多くの類似点がある。資源ブームを背景として，利益と不利益の分配をめぐる争いは熾烈化し，それまで手を付けられてこなかった場所や人々の間で紛争が生まれた。ペルーでもボリビアでも政府は資源開発を進めようとしたことを見れば，政権のイデオロギーや，歴史的背景に関わらず，資源ブーム下で政府は同一のインセンティブを有したことがわかる。そしてその結果，抗議運動を増加させるものであったことも確かである。

アマゾン熱帯地方の先住民組織は，第 5 章と第 6 章で見たように比較的新しく組織化され，国の経済政策の影響を受けたのも比較的最近であった。また，先住民組織の国際的ネットワークを通じて，類似の問題関心を有してもいた。そのため，21 世紀初頭に資源開発の手が及んだときに複数の国で類似の反応が見られたことは，決して驚くことではないだろう。

他方で，第 7 章と本章での詳細な抗議運動の叙述からは，さらなる類似点も浮かび上がる。政府によって排除されたアマゾン先住民は，いずれの事例でも一定の拒否権を行使することができた。しかし問題は，紛争を調停するべきはずの政府の正統性の低さにあった。いずれの事例でも，いったん政府は譲歩をしたが，より抜本的な解決に着手しようとしなかったか，あるいは譲歩を取りやめようとした。そのため，抗議組織の不満は高まり，2 度目の抗議運動が起きることになった。政府の政策決定が一方に利し，他方を排する性格を色濃くすればするほど，抗議運動は増加し，そしていったん発生した抗議運動を調停して制度的解決に結びつけることも難しくなったのである。

こうした類似性から，資源ブームが生み出す利益や不利益の分配をめぐる争いについて，国家の問題解決能力が欠けていることに，問題の核心が窺える。政府が集権的になるほど，抗議運動は増え，その解決は難しくなると推測される。この点については，終章で改めて論じることにする。

第 10 章

ボリビア II

——強力な利益団体が左右する鉱業政策——

はじめに

第 6 章と第 9 章で見たように，ボリビアでは 2000 年以降の激しい抗議運動の結果，コカ農民組合のリーダーだったエボ・モラレスが 2005 年 12 月選挙で政権につき，憲法制定などの改革を実行に移した後，2009 年 12 月に圧倒的得票率で再選された。圧倒的支持を集めたモラレス政権が集権化する傾向を強めたことは前章で指摘した。モラレス政権は，2000 年代初頭に社会運動から要求されていた天然ガスをはじめ，電力，通信等のいわゆる戦略部門を次々と「国有化」してきた（第 3 章，第 6 章参照）。しかし，新憲法で資源の国家管理が謳われた鉱業部門では「国有化」は進んでこなかった[1]。

モラレス政権下の鉱業部門で，熾烈な利益分配争いが繰り広げられてきたことはあまり知られていない。第 2 章で紹介した Laserna（2011）は，ボリビア

1）資源価格の高騰という類似点にもかかわらず，天然ガス部門は「国有化」され，鉱業部門は「国有化」がなかなか実行されないのは，天然ガスと鉱業部門の生産様式の違いからも説明できる。天然ガスは資本集約型産業であり，石油公社（YPFB）と民間資本との間で生産体制が独占されてきたため，2000 年代の資源ブーム下では，天然ガス部門では国家と民間資本との間の資源レントの分配が中心的な問題であった。たしかに一般市民や社会組織の抗議運動は盛り上がったが，それは政府の決定を後押しする間接的なものにとどまった。それに対して，鉱業部門は労働集約型産業であり，昔から多くの労働者によって手掘りで採掘され，水銀・硫酸といった手に入りやすい化学製品で精錬されてきた。今日までに機械化も進んできたものの，人的な労働力による採掘も続いており，鉱山労働者による利益団体が強い影響力を持ってきたのである。

では資源価格の高騰期に抗議運動が増加するという仮説を唱えてきた。この仮説は，資源価格の変動に左右される鉱業部門にこそあてはまる。実際，1970〜2000年代のボリビアで，資源価格変動と鉱業部門での抗議運動件数が相関してきたという先行研究がある（Oporto 2012：16–18；Evia, Laserna and Skaperdas 2008）。しかしそれだけはない。鉱業部門の利益分配争いは，抗議運動の増加にとどまらず，国政レベルの政策決定にも密接に関わってきた。ボリビアの鉱業部門では「国有化」はほとんど進んでいない。他方で，隣国のペルーやチリのように民間投資による探査・採掘が増加しているわけでもない。既得権を有する一部の利益団体は，鉱業部門の「国有化」政策に激しく抵抗し，政策の停滞を引き起こしてきたのである。

ボリビアの鉱業部門は特異な背景を持つ。Oporto（2012：18, 41）は，資源価格の高騰という条件は他国も同様であり，かつペルーやアルゼンチンの鉱業生産がボリビアよりも数倍規模が大きいにもかかわらず，なぜボリビアの鉱業部門でだけ不安定な政治状況が起きたのかは明らかでないと言う。この疑問は，強力な利益団体が歴史的に形成されてきたことを思い起こせば，何も不思議ではないだろう。第6章で論じたように，ボリビアでは鉱山労働組合連合（FSTMB）が1952年革命で中心的な役割を果たした。その後，1985年の新自由主義改革で国営鉱山公社COMIBOLが解体されるとともにFSTMBは影響力を弱めるが，その一方で鉱山協同組合（Federación Nacional de Cooperativistas Mineras de Bolivia：FENCOMIN）という別の利益団体が巨大化してきた。その結果，2000年代にはこのFENCOMINを中心に「強い社会」が顕著になったのである。

ボリビアの鉱業部門で起きた熾烈な利益分配争いと，その結果としての政策の停滞は，「強い社会」と資源ブームという2つの条件が重なった結果である。第7〜第9章までの事例研究は，強権的に資源開発を推し進めようとする政府に対して，抗議運動が起こった事例を扱ってきた。他方で本章では，抗議運動を起こす利益団体が逆に政府の政策決定を牛耳るという事例を明らかにする。

本章では，モラレス政権下の鉱業部門について，政策形成に関わる主なアクター（利害を有する個人・組織）が有する利益とその影響力関係に着目する。今日のボリビア鉱業に関する邦語資料は少なく（JOGMEC 2011），ボリビアでも限られた識者が関心を示す限りであって（Espinoza 2010 ; Oporto 2012），政策研究はほとんど存在しない。本章の目的は，強固に組織化された利益団体が鉱業ブームの下で影響力を強め，実際に政策決定を左右していることを明らかにすることにある。

次節では，鉱業部門の主なアクターについてそれぞれの歴史的背景と利益，権力資源について概説する。第2節では，これらのアクターのうち，零細労働者の集まりである鉱山協同組合（FENCOMIN）と，歴史的に強固に組織化されてきた鉱山労働組合（FSTMB）という2つの利益団体が，大票田としての潜在的影響力とデモ行進や道路封鎖といった圧力行動を武器とすることで圧倒的な影響力を有すること，そしてそのために鉱業制度改革が停滞してきたことを指摘する。第3節では，2012年6月になし崩し的に「国有化」が実行に移されたコルキリ（Colquiri）鉱山について，協同組合や鉱山労働者がとった圧力行動と政府の対応を叙述し，以上の視点が如実に現れた事例として例示する。最後に，本章のまとめを述べる。

1　鉱業部門の主要アクター

本節では，鉱業政策の決定において，鉱業関連団体の諸アクターがどのように形成され，いかに政策に影響力を行使するかを明らかにする。表10-1は，ボリビア鉱業における各アクターの利益と権力資源をまとめたものである。政府以外は経営形態ごとに全国レベルの利益団体に組織化されており，集合的アクターとして想定する。以下，各アクターの特徴について，歴史的背景を踏まえながら簡潔にまとめる。

1）政府，特に鉱業冶金省

政府（国家）は，大統領や大臣といった個々の異なった利益と影響力を有する諸アクターから構成されると考え，それぞれの利益と影響力に着目する[2)]。ボリビアでは，政府を構成する諸アクターの利益や政策選好は様々で，また

表 10-1　各アクターの利益と権力資源

関係アクター	利　益	権力資源	備　考
鉱業冶金省（政府）	権力維持 （新憲法に沿った法制度の施行）	法の施行と執行 警察・軍隊の動員（限定的）	COMIBOL の上級官庁
ボリビア鉱山公社（COMIBOL）	組織維持，構成員（組合労働者）の利益の確保		鉱山労働組合構成員のほとんどが COMIBOL 所属
鉱山労働組合（FSTMB）	権力拡大 国営鉱山の増加・拡大 構成員の給与増，投資獲得	労働中央本部（COB）のトップ デモ，道路封鎖などの恣意行動 選挙における組織票	強固な全国組織
鉱山協同組合（FENCOMIN）	権力拡大 私有鉱山・国有鉱山の占拠による採掘活動領域の拡大	国会議員や地方政府首長を通じたロビイング デモ，道路封鎖などの恣意行動 選挙における組織票	強固な全国組織
民間企業 （中規模鉱山協会，全国鉱業会議所）	鉱業活動の継続・促進 投資に対する利潤の最大化	ロビイング	モラレス政権に対しては影響力弱

出所）筆者作成。

「強い社会」を前にして政府は自律的に政策決定を行えないため，様々なレベルでの交渉が余儀なくされる。

政府を構成する諸アクターの第一義的な利益は，理論上，その地位に留まることにあると想定される。大統領の利益は，権力保持であり，民主体制下では選挙で勝利すること，あるいは抗議運動で追放されないために最低限の支持を維持することである。そして鉱業冶金大臣ほか政府閣僚は大統領によって任命される。

大統領に権力が集中しているのは確かだが，ことはそう単純ではない。ボリビア鉱業に関連する政府関係者は複雑な政策選好を有している。政府内には，鉱山労働組合と密接な関係がある人，鉱山協同組合と密接な関係がある人，経

2）古典的な多元主義モデルでは，国家は独立した利益を持たず，諸利益の中立な代表者とされたが，ペルーの軍事革命政権を研究した Stepan（1978）は，国家を，様々な社会勢力に対して独立した利益と能力を有するアクターと考えた方が良いと指摘した。

済成長を重視する人，資源の国家管理を盲信する人などがいるとされ，個別に見た方が良い場合もある。そうした中で，政策知識が豊富だったり，特定の社会組織や支持集団を代表したり調整したりする立場にあるために大統領から厚い信頼を得ている人物もいる。モラレス政権の政府要職には，鉱山労働組合や鉱山協同組合出身の政治家や行政首長が多くついている[3)]。

ボリビア国家の制度能力は高くなく，一般的に汚職も見られ，法の支配も不徹底である。さらに，デモ行進や道路封鎖といった街頭での圧力行動に対して，民主体制下での人権擁護の風潮やメディアを通じた非難の恐れがあるため，軍や警察といった物理的強制力の行使が極めて制限されている。それらの結果，政策決定を自律的に行えないこともしばしばである。

2）COMIBOL

COMIBOL は，1952 年 10 月 2 日に大統領令 3196 号により，総面積 7 万 5247 ヘクタールに及ぶ既存の民間鉱業コンセッションが国有化されるとともに，国営会社として設立された。しかし，1980 年代半ばまでに，生産力の低下，過剰な労働者の雇用，多額の借款といった問題が恒常化し，1985 年 10 月 24 日の錫価格の暴落によって危機を迎えた（Espinoza 2010：143–169）。当時の政権は危機に直面して，採算性の低い事業を停止し，1985 年 10 月から 1989 年 1 月までの間に 2 万人強の労働者を解雇した（Espinoza 2010：172）。その後，1997 年に公布された鉱業法 1777 号は，COMIBOL が生産活動に単独・直接に関与することを禁じたため，COMIBOL は民間企業との間で操業権貸与契約，ジョイント・ベンチャー契約，コンセッション契約を締結して，いくつかの鉱山を民営化した（Jordán 2011：28）。

モラレス政権は，そのような COMIBOL の再活性化を試みた。2007 年 5 月

3）ホセ・アントニオ・ピメンテル（José Antonio Pimentel）元鉱業冶金大臣やウゴ・ミランダ（Hugo Miranda）元 COMIBOL 総裁は鉱山労働組合出身であった。アンドレス・ビルカ（Andrés Vilca）上院議員のように FENCOMIN 代表を務めた人物もいる。月刊誌 *Oxígeno* 2012 年 4 月号によれば，鉱山協同組合は 2 名の上院議員と 15 名の下院議員を擁し，駐コロンビア大使，鉱業冶金省鉱山協同組合担当次官，ポトシ県ジャジャグア（Llallagua）市長，選挙裁判所の理事等も同組合出身である。

1日に大統領令29117号を公布し，すでに契約がある土地を除き，全国の鉱山をCOMIBOLが管理・運営する国営鉱区（reserva fiscal minera）と認定した。さらに2007年7月31日に法3720号を公布し，鉱業法1777号を一部改正して，再びCOMIBOLが生産活動に直接関与できることとした。

COMIBOLにとっての利益は，一方で組織の維持であり，他方で国家管理による鉱業生産を増加させることにある。ただし，この2つの両立は容易ではなく，他のアクターとの関係からしばしば衝突する。国民からの広い支持を必要とする政府や政府の信任を必要とする鉱業冶金省に対しては，鉱業生産プロジェクトを成功させて一定の経済成果を見せる必要があるため，必要に応じて民間資本も呼び込みながら新規鉱山開発を進め，既存鉱山の技術改良を行う必要がある（これは予算獲得という点でも重要である）。しかし，COMIBOLが運営する国営鉱山の鉱山労働組合との関係では，労働者を庇護し，国営鉱山を増やすことによって彼らの組織利益を増大する必要がある。実際にCOMIBOLが所有するワヌニ（Huanuni）鉱山などは，過剰な労働者を抱えて，生産効率は非常に低いと言われる。したがって，鉱山の「国有化」はそれ自体が利益であるが，安易な方法で「国有化」を行えば中長期的には生産性を下げ，国家財政の負担となるため，組織維持を保証しないかもしれない。

3）鉱山労働組合（FSTMB）

FSTMBは長い歴史を有する。ボリビア鉱業は植民地初期に始まり，20世紀前半までパティーニョ（Patiño），アラマヨ（Aramayo），ホッホチルド（Hochschild）の三大錫鉱山主の支配の下，先住民層の労働者を極めて劣悪な労働・生活環境で使用してきた。労働組合の組織化は20世紀前半に始まり，いくつかの改革派政権は労働環境の改善を試みたが，錫鉱山主と労働組合の暴力的な対立は1952年革命まで引き継がれた[4]。1944年6月10～13日には，ワヌニ鉱山

4）鉱山労働者のデモに対して，1923年にウンシア（Uncia），1942年にカタビ（Catavi）で，軍による死者の出る鎮圧事案が起きた。1943年就任のグアルベルト・ビジャロエル（Gualberto Villarroel）大統領は，国民議会の発足（制限選挙），労働組合の承認など，大衆寄りの政策を行ったが，鉱山主側のデモ動員によって殺害された（第6章2節参照）。

で第1回ボリビア鉱山労働者全国大会が開催され，FSTMB が結成された。その後，1946年11月8日にプラカヨ（Pulacayo）鉱山で開催された FSTMB 全国大会の場で，すべての鉱山国有化を求める「プラカヨ綱領（Tesis de Pulacayo）」が採択された（Espinoza 2010：102-106）。

1952年4月に革命政権が成立すると，同年10月31日には大統領令3223号が発令され，三大錫鉱山主の所有鉱山が国有化された[5]。さらに革命直後の同年4月17日にはボリビア労働中央本部（COB）が結成され，FSTMB 幹部がトップに就任した。以後今日まで，全労働組合の頂上団体である COB の書記局長には，常に FSTMB 幹部が就任してきた。

FSTMB の利益は，プラカヨ綱領からのイデオロギーである鉱山「国有化」と，国営鉱山の拡大にある。また，鉱山労働者の給与増や待遇改善を求める。

1985年以降の経済改革によって，多くの鉱山が操業を停止し，ほとんどの鉱山労働者が解雇されたために FSTMB は弱体化したが，2011年からは毎年5月の賃上げ闘争で大規模なデモを動員するなど，影響力が増しつつある。FSTMB は全国規模の動員能力と組織票を持ち，COB のトップとしても政府と交渉する。また FSTMB は国営ワヌニ鉱山の労働者を中心に COMIBOL の幹部構成員でもあり，同組織や鉱業冶金省を通じて政府内でも影響力を有する。

4）鉱山協同組合（FENCOMIN）

FENCOMIN は，過去のボリビア鉱業の衰退期に生み出された零細労働者を主とする自活型の組織であり，その始まりは1929年の世界恐慌に伴うポトシ（Potosí）の鉱山閉鎖にあった[6]。閉鎖された鉱山に留まった労働者たちは，パリリス・カフチャ・リブレ（Palliris K'ajcha Libre）組合を設立し，これが鉱山協同組合の先駆けとなった。その後も，1980年代半ばの経済危機など，資源価格の下落から鉱山が閉鎖されるたびに，そこに留まって自力採掘する労働者たちが鉱山協同組合を形成した。鉱山協同組合は，このように労働者たちが自活

5）ちなみに，錫鉱山以外の民間鉱山は国有化されなかった。

6）2012年7月1日付 *La Razón* 紙参照。同時期には約1万人の労働者が解雇されたと言われる（Espinoza 2010：233）。

のために家内産業的な形態で自力操業を行ってきたものだが，資源価格の高騰期に鉱山近隣の農民等が兼業・出稼ぎ鉱夫となって，協同組合を結成する例もあった（Espinoza 2012）。協同組合の中には，COMIBOL との間でコンセッション契約や貸与契約を有するものもあるが，鉱区を不法占拠するものもある。

協同組合が初めて法的に認められたのは，1958 年 9 月 13 日公布の法 5035 号（協同組合一般法）による。同法によって多くの協同組合に法人格が授与された（Espinoza 2010 : 233-234）。1968 年 12 月 21 日，ポトシ市で第 1 回鉱山協同組合全国大会が開催され，頂上団体として FENCOMIN が設立された。

FENCOMIN の利益は，構成員の利益の確保であり，次節で説明するように既存のコンセッション契約を守るために「国有化」に反対し，他方で政府から免税など様々な便宜を得ようとする。2004 年の時点で組合数 560，構成員数 4 万 3000 人あった FENCOMIN は，鉱物資源価格の高騰期に構成員が急増し，2012 年上半期の時点で組合数 1,300，構成員数 10 万人に膨れ上がったとされる（*Oxígeno* 誌 2012 年 4 月号）。2014 年の時点で政府に登録された協同組合は全部で 1,600 あり，そのうち金鉱山の協同組合が 900 程度を占める[7]。金鉱山のほとんどはラパス県北部に存在する。多数の構成員を有する FENCOMIN は，与党にとっての巨大な組織票であるだけでなく，大統領の選挙キャンペーンに多額の出資をしてきたし，後述するように圧力行動を展開することで時の政権から自らに有利な譲歩を引き出してきた。

5）民間鉱山企業

民間鉱山企業は，鉱山規模の大小により，中規模鉱山と小規模鉱山とに分類される。ボリビア鉱業史における国営化と民営化の波を通じて，企業法人数，主な投資国や投資企業の内訳は変化してきた。

民間企業を束ねる組織として，中規模鉱山協会（Asociación Nacional de Mineros Medianos : ANMM）と全国鉱業会議所（Cámara Nacional de Minería : CANALMIN）が存在する。ANMM は，1939 年 5 月 29 日に政府法令によって設立された[8]。

7）Richard Canaviri 氏（副大統領府研究員）提供の政府資料による。

8）1960 年 12 月 30 日発令の大統領令 5674 号は，「中規模鉱山」を以下のように定義する主要な加盟企業は，ポトシの San Cristóbal 社（日系資本），Sinchi Wayra 社（スイス系資本）ほか，10 社程度にとどまる。

民間企業のもう 1 つの業界団体は，主に小規模鉱山が加盟する CANALMIN である。同会議所は 1953 年 3 月 5 日に大統領令 3327 号によって結成され，当初は全民間鉱山を包含する予定であったが，中規模鉱山は ANMM があったため，会議所には加わらなかった（Espinoza 2010 : 231-232）。1980 年代後半の錫価格下落に続き，1993 年に融資元であった国営の鉱業銀行（Banco Minero）が閉鎖されると，小規模鉱山は衰退の一途をたどった（Espinoza 2012 : 159）。

2　鉱業部門の政策過程とその特徴

上記のアクターから主として構成されるボリビア鉱業部門の政策過程は，どのような特徴を有しているだろうか。以下では，各アクターの影響力を比較するために，構成員数，圧力行動の事例や過去に実施された政策など，入手可能な資料をもとに解釈を試みる[9]。

1）2 つの強力な利益団体

影響力をはかる上で最もわかりやすい指標は，選挙での票数にも換算できる構成員数である（図 10-1）。2009 年の時点で，COMIBOL の労働組合が約 8 %，中規模鉱山と小規模鉱山が合わせて約 9 %，協同組合が 83 % の労働者を抱える。

FENCOMIN は，その圧倒的な構成員から強い影響力を有する。過去の政権は鉱山衰退期に失業した鉱山労働者が政治・社会危機を生まないようにと，協

（Espinoza 2010 : 205）。毎月特定量以上の鉱業生産があり，投資額も 10 万ドル以上存在すること。専門的な技術機関，継続的な鉱石加工処理と監査，必要な操業契約を有すること。

9）組織ごとの抗議運動件数等のデータは存在しない。また，生産額や納税額については Espinoza（2012 : 162-164）が参考になるが，協同組合は免税措置を得ており，国営鉱山は採算性が悪く，高額納税企業を有する中規模鉱山は政治的発言権が弱いなど，実際に観察される政治的影響力とほとんど関係していない。

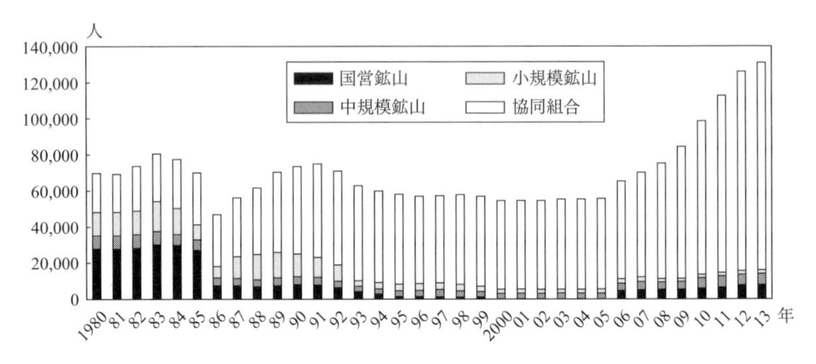

図 10-1　鉱業部門の労働者数（組織別・推計）（1980〜2013 年）

出所）Ministerio de Minería y Metalúrgia（2014）を参照し筆者作成。
注）2013 年の数値は暫定値。

同組合に様々な恩恵を与えてきた（表 10-2）。その発端は，1985 年の大量のCOMIBOL 労働者の解雇に際して，当時の政府が社会不安を抑えるために，解雇労働者が鉱山に留まり自力で採掘活動を行うことを認めたことにある（Jordán 2011）。

FSTMB は，FENCOMIN と比べると影響力は限定されるものの，COB のトップとして圧力行動を動員できるだけでなく，モラレス政権下では鉱業冶金省や COMIBOL 内部の人脈を通じて影響力を有している。2006 年 10 月には，オルロ（Oruro）県ワヌニ鉱山のポソコニ（Pozokoni）丘をめぐって，4,000 人の協同組合労働者と 1,000 人の労働組合労働者との間で 16 人の死者を生む衝突が起き，モラレス大統領は COMIBOL にポソコニ丘の管理権とワヌニ鉱山の直接運営権を認めた（Espinoza 2010：242-243）。

以上に対して，ANMM や CANALMIN といった民間鉱山系の利益団体の影響力は低く，モラレス政権は民間企業を冷遇していると言われる[10]。

政府は FENCOMIN と FSTMB の強い影響力を前に，政策運営のイニシアチブを示すことができず，違法行為への対処も不十分である。CANALMIN によ

10）ある民間鉱山企業社長は，2011 年までモラレス政権はほとんど民間企業と対話の場を持たず，政権設立当初は閣僚との会合に呼び出され，全く意見を聞くつもりはないと通告されたと言う。

表 10-2　各政権が鉱山協同組合に与えた特恵

年月日	大統領	根拠法	内　容
1997/ 3 / 19	サンチェス・デ・ロサダ	法 1786 号	COMIBOL の資産を協同組合に売却
2000/ 9 / 22	バンセル	大統領令 25910 号	COMIBOL 資産の FENCOMIN への譲渡と技術協力
2001/ 9 / 15	キロガ	大統領令 26313 号	200 万ドル以下の COMIBOL 資金による協同組合と小規模鉱山への技術支援
9 / 15	キロガ	大統領令 26318 号	鉱物資源価格が低下している時に政府が協同組合と小規模鉱山に補助金を出す生産的雇用のための鉱業プログラムの更新
10/ 17	キロガ	大統領令 26354 号	
2002/ 10/ 10	サンチェス・デ・ロサダ	大統領令 26812 号	
2004/ 2 / 6	メサ	大統領令 27358 号	
2003/ 8 / 14	サンチェス・デ・ロサダ	大統領令 27137 号	過去の鉱業銀行などへの協同組合の借金帳消し
9 / 30	サンチェス・デ・ロサダ	大統領令 27192 号	3 名の FENCOMIN 代表の COMIBOL 執行部への参加
9 / 30	サンチェス・デ・ロサダ	大統領令 27193 号	FENCOMIN の住居のために 98 万 7500 ドルを大蔵省より拠出
10/ 8	サンチェス・デ・ロサダ	大統領令 27206 号	協同組合の社会保険に関する借金の帳消し
2004/ 1 / 31	メサ	大統領令 27334 号	COMIBOL 資産売却による収益を協同組合に提供
2005/ 7 / 28	ロドリゲス・ヴェルツェ	大統領令 27328 号	ポトシの協同組合に不動産を無償譲渡
12/ 22	ロドリゲス・ヴェルツェ	大統領令 28536 号	ラパスの協同組合に「例外的」にコンセッションを付与
2007/ 3 / 21	モラレス	法 3620 号	ポトシの協同組合に不動産を無償譲渡
2008/ 5 / 21	モラレス	大統領令 29578 号	協同組合のための融資基金（FOFIM）を設立
5 / 26	モラレス	法 3866 号	ラパス市の不動産を FENCOMIN に売却
10/ 29	モラレス	大統領令 29769 号	鉱物資源価格の低迷に対抗する安定化基金を協同組合と小規模鉱山のために設立
12/ 29	モラレス	法 3994 号	オルロの協同組合にコンセッションを付与
2009/ 4 / 15	モラレス	法 4019 号	オルロの協同組合にコンセッションを付与
2011/ 11/ 17	モラレス	法 186 号	協同組合の付加価値税（IVA）の支払い免除

出所）Espinoza（2010：239-241）および官報にもとづき筆者作成。

れば，2004 年から毎年約 25 の鉱山が新たに不法占拠されてきた（2012 年 7 月 1 日付 *La Razón* 紙）。不法占拠とは，近隣農民等が民間鉱山の鉱区を占拠して勝手に鉱石を採掘・売却しようとするもので，2003 年以降の鉱物資源価格の高騰に伴って急増した。FENCOMIN 代表は，農民による不法占拠と協同組合労働者による「合法」な占有は異なるとするが，実際には不法占拠を達成した農民が協同組合を結成する場合が多い。

2013 年 5 月 1 日，政府は鉱区の不法占拠，違法採掘・売買・輸送に対して 4〜8 年の懲役刑を科すことを定めた法 367 号を公布したが，政府が強力な利益団体に対して法の支配をどこまで貫徹できるかは未知数である。

2）鉱業部門では進まない「国有化」政策

鉱業部門の「国有化」は，かつて COMIBOL を自主経営してきた FSTMB の要求であり，モラレス政権も天然資源の国家管理を 2006〜11 年の「国家開発計画（Plan Nacional de Desarrollo）」で謳っているが，それにもかかわらず十分な進展を見せてこなかった。2012 年 4 月までに実行された国営化は，2006 年に COMIBOL の直轄運営とされたワヌニ鉱山，2007 年に国有化されたビント（Vinto）精錬所[11]，次項で取り上げるコルキリ鉱山の 3 例に限られる。「国有化」政策が進まない理由には，経済的効率性や政府対民間企業という構図だけでなく，FENCOMIN の抵抗が大きい。FENCOMIN は，コンセッション契約等の既得権を有するため，性質としては民間経営である上，税制をはじめとする数々の特恵（表 10-2）を失うことを恐れている。資源価格の高騰期に拡大したラパス（La Paz）県北部の金鉱山などは，インフォーマルな操業で莫大な利益を得ており，これらに国家管理の手が及ぶのを嫌ってきた。

また，民間鉱山の労働者にも，比較的高い給与とサービスを享受できるために，「国有化」に反対するものが多い。2011 年 4 月，モラレス大統領は 5 月 1

11）ビント精錬所は，後述のコルキリ鉱山と同様に，まずは COMSUR 社に民営化され，その後 Sinchi Wayra 社の所有となっていた。ビント精錬所の国有化宣言は 2007 年 2 月 9 日であったが，実際には 2010 年 5 月 1 日の大統領令 499 号によって国家所有となった。

日のメーデーを前に，いくつかの鉱山の「国有化」を検討している，と発言した。4月14日，当時のピメンテル鉱業冶金大臣は，具体的にはカナダ資本Pan American Silver社のサン・ビセンテ（San Vicente）鉱山，スイス資本Sinchi Wayra社のボリバル（Bolívar），ポルコ（Porco），コルキリ鉱山[12]が対象であるが，「国有化」するかどうかは各鉱山の労働組合の意向を聴取した後で決定するとした。しかし各鉱山の労働組合と会合を設けた結果，4月19日に当時のエクトル・コルドバ（Héctor Córdova）鉱業冶金省生産開発次官は各組合の反対により撤回すると発表した。同次官によれば，「国営化」に反対する民間鉱山の労働組合の立場は明確であった。

3）停滞する新鉱業法案の制定作業

2009年2月に公布された憲法の移行条項8条I〜IIIは次のように定める。

I. 行政府および立法府の選挙から1年以内に，天然資源，電力，通信，基本サービスに関するコンセッションは新しい法秩序に適合しなければならない。新法秩序へのコンセッションの移行にあたって，いかなる場合も既得権を否定することはない。

II. 同時期に，金属・非金属・蒸発・塩・硫黄などの鉱業資源に関してボリビア領域内で与えられたコンセッションは効力を失う。

III. 現政権に先立って国内外企業に付与された鉱業コンセッションについては1年間の期限内に鉱業契約によって憲法に適合しなければならない。

これらの条項は，憲法の鉱業資源に関する部分（369〜372条）と合わせて，コンセッションの解消と国家管理を強めた鉱業契約方式への移行という基本方針を定めている。しかし，2009年12月6日の国政選挙から1年を過ぎても新鉱業法は施行されず，2010年12月6日，政府は大統領令726号を発布し，鉱業コンセッションを「特別移行許可（Autorizaciones Transitorias Especiales）」に変更させることで，従来の権利関係を事実上継続させた。

12）各鉱山は，COMIBOLとの貸与契約かジョイント・ベンチャーであったため，所有権そのものは問題ではなく，COMIBOLが直接運営を行うかどうかが問題となった。

新鉱業法の法制作業が遅れた理由は，鉱業部門アクター間での意見集約が難しいことにあった。政府は合意形成のために，COMIBOL，FSTMB，FENCOMIN，ANMM，CANALMIN の 6 者が参加する新鉱業法案の起草委員会を設けた。しかし，6 者間での意見調整は難航し，合意点の模索は困難であった。FENCOMIN は自らに不利な取り決めには明確に抗議の姿勢をとり，2011 年からは鉱業冶金省を外して自らに有利な形での法案作成を行おうとした。

ちなみに，税率に関してだけ言えば，「実質的な国有化」とも言える政策が実行に移されていた。2007 年 11 月 23 日に公布された法 3787 号は法 1777 号を一部改正するもので，各鉱石の国際価格が一定の閾値を超える場合は，通常の法人税 25 % に追加税率 12.5 % が上乗せされることなった。専門家の計算では，この追加法人税の導入の結果，生産コストを差し引く前の売却益については法人税とロイヤルティ他諸税を含めて 40.15 %，生産コストを差し引いた純利益の 80.3 % が国家の取り分になったと言われる（Garzón 2012：83）。この追加法人税は，協同組合には適用されないことと決められたため，FENCOMIN の抵抗を受けなかった。逆に，2009 年 7 月 7 日に公布された法 4049 号は，金に適用されるロイヤルティにつき，小規模で手作業で操業する場合，すなわち国家管理を強化するための新鉱業法の制定について，多くの協同組合による生産の場合は税率を半額とする規定を導入した。

FENCOMIN からの抵抗にあった政府は，新法に先回りする形で，民間企業との個別交渉による個別の契約方式変更に着手した。政府が，各民間企業を相手としてこのような「先回りした個別の移行」を進めていた矢先，その交渉が最も進んでいた Sinchi Wayra 社のコルキリ鉱山にて，アクター間の影響力関係が如実に現れる事件が発生した。

3　事　　例――コルキリ鉱山の「国有化」

2012 年 5～10 月にかけて起きた民間資本のコルキリ鉱山の「国有化」騒動は，上記のような鉱業部門に関するアクター間の利益衝突が現れた事例である。

以下，この事例をもとに，どのように利益団体の利益が優先されたかを例証する。

1）コルキリ鉱山の概要

コルキリ鉱山は，ラパス県インキシビ（Inquisivi）地方に位置する錫・亜鉛鉱山で，「コルキリ」とはアイマラ語で「銀が眠る」という意味である。植民地期に少量の銀が採掘されたほか，20世紀初頭から錫生産が開始され，全盛期の1977年には2,544人の労働者を抱え，総人口約1万人の鉱山町が存在していた。1910年の資料では，15〜18の鉱区が存在し，約5〜7％の高い割合で錫が含まれていた。1929年には錫財閥ホッホチルド（Hochschild）家の所有となり，その後1952年革命で国有化されてCOMIBOL所有となった（Espinoza 2010：132–133）。

長く国営であったコルキリ鉱山は，2000年4月にCOMIBOLとコルキリ鉱山社（COMSUR社とActis社のジョイント・ベンチャー）との間で30年間の操業権貸与契約が締結されたことで，民営化された。貸与契約は，当初の4年間は精錬鉱石収益の2.8％，その後は3.5％を使用料として収めること（最低額として年20万ドル）および鉱山施設の使用料を支払うことを定めた（Espinoza 2010：179）。その後，2005年11月15日にスイス資本Glencore社の子会社であるSinchi Wayra社が貸与契約の権利を取得した。

2000年にコルキリ鉱山の貸与契約を落札したCOMSUR社は，1985年の新自由主義改革導入期に大蔵大臣，1993年からは大統領を務めたサンチェス・デ・ロサーダが経営する会社であり，民営化の実態について利益誘導の疑いがあったため，コルキリ鉱山はモラレス政権から「国有化」のターゲットとして目をつけられていた。前述のとおり，2011年4月には国営化の対象として名指しされ，2012年に入ると新しい契約方式への個別交渉が進められた。しかし，コルキリ鉱山の去就はFSTMBとFENCOMINの手に握られることとなったのである。

2）コルキリ鉱山をめぐる紛争過程

2012年5月末から10月にかけて，FSTMBとFENCOMINは民間資本のコ

表 10-3　コルキリ鉱山騒動の発端から終結まで

年 月 日	出 来 事
2012 年 5 月 30 日	コルキリ鉱山で「2 月 26 日」協同組合労働者が一部鉱区を占拠
6 月上旬	FSTMB と FENCOMIN が示威行動を実施
6 月 8 日	政府と FENCOMIN は，協同組合にロサリオ鉱区を割譲することで合意 政府と FSTMB は，コルキリ鉱山の「国有化」（貸与契約の解除）に合意
6 月 11〜16 日	FENCOMIN と FSTMB は道路封鎖等の示威行動を展開し，暴力的衝突も発生
6 月 20 日	政府は，鉱山「国有化」とロサリオ鉱区の協同組合への割譲について，大統領令 1264 号を公布
6 〜 8 月	政府は，FENCOMIN と FSTMB に対して様々な便宜を供与
8 月 29 日	政府は，ロサリオ鉱区の約 65 % を協同組合に配分するとの大統領令 1337 号を公布
9 月	FSTMB と FENCOMIN は，大統領令 1337 号の内容を不服として示威行動を展開
10 月 3 日	政府は，大統領令 1337 号を撤廃し，鉱区配分案を修正する大統領令 1368 号を公布

出所）筆者作成。

ルキリ鉱山について圧力行動を繰り広げ，「国有化」や鉱区割譲を含む利益を獲得した（表 10-3）。以下，この紛争過程を叙述する[13]。

①発端

2012 年 5 月 30 日午前 4 時半，コルキリ鉱山で 80 名ほどの正規労働者がシフト交替に入ったところ，同鉱山の一部を採掘していた「2 月 26 日」協同組合の構成員が酒を飲み興奮した状態でダイナマイトを爆発させながら正規労働者の鉱区に侵入し，占拠した。

夜が明けると即座に，首都ラパスの FSTMB は政府に事態への対処を求める緊急書簡を送付し，翌 6 月 1 日には，FSTMB を頂点とする全国 72 の鉱山労働組合がラパス－オルロ間のカラコジョ（Caracollo）を道路封鎖，6 月 2 日にはオルロで集会を開いてコルキリ鉱山の再奪取に向けた動員を決定した。他方で政府は 6 月 3 日に協同組合代表と会合し，サン・アントニオ（San Antonio）鉱区の協同組合への操業権提供を含む撤収案を示したが合意に至らなかった。

FSTMB は，この機会にそれまで取り沙汰されてきたコルキリ鉱山の「国有

13）本項の記述は *La Razón*, *Página Siete*, *El Diario*, *Cambio* 紙等の報道による。

化」を実施させようと強硬姿勢に出る。一説では，FSTMBはこの騒動をきっかけにコルキリ鉱山の「国有化」を実現しようと画策していたと言われる。6月4〜5日にかけて，FSTMBはコルキリ鉱山再奪取のために全国ストの開始を決定するとともに，鉱山の「国有化」（Sinchi Wayra社の貸与契約解除）を政府に求めることを決定した。このように争点がすり替わっていく中で，協同組合による占拠の解除を実現する手段が他にないことから，コルキリ鉱山の正規労働者は当初は反対していた「国有化」に賛成せざるをえなかった。

事態が思いがけずに「国有化」要求に向かったことに，協同組合の全国組織であるFENCOMINは動揺した。6月6日，FENCOMIN代表のアルビノ・ガルシア（Albino García）は，「国有化」や既存契約の解除は認めず，もし「国有化」がなされた場合は6月8日より全国道路封鎖を開始すると発表した。

6月7日夜9時半より，FENCOMINと鉱業冶金大臣との会合が実施された。「2月26日」協同組合のレオナルド・アルバロ（Leonardo Alvaro）代表は，鉱量の少ないサン・アントニオ鉱区ではなく別の鉱区を提供することを求めた。8日午前4時，長時間の交渉の後，政府，コルキリ鉱山社，FENCOMINの3者は，ロサリオ（Rosario）鉱区を協同組合に引き渡すことで合意した。右決定を受けて，8日午前6時にようやく「2月26日」協同組合による鉱区占拠が解除された。

②紛争の継続と「国有化」合意

政府が協同組合側に一定の利益を与えたことで事態は収束したように見えたものの，FSTMBはこれに満足しなかった。6月8日15時から深夜まで，鉱業冶金大臣はFSTMB代表と会合し，Sinchi Wayra社との貸与契約を一方的に解除し，「国有化」することで合意した。協同組合への割譲が決定したロサリオ鉱区についても，協同組合の合意が得られた場合には国有化することが決定された。

これに対して，協同組合は猛反発する。6月11日，FENCOMINは各地の代表を集めて会合し，政府とFSTMBによる「国有化」合意への反対を確認し，協同組合の利益が尊重されないならば，13日零時より道路封鎖を行うことを決定した。6月12日，政府はFENCOMIN代表と再び会合し，協同組合に割譲されるロサリオ鉱区については「国有化」しないことを確認した。これに対して FSTMB 代表は，全コルキリ鉱山を「国有化」しないのは遺憾だと発言した。

6月13日未明から18時まで，労働組合と協同組合の双方はラパス－オルロ間の幹線道路を封鎖し，それぞれ示威行動を行った。コルキリ鉱山でも，鉱区を奪い合う暴力事件が発生した。6月14日，労働組合側の構成員がロサリオ鉱区を占拠し，その過程で衝突があり，1名が死亡，15名が負傷した。政府は翌6月15日になって800人の警察と800人の軍隊をコルキリに派遣し，同日18時にようやく事態を収拾した。

16日午前11時より翌朝4時半までオルロ県庁で，政府，FSTMB，FENCOMIN の代表が会合を行い，続く18日にはラパスで会合がもたれて，解決へ向けた基本合意が達成された。ほぼ全鉱区の「国有化」と，ロサリオ鉱区の協同組合への割譲が合意確認された。6月20日，政府は大統領令1264号を公布して，以上の合意を正式なものとした。

③政府による便宜供与と再衝突

政府は，FSTMB と FENCOMIN に妥協して「国有化」と一部鉱区の割譲を決定しただけでなく，この合意を確実なものとすべく，両利益団体をなだめるために追加的な便宜供与を行った。6月22日，政府は FENCOMIN 代表と会合し，協同組合法の制定作業，採掘区域，税制，その他について4つの共同作業グループを設立した。6月27日に開催された共同作業グループ会合にはモラレス大統領も出席し，協同組合の採掘区域拡大の要求にこたえて，それまで COMIBOL が管理してきた国営鉱区を FENCOMIN に一部開放することを約束した。他方で政府は FSTMB に対しても便宜を与えた。8月8日の大統領令1319号によってワヌニ鉱山労働者の6％賃上げが，8月29日の大統領令1336号によってビント精錬所労働者の8％賃上げが決定された。

以上の便宜供与によって支持が固められたと見込んだ政府は，8月29日，大統領令1337号を発令して，ロサリオ鉱区の約65％を協同組合側に配分する具体的な鉱区配分案を決定した。しかし，FSTMB と FENCOMIN はさらなる利益獲得を求めて再衝突する。9月上旬，コルキリ鉱山の労働組合側はロサリオ鉱区を占拠し，協同組合による採掘を拒否する姿勢に出た。両組合はラパス県をはじめ各地で道路封鎖等の示威行動を再燃させ，9 月 18 日にはラパス市内の FSTMB 事務所で起きたダイナマイト爆発により労働組合側に 1 名の死者と多数の負傷者が出た。

10 月 3 日，政府は大統領令 1368 号を発令し，再衝突の発端となった大統領令 1337 号を撤廃した上で，鉱区配分案を修正決定した。同時に，大統領令 1369 号を発令し，全国の鉱山国有地の一部を FENCOMIN に対して開放することを決定した。

3）まとめ

以上をまとめると，コルキリ鉱山騒動は，民間企業経営の鉱山の経営権をめぐって，FENCOMIN と FSTMB という 2 つの利益団体が露骨に街頭での圧力行動を繰り広げた結果，最終的には鉱山を「国有化」して労働組合の要求を満足させた一方で，最も鉱量が豊かな鉱区を協同組合に割譲させることで，双方の満足を得たものと言える。街頭での示威行動を繰り広げる 2 団体の前にあって，政府は部分的にしか物理的強制力による沈静化を図れず，基本的には便宜供与を積み上げることで収束させることを試みた。Sinchi Wayra 社は「国有化」が一方的に決定された後で，政府に対して一方的な契約解消に対する補償を要求したが，政府は同社所有の重機と資機材についてのみ補償するとした。

6 月 20 日の大統領令 1264 号の発令式に出席したガルシア・リネラ副大統領は，「政府は常に，対話と同意の上で紛争を解決する，さらに以前国家所有であった鉱山を取り戻す前に，人民に協議を実施する」と述べた（2012 年 6 月 21 日付主要紙報道）。しかし，政府が実際に協議を行った相手は，一部の強力な利益団体のみであった。

おわりに

コルキリ鉱山をめぐる紛争は，モラレス政権が，強力な利益団体の利益追求行動のままに政策決定したことを如実に示した事例である。政府にとっての第一義的な利益が政権維持にあると考えれば，構成員数が圧倒的に多い FENCO-MIN と政治動員力のある FSTMB の望むままに政策を決めることは，政府にとってやむをえないものであったかもしれない。しかし，進まない新鉱業法策定に鑑みれば，政府と利益団体の利益は完全に一致しているとは言いがたく，利益団体の抵抗を前にして政策決定が困難になっていることは明らかである。本章は観察しうる情報を基にボリビア鉱業部門の諸アクターの影響力関係とその帰結を論じたが，特定の利益団体の利益が政府の利益よりも優先されていると結論づけることができる。

新鉱業法は，憲法の移行条項で予定されていた 2010 年 12 月から 3 年半遅れた 2014 年 5 月 29 日に公布された（岡田 2015）。それに至る過程で，FENCO-MIN は FSTMB だけでなく，鉱業冶金省と激しく対立し，自らが望む内容を多く盛り込んだ。新しい契約方式の適用は遡及適用されず新しく契約されるプロジェクトに限定され，問題となった税制については新鉱業法からほとんどが除外された。鉱業法の制定作業の最終局面で起きた抗議運動で，鉱山協同組合の代表であったアレハンドロ・サントス（Alejandro Santos）は次のような発言を残している。

> もし，協同組合がエボ・モラレスを大統領にしたならば，彼を追い出すこともできる（Si bien las cooperativas hemos llevado a Evo Morales a la Presidencia, así también podemos bajarlo）（2014 年 3 月 31 日付 *La Razón* 紙）。

ボリビアの鉱業部門は，資源ブームによってレントが増大していた中で，まさに利益分配についての争いが熾烈に繰り広げられた事例であった。ボリビア鉱業の事例が他と比べて抜きん出ているのは，歴史的に「強い社会」が顕著であって，利益分配にからむ法改正に利益団体が積極的に参加し，必要に応じて大規模な抗議運動を繰り広げる十分な基盤を有することであった。「弱い社会」のペルーで，民間鉱山のプロジェクトに対して周辺住民が散発的だがしばしば暴力的な抗議運動が観察されてきたのと対照的に，ボリビアでは強力な全国レベルの利益団体が政策決定を左右する影響力を有しており，利益分配をめぐる争いが国家の自律性を脅かす形で起きてきたのである。

終　章

ラテンアメリカの挑戦

——結論と合意——

本書では，望ましい資源政策は何かという問いを念頭に置きながら，資源ブーム下で起きた政治参加行動に注目してきた。序章で，望ましい資源政策を可能とする上で「合意」が達成される必要があると述べた。しかし，激しい政治参加の中で「合意」は困難であった。

最後に本章では，各章の内容を踏まえて実際に何が起きたのかをまとめた上で，望ましい資源政策を実現するための課題，とりわけなぜ「合意」が達成されてこなかったのかについてまとめる。最後に，資源生産国の今後について述べる。

1　何が起きてきたのか

21 世紀初頭に起きた資源ブームの下で，ラテンアメリカでは様々な政治参加行動が起きてきた。そうした政治参加行動のインパクトは決して小さくなかった。それらは端的に言って，増大する資源レントの分配をめぐる争いと，資源開発が生み出す不利益をめぐる争いであったが，人々はそのようなインパクトに単純に反応したわけではない。人々の政治参加行動によって，資源政策の行方が左右されたり，政権交代が促されたり，資源採掘や法改正に関する政府の決定が覆されたりしたが，複数の国で一様に見られた現象もあれば，国によって異なる現象もあった。資源ブームに関連した現象は広範囲にわたるもので，様々な組み合わせで起きた。まず，本書で明らかになったことの概要をまとめてみよう。

2000 年代に資源ブームが到来したとき，ラテンアメリカでは政治参加行動が大きなうねりとなっていた。1970 年代末以降に民政移管を達成したラテンアメリカ諸国は，1980～90 年代に新自由主義経済改革によって外資導入を進めており，資源生産国には多額の外資が流入していたが，目立った成果はまだ生み出されてはいなかった。そうした中，人々の不満は街頭での政治参加として噴出した。いくつかの国では，激しい政治参加の結果，大統領が辞任に追い込まれたり，既存政党への支持が低下したり，新しい政権が誕生したりした。1998 年にはベネズエラで新しい政治リーダーが政権を握り，2000 年にはエクアドルとボリビアで大規模な抗議デモが起きた。

そうした背景で起きた 2000 年代の資源価格の高騰は，資源部門から生み出されるレントを急増させた。資源部門への外資誘致政策を進めていたラテンアメリカ諸国は，これによって好景気を謳歌することになったが，その多くでは資源部門への依存も高まった。政権のイデオロギーに関わらず，資源開発は促進され，アマゾン熱帯地方やアンデス高地の奥地に資源関連企業が進出するようになった。

いくつかの国では，増大する資源レントの分配をめぐって，国家と民間企業の間で再交渉が起きた。とりわけ 20 世紀に国有化が進んだ石油・天然ガス部門で大きな動きがあったが，国ごとに政策実施の是非やその内容について，多様性も見られてきた。第 3 章の分析からは，1990 年代から 2000 年代初頭にかけて抜本的な民営化か部分的な民営化を経験した国で，同資源部門への依存が高い場合，あるいは行政府の決定に対する制約が低い場合に，資源レントに対する国家の取り分を増やす政策が起きたことがわかった。そうした条件があれば，ベネズエラ，エクアドル，ボリビア，アルゼンチンといった急進左派政権だけでなく，他の国でも資源レントに対する取り分の増加は試みられた。国内の消費量と生産量の需給バランスのような経済的論理は，政策決定者の視野に入らないわけではなかったが，顧みられなかった。ボリビアの事例で見たように，経済的論理と政治的論理が衝突するような状況では，後者こそが資源政策の鍵を握った。

増加した資源レントは，1990 年代に新自由主義経済改革の成果を感じてこなかった人々に恩恵を与えた。国家の財源が増える中，人々への利益分配政策を主張する政権が誕生し，そうした政策が実行に移された。こうした現象は「左傾化」として広く注目されたが，資源ブームによって財政状況が好転したことが，そのような政策実施の背景にあった（Murrilo, Oliveros and Vaishnav 2011 ; Blanco and Grier 2013）。政権や政策の実施の背景には，行政府の決定に対する制約が緩和されるという要因も重要だった。本書では行政府の決定に対する制約がどのような場合に強まったり弱まったりしたかを詳細には論じなかったが，間接的な理由として，第 3 章では人々の激しい政治参加行動の結果として多数派政権が生まれたボリビアの事例を紹介した。

資源ブームによって非制度的な政治参加行動が増加したとの仮説があるが，そのような直接的な因果関係ははっきりしているわけではない。第 4 章では，資源レントの増加によって抗議運動が増加したかを確率的影響として想定し，統計分析によって検証した。その結果は，その傾向が一部の国では指摘されてきたものの，ラテンアメリカ地域全体で見る限り頑健なものとは言いがたく，そのような一貫したパターンがマクロレベルで見られるわけではない，ということであった。他方で，政治制度の質によって抗議運動の増減が説明できるという既存研究の主張も頑健ではないことがわかった。

抗議運動はより多様な要因から成り立っていると考えるべきだろう。なぜ資源ブームが政治参加行動に与える「純効果」を検証することが困難かは，内生性の問題からも考えることができる。資源ブームが即時的に一様な形で抗議運動を引き起こすと想定するのは難しいし，そうしたときに，ある時点にある場所で観察された抗議運動が，どのような要因の結果として現れたものかを単純なモデルに落とし込むことは，極めて困難な試みだろう。

第 5 章以下では，類似の背景を持ちながら，政策決定に対する社会組織の影響力が異なるペルーとボリビアの比較を行った。この両国は，多数の先住民層を抱える社会という歴史的な背景だけでなく，天然ガスや鉱物資源を豊富に有する伝統的な鉱業国という点でも類似してきた。そして，様々な違いにもかかわらず，いずれの国でも資源ブーム期に多くの抗議運動が起きてきた。この 2

カ国の詳細な比較は，資源ブームの影響が利益と不利益の分配をめぐる争いであることからすると，興味深い示唆を与えてくれる。社会組織が政策決定に与える影響力が強い場合と弱い場合で，そうした争いの様相や帰結が異なると考えられるからである。

第 5 章と第 6 章では，ペルーは「弱い社会」，ボリビアは「強い社会」として理解できることを確認し，そうした特徴が歴史的に徐々に形成されてきたことを詳細な叙述によって示した。いずれの国でも先住民層が下層社会の多数を占めてきたが，そうした下層大衆の社会組織の組織化度と政府に対する影響力には，20 世紀を通じて大きな違いが現れてきた。2000 年代初頭には「強い社会」と「弱い社会」の違いが顕著となったが，こうした違いは，資源ブームとは独立して作られたものだった。「強い社会」のボリビアでは，激しい抗議運動の結果，国家が資源レントに対する取り分を増加させる抜本的な政策変化を余儀なくされた。それを行わない場合には多様な社会組織の街頭での直接行動によって，政権交代が半ば強制的に行われた。それに対して「弱い社会」のペルーでは，そうした変化は起きず，逆に中央政府は民間資本の誘致を優先する政策を継続してきた。

社会組織の交渉力が異なるにもかかわらず，ペルーとボリビアはラテンアメリカ地域の中でも街頭での直接的な政治参加行動が盛んな国であった。その背景には，多数の先住民層が制度的な政治参加から排除されてきたことがあるだろう。また民政移管の後，経済危機や政治制度改革もあって，従来の政党はほとんど支持を得られなくなった。その結果，街頭でのデモ行進や道路封鎖は，両国で頻繁に見られる政治参加の形態となった。しかし，こうした類似性にもかかわらず，社会組織の総体的な影響力は明らかに異なっていた。

このような違いを持つペルーとボリビアで資源ブーム期に見られた政治参加事例は，望ましい資源政策を考える上で重要な示唆を与えてくれる。次にそれをまとめてみたい。

2　望ましい資源政策とは何なのか

本書第 7〜第 10 章で取り上げた抗議運動の事例を詳細に見ると，いくつかの興味深い事実がわかる。それらは，望ましい資源政策とは何か，それを実現するために何が必要かを考える上で，重要な示唆を与えてくれる。まず，既存研究の問題点を指摘し，その上でペルーとボリビアの事例比較から得られる相違点と共通点をそれぞれまとめよう。

1）既存研究の問題点

第 1 章で論じたように，既存の「資源の呪い」研究は，望ましい資源政策とは政治家や人々の短期的な視野からの行動に対しての制約，すなわち制度による制約によって可能となると論じてきた。しかし，そのような制度がどう形成されるかはほとんど論じられてこなかった。制度には，アクターを制約するルールとしての側面と，アクターが「合意」に達することによって作られる側面がある。既存研究の問題は，前者を中心に論じ，後者についてはほとんど論じてこなかったことにある。図終-1 は，既存研究の「制度による矯正」という考え方と，本書の「制度形成」という考え方がどの点で異なるかを図示した

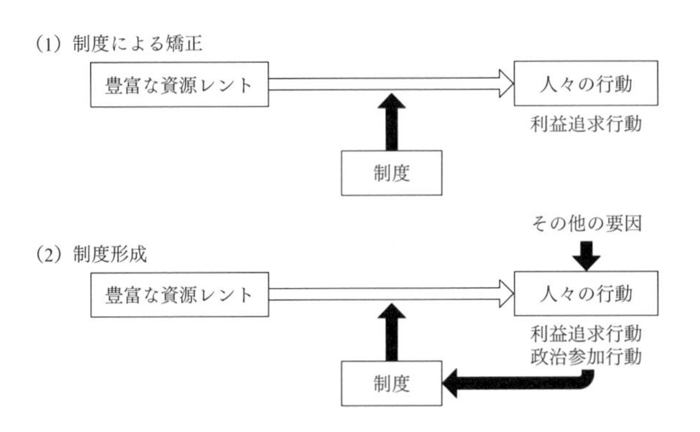

図終-1　制度による矯正，制度形成

出所）筆者作成。

ものである。

資源ブーム期に資源レントが増大すると，様々な影響が生まれる。その1つが，レント・シーキングと呼ばれる人々の利益追求行動である。「制度による矯正」という考え方では，それに一定のルールを設けることで，長期的で持続可能な資源開発政策が可能となるとされる。この考え方には，①人々の行動は豊富な資源レントに依存するという想定と，②制度は人々の行動に対して外生的であるという2つの想定がある。これに対して，「制度形成」という考え方では，制度が人々の行動から作られることを強調する。この考え方では，①人々の行動は豊富な資源レントにも影響されるが別の要因にもよっているという想定と，②制度は人々の行動に対して内生的であるという2つの想定があり，「制度による矯正」と決定的に異なる。

既存研究の限界は，このような2つの誤った想定に集約される。第一に，制度が人々の行動に対して外生的であるとの想定は，モデルとして適切でなく，政策論としても推奨できない。たしかに，人々の行動に対して外生的な形で制度が作られることは現実にはしばしばあるが，そのような制度は安定的ではないことが多い。第8章で取り上げたペルーの「アマゾン蜂起」の事例では，資源開発を促進しようとする政府が，シエラやセルバの先住民共同体の土地買収に関する制度を，市民の合意を得ない形で（外生的に）変更しようとした結果，大規模な抗議運動が起き，結果として政府の決定が覆された。

第二に，人々の行動が豊富な資源レントに依存するとの想定は，過度の単純化である。Karl（1997）の古典的著作のように，人々の利益追求行動が制度形成に影響を与え，そうして作られた制度によってさらに人々の利益追求行動が促進されるというフィードバック効果がありうることは，既存研究でも指摘されてきた。すなわち，制度が内生的に作られる可能性は，一部の研究では明確に認識されていた。しかし問題は，人々の行動が豊富な資源レントに究極的に依存しているという想定にあった。もし人々の行動が資源レントという条件に根本的に依存しているならば，一定の結果が避けられないという「ロックイン」説も強力に感じられたことだろう。しかし，人々の政治参加行動を規定する要因は，資源ブームから独立して数多くあるし，それらは資源ブームの脇に隠れるようなものでもない。「ロックイン」説は過度の単純化のために生まれた安易な説だと考えられる。

2）社会組織の交渉力による違い

こうした考えにもとづき，本書は政治参加行動を理解する上で，社会組織の政策決定に対する影響力に焦点を当ててきた。前節で述べたように，ペルーは端的に言って「弱い社会」で，ボリビアは「強い社会」であった。こうした違いは，資源ブーム下の政治行動と，制度形成における問題を考える上で示唆的である。因果推論について一般化可能な法則性に関心を抱く立場（「資源の呪い」研究の多くはそうした立場だろう）からすると，事例の事後解釈というのは不満がある方法かもしれない。しかし，本書の作業は，社会組織の交渉力の違いという明確に設定された基準にもとづく比較から，2 事例間の類似点と相違点についていくつかのパターンを導き出すものである。こうした比較対照を通じて，望ましい資源政策とは何かについて，我々は多くを学ぶことができる。

表終-1 は，第 7～第 10 章を踏まえて，政治参加行動の特徴と結果を簡潔にまとめたものである。

「弱い社会」のペルーでは，増大する資源レントをめぐる利益分配の争いは，政権や政策レベルでは起きてこなかった。第 7 章で見たように，資源採掘地の

表終-1　資源ブーム下の政治参加の諸相

	社会組織の交渉力	内　容	資源レントの利益分配	資源開発の不利益分配	紛争の繰り返し	結　果
ペルー	「弱い社会」	各地で頻発する鉱山紛争（第 7 章）	○（ミクロレベル）	○	○	紛争の頻発 いくつかのプロジェクトの停滞
		「アマゾン蜂起」（第 8 章）	－	○	○	停滞 事前協議法の制定
ボリビア	「強い社会」	TIPNIS 道路建設に対する抗議運動（第 9 章）	－	○	○	停滞 事前協議法の制定
		FENCOMIN の政治参加（第 10 章）	○（マクロレベル）	－	○	法制定の遅れ

出所）筆者作成。

県・郡・区といった地方政府に分配される鉱業カノンや，鉱山企業が自発的に提供する社会サービスは，たしかに資源レントの間接的な利益分配に関するものであった。しかし，その一方で中央政府が定める法制度上の利益分配システムには何らの変更も起きず，総じてミクロレベルに限られた。他方で，不利益分配をめぐる争いは，資源採掘の対象となった地方住民にとって深刻なもので，しばしば大規模な抗議運動を引き起こした。アンデス高地で頻発する鉱山紛争や，アマゾン先住民組織による 2008〜09 年の一斉蜂起は，基本的に不利益分配をめぐる争いであった。

「強い社会」のボリビアでは，逆に利益分配をめぐる争いが盛んに起きた。天然ガス部門については 2000〜09 年までに一応の決着を見た。新自由主義経済政策をとった従来の政権は 2003 年に転覆され，2004 年には天然ガスの生産と輸出体制をめぐる国民投票が行われ，その結果は 2005 年に新しい炭化水素法として結実した。その後，利益分配は地方分権の問題へと発展したが，2009 年に新憲法が制定されたことで制度化された。これらは激しい政治参加を伴ったもので，一応の「合意」が達成されたと言える。他方で，天然ガスに並ぶ鉱業部門でも，同種の利益分配をめぐる争いが繰り広げられた。第 10 章で取り上げたように，同部門では政府が掲げた「国有化」はなかなか進展しなかった。資源ブーム下で勢力を拡大した鉱山協同組合（FENCOMIN）は，国家管理を進めようとする政府の試みに抵抗し，しばしば抗議運動を動員した。鉱山協同組合は，政府の内部にも関係者を送り込んでいて，強力な影響力でもって新鉱業法の制定を遅らせた。それは，税制などで優遇措置を得ていた鉱山協同組合が，資源レントの多くを掌中に収めておこうとする利益分配のための圧力行動であって，「強い社会」らしく，実際に政策決定を左右した。

不利益の分配をめぐる争いも見られた。第 9 章で取り上げた 2011〜12 年のイシボロ・セクレ国立公園・先住民居住区（TIPNIS）への道路建設をめぐる抗議運動がその例である。ボリビアは「強い社会」であったが，2006 年に誕生したエボ・モラレス政権に権力が集中すると，強力な社会組織の要求に歯止めをかけることが難しくなった。政府は，コカ農民組合のような強力な組織の要求を前にして，より影響力の弱いアマゾン低地の先住民組織の権利を尊重しなかったので，抗議運動へとつながった。

両国の相違点は，次のようにまとめられる。「弱い社会」では，利益分配をめぐる争いは主たる原因ではなく，不利益分配をめぐる争いが中心であった。「強い社会」では逆に，利益分配をめぐる争いが中心だった。序章で述べたように，特定の事例で利益分配と不利益分配のどちらが真の理由であるかを特定することは困難だが，全体として，社会組織の影響力に沿って異なった種類の争いが主に見られたことは確かである。

3）繰り返される紛争，困難な「合意」

他方で，すべての事例で類似する点は，紛争の繰り返しだった。激しい抗議運動が起きると，問題の存在が可視化され，「合意」の必要性が明らかとなる。それにもかかわらず紛争が繰り返されたことは，「合意」の困難さを物語っている。そのような現象は，第7章で取り上げたペルーの鉱山紛争の事例でも見られた。その中で，ペルー北部のカハマルカ（Cajamarca）県のヤナコチャ（Yanacocha）金鉱山の事例は，近年国内外で注目された事例であろう[1]。

ヤナコチャ金鉱山は，県都カハマルカから20キロメートルの距離にある世界最大級のものであり，1991年に導入された外資導入政策によって，極めて優遇された条件で採掘プロジェクトが始まった。その規模に見合って，ペルー国内でも最も多くの鉱業カノンが分配されてもきた。護民官局のデータによれば，2012年末までにこの鉱山会社に関連した紛争が，少なくとも13件以上起きてきた。2000年代に入るとヤナコチャ社は，鉱区拡張のために近隣の未採掘鉱山に手を伸ばそうとしたが，2003年のセロ・キリシュ（Cerro Quilish）開発プロジェクトをめぐる抗議運動，2011年のコンガ（Conga）開発プロジェクトをめぐる抗議運動は，同地方の複数都市を巻き込む大規模なもので，いずれも死者を出す衝突を生み，結果としてプロジェクトは停滞に追い込まれてきた。

1）2010年6月14日付の *New York Times* 紙の“Tangled Strands in Fight Over Peru Gold Mine”という記事は，この鉱山紛争の事例を国際的に報じた例であるが，関係者への詳細なインタビューをもとにしており，関心の高さが窺える（http://www.nytimes.com/2005/10/25/world/americas/tangled-strands-in-fight-over-peru-gold-mine.html?_r=0 2016年5月7日最終閲覧）。

いずれの抗議運動も，鉱山プロジェクトによる水資源の汚染や枯渇を危惧したもので，資源開発が生み出す不利益をめぐる争いであった。この事例の特徴は，まさに紛争の繰り返しであった。1度目のセロ・キリッシュをめぐる2003年の大規模抗議の結果，問題の大きさが可視化され，もし鉱山プロジェクトを続けるならば異なった取り組みが必要なことが明らかであったにもかかわらず，抜本的な対処はなされなかった。その結果，2011年に同様にコンガをめぐる大規模抗議が繰り返され，結果として鉱山プロジェクトは停滞した。2016年4月，ヤナコチャ鉱山の親会社は，地元社会の合意が得られなかったことを理由に，新規鉱山プロジェクトからの撤退を表明した[2)]。

なぜ，紛争は繰り返されてきたのだろうか。以下で，本書の事例研究をもとに，いくつかの理由を挙げてみたい。

（1）膨大な資源レント：資源開発によって膨大な資源レントが得られるために，紛争の解決が最優先課題にならなかった。資源ブーム下での膨大な資源レントの存在は，紛争調停者であるはずの国家を，資源開発の推進によって得られる利益の受益者にしてしまった。例えば，第8章で引用したペルーのガルシア大統領による2007年の「農場の番犬」という論考は，資源開発がもたらす経済的利益を最優先させる議論である。そうした見方を中央政府がとるとき，採掘プロジェクトの見直しや場合によっては停止を求める資源採掘地の住民は，経済的利益に対する障害とみなされた。

（2）影響力関係の不均衡：資源開発の受益者が国家や政府，市民一般であるのに対して，受害者は一部地域の住民に限定されやすい。とりわけ「弱い社会」では，資源開発によって恩恵を受ける中央政府は一部の不利益を被る人々に対して譲歩をしなかったし，そうした譲歩が起きることを期待する根拠もなかった[3)]。それに対して，不利益を被る人々は，抗議運動が最終手段であるだ

2）“Community opposition forces Newmont to abandon Conga project in Peru,” *Mining.com*, 2016年4月18日（http://www.mining.com/community-opposition-forces-newmont-abandon-conga-project-peru/ 2016年5月2日最終閲覧）。

3）もちろん，環境省や司法制度などによって，不利益に対して正当な補償を行うような国家制度を作ろうとする取り組みもあった。しかし，実際にそうした制度が有効に機能したという事実は見られなかった。制度形成の事後性とも関係するが，受益者と

けに，容易に撤収することはできないし，ある程度の譲歩を政府から引き出せる場合には，なおさら強硬姿勢に出る動機を持つ。

他方で，「強い社会」であるボリビアの鉱業部門のように，特定の利益団体が政策決定を左右するほどの影響力を持つ場合，国家は政策決定自体を遅らせたり，そのような利益団体の利益や影響力を削ごうと画策する。そうした状況では，強力な社会組織は，不満があるたびに街頭での示威行動を繰り返すことになる。

(3) 不信感と紛争のエスカレート：利害関係を持つ国家と社会組織や住民とが互いに譲歩せず，強硬姿勢を強めると，紛争が繰り返されるだけでなく，不信感も強化されていくため，ますます「合意」が作られにくくなる。これには当事者の様々な期待と不満が関係する。以下で，2つの点を指摘したい。

第一の点として，そもそも非制度的な政治参加を動員する社会組織にとっては，そうした行動自体が多大なコストである。何日間も屋外でのデモ行進や道路封鎖に参加しなければならず，経済的な負担もあるし，場合によっては負傷者や死者が出る。そうしたコストはすべて，要求の貫徹という目標に向けられる。もし要求が貫徹されなければ，そうしたコストは報いられず，強烈な不満が残ることになる。支払われるコストが多大なのに対して，要求が実現される可能性が少ないことは，負担と利益のアンバランスを生む。そのため，紛争が繰り返されるたびに「合意」のかけ金が次第に釣り上げられるが，それは可能な「合意」をますます遠のかせる。

第二の点として，政府は1つの抗議運動に対する譲歩をできる限り小さくしようとする。ペルーの「アマゾン蜂起」の事例では，2度の大規模な抗議運動があったにもかかわらず，時の政権は根本的な調停制度の制定に乗り気ではなかった。政府は，いったん1つの抗議運動に譲歩すると，資源開発企業からの信頼を失うかもしれないと考えたり，他の抗議運動を増長させる恐れもあると想像したりするかもしれない。そのような派及効果を考えると，1つの抗議運動に対する譲歩は，政府の立場からすると極めて難しく思えるだろう。しかし，

なった国家が制度形成を担う場合には，有効な機能は期待しにくい。

そう考えて譲歩しない結果，いよいよ事態はエスカレートしていく。

(4) 利害関係者への事後的協議：以上の 2 つの点は，非制度的な政治参加がはらむ不確実性という特徴と，それがなぜ紛争の繰り返しとエスカレートにつながるかを示している。このことからすると，先住民や地元住民に対する事前協議は，こうした非制度的な政治参加が持つ不確実性について，制度的な手続きでもって対処する機能を持つため，論理的に考えれば有望な解決策であるだろう。しかし現実に協議の必要性が実感され，当事者によって取り組まれるようになるのは，紛争の後であることが多い。第 9 章で取り上げたように，ボリビアの TIPNIS への道路建設をめぐる抗議運動の後で行われた協議では，当事者間の信頼を欠いた状況であったために協議自体が政治化され，協議が行われたにもかかわらず，道路建設プロジェクトは停滞してきた。これはペルーの先住民に対する事前協議法についても同様に言えることである。

理想としては，協議制度を事前に確立し，その手続きについて基礎的な「合意」がなされているべきである。もしそれができれば非制度的な政治参加を制度的なものに置き換えることができることだろう。これは，本書の分析を踏まえて得られた，今後試みられてしかるべき最も重要な改革提言かもしれない。2000 年代の資源ブームでは，まず先に人々の抗議運動や政治参加行動があり，問題が重大になった後で，ようやく協議制度の議論が始まったのであった。抗議運動が起きる前に協議制度が確立していることは，以上の議論からすると極めて重要だった。これまでのところ，これは成し遂げられてはおらず，事後的な協議が試みられたが，有効ではなかった。

3　資源生産国の今後

前節までで，資源ブーム下のラテンアメリカの資源生産国で何が起き，いかにペルーとボリビアで「合意」が困難になってきたかをまとめた。最後に，本書の知見を踏まえて，今後の資源生産国について触れておきたい。

2000 年代の資源ブームは，世界の資源生産国に甚大なる影響を与えた。資源生産国の政策決定者は資源部門から何が得られるかを考えたが，その結果として資源部門への依存が高まったことは，そうした政権や政策の脆弱性も高めた。もっとも，こうした状況はすべて悲観的なものでもない。莫大な資源レントが流入し，経済状況は一時的にではあれ好転した。

資源ブームの経験は，その大きな波の中で，人々が何らかの「合意」を得ようとする挑戦だったと考えることができる。「合意」は達成されていないが，政治参加の高まりはそれに向けた制度形成の過程である。問題は多いが，問題から学ぶことはできる。資源ブームとは何だったのか，それに対する人々の行動は何だったのかを理解できれば，民主的な制度形成についての挑戦を見出すことができるだろう。人々が学習し，何らかの打開策をひねり出す可能性は十分ある。資源ブーム下のラテンアメリカの経験は成功体験とは言いがたかったが，環境保護制度，先住民族への事前協議権，ペルーの護民官局（Defensoría del Pueblo）などによる抗議運動についてのモニター制度など，新しい取り組みも見られてきた。そうした取り組みから，今後の資源政策が過去と同じものを繰り返すだけではないことを期待したい。

2010年代に入り，資源ブームはいったん終焉を迎えた。鉱物資源価格は2011年6月頃から少しずつ下落を始め，2016年1月までに半減した[4]。石油価格は2014年11月頃から急激に下落し，1年後には40％にまでなった。こうした資源ブームの終焉に伴って，いくつかの国は経済の持続性に問題を抱えるようになった。アルゼンチン，ブラジル，エクアドル，ベネズエラの外貨準備高は，2008～12年頃をピークとして高止まりか減少を始めた。ベネズエラでは2013年以降にインフレ率が急上昇し，アルゼンチンでもその恐れが人口に膾炙するようになった。

政治面でも揺り戻しが起き始めた。ベネズエラでは2013年にチャベス大統領が死去した後，2015年の議会選挙で野党が過半数を獲得した。アルゼンチンでは2015年の選挙で右派の野党候補が勝利し，経済政策の見直しを宣言した[5]。ブラジルでは2016年に国営石油公社Petrobrasに関わる汚職疑惑で，ジ

4）鉱物の種類によって異なるが，ここでは序章冒頭の図序-2で示した平均値で語っている。

ルマ・ルセフ（Dilma Rousseff）大統領が弾劾にかけられた。これらの国々の政治指導者が国際政治の舞台に登場する機会も少なくなった。2015年にクリストファー・サバティーニは,「ラテンアメリカの左派の悲しい死」と題するエッセイを外交専門誌 *Foreign Policy* に載せた[6)]。

資源ブームの終焉は,「合意」を形成する機会である。資源ブームが前提条件の大きな変化であったのと同様に，その終焉もまた前提条件の再変化を意味する。膨大な資源レントの利用は望みがたくなるが，豊富な経験は与えられた。奇しくも人類にとって2度目の資源ブームは，民主主義の時代に起きた。これはとても幸運なことだった。それは多くの混乱をはらむものだったが，何が望ましい資源政策かについて人々が自らの行動を通じて学ぶ機会でもあったからである。資源ブームという前提条件が過ぎ去ったことで人々は多くの困難に直面するだろう。しかし，ゼロからの再スタートではない。今こそ，資源生産国にとっての実現可能な「合意」が何で，次の資源ブームにおいても持続可能な「合意」は何なのかを模索する絶好の機会である。

---

5) "Macri da un giro a la economía argentina al inicio de su mandato," 2016年1月4日付 *El País* 紙（http: //economia. elpais. com/economia/2016/01/03/actualidad/1451844131_791507. html 2016年4月29日閲覧）。

6) Christopher Sabatini, "The Sad Death of Latin American Left," *Foreign Policy*（online), 2015年12月10日（http://foreignpolicy.com/2015/12/10/venezuela-brazil-chavez-maduro-rousseff-lula/ 2016年4月29日閲覧）。

文献リスト

【インタビュー】

A：2013年8月29日，ペルー・カリャオ市先方事務所にて，ミゲル・アンヘル・マルティネス（Miguel Angel Martínez）鉱石輸出企業事務所長

B：2014年3月11日，ボリビア・ラパス市内にて，フランチェスコ・サラッティ（Francesco Zaratti）元大統領特別補佐（炭化水素問題担当）

C：2014年3月12日，ボリビア・ラパス市先方自宅にて，マウリシオ・メディナセリ（Mauricio Medinaceli）元炭化水素エネルギー大臣

D：2013年9月9日，ボリビア・ラパス市カトリカ大学にて，フアン・アントニオ・モラレス（Juan Antonio Morales）元ボリビア中央銀行総裁

E：2008年8月27日，ペルー・リマ市先方自宅にて，ロドリゴ・モントーヤ（Rodrigo Montoya）人類学者

F：2008年9月17日，ペルー・リマ市先方自宅にて，リカルド・レッツ（Ricardo Letts）革命前衛党（VR）の左翼政治家

G：2009年1月21日，ペルー・リマ市先方事務所にて，フリッツ・ビジャサンテ・スルカ（Fritz Villasante Sullca）IBIS リマ事務所先住民ガバナンス担当

H：2008年10月1日，ペルー・リマ市先方自宅にて，リリー・ラ・トーレ（Lily La Torre）Racimos de Ungurahui（NGO）代表

I：2008年9月22日，ペルー・リマ市先方自宅にて，ブラディミル・ピント（Vladimir Pinto）弁護士，元 Racimos de Ungurahui 関係者

J：2008年9月5日，ペルー・カリャオ市先方事務所にて，レリス・リベラ・チャベス（Lelis Rivera Chávez）CEDIA（NGO）代表

K：2009年1月17日，ペルー・リマ市先方事務所にて，ミゲル・パラシン（Miguel Palacín）CAOI 代表

L：2009年1月26日，ペルー・リマ市先方事務所にて，ロドリゴ・カルピオ・チャルケ（Rodrigo Carpio Challque）全国鉱山被害共同体連盟（CONACAMI）経済企画担当（当時）

M：2008年9月23日，ペルー・リマ市先方自宅にて，ハイメ・レーガン（Jaime Raegan）CAAAP（NGO）関係者

N：2008年1月13日，ペルー・クスコ市バルトロメ・デ・ラス・カサス・センター（El Centro Bartolome de las Casas）にて，ラモン・パフエロ（Ramón Pajuelo）人類学者

O：2008年11月7日，ボリビア・ラパス市カフェにて，ビクトル・ウゴ・カルデナス（Víctor Hugo Cárdenas）元副大統領

P：2008年2月13日，ボリビア・サンタクルス市先方事務所にて，アドルフォ・チャベス（Adolfo Chavez）ボリビア先住民連合（CIDOB）代表

Q：2008年9月24日，ペルー・リマ市先方自宅にて，フレデリカ・バークレー（Frederica Barclay）人類学者

R：2008年11月27日，ボリビア・エルアルト市先方自宅にて，マテオ・ラウラ・カンキ（Mateo Laura Canqui）元ボリビア統一農民組合連合（CSUTCB）闘士，元ラパス県知事

S：2008年12月1日，ボリビア・ラパス市カフェにて，労働組合エル・アルト地方本部（COR-El Alto）若者女性組織代表

T：2008年1月25日，ボリビア・ラパス市先方事務所にて，コリャスーユ・アイユ・マルカ全国会議（CONAMAQ）関係者

U：2013年9月3日，チリ・サンチアゴ市先方事務所にて，ウゴ・アルトモンテ（Hugo Altomonte）国際連合ラテンアメリカ・カリブ経済委員会天然資源インフラ局長

V：2013年8月28日，ペルー・リマ市事務所にて，ポルフィリオ・バレネチェア（Porfirio Barrenechea）護民官局職員

W：2013年9月7日，ボリビア・コチャバンバ市事務所にて，ミゲル・ビジャロエル（Miguel Villarroel）Ciudadanía 職員

X：2014年3月11日，ボリビア・ラパス市事務所にて，マリア・ソレダー・キロガ（Maria Soledad Quiroga），ヒメナ・アベヘラ（Jimena Avejera），およびワスカル・パチェコ（Huascar Pacheco）FundaciónUNIR 職員

【日本語文献】

アシャー，ウィリアム（1999）『発展途上国の資源政治学——政府はなぜ資源を無駄にするのか』佐藤仁訳，東京大学出版会（William Asher. *Why Goverments Waste Natural Resources : Policy Failures in Developing Countries*. Baltimore : The Johns Hopkins University Press, 1999）

新木秀和（2010）「エクアドル・アマゾン地域における石油開発と社会環境紛争」坂口安紀編『途上国石油産業の政治経済分析』アジア経済研究所叢書6，岩波書店，pp. 145–174

アンダーソン，ベネディクト・R（2006）『定本　想像の共同体——ナショナリズムの起源と流行』白石さや・白石隆訳，書籍工房早山（Benedict R. Anderson. *Imagined Communities : Reflections on the Origins and Spread of Nationalism*. London : Verso, 1983）

飯田健（2013）『計量政治分析』共立出版

上谷直克（2010）「政党政治を乗り越える？」佐藤章編『新興民主主義国における政党の動態と変容』研究双書No. 584，アジア経済研究所，pp. 289–331

———（2014）「「ポスト新自由主義期」のエクアドルにおける反・鉱物資源採掘運動（MAMM）の衰退」上谷直克編『「ポスト新自由主義期」ラテンアメリカにおける政治参加』アジア経済研究所双書612，pp. 209–255

大串和雄（1993）『軍と革命——ペルー軍事政権の研究』東京大学出版会

———（1995）『ラテンアメリカの新しい風——社会運動と左翼思想』同文舘

大村啓喬（2010）「天然資源と内戦の発生に関する研究動向」『国際公共政策研究』第15巻第1号，pp. 181–195

岡田勇（2009）「ペルーにおける天然資源開発と抗議運動——2008年8月のアマゾン蜂起から」『ラテンアメリカ・レポート』第26巻第1号，pp. 49–57

———（2011）「「ガソリナッソ」以降のボリビア政治・経済情勢」『ラテンアメリカ時報』1396号，pp. 41–43

———（2013）「ボリビアの政策過程の不確実性——モラレス政権の経済政策の残された課

題」『ラテンアメリカ・レポート』第30巻第1号，pp. 32–42
———（2015）「ボリビア鉱業部門にみる国家と市民社会の関係」，調査研究報告書『ラテンアメリカの国家と市民社会研究の課題と展望』日本貿易振興機構アジア経済研究所，pp. 50–64
小倉英敬（1999）「ペルー　ナショナル・アイデンティティの再検証」グスタボ・アンドラーデ，堀坂浩太郎編『変動するラテンアメリカ社会——「失われた10年」を再考する』彩流社，pp. 193–220
———（2002）『アンデスからの暁光——マリアテギ論集』現代企画室
遅野井茂雄（1995）『現代ペルーとフジモリ政権』アジア経済研究所
———（2004）「ボリビア・モデルの破綻」，国際協力機構『ボリビア——人間の安全保障と生産力向上を目指して』国別援助研究会報告書，国際協力機構，pp. 61–72
———（2005）「変動する社会における政治の変化と連続——ペルーの政治文化からみたフジモリ政権とその後」遅野井・村上編（2005），pp. 115–146
———（2008）「ボリビア・モラレス政権の「民主的革命」」遅野井・宇佐見編（2008），pp. 69–103
遅野井茂雄・宇佐見耕一編（2008）『21世紀ラテンアメリカの左派政権——虚像と実像』アジア経済研究所
遅野井茂雄・村上勇介編（2005）『現代ペルーの社会変動』（JCAS連携研究成果報告書7，国立民族学博物館地域研究企画交流センター）
小野耕二（2001）『比較政治』東京大学出版会
オルソン，マンサー（1983）『集合行為論——公共財と集団理論』依田博・森脇俊雅訳，ミネルヴァ書房（Mancur Olson. *The Logic of Collective Action*. Cambridge : Harvard University Press, 1965）
粕谷英一（2012）『一般化線形モデル』共立出版
カルドーゾ，フェルナンド・エンリケ，エンソ・ファレット（2012）『ラテンアメリカにおける従属と発展——グローバリゼーションの歴史社会学』鈴木茂・受田宏之・宮地隆廣訳，東京外国語大学出版会（Fernando Henrique Cardoso and Enzo Faletto. *Dependencia y desarrollo en América Latina : ensayo de interpretación sociológica*. Mexico D.F. : Siglo XXI）
久保拓弥（2012）『データ解析のための統計モデリング入門』岩波書店
ゴッフマン，アーヴィング（2001）『スティグマの社会学——烙印を押されたアイデンティティ』石黒毅訳，改訂版，せりか書房（Erving Goffman. *Stigma : Notes on the Management of Spoiled Identity*. New York : Simon and Shuster, 1986 (1963)）
後藤雄介（1996）「ペルー・インディヘニスモ再考——「メスティサヘ」の視点から」『ラテンアメリカ研究年報』16号，pp. 34–57
———（2005）「クリオージョ，インディオ，メスティーソ——現代ペルーの人種・民族関係理解のための予備的考察」遅野井・村上編（2005），pp. 17–36
コリアー，ポール（2012）『収奪の星——天然資源と貧困削減の経済学』みすず書房（Paul Collier. *The Plundered Planet : How to Reconcile Prosperity with Nature?* London : Allen Lane, 2010）
坂口安紀編（2010）『途上国石油産業の政治経済分析』アジア経済研究所叢書，岩波書店
シエサ・デ・レオン（2006）『インカ帝国史』増田義郎訳，岩波文庫

JETRO（2006）『アンデス諸国の石油・天然ガス調査』（http://www.jetro.go.jp/world より。2014 年 3 月 29 日最終閲覧）
清水達也（2009）「ペルー・ガルシア政権下の経済成長と社会紛争」『ラテンアメリカ・レポート』第 26 巻第 2 号，pp. 49–57
JOGMEC（2011）『ボリビアの鉱業投資環境調査』独立行政法人・石油天然ガス・金属鉱物資源機構（http://mric.jogmec.go.jp/public/report/2011-02/bolivia2009_all.pdf より。2016 年 2 月 9 日最終閲覧）
曽良中清司（2004）「終章　社会運動論の回顧と展望」曽良中清司他編著『社会運動という公共空間——理論と方法のフロンティア』成文堂，pp. 230–258
タロー，シドニー（2006）『社会運動の力——集合行為の比較社会学』大畑裕嗣監訳，彩流社（Sidney Tarrow. *Power in Social Movement : Social Movements and Contentious Politics*. 2nd edition. Cambridge : Cambridge University Press, 1998）
ツェベリス，ジョージ（2009）『拒否権プレイヤー』真柄秀子・井戸正伸監訳，早稲田大学出版部（George Tsebelis. *Veto Players : How Political Institutions Work*. New York : Russell Sage Foundation, 2002）
辻豊治（1983）「ペルーインディヘニスモの形成と展開——1920 年代インディヘニスモ論争をめぐって」『ラテンアメリカ研究年報』3 号，pp. 82–105
ティリー，チャールズ（1984）『政治変動論』堀江湛監訳，芦書房（Charles Tilly. *From Mobilization to Revolution*. Reading : Addison-Wesley Publishing Co, 1978）
デグレゴリ，カルロス・I 他（1993）『センデロ・ルミノソ——ペルーの〈輝ける道〉』太田昌国・三浦清隆訳，現代企画室（Degregori et al. “Fatal Attraction : Peru’s Shining Path.” *NACLA Report on the Americas* 24 (4), 1990/91）
寺田和夫（1997）『トゥパク・アマルの反乱——血塗られたインディオの記録』ちくま文庫
友枝啓泰（1988）「ペルーのインディオと国民的アイデンティティ」川田順造・福井勝義編『民族とは何か』岩波書店，pp. 261–279
中川文雄・松下洋・遅野井茂雄（1985）『ラテンアメリカ現代史——アンデス・ラプラタ地域』山川出版社
パットナム，ロバート（2001）『哲学する民主主義——伝統と改革の市民的構造』河田潤一訳，NTT 出版（Robert D. Putnam. *Making Democracy Work : Civic Traditions in Modern Italy*. Princeton : Princeton University Press, 1993）
バルマー=トーマス，ビクター（2001）『ラテンアメリカ経済史——独立から現在まで』田中高・榎股一索・鶴田利恵訳，名古屋大学出版会（Victor Bulmer-Thomas. *The Economic History of Latin America since Independence*. Cambridge : Cambridge University Press, 1994）
ピアソン，ポール（2010）『ポリティクス・イン・タイム——歴史・制度・社会分析』粕谷裕子監訳，勁草書房（Pierson, Paul. *Politics in Time : History, Institutions, and Social Analysis*. Princeton : Princeton University Press, 2004）
ピータース，B・ガイ（2007）『新制度論』土屋光芳訳，芦書房（B. Guy Peters. *Institutional Theory in Political Science : The New Institutionalism*. 2nd edition. London : Bloomsbury, 2005）
ファーヴル，アンリ（2002）『インディヘニスモ——ラテンアメリカ先住民擁護運動の歴史』染田秀藤訳，文庫クセジュ（Henri Favre. *L’Indigénisme*. paris : Presses Universitaires de

France, 1996)
藤田護（2009）「ボリビアにおける 2000 年代左派アジェンダの検討——先住民による権力獲得，多層的共存，現状を切り開く思想」村上・遅野井編著（2009），pp. 287-314
舟木律子（2008）「ボリビアの地方分権改革——サンチェス・デ・ロサダ政権における「大衆参加法」の狙い」『ラテンアメリカ論集』42 号，pp. 19-38
———（2014）「ボリビアにおける「下から」の国民投票——2006 年県自治国民投票の規定要因」上谷編著（2014），pp. 115-152
舩木弥和子（2011）「プレソルト開発で大産油国への躍進を狙うブラジル」『石油・天然ガスレビュー』第 45 巻第 1 号，pp. 27-42
ポパー，カール（2013）『歴史主義の貧困』岩坂彰訳，日経 BP クラシックス（Karl R. Popper. *The Poverty of Historicism*. 2nd edition. London: Routledge, 2002）
真鍋周三（1986）「18 世紀ペルーにおけるトゥパック・アマルの反乱の社会経済的背景」『ラテンアメリカ研究年報』6 号，pp. 89-128
———（2011）「植民地時代前半期のポトシ銀山をめぐる社会経済史研究——ポトシ市場経済圏の形成（前編）」『京都ラテンアメリカ研究所紀要』11 号，pp. 57-84
———（2012）「植民地時代前半期のポトシ銀山をめぐる社会経済史研究——ポトシ市場経済圏の形成（後編）」『京都ラテンアメリカ研究所紀要』12 号，pp. 1-31
マリアテギ，ホセ・カルロス（1988）『ペルーの現実解釈のための七試論』原田金一郎訳，拓殖書房（José Carlos Mariátegui. *7 ensayos de interpretación de la realidad peruana*. Lima : Empresa Editoria Amauta, 1928）
宮地隆廣（2007）「統一協定」『ラテンアメリカ時報』1380 号，pp. 17-23
———（2014）『解釈する民族運動——構成主義によるボリビアとエクアドルの比較分析』東京大学出版会
村上勇介（2004）『フジモリ時代のペルー』平凡社
———（2009）「中央アンデス三カ国の政党——制度化の視点からの比較研究」村上・遅野井編著（2009），pp. 87-136
村上勇介・遅野井茂雄編著（2009）『現代アンデス諸国の政治変動——ガバナビリティの模索』明石書店
メルッチ，アルベルト（1997）『現在に生きる遊牧民——新しい公共空間の創出に向けて』山之内靖・貴堂嘉之・宮崎かすみ訳，岩波書店（Alberto Melucci. *Nomads of the Present : Social Movements and Individual Needs in Contemporary Society*. London : Hutchinson Radius, 1989）
森下明子（2015）『天然資源をめぐる政治と暴力——現代インドネシアの地方政治』京都大学学術出版会
リベラ・クシカンキ，シルビア（1998）『トゥパック・カタリ運動——ボリビア先住民族の闘いの記憶と実践（1900 年-1980 年）』吉田栄人訳，御茶の水書房（Silvia Rivera Cusicanqui. *Oprimidos pero no vencidos: luchas del campesinado Aymara y Qhechwa* de Bolivia, *1900-1980*. La Paz: Hisbol, 1984）
レイガン，チャールズ・C（1993）『社会科学における比較研究——質的分析と計量的分析の統合に向けて』鹿又伸夫監訳，ミネルヴァ書房（Charles C. Ragin. *Comparative Method : Moving beyond Qualitative and Quantitative Strategies*. Berkeley : The University of

California Press, 1987)
ワンカール（1993）『先住民族インカの抵抗五百年史――タワンティンスーユの闘い』吉田秀穂訳，新泉社（Wankar（Ramiro Reynaga）. *Tawantinsuyu : cinco siglos de guerra Qheswaymara contra España*. Lima : CISA, 1989）

【外国語文献】

Acemoglu, Daron (2003) "Why Not a Political Coase Theorem? : Social Conflict, Commitment and Politics." *Journal of Comparative Economics* 31, pp. 620–652.

Acemoglu, Daron and James A. Robinson (2006) *Economic Origins of Dictatorship and Democracy*. Cambridge : Cambridge University Press.

Acquatella et al. (2013) *Rentas de recursos naturales no renovables en América Latina y el Caribe : evolución y participación estatal, 1990–2010*. Santiago : CEPAL.

AIDESEP (2007) "Carta abierta al presidente Alan García." 13 de noviembre.

Alayza Moncloa, Alejandra (2007) *No pero sí : comunidades y minería : consulta y consentimiento previo, libre e informado en el Perú*. Lima : CooperAcción.

Albó, Xavier (1987) "From MNRistas to Kataristas to Katari." in Steve J. Stern (ed.). *Resistance, Rebellion, and Consciousness in the Andean Peasant World, 18th to 20th Centuries*. Madison : The University of Wisconsin Press, pp. 379–419.

——— (1991) "El retorno del indio." *Revista Andina* 9 (2), pp. 299–366.

——— (1994) "And from Kataristas to MNRistas?" in Donna Lee Van Cott (ed). *Indigenous Peoples and Democracy in Latin America*. Basingstoke : Palgrave Macmillan. pp. 55–82.

——— (2002) "From Indian and Campesino Leaders to Councilors and Parliamentary Deputies." in Rachel Sieder. *Multiculturalism in Latin America*. Basingstoke : Palgrave Macmillan, pp. 74–102.

——— (2008) *Movimientos y poder indígena en Bolivia, Ecuador y Perú*. La Paz : CIPCA.

Albro, Robert (2005) "The Indigenous in the Plural in Bolivian Oppositional Politics." *Bulletin of Latin American Research* 24 (4), pp. 433–453.

Alcántara, Manuel (2012) "Elections in Latin America 2009–2011." Working Paper 386. Notre Dame : Kellogg Institute.

Arce, Moisés (2006) *Market Reform in Society : Post-crisis Politics and Economic Change in Authoritarian Peru*. University Park : Pennsylvania State University Press.

——— (2008) "Repoliticization of Collective Action after Neoliberalism in Peru." *Latin American Politics and Society* 50 (3), pp. 37–62.

——— (2010) "Parties and Social Protest in Latin America's Neoliberal Era." *Party Politics* 16 (5), pp. 669–686.

——— (2014) *Resource Extraction and Protest in Peru*. Pittsburgh : University of Pittsburgh Press.

Arce, Moisés and Paul T. Bellinger Jr. (2007) "Low-Intensity Democracy Revisited : The Effects of Economic Liberalization on Political Activity in Latin America." *World Politics* 60 (1), pp. 97–121.

Arce, Moisés and Wonik Kim (2011) "Globalization and Extra-parliamentary Politics in an Era of Democracy." *European Political Science Review* 3 (2), pp. 253–278.

Arditi, Benjamin (2010) "Arguments About the Left : A Post-Liberal Politics?" in Cameron and Hershberg (eds.) (2010), pp. 145–167.

Arellano Yanguas, Javier (2010) *Local Politics, Conflict and Development in Peruvian Mining Regions*. Ph. D. dissertation. University of Sussex.

——— (2011a) *¿Minería sin fronteras?* Lima : IEP ; PUCP ; UARM.

——— (2011b) "Aggravating the Resource Curse : Decentralization, Mining and Conflict in Peru." *Journal of Development Studies* 47 (4), pp. 617–638.

Arnold, Jason Ross and David J. Samuels (2011) "Evidence from Public Opinion." in Steven Levitsky and Kenneth Roberts (eds.). *The Resurgence of the Latin American Left*. Baltimore : The Johns Hopkins University Press, pp. 31–51.

Arnson, Cynthia J. and José Raúl Perales (eds.) (2007) *The 'New Left' and Democratic Governance in Latin America*. Washington, D. C. : Woodrow Wilson International Center for Scholars.

Auty, Richard M. (1989) "The Internal Determinants of Eight Oil-Exporting Countries' Resource-Based Industry Performance." *Journal of Development Studies* 25 (3), pp. 354–372.

——— (1993) *Sustaining Development in Mineral Economies : The Resource Curse Thesis*. London : Routledge.

——— (1998) *Resource Abundance and Economic Development : Improving the Performance of Resource-Rich Counties*. UNU/WIDER Research Paper.

Baker, Andy and Kenneth F. Greene (2011) "The Latin American Left's Mandate : Free Market Policies and Issue Voting." *World Politics* 63 (1), pp. 43–77.

Banks, Arthur S. and Kenneth A. Wilson (2013) *Cross-National Time-Series Data Archive*. Jerusalem : Databanks International.

Barrantes, Roxana (2005) "Minería, desarrollo y pobreza en el Perú, o de cómo todo depende del cristal con que se mire." en Roxana Barrantes, Patricia Zárate y Anahí Durand. "*Te quiero pero no" : minería, desarrollo y poblaciones locales*. Lima : IEP ; Oxfam America, pp. 17–80.

Barrantes, Roxana, Particia Zárate y Anahí Durand (2005) "*Te quiero pero no" : minería, desarrollo y poblaciones locales*. Lima : IEP ; Oxfam America.

Bates, Robert H. (1988) "Contra Contractarianism : Some Reflections on the New Institutionalism." *Politics and Society* 16 (2–3), pp. 387–401.

Bebbington, Anthony (2013) *Industrias extractivas*. Lima : IEP ; CEPES ; GPC.

Bebbington, Anthony (ed.) (2007) *Minería, movimientos sociales y respuestas campesinas : una ecología política de transformaciones territoriales*. Lima : CEPES ; IEP.

Bebbington, Anthony and Jeffrey Bury (eds.) (2013) *Subterranean Struggles : New Dynamics of Mining, Oil, and Gas in Latin America*. Austin : University of Texas Press.

Beck, Nathaniel and Jonathan N. Katz (1995) "What to Do (And not to Do) With Time-Series Cross Section Data." *American Political Science Review* 89 (3), pp. 634–647.

Beck, Nathaniel, Jonathan N. Katz and Richard Tucker (1998) "Taking Time Seriously : Time-Series-Cross-Section Analysis with a Binary Dependent Variable." *American Journal of Political Science* 42 (4), pp. 1260–1288.

Berrios, Ruben, Andrae Marak and Scott Morgenstern (2010) "Explaining hydrocarbon nationalization in Latin America : Economics and Political Ideology." *Review of International Political*

Economy 19, pp. 1–25.

Blanco, Luisa and Robin Grier (2013) "Explaining the Rise of the Left in Latin America." *Latin American Research Review* 48 (1), pp. 68–90.

Blomström, Magnus and Ari Kokko (2007) "From Natural Resources to High-Tech Production : The Evolution of Industrial Competitiveness in Sweden and Finland." in Lederman and Maloney (eds.) (2007), pp. 213–256.

Boix, Carles (2003) *Democracy and Redistribution*. Cambridge : Cambridge University Press.

Bolinaga, Luciano y Arial Slipak (2015) "El consenso de Beijing y la reprimarización productiva de América Latina : el caso argentino." *Problemas del Desarrollo* 183 (46), pp. 33–58.

Boulding, Carew (2014) *NGOs, Political Protest, and Civil Society*. Cambridge : Cambridge University Press.

Brendan, Tobin (1998) *Petroleras, estado y pueblos indígenas : el juego de las expectativas*. Lima : Defensoría del Pueblo.

Bridge, Gavin (2004) "Mapping the Bonanza : Geographies of Mining Investment in an Era of Neoliberal Reform." *The Professional Geographer* 56 (3), pp. 406–421.

Brunnschweiler, Christa (2008) "Cursing the Bressings? Natural Resource Abundance, Institutions, and Economic Growth." *World Development* 36 (3), pp. 399–419.

Burns, E. Bradford (1983) *Poverty of Progress : Latin America in the Nineteenth Century*. Oakland : University of California Press.

Calderón, Fernando (2012) "Ten Theses Concerning Social Conflict in Latin America." *CEPAL Review* 107, pp. 7–30.

Calderón, Fernando (coord.) (2011) *Los conflictos sociales en América Latina*. La Paz : PNUD ; Fundación UNIR.

Calderón Gutiérrez, Fernando y Roberto Laserna (comp.) (1985) *El poder de las regiones*. Cochabamba : CERES.

Cameron, Maxwell A. (2011) "The Left Turn That Wasn't." in Steven Levitsky and Kenneth Roberts (eds.). *The Resurgence of the Latin American Left*. Baltimore : The Johns Hopkins University Press, pp. 375–398.

Cameron, Maxwell A. and Eric Hershberg (eds.) (2010) *Latin America's Left Turns*. Boulder : Lynne Rienner, pp. 193–208.

Campodónico Sánchez, Humberto (1996) *El ajuste petrolero*. Lima : DESCO.

——— (1999) *Las reformas estructurales en el sector minero peruano y las características de la inversión 1992–2008*. serie reformas económicas 24.

——— (2004) *Reformas e inversión en la industria de hidrocarburos en América Latina*. Serie recuros naturales e infraestructura 78. Santiago de Chile : CEPAL.

——— (2007a) *La gestión de la industria de hidrocarburos con predominio de empresas del Estado*. Serie recuros naturales e infraestructura 121. Santiago de Chile : CEPAL.

——— (2007b) *Gestión mixta y privada en la industria de hidrocarburos*. CEPAL Serie recursos naturales e infraestructura 122.

——— (2009) *Gestión de la industria petrolera en período de altos precios del petróleo en países seleccionados de América Latina*. CEPAL Serie Recursos naturales e infraestructura 147.

Candia, Fernando y Napoleón Pacheco (eds.) (2009) *El péndulo del gas*. La Paz : Fundación Milenio.

Castañeda, Jorge (1994) *Utopia Unarmed : The Latin American Left after the Cold War*. London : Vintage Books.

——— (2006) "Latin America's Left Turn." *Foreign Affairs* 85, pp. 28–43.

Castañeda, Jorge G. and Marco A. Morales (2008) "The Current State of the Utopia." in Jorge G. Catañeda and Marco A. Morales (eds.). *Leftovers : Tales of the Latin American Left*. New York : Routledge, pp. 3–18.

Centeno, Miguel A. (2002) *Blood and Debt : War and Statemaking in Latin America*. University Park : The Pennsylvenia State University Press.

CEPAL (Comisión Económica para América Latina y el Caribe) (2012) *La inversión extranjera directa en América Latina y el Caribe*. Santiago de Chile : CEPAL.

——— (2013) *Recursos naturales : situación y tendencias para una agenda de desarrollo regional en América Latina y el Caribe*. Santiago de Chile : CEPAL.

Chang, Roberto, Constantino Hevia and Norman Loayza (2010) *Privatization and Nationalization Cycles*. Policy Research Working Paper 5029. Washington, D. C. : World Bank.

Chaplin, David (ed.) (1976) *Peruvian Nationalism : A Corporatist Revolution*. New Brunswick : Transaction Books.

Chirif, Alberto y Carlos Mora (1981) "La Amazonia Peruana." en *Historia del Perú : procesos e instituciones*, Tomo XII, 3ra edición. Lima : Editorial Juan Mejía Baca, pp. 217–321.

Clark, Tom S. and Drew A. Linzer (2012) *Should I Use Fixed or Random Effects?* Working Paper, The Society for Political Methodology. Washington University in St. Louis.

Cleary, Matthew R. (2006) "Explaining the Left's Resurgence." *Journal of Democracy* 17 (4), pp. 35–49.

Cohen, Jean L. (1985) "Strategy or Identity : New Theoretical Paradigms and Contemporary Social Movements." *Social Research* 52 (4), pp. 663–716.

Collier, Paul (2007) "Natural Resources, Development and Conflict : Channels of Causation and Policy Interventions." in François Bourguignon, Pierre Jacquet and Boris Pleskovic (eds.). *Economic Integration and Social Responsibility*. Washington, D. C. : World Bank.

——— (2010) "The Political Economy of Natural Resources." *Social Research* 77 (4), pp. 1105–1132.

Collier, Paul and Anke Hoeffler (2004) "Greed and Grievance in Civil War." *Oxford Economic Papers* 56 (4), pp. 563–595.

Collier, Ruth Berins and David Collier (1991) *Shaping the Political Arena : Critical Junctures, the Labor Movement, and Regime Dynamics in Latin America*. Princeton : Princeton University Press.

Collier, Ruth Berins and Samuel Handlin (2009) *Reorganizing Popular Politics : Participation and the New Interest Regime in Latin America*. University Park : The Pennsylvania University Press.

CooperAcción (2008) *Informe Observatorio de Conflictos Mineros en el Perú 3*, Lima : CooperAcción.

Corrales, Javier (2008) "The Backlash against Market Reforms in Latin America in the 2000s." in

Jorge I. Domínguez and Michael Shifter (eds.). *Constructing Democratic Governance in Latin America*. 3rd edition. Baltimore : The Johns Hopkins University Press, pp. 39-71.

Cotler, Julio (1978) *Clase, estado y nación en el Perú*. Lima : IEP.

——— (1983) "La mecánica de la dominación interna y del cambio social en la sociedad rural." en Matos et al. (1983), pp. 165-204.

Crabtree, John and Laurence Whitehead (2008) *Unresolved Tensions : Bolivia Past and Present*. Pittsburgh : Pittsburgh University Press.

CVR (2003) *Informe final* (http://www.cverdad.org.pe/ifinal). 2009 年 7 月 17 日最終閲覧。

Damonte, Gerardo (2012) "Minería y agricultura : los retos de una difícil convivencia." *La revista agraria* 146, pp. 20-21.

Dandler, Jorge (ed.) (1998) *Pueblos indígenas de la amazonía peruana y desarrollo sostenible*, OIT Documento de Trabajo 68. Lima : OIT.

Davis, Graham A. (2013) "Replicating Sachs and Warner's Working Papers on the Resource Curse." *Journal of Development Studies* 49 (12), pp. 1615-1630.

Davies, Thomas M. (1974) *Indian Integration in Peru*. Lincoln : University of Nebraska Press.

De Echave, José (2008) *Diez años de minería en el Perú*. Lima : CooperAcción.

De Echave, José et al. (2009) *Minería y conflicto social*. Lima : IEP ; CIPCA ; CBC ; CIES.

De Echave, José y Alejandro Diez (2013) *Más allá de Conga*. Lima : CooperAcción / RedGE.

De Echave, José y Emma Gómez (2013) *Doe Run vs. Perú*. Lima : CooperAcción / RedGE.

Defensoría del Pueblo (2007) *Informe extraordinario : los conflictos socioambientales por actividades extractivas en el Perú*. Lima : Defensoría del Pueblo.

——— (2011) *Informe defensorial respecto a la violación de los derechos humanos en la marcha indígena*. noviembre.

Degregori, Carlos Iván (1978) "Indigenismo, clases sociales y problema nacional." en C. I. Degregori et al. *Indigenismo, clases sociales y problema nacional : la discusión sobre el "problema indígena" en el Perú*. Lima : Ediciones CELATS, pp. 15-51.

——— (1993) "Identidad étnica, movimientos sociales y participación política en el Perú." en Alberto Adrianzén et al. *Democracia,etnicidad y violencia política en los países andinos*. Lima : IFEA ; IEP, pp. 112-133.

——— (2000) *No hay país más diverso : compendio de antropología peruana*. Lima : Red para el Desarrollo de las Ciencias Sociales en el Perú.

——— (2008) "Peru : A Missed Opportunity." in Jorge Domínguez and Michael Shifter (eds.) (2008) *Constructing Democratic Governance in Latin America*. 3rd edition. Baltimore : The Johns Hopkins University Press, pp. 264-284.

de la Cadena, Marisol (2000) *Indigenous Mestizos : The Politics of Race and Culture in Cuzco, Peru, 1919-1991*. Durham : Duke University Press.

DESCO (1977) *Estado y política agraria. 4 ensayos*. Lima : DESCO.

De Wind, Adrián (1985) "De campesinos a mineros : el trasfondo de las huelgas en las minas del Perú." *Allpanchis* 26 (22), pp. 247-271.

Dietsche, Evelyn (2009) "Why the Quality of Institutions Is Not a Cure for the 'Resource Curse'." *The Journal of Energy and Development* 32 (2), pp. 262-282.

Directorio minero del Perú (2011) *Perú : proyectos mineros del futuro*. Lima : Promotores Multimedia SAC.

Dunning, Thad (2008) *Crude Democracy : Natural Resource Wealth and Political Regimes*. Cambridge : Cambridge University Press.

Durand, Francisco (2007) *El Perú fracturado : formalidad, informalidad y economía delictiva*. Lima : Fondo Editorial del Congreso del Perú.

——— (2012) "El debate sobre la captura del Estado peruano." en Eduardo Toche (compilador). *Perú hoy : la gran continuidad*. Lima : DESCO, pp. 19-56.

Easterly, William, Jozef Ritzen and Michael Woolcock (2006) "Social Cohesion, Institutions, and Growth." *Economics & Politics* 18 (2), pp. 103-120.

Eckstein, Susan (ed.) (1989) *Power and Popular Protest in Latin America*. Berkeley : University of California Press.

——— (2001) *Power and Popular Protest in Latin America*. Updated and Expanded Edition. Berkeley : University of California Press.

Eguren López, Fernando (1975) *Reforma agraria, cooperativación y lucha campesina. El Valle Chancay- Huaral*. Lima : DESCO.

Eisinger, Peter K. (1973) "The Conditions of Protest Behavior in American Cities." *American Political Science Review* 67 (1), pp. 11-28.

Engerman, Stanley and Kenneth L. Sokoloff (1997) "Factor Endowments, Institutions, and Differential Paths of Growth among New World Economics." in Stephen Haber (ed.). *How Latin America Fell Behind : Essays on the Economic History of Brazil and Mexico, 1800-1914*. Stanford : Stanford University Press, pp. 260-304.

Enriquez, Elaine and Miguel A. Centeno (2012) "State Capacity : Utilization, Durability, and the Role of Wealth vs. History." *RIMCIS International and Multidisciplinary Journal of Social Science* 1 (2), pp. 130-162.

Espinoza Morales, Jorge (2010) *Minería boliviana : su realidad*. La Paz : Plural.

——— (2012) "Cooperativas mineras." en Henry Oporto (ed.). *Los dilemas de la minería*. La Paz : Fundación Vicente Pazos Kanki, pp. 137-174.

Evia, Jose Luis, Roberto Laserna and Stergios Skaperdas (2008) "Socio-Political Conflict and Economic Performance in Bolivia." Mimeographed document. La Paz : Universidad Católica Boliviana (http://www.socsci.uci.edu/~sskaperd/ESL0208.pdf よりダウンロード可。2012年12月14日最終閲覧).

Falla, La madrid, Luis Humberto y Wilder Calderón Castro (2010) "Informe en minoría." Mayo. Lima : Congreso de la República.

Ferraz, João Carlos, Michael Mortimore and Márcia Tavares (2011) "Foreign Direct Investment in Latin America." in José Antonio Ocampo and Jaime Ros (eds.). *The Oxford Handbook of Latin American Economics*. Oxford : Oxford University Press, pp. 438-460.

Flores-Macías, Gustavo A. (2010) "Statist vs. Pro-Market : Explaining Leftist Governments' Economic Policies in Latin America." *Comparative Politics* 42 (4), pp. 413-433.

——— (2012) *After Neoliberalism? : The Left and Economic Reforms in Latin America*. Oxford : Oxford University Press.

Frankel, Jeffrey (2010) *The Natural Resource Curse : A Survey*. NBER Working Paper 15836.

Franzese, Jr., Robert (2002) *Macroeconomic Policies of Developed Democracies*. Cambridge : Cambridge University Press.

——— (2007) "Multicausality, Context-Conditionality, and Endogeneity." in Carles Boix and Susan C. Stokes (eds.). *The Oxford Handbook of Comparative Politics*. New York : Oxford University Press, pp. 27–72.

Friedman, Debra and Doug McAdam (1992) "Collective Identity and Activism : Networks, Choices, and the Life of a Social Movement." in Aldon D. Morris and Carol McClurg Mueller (eds.). *Frontiers in Social Movement Theory*. New Haven : Yale University Press, pp. 156–173.

Fundación Tierra (2012) *Marcha indígena por el TIPNIS*. La Paz : Fundación Tierra.

Fundación UNIR (2011a) *Análisis de la conflictividad del TIPNIS y potenciales de paz*. La Paz : Fundación UNIR.

——— (2011b) "El TIPNIS desde la perspectiva de la conflictividad." *Puertas abiertas*, año 7, edición especial.

Gadano, Nicolás (2010) "Urgency and Betrayal : Three Attempts to Foster Private Investment in Argentina's Oil Industry." in William Hogan and Federico Sturzenegger. *The Natural Resources Trap : Private Investment Without Public Commitment*. Cambridge : The MIT Press, pp. 369–403.

——— (2013) "YPF y el petróleo latinoamericano." *Nueva Sociedad* 244, pp. 113–121.

Gamarra, Eduardo A. (1997) "Hybrid Presidentialism in Bolivia." in Kurt von Mettenheim (ed.). *Presidential Institutions and Democratic Politics*. Baltimore : The Johns Hopkins University Press, pp. 109–135.

Gamson, William A. and David S. Meyer (1996) "Framing Political Opportunity." in McAdam, McCarthy and Zald (eds.) (1996), pp. 275–290.

García Linera, Álvaro (2011) *Las tensiones creativas de la revolución : la quinta fase del proceso del cambio*. La Paz : Vicepresidencia del Estado.

García Linera, Álvaro (coord.) (2008) *Sociología de los movimientos sociales en Bolivia : estructuras de movilización, repertorios culturales y acción política*. 3ra edición. La Paz : Plural.

García, María Elena (2005) *Making Indigenous Citizens*. Stanford : Stanford University Press.

García, María Elena and José Antonio Lucero (2004) "Un País Sin Indígenas? : Re-thinking Indigenous Politics in Peru." in Nancy Gray Postero and Leon Zamosc (eds.). *The Struggle for Indigenous Right in Latin America*. Brighton : Sussex Academic Press, pp. 158–188.

Garzón, Dionisio J. (2012) "Minería boliviana." en Henry Oporto (ed.). *Los dilemas de la mineriía*. La Paz : Fundación Vicente Pazos Kanki, pp. 73–135.

Gasparini, Leonardo and Nora Lustig (2011) "The Rise and Fall of Income Inequality in Latin America." in José Antonio Ocampo and Jaime Ros (eds.). *The Oxford Handbook of Latin American Economics*. Oxford : Oxford University Press, pp. 691–714.

Gil, Vladimir (2009) *Aterrizaje minero*. Lima : IEP.

Gill, Lesley (2000) *Teetering on the Rim : Global Restructuring, Daily Life, and the Armed Retreat of the Bolivian State*. New York : Columbia University Press.

Gotkowitz, Laura (2007) *A Revolution for Our Rights : Indigenous Struggles for Land and Justice in*

Bolivia, 1880–1952. Durham : Duke University Press.

Gray Molina, George (2007) *Estado como modus vivendi*. Documento de trabajo. La Paz : PNUD.

——— (2008) "State-Society Relations in Bolivia." in John Crabtree and Laurence Whitehead (eds.). *Unresolved Tensions*. Pittsburgh, University of Pittsburgh Press, pp. 109–124.

Grugel, Jean and Pía Riggirozzi (2011) "Post-Neoliberalim in Latin America : Rebuilding and Reclaiming the State after Crisis." *Development and Change* 43 (1), pp. 1–21.

Guriev, Sergei, Anton Kolotilin and Konstantin Sonin (2011) "Determinants of Nationalization in the Oil Sector : A Theory and Evidence from Panel Data." *Journal of Law, Economics and Organization* 27 (2), pp. 301–323.

Gustafson, Bret (2002) "Paradoxes of Liberal Indigenism : Indigenous Movements, State Processes, and Intercultural Reform in Bolivia." in David Maybury-Lewis (ed.). *The Politics of Ethnicity*. Cambridge : Harvard University Press, pp. 267–306.

Gwartney, James et al. (2001–13) *Economic Freedom of the World Annual Report*. Vancouver : Fraser Institute.

Haber, Stephen and Victor Menaldo (2011) "Do Natural Resources Fuel Authoritarianism? : A Reappraisal of the Resource Curse." *American Political Science Review* 105 (1), pp. 1–26.

Haley, Sharman (2004) "Institutional Assets for Negotiating the Terms of Development : Indigenous Collective Action and Oil in Ecuador and Alaska." *Economic Development and Cultural Change* 53 (1), pp. 1–19.

Hallerberg, Mark and Carlos Scartascini (2012) *Financial Crisis and Fiscal Reform in Latin America : When Do Governments Improve Fiscal Institutions?* SCCPI Working Paper.

Handlin, Samuel and Ruth Berins Collier (2011) "The Diversity of Left Party Linkages and Competitive Advantages." in Steven Levitsky and Kenneth Roberts (eds.). *The Resurgence of the Latin American Left*. Baltimore : The Johns Hopkins University Press, pp. 139–162.

Haslam, Paul Alexander (2010) "Foreign Investors over a Barrel : Nationalizations and Investment Policy." in Maxwell A. Cameron and Eric Hershberg (eds.). *Latin America's Left Turns : Politics, Policies, and Trajectories of Change*. Boulder : Lynne Rienner, pp. 193–208.

Henisz, W. J. (2000) "The Institutional Environment for Economic Growth." *Economics and Politics* 12 (1), pp. 1–31.

Hervé, Bruno (2013) "De campesinos a micro-empresarios : transformaciones laborales y cambios sociales en una comunidad campesina." *Iluminuras* 14 (33), pp. 50–74.

Hochstetler, Kathryn and Elisabeth Jay Friedman (2008) "Can Civil Society Organizations Solve the Crisis of Partisan Representation in Latin America?" *Latin American Politics and Society* 50 (2), pp. 1–32.

Hogan, William and Federico Sturzenegger (2010) *The Natural Resources Trap*. Cambridge : The MIT Press.

Huber, Ludwig (2008) "La representación indígena en municipalidades peruanas : tres estudios de caso." en R. Grompone, R. H. Asensio y Ludwig Huber. *Ejercicio de gobierno local en los ámbitos rurales : presupuesto, desarrollo e identidad*. Lima : IEP, pp. 175–272.

Hui, Voctoria Tin-bor (2005) *War and State Formation in Ancient China and Early Modern Europe*. Cambridge : Cambridge University Press.

Hunefeldt, Christine (1997) "The Rural Landscape and Changing Political Awareness : Enterprises, Agrarian Producers and Peasant Communities, 1969-1994." in Maxwell A. Cameron and Philip Mauceri (eds.). *The Peruvian Labyrinth : Polity, Society, Economy*. University Park : The Pennsylvania State University Press, pp. 107-133.

Hurtado, Javier (1986) *El katarismo*. La Paz : Hisbol.

Hylton, Forrest and Sinclair Thomson (2007) *Revolutionary Horizons : Past and Present in Bolivian Politics*. London : Verso.

INE (2006) *Bolivia : características sociodemográficas de la población indígena*. 3ra edición. La Paz : INE.

——— (2007) *Anuario estadístico 2007*. La Paz : INE.

INEI (1995) *Perú : resultados definitivos de las comunidades indígenas*. Lima : INEI.

——— (2008) *Perú : compendio estadístico*. Lima : INEI.

Isla Rojas, Víctor (2010) "Informe en minoría." Mayo. Lima : Congreso de la República.

Jensen, Nathan M. and Noel P. Johnston (2011) "Political Risk, Reputation, and the Resource Curse." *Comparative Political Studies* 44 (6), pp. 662-688.

Jiménez Pozo, Wilson, Fernando Landa Casazola y Ernesto Yáñez Aguilar (2006) "Bolivia." in Gillette Hall y Harry A. Patrinos (eds.) *Pueblos indígenas, pobreza y desarrollo humano en América Latina 1994-2004*. Washington, DC : Banco Mundial, pp. 45-73.

Jordán, Rolando (2011) "Nueva arquitectura institucional para la minería." en Federico Escóbar et al. *Incertidumbre jurídica*. La Paz : Fundación Milenio, pp. 21-32.

Kapsoli Wilfredo (ed.) (1977) *Los movimientos campesinos en el Perú : 1879-1965*. Lima : Delva editores.

Karl, Terry Lynn (1997) *The Paradox of Plenty : Oil Booms and Petro-States*. Berkeley : University of California.

——— (2007) "Ensuring Fairness : The Case for a Transparent Fiscal Social Contract." in Macartan Humphreys, Jeffrey D. Sachs and Joseph E. Stiglitz (eds.). *Escaping the Resource Curse*. New York : Columbia University Press, pp. 256-285.

Kaufman, Daniel, Aart Kraay and Massimo Mastruzzi (2007a) "Growth and Governance : A Reply." *The Journal of Politics* 69 (2), pp. 555-562.

——— (2007b) "Growth and Governance : A Rejoinder." *The Journal of Politics* 69 (2), pp. 570-572.

Kaufman, Robert R. (2011) "The Political Left, the Export Boom, and the Populist Temptation." in Steven Levitsky and Kenneth Roberts (eds.). *The Resurgence of the Latin American Left*. Baltimore : The Johns Hopkins University Press : 93-116.

Kay, Bruce (1996) "Fujipopulism and the Liberal State in Peru, 1990-1995." *Journal of Interamerican Studies and World Affairs* 38 (4), pp. 55-98.

Keck, Margaret E. and Kathryn Sikkink (1999) "Transnational Advocacy Networks in International and Regional Politics." *International Social Science Journal* 51 (159), pp. 89-101.

King, Gary, Robert O. Keohane and Sidney Verba (1994) *Designing Social Inquiry : Scientific Inference in Qualitative Research*. Princeton : Princeton University Press.

King, Gary, Michael Tomz and Jason Wittenberg (2000) "Making the Most of Statistical Analyses :

Improving Interpretation and Presentation." *American Journal of Political Science* 44 (2), pp. 341–355.

Kitschelt, Herbert et al. (2010) *Latin American Party Systems*. Cambridge : Cambridge University Press.

Kitschelt, Herbert and Steven I. Wilkinson (2007) "Citizen-politician Linkages : An Introduction." in Herbert Kitschelt and Steven I. Wilkinson (eds.). *Patrons, Clients, and Policies : Patterns of Democratic Accountability and Political Competition*. Cambridge : Cambridge University Press, pp. 1–49.

Klandermans, Bert (1992) "The Social Construction of Protest and Multiorganizational Fields." in Morris and Mueller (eds.) (1992), pp. 77–103.

Klandermans, Bert and Sidney Tarrow (1988) "Mobilization into Social Movements : Synthesizing European and American Approaches." in B. Klandermans, H. Kriesi and S. Tarrow (eds.). *International Social Movement Research, Vol. 1 : From Structure and Action : Comparing Social Movement Research Across Cultures*. Greenwitch : JAL Press Inc, pp. 1–38.

Klarén, Peter F. (2005) *Nación y sociedad en la historia del Perú*. Traducción de Javier Flores. Lima : IEP.

Klein, Herbert S. (1992) *Bolivia : The Evolution of a Multi-Ethnic Society*. 2nd edition. New York : Oxford University Press.

Kuczynski, Pedro Pablo and Oliver Williamson (eds.) (2003) *After the Washington Consensus : Restarting Growth and Reform in Latin America*. Washington, D. C. : Institute for International Economics.

Kurtz, Marcus J. (2004) "The Dilemmas of Democracy in the Open Economy : Lessons from Latin America. " *World Politics* 56 (2), pp. 262–302.

——— (2009) "The Social Foundations of Institutional Order : Reconsidering War and the 'Resource Curse' in Third World State Building." *Politics & Society* 37 (4), pp. 479–520.

Kurtz, Marcus J. and Andrew Schrank (2007a) "Growth and Governance : Models, Measures, and Mechanisms." *The Journal of Politics* 69 (2), pp. 538–554.

——— (2007b) "Growth and Governance : A Defense." *The Journal of Politics* 69 (2), pp. 563–569.

——— (2012) "Capturing State Strength : Experimental and Econometric Approaches." *Revista de Ciencia Política* 32 (3), pp. 613–621.

Laserna, Roberto (2004) *Democracia en el ch'enko*. La Paz : Fundación Milenio.

——— (2011) *La trampa del rentismo*. 3rd edition. La Paz : Fundación Milenio.

Laserna, Roberto y Miguel Villarroel (2013) *43 años de conflictos sociales en Bolivia*. Cochabamba : CERES.

Lazar, Sian (2006) "El Alto : Ciudad Rebelde : Organisational Bases for Revolt." *Bulletin of Latin American Research* 25 (2), pp. 183–199.

Ledebur, Kathryn (2002) "Coca and Conflict in the Chapare." *Drug War Monitor* 1 (1), pp. 1–23.

Lederman, Daniel and William F. Maloney (eds.) (2007) *Natural Resources : Neither Curse nor Destiny*. Washington, DC : World Bank.

Levitsky, Steven and María Victoria Murillo (2009) "Variation in Institutional Strength." *Annual*

Review of Political Science 12, pp. 115–133.

Levitsky, Steven and Kenneth M. Roberts (2011a) 'Latin America's 'Left Turn' : A Framework for Analysis." in Steven Levitsky and Kenneth Roberts (eds.). *The Resurgence of the Latin American Left*. Baltimore : The Johns Hopkins University Press, pp. 1–27.

——— (2011b) "Democracy, Development, and the Left." in Steven Levitsky and Kenneth Roberts (eds.). *The Resurgence of the Latin American Left*. Baltimore : The Johns Hopkins University Press, pp. 399–427.

Levitsky, Steven and Lucan Way (2002) "Elections without Democracy : The Rise of Competitive Authoritarianism." *Journal of Democracy* 13 (2), pp. 51–65.

Linz, Juan J. and Arturo Valenzuela (1994) *The Failure of Presidential Democracy*. Baltimore : The Johns Hopkins University Press.

Lipsky, Michael (1970) *Protest in City Politics : Rent Strikes, Housing, and the Power of the Poor*. Chicago : Rand McNally.

Lombardi Elías, Guido (2010) "Informe en minoría." Mayo. Lima : Congreso de la República.

Lora, Eduardo (2012) *Structural Reforms in Latin America : What Has Been Reformed and How to Measure It*. IDB Working Paper 346. Updated version. Washington, D.C. : IDB.

Lowenthal, Abraham F. (ed.) (1975) *The Peruvian Experiment : Continuity and Change under Military Rule*. Princeton : Princeton University Press.

Lucero, José Antonio (2008) *Struggles of Voice : The Politics of Indigenous Representation in the Andes*. Pittsburgh : University of Pittsburgh Press.

Luna, Juan Pablo (2010) "The Left Turns." in Maxwell A. Cameron and Eric Hershberg (eds.). *Latin America's Left Turns*. Boulder : Lynne Rienner, pp. 23–39.

Machado, Fabiana, Carlos Scartascini and Mariano Tommasi (2009) *Political Institutions and Street Protests in Latin America*. Working Paper IDB-WP-110, Washington, D. C. : IDB.

——— (2011) "Political Institutions and Street Protests in Latin America." *Journal of Conflict Resolution* 55 (3), pp. 340–365.

MacIsaac, Donna J. and Harry Anthony Patrinos (1995) "Labour Market Discrimination Against Indigenous People in Peru." *The Journal of Development Studies* 32 (2), pp. 218–233.

Madrid, Raúl (2008) "The Rise of Ethnopopulism in Latin America." *World Politics* 60 (3), pp. 475–508.

——— (2011a) "Bolivia." in Steven Levitsky and Kenneth Roberts (eds.). *The Resurgence of the Latin American Left*. Baltimore : The Johns Hopkins University Press, pp. 239–259.

——— (2011b) "Ethnic Proximity and Ethnic Voting in Peru." *Journal of Latin American Studies* 43 (2), pp. 267–297.

Madrid, Raúl, Wendy Hunter and Kurt Weyland (2010) "The Politics and Performance of the Contestatory and Moderate Left." in Kurt Weyland, Raúl L. Madrid and Wendy Hunter (eds.). *Leftist Governments in Latin America : Successes and Shortcomings*. Cambridge : Cambridge University Press, pp. 140–180.

Mahoney, James (2010) *Colonialism and Postcolonial Development : Spanish America in Comparative Perspective*. Cambridge : Cambridge University Press.

Mainwaring, Scott, Ana María Bejarano and Eduardo Pizarro Leongómez (eds.) (2006) *The Crisis of*

Democratic Representation in the Andes. Stanford : Stanford University Press.
Mallon, Florencia E. (1998) "Chronicle of a Death Foretold?" in Stern (ed.) (1998), pp. 84-117.
Manacés Valverde, Jesús y Carmen Gómez Calleja (2009) "Carta el ministro de agricultura." 25 de diciembre. Lima : Ministerio de Agricultura.
Manrique, Nelson (1998) "The War for the Central Sierra." in Steve J. Stern (ed.). *Shining and Other Paths : War and Society in Peru, 1980-1995*. Durham : Duke University Press, pp. 191-223.
Manzano, Osmel and Roberto Rigobón (2007) "Resource Curse or Debt Overhung?" in Lederman and Maloney (eds.) (2007), pp. 41-70.
Manzano, Osmel and Francisco Monaldi (2008) "The Political Economy of Oil Production in Latin America." *Economia* 9 (1), pp. 59-98.
—— (2010) "The Political Economy of Oil Contract Renegotiation in Venezuela." in William Hogan and Federico Sturzenegger. *The Natural Resources Trap : Private Investment Without Public Commitment*. Cambridge : The MIT Press, pp. 409-466.
Matos Mar, José (1983) "Dominación, desarrollos desiguales y pluralismo en la sociedad y cultura peruana." en Matos et al. (1983), pp. 19-72.
——— (2004) *El desborde popular y crisis del Estado : veinte año despues*. Lima : Fondo Editorial del Congreso del Perú.
Matos Mar, José, et al. (1983) *Perú problema : cinco ensayos*. 3ra edición. Lima : IEP.
Matsen, Egil, Gisle J. Natvik, and Ragnar Torvik (2016) "Petro Populism." *Journal of Development Economics* 118, pp. 1-12.
Mayorga, Fernando (2010) *Dilemas*. Cochabamba : CESU-UMSS.
Mayorga, René Antonio (1991) *¿De la anomia política al orden democrático? : democracia, estado y movimiento sindical en Bolivia*. La Paz : CEBEM.
——— (1995) *Antipolitica y neopopulismo*. La Paz : CEBEM.
—— (2005) "Bolivia's Democracy at the Crossroads." in F. Hagopian and S. P. Mainwaring (eds.). *The Third Wave of Democratization in Latin America*. Cambridge: Cambridge University Press, pp. 149-178.
——— (2006) "Outsiders and Neopopulism." in S. Mainwaring, A. M. Bejarano and E. Pizarro Leongómez (eds.). *The Crisis of Democratic Representation in the Andes*. Stanford : Stanford University Press, pp. 132-167.
Mazetti Solar, Pila, Susana Pinilla Cisneros, Ricardo Álvarez Lobo y Manuel Bernales Alvarado (2009) "Informe final de la comisión especial para investigar y analizar los sucesos de Bagua." Diciembre. Lima : Ministerio de Agricultura.
Mazzuca, Sebastián (2013a) "Natural Resources Boom and Institutional Curse in the New Political Economy of South America." in Jorge I. Domínguez and Michael Shifter (eds.). *Constructing Democratic Governance in Latin America*. 4th edition. Baltimore : The Johns Hopkins University Press, pp. 102-126.
——— (2013b) "The Rise of Rentier Populism." *Journal of Democracy* 24 (2), pp. 108-122.
McAdam, Doug (1996) "Conceptual Origins, Current Problems, Future Directions." in D. McAdam, J. D. McCarthy and M. N. Zald (eds.) (1996), pp. 23-40.
McAdam, Doug, John D. McCarthy and Mayer N. Zald (eds.) (1996) *Comparative Perspectives on*

Social Movements : Political Opportunities, Mobilizing Structures, and Cultural Framings. Cambridge : Cambridge University Press.
McAdam, Doug, Sidney Tarrow and Charles Tilly (1997) "Toward an Integrated Perspective on Social Movements and Revolution." in Marc I. Lichbach and Alan S. Zuckerman (eds.). *Comparative Politics : Rationality, Culture and Structure*. Cambridge : Cambridge University Press, pp. 142–173.
McAdam, Doug, Sidney Tarrow and Charles Tilly (2001) *Dynamics of Contention*. Cambridge : Cambridge University Press.
McAdam, Doug et al. (2010) " 'Sight Fights' : Explaining Opposition to Pipeline Projects in the Developing World." *Sociological Forum* 25 (3), pp. 401–427.
Mehlum, Halvor, Karl Moene and Ragnar Torvik (2006) "Institutions and the Resource Curse." *The Economic Journal* 116 (508). pp. 1–20.
Melucci, Alberto (1996) *Challenging Codes : Collective Action in the Information Age*. Cambridge : Cambridge University Press.
Meyer, David S. (2002) "Opportunities and Identities : Bridge-Building in the Study of Social Movements." in Meyer, Whittier and Robnett (eds.) (2002), pp. 3–21.
——— (2004) "Protest and Political Opportunities." *Annual Review of Sociology* 30, pp. 125–145.
Meyer, David S., Nancy Whittier and Belinda Robnett (eds.) (2002) *Social Movements : Identity, Culture, and the State*. New York : Oxford University Press.
Ministerio de Agricultura (1984) *Reforma agraria en cifras*. actualizado al 30 de setiembre 1984. Lima : Ministerio de Agricultura.
Ministerio de Minería y Metalúrgia (2014) *Dossier estadísticas del sector minero metalúrgico 1980–2013*, La Paz : Ministerio de Minería y Metalúrgia.
Moe, Terry M. (2006) "Power and Political Institutions." in Ian Shapiro, Stephen Skowronek and Daniel Galvin (eds.). *Rethinking Political Institutions : The Art of the State*. New York : New York University Press, pp. 32–71.
Molina, Fernando (2009) *Pensamiento boliviano sobre los recursos naturales*. La Paz : Presencia.
Molina B., Ramiro y Xavier Albó C. (coord.) (2006) *Gama étnica y lingüística de la población boliviana*. La Paz : PNUD.
Monasterios, Karin, Pablo Stefanoni y Hervé Do Alto (eds.) (2007) *Reinventando la nación en Bolivia*. La Paz : CLACSO ; Plural.
Montoya Rojas, Rodrigo (1987) *La cultura quechua hoy*. Lima : Mosca Azul.
——— (1989) *Lucha por la tierra, reformas agrarias y capitalismo en el perú del siglo XX*. Lima : Mozca Azul Editores.
Montoya Rojas, Rodrigo (coord.) (2008) *Voces de la tierra : reflexiones sobre movimientos políticos indígenas en bolivia, ecuador, méxico y perú*. Lima : Fondo Editorial de la Universidad Nacional Mayor de San Marcos.
Morris, Aldon D. and Carol McClurg Mueller (eds.) (1992) *Frontiers in Social Movement Theory*. New Haven : Yale University Press.
Moseley, Mason and Daniel Moreno (2010) "The Normalization of Protest in Latin America." *AmericasBarometer Insights* 42, pp. 1–7.

Moyano Delgado, Martha, Eduardo Espinoza Ramos y Juan Perry Cruz (2010) "Informe en mayoría." Mayo. Lima : Congreso de la República.

Munck, Gerardo L. (1995) "Actor Formation, Social Co-ordinations, and Political Strategy : Some Conceptual Problems in the Study of Social Movements." *Sociology* 29 (4), pp. 667-685.

Muñoz-Pogossian, Betilde (2008) *Electoral Rules and the Transformation of Bolivian Politics*. New York : Palgrave Macmillan.

Murillo, María Victoria, Virginia Oliveros and Milan Vaishnav (2011) "Economic Constraints and Presidential Agency." in Steven Levitsky and Kenneth Roberts (eds.). *The Resurgence of the Latin American Left*. Baltimore : The Johns Hopkins University Press, pp. 52-70.

Neary, Peter J. and Sweder van Wijnbergen (eds.) (1986) *Natural Resources and the Macroeconomy*. Cambridge : MIT Press.

North, Douglass C., John Joseph Wallis, Steven B. Webb and Barry R. Weingast (eds.) (2013) *In the Shadow of Violence : Politics, Economics and the Problems of Development*. Cambridge : Cambridge University Press.

O'Donnell, Guillermo (1994) "Delegative Democracy." *Journal of Democracy* 5 (1), pp. 55-69.

Oporto, Henry (ed.) (2012) *Los dilemas de la minería*. La Paz : Fundación Vicente Pazos Kanki.

Ostrom, Elinor (1990) *Governing the Commons : The Evolution of Institutions for Collective Action*. Cambridge : Cambridge University Press.

Pacheco, Napoleón (2009) "El impacto macroeconómico de las reformas en el sector de hidrocarburos 1995-2007." en Fernando Candia y Napoleón Pacheco (eds.). *El péndulo del gas : estudios comparativos de la política de hidrocarburos*. La Paz : Fundación Milenio, pp. 99-132.

Pajuelo Teves, Ramón (2005) "Política, etnicidad, y organizaciones indígenas." en Jorge León T. et al. *Participación política, democracia, y movimientos indígenas en los andes*. La Paz : Fundación PIEB ; Embajada de Francia ; IFEA, pp. 109-134.

——— (2006) *Participación política indígena en la sierra peruana : una aproximación desde las dinámicas nacionales y locales*. Lima : IEP ; Fundación Konrad Adenauer.

——— (2007) *Reinventando comunidades imaginadas : movimientos indígenas, nación y procesos sociopolíticos en los países centroandinos*. Lima : IFEA ; IEP.

Palacín Quispe, Miguel (2008) *Respuesta comunitaria a la invasión minera y la crisis política : Conacami para el mundo*. Lima : CONACAMI.

Panfichi, Aldo (ed.) (2007) *Participación ciudadana en el Perú : disputas, confluencias y tensiones*. Lima : Fondo Editorial de la Pontifica Universidad Católica del Perú.

Paredes, Martín (2007) "Alan García es el fujimorismo sin fujimori, entrevista a Sinecio López." *Quehacer* 166, pp. 6-14.

Patzi Paco, Félix (2007) *Insurgencia y sumisión : movimientos sociales e indígenas. 2da edición ampliada 1983-2007*. La Paz : Ediciones Yachaywasi.

Pease García, Henry (1986) *El ocaso del poder oligárquico : lucha política en la escena oficial 1968-1975*. Lima : DESCO.

Pérez, Esteban and Matías Vernengo (2008) *Back to the Future : Latin America's Current Development Strategy*. IDEAs Working Paper Series. 07/2008. New Delhi : International Development Economics Associates.

Philip, George (1982) *Oil and Politics in Latin America*. Cambridge : Cambridge University Press.

PNUD (2007) *El estado del Estado en Bolivia*. La Paz : PNUD.

Póveda, Renán A. (2006) "Minería." en Marcelo M. Giugale, Vicente Fretes-Cibils y John L. Newman. *Perú : la oportunidad de un país diferente — próspero, equitativo y gobernable*. Lima : Banco Mundial, pp. 445–466.

Quijano, Anibal (1980) *Dominación y cultura : lo cholo y el conflicto cultural en el Perú*. Lima : Mosca Azul Editores.

Quispe Quispe, Ayar (2003) *Indios contra indios*. La Paz : Nuevo Siglo.

Radnitz, Scott (2010) *Weapons of the Wealthy : Predatory Regimes and Elite-Led Protests in Central Asia*. Ithaca : Cornell University Press.

Ragin, Charles C. (2008) *Redesigning Social Inquiry : Fussy Sets and Beyond*. Chicago : University of Chicago Press.

Ragin, Charles C. and Benoît Rihoux (eds.) (2009) *Configurational Comparative Methods*. London : Sage.

Rajan, Raghuram G. and Luigi Zingales (2006) *The Persistence of Underdevelopment : Institutions, Human Capital, or Constituencies?* NBER Working Paper 12093.

Rasguido, Shirley (2006) *Líderes contemporáneos del movimiento campesino indígena de Bolivia : Román Loayza Caero*. La Paz : CIPCA.

Remy S., María Isabel (1994) "The Indigenous Population and the Construction of Democracy in Peru." in Donna Lee Van Cott (ed.). *Indigenous Peoples and Democracy in Latin America*. Basingstoke : Palgrave Macmillan, pp. 107–127.

——— (2005) *Los múltiples campos de la participación ciudadana en el perú : un reconocimiento del terreno y algunas reflexiones*. Lima : IEP.

Rivera Cusicanqui, Silvia (1990) "Democracia liberal y democracia de ayllu." en Carlos Toranzo (ed.). *El difícil camino hacia la democracia*. La Paz : ILDIS.

——— (1993) "La raíz : colonizadores y colonizados." en X. Albó y R. Barrios (coord.). *Violencias : encubiertas en Bolivia*. La Paz : CIPCA ; Ediciones Aruwiyiri, pp. 25–139.

Roberts, Kenneth (1998) *Deepening Democracy? : The Modern Left and Social Movements in Chile and Peru*. Stanford : Stanford University Press.

——— (2002) "Social Inequalities without Class Cleavages in Latin America's Neoliberal Era." *Studies in Comparative International Development* 36 (4), pp. 3–33.

——— (2006) "Populism, Political Conflict, and Glass-Roots Organization in Latin America." *Comparative Politics* 38, pp. 127–148.

Roberts, Kenneth M. and Erik Wibbels (1999) "Party Systems and Electoral Volatility in Latin America : A Test of Economic, Institutional, and Structural Explanations." *American Political Science Review* 93 (3), pp. 575–590.

Robinson, James and Thierry Verdier (2013) "The Political Economy of Clientelism." *Journal of Economics* 115 (2), pp. 260–291.

Robinson, James, Ragnar Torvik and Thierry Verdier (2006) "Political Foundations of the Resource Curse." *Journal of Development Economics* 79, pp. 447–468.

——— (2014) "Political Foundations of the Resource Curse : A Simplification and a Comment."

Journal of Development Economics 106, pp. 194–198.

Rocha Monroy, Ramón (2006) *Líderes contemporáneos del movimiento campesino indígena de Bolivia : Jenaro Flores Santos*. La Paz : CIPCA.

Rojas Ortuste, Gonzalo y Luis Verdesoto Custode (1997) *La participación popular como reforma de la política*. La Paz : Muela del Diablo.

Rojas Ortuste, Gonzalo (1994) *Democracia en bolivia : hoy y mañana*. La Paz : CIPCA.

Romero Ballivián, Salvador (1998) *Geografía electoral de bolivia*. 2da edición. La Paz : FUNDEMOS.

Ross, Michael (2005) "Resources and Rebellion in Aceh, Indonesia." in Pau Collier and Nicholas Sambanis (eds.). *Understanding Civil War*. Washington, D. C. : The World Bank, pp. 35–58.

——— (2012) *The Oil Curse*. Princeton : Princeton University Press.

——— (2014) "Conflict and Natural Resources : Is the Latin American and Caribbean Region Different from the Rest of the World?" in Juan Cruz Vieyra and Malaika Masson (eds.). *Transparent Governance in an Age of Abundance*. Washington, D. C. : IDB, pp. 109–142.

Sachs, Jeffrey D. (1989) *Social Conflict and Populist Policies in Latin America*. NBER Working Paper 1897.

Sachs, Jeffrey D. and Andrew M. Warner (1995) *Natural Resource Abundance and Economic Growth*. NBER Working Paper 5398.

Salas, Guillermo (2008) *Dinámica social y minería*. Lima : IEP.

Saylor, Ryan (2014) *State Building in Boom Times : Commodities and Coalitions in Latin America and Africa*. Oxford : Oxford University Press.

Schamis, Hector E. (2006) "Populism, Socialism, and Democratic Institutions." *Journal of Democracy* 17 (4), pp. 20–34.

Schilling-Vacaflor, Almut (2008) "Identidades indígenas y demandas político-jurídicas de la CSUTCB y el CONAMAQ en la constituyente boliviana." *T'inkazos* 23/24, pp. 149–166.

Scurrah, Martin (ed.) (2008) *Defendiendo derechos y promoviendo cambios : el Estado, las empresas extractivas y las comunidades locales en el Perú*. Lima : IEP ; Oxfam.

Seligmann, Linda J. (1995) *Between Reform & Revolution : Political Struggles in the Peruvian Andes, 1969–1991*. Stanford : Stanford University Press.

Shepsle, Kenneth A. (1983) "Institutional Equilibrium and Equilibrium Institutions." Paper presented at American Political Science Association in Chicago, pp. 1–54.

Sigmund, Paul E. (1980) *Multinationals in Latin America : The Politics of Nationalization*. Madison : The University of Wisconsin Press.

Silva, Eduardo (2009) *Challenging Neoliberalism in Latin America*. Cambridge : Cambridge University Press.

Smith, Richard Chase (1994) "La política de la diversidad : COICA y las federaciones étnicas de la amazonía." en Stefano Varese (ed.). *Pueblos indígenas y globalismo*. Quito : Editorial Abya Yala, pp. 81–126.

Snow, David A. and Richard D. Benford (1988) "Ideology, Frame Resonance, and Participant Mobilization." *International Social Movement Research* 1, pp. 197–217.

Snow, David A. and Doug McAdam (2000) "Identity Work Process in the Context of Social

Movements : Clarifying the Identity/Movement Nexus." in Sheldon Stryker, Timothy J. Owens and Robert W. White (eds.). *Self, Identity, and Social Movements*. Minneapolis : University of Minnesota Press, pp. 41–67.

Sokoloff, Kenneth L. and Stanley L. Engerman (2000) "Institutions, Factor Endowments, and Paths of Development in the New World." *Journal of Economic Perspectives* 14 (3), pp. 217–232.

Starn, Orin (1999) *Nightwatch : The Politics of Protest in the Andes*. Durham : Duke University Press.

Stegmueller, Daniel (2013) "How Many Countries for Multilevel Modeling? A Comparison of Frequentist and Bayesian Approaches." *American Journal of Political Science* 57 (3), pp. 748–761.

Stein, Ernesto and Mariano Tommasi (eds.) (2008) *Policymaking in Latin America : How Politics Shapes Policies*. New York : IDB ; DRCLAS.

Stepan, Alfred (1978) *The State and Society*. Princeton : Princeton University Press.

Stephenson, Marcia (2002) "Forging an Indigenous Counterpublic Sphere : The Taller de Historia Oral Andina in Bolivia." *Latin American Research Review* 37 (2), pp. 99–118.

Stern, Steve J. (ed.) (1998) *Shining and Other Paths : War and Society in Peru, 1980–1995*. Durham : Duke University Press.

Stokes, Susan C. (2001) *Mandates and Democracy : Neoliberalism by Surprise in Latin America*. Cambridge : Cambridge University Press.

Svampa (2013) "'Consenso de los Commodities' y lenguajes de valoración en América Latina." *Nueva Sociedad* 244, pp. 30–46.

Tanaka, Martín (1998) *Los espejismos de la democracia : el colapso del sistema de partidos en el Perú*. Lima : IEP.

——— (2005a) "Peru 1980–2000 : Chronicle of a Death Foretold? Determinism, Political Decisions, and Open Outcomes." in F. Hagopian and S. P. Mainwaring (eds.). *The Third Wave of Democratization in Latin America : Advances and Setbacks*. Cambridge : Cambridge University Press, pp. 261–288.

——— (2005b) *Democracia sin partidos. Perú 2000–2005 : los probremas de representación y las propuestas de reforma política*. Lima : Instituto de Estudios Peruanos.

Tanaka, Martín et al. (2007) "Minería y conflicto social." *Economía y Sociedad* 65, pp. 7–17.

Tapia, Luis (2002) *La condición multisocietal : multiculturalidad, pluralismo y modernidad*. La Paz : Muela del Diablo.

Thelen, Kathleen (1999) "Historical Institutionalism in Comparative Politics." *Annual Review of Political Science* 2, pp. 369–404.

Thelen, Kathleen and Sven Steinmo (1992) "Historical Institutionalim in Comparative Perspective." in Sven Steinmo and Kathleen Thelen (eds.). *Structuring Politics : Historical Institutionalism in Comparative Perspective*. Cambridge : Cambridge University Press, pp. 1–32.

Thurner, Mark (1997) *From Two Republics to One Divided : Contradictions of Postcolonial Nationmaking in Andean Peru*. Durham : Duke University Press.

Ticona Alejo, Esteban (2000) *Organización y liderazgo aymara : la experiencia indígena en la política boliviana 1979–1996*. Cochabamba : AGRUCO.

Ticona A., Esteban, Gonzalo Rojas O. y Xavier Albó C. (1995) *Votos y wiphalas : campesinos y pueblos originarios en democracia*. La Paz : Fundación Milenio ; CIPCA.

Tilly, Charles (1985) "War Making and State Making as Organized Crime." in Peter Evans, Dietrich Rueschemeyer and Theda Skocpol (eds.). *Bringing the State Back In*. Cambridge : Cambridge University Press, pp. 169-191.

——— (1992) *Coercion, Capital, and European States, AD 990-1992*. Oxford : Blackwell.

Tollison, Robert D. (2012) "The Economic Theory of Rent Seeking." *Public Choice* 152 (1-2), pp. 73-82.

Tord, Luis Enrique (1978) *El indio en los ensayistas peruanos 1848- 1948*. Lima : Editoriales Unidas.

Trivelli, Carolina (2005) *Los hogares indígenas y la pobreza en el Perú : una mirada a partir de la información cuantitativa*. Documento de Trabajo 141. Lima : IEP.

Tuesta Soldevilla, Fernando (2010) *El sistema de partidos en la región andina : construcción y desarrollo (1978-1995)*. Lima : Asamblea Nacional de Rectores.

UNCTAD (2007) *World Investment Report : Transnational Corporations, Extractive Industries and Development*. New York : United Nations.

Urioste, Miguel, Rossana Barragán y Gonzalo Colque (2007) *Los nietos de la Reforma Agraria : Tierra y comunidad en el altiplano de Bolivia*. La Paz : Fundación Tierra.

Urrutia, Carlos (2009) "Nationalization of Oil and Gas Enterprises : New Trends and Strategies — The Colombian Perspective-." *International Mining and Oil & Gas Law, Development, and Investment* 2009 (1), Part 2. 13A.

Urrutia Ceruti, Jaime (2007) "Población indígena y políticas públicas en el Perú." en Markus Rosenburger y Ramón Pajuelo Teves (eds.). *Política indígenas estatales en los andes y mesoamérica : avances, problemas, desafíos : un intercambio de experiencias*. Lima : KAS, pp. 177-212.

Van Cott, Donna Lee (2005) *From Movements to Parties in Latin America : The Evolution of Ethnic Politics*. Cambridge : Cambridge University Press.

——— (2008) "Latin America's Indigenous Peoples." *Journal of Democracy* 18 (4), pp. 127-141.

Vegas de Cáceres, Ileana (ed.) (2008) *A 38 años de la reforma agraria*. Lima : Fundación M. J. Bustamante de la Fuente.

Villafuerte Solís, Daniel (2014) "Neoextractivismo, megaproyectos y conflictividad en Guatemala y Nicaragua." *Espiral* 21 (61), pp. 109-141.

Viscidi, Lisa and Jason Fargo (2015) "Local Conflicts and Natural Resources : A Balancing Acts for Latin American Governments." The Dialogue, Energy Working Paper.

Vittor, Luis (2008) *Resistencias comunitarias a la minería : la experiencia de CONACAMI*. Lima : CONACAMI.

Vu, Tuong (2010) *Paths to Development in Asia : South Korea, Vietnam, China and Indonesia*. Cambridge : Cambridge University Press.

Walton, John (1989) "Debt, Protest and the State in Latin America." in Susan Eckstein (ed.). *Power and Popular Protest in Latin America*. Berkeley : University of California Press, pp. 299-328.

Warshaw, Christopher (2012) "The Political Economy of Expropriation and Privatization in the Oil

Sector." in David G. Victor, David R. Hults and Mark Thurber (eds.). *Oil and Governance : State-owned Enterprises and the World Energy Supply*. Cambridge : Cambridge University Press, pp. 35–61.

Weintraub, Sidney (2012) "Oil Rents and Political Power in Latin America." in Robert E. Looney (ed.). *Handbook of Oil Politics*. London : Routledge, pp. 168–179.

Weyland, Kurt (2004) "Neoliberalism and Democracy in Latin America : A Mixed Record." *Latin American Politics and Society* 46 (1), pp. 137–157.

——— (2009) "The Rise of Latin America's Two Lefts? Insights from Rentier State Theory." *Comparative Politics* 41, pp. 145–164.

——— (2010) "The Performance of Leftist Governments in Latin America." in Kurt Weyland, Raúl L. Madrid and Wendy Hunter (eds.). *Leftist Governments in Latin America : Successes and Shortcomings*. Cambridge : Cambridge University Press, pp. 1–27.

Wise, Carol (2003) *Reinventing the State : Economic Strategy and Institutional Change in Peru*. Ann Arbor : University of Michigan Press.

Wright, Rachel A. and Hilary Schaffer Boudet (2012) "To act or Not to Act : Context, Capability, and Community Response to Environmental Risk." *American Journal of Sociology* 118 (3), pp. 728–777.

Yampara, Simón, Saúl Mamani y Norah Calancha (2007) *La cosmovisión y lógica en la dinámica socioeconómica del qhathu/ feria 16 de Julio*. La Paz : Fundación PIEB.

Yapu, Mario et al. (2008) *Jóvenes aymaras, sus movimientos, demandas y políticas públicas*. La Paz : Universidad PIEB ; IBASE.

Yashar, Deborah J. (2005) *Contesting Citizenship in Latin America*. Cambridge : Cambridge University Press.

Zavaleta Mercado, René (1986) *Lo nacional popular en Bolivia*. Mexico : Siglo Veintiuno.

——— (1987) *El poder dual*. 3ra edición. Cochabamba : Los Amigos del Libro.

Zavaleta Reyes, Diego (2008) "Oversimplifying Identities : The Debate over What Is *Indigena* and What Is Mestizo." in Crabtree and Whitehead (eds.) (2008), pp. 51–60.

Zegarra, Eduardo (1999) *El mercado de tierras rurales en el Perú*. Santiago de Chile : CEPAL.

Zuazo, Moira (2008) *¿Cómo nació el MAS?* La Paz : FES-ILDIS.

あとがき

今日の社会科学では，明確で具体的な問いを立て，それに答える形で議論を立てることが一般的である。私もそのように大学院で教えているし，自分の研究の多くもそうするように心がけている。その点からすると，この本が，資源ブームの影響を受ける中での資源政策とはどのようなものか，というやや大きい問いを立てていることは，もしかしたら読者に不満を与えるかもしれない。本書においてこのように大きな問いが立てられているのは，純粋に学問的な見地から既存研究の到達点を更新したいというだけではなく，今日の世界にとって重要と思われる問題に直接的に向き合いたかったからである。いずれにせよ，この問いがどのように生まれたかは，本書の成り立ちに関わるので，少し説明した方がよいだろう。

この本の発端となる研究にとりかかったとき，私が抱いていた素朴な疑問は「尋常ではない額の経済的利益が外から与えられるとき，人はどう行動するのだろうか」というものであった。この問いは，少なくとも私にとっては，極めて鋭く，知的関心をかきたてられるものであると感じられた。多くの人々は，例えば貧困問題というように，経済的困難から自由になり，豊かさを手に入れることが，途上国にとっての問題であると信じているように思う。しかし，金銀や石油が豊かな国では，莫大な経済的利益を生み出す資源が豊富にあるのにそれがただちに経済的な困難から人々を解放するわけではないし，むしろ豊かであることこそが問題になっている。問題は，経済的利益を獲得することではなく，それに関わる人々の認識や行動であるように思われる。

私は 2010 年 10 月〜2012 年 12 月に在ボリビア大使館に専門調査員のポストを得て滞在したが，その時に観察した様々な現象は，「資源が豊かな国における人々の行動」という問いかけを使えば，明確に整理できるように思われた。ボリビアに長期滞在する少し前まで，私はペルーとボリビアの先住民層の政治参加について，博士論文を書いていた。その時期に執筆したもののいくつかは本書に組み入れられてもいるが，ボリビアでの滞在期間中に感じたのは，実は全く異なった見方が必要なのではないか，ということであった。運よく在ボリビア日本大使館の経済班を任されたことは，同国の資源政策がどのように決められているのかを極めて近い距離から観察する機会を与えてくれた。このときの経験が本書の出発点になった。しばしば驚きを与えてくれるボリビアやその他のラテンアメリカ諸国の資源政策や人々の政治参加行動は，「資源が豊かな国における人々の行動」という見方をとれば，うまく説明できるように思われた。

ところが考え始めてみると，この見方は得体のしれないところがあって，分析可能な命題に落とし込むのは容易ではなかった。最初に抱いたのは，一つ一つの政治参加行動を丹念に記述したとしても，それだけでは問題の所在が明らかになるわけではないだろう，という直感だった。調査の過程で，抗議運動に関わる社会組織のリーダーや，政府の政策決定者と話をする機会がたびたびあったが，彼らが私にした説明は，しばしば歴史的コンテクストの中に自らを置くことであったり，同時代のグローバルやナショナルなコンテクストに置くことであったりした。また，政策決定者や抗議運動のリーダーたちが公のスピーチと私的な会合で本音と建て前を使い分けていることや，話をするタイミングによって異なった見方を持っていると感じることもあった。様々なコンテクストや外的な条件によって見方や行動を変えることは一般的に見られる現実的な対応であるように思われたので，それらを説明する必要があった。

他方で，そのようなコンテクストや外的な条件を分析する方法論を手に入れるために，統計分析を主に用いてきた「資源の呪い」研究を渉猟するようになり，実際に自分でも統計分析を取り入れようと四苦八苦してきたが，それに対しても一定の不満を持つようになった。すでにこの分野の研究者によって指摘されていることだが，統計分析の含意が意味を持つためには，いくつかの強すぎる前提が必要なように思われた。それは宿命論的な構造主義を展開する研究に対しても言えることだった。実際に複数の政策決定者や抗議運動のリーダーと話せばすぐにわかるはずだが，行為者の側にはかなりの程度，自由に判断したり決定したりする余地があるし，それを単なる誤差や平均値の問題に置き換えるのは難しいように思われた。このような一連の不満から，本書では認識枠組みについての議論を深めることになった。

結果として，本書では2010年に筑波大学に提出した博士論文を換骨奪胎することになった。そして，本書を書く上で，上で述べたような認識枠組みをできる限り直截的な形で伝えることを試みた。序章と第1章のほとんどは，この作業に充てられている。正直に言って，この作業は容易ではなかった。質的・量的方法論についての十分な知識と，直感的な理解が必要であったように思う。さらに抽象的な論点と，具体的な経験的情報とがうまく一致しない恐れも多分にあった。この試みが成功しているかどうかの評価は，読者のみなさんにお任せしたい。

本書は，序章，第1章，第2章，第7章，終章が新たに書き下ろされた章で，残りの章は既出の論文を大幅に加筆修正した上で再編成した。第5章と第6章は，2010年に筑波大学に提出した博士論文の一部を大幅に加筆修正した。以下は，各章の初出一覧である。

第3章　「ラテンアメリカにおける石油・天然ガス部門の国有化政策比較——1990〜2012年の主要生産国についてのパネルデータ分析」『アジア経済』第56巻第3号，2015年，pp. 3–38

第4章　「ラテンアメリカの資源開発と抗議運動——2008〜2012年の18カ国世論調査データを用いたマルチレベル分析」上谷直克編著『「ポスト新自由主義」期のラテンアメリカにおける政治参加』アジア経済研究所，2014年，pp. 179–207

第8章　「抗議運動から制度的対話へ——ペルーにおける「バグア事件」と先住民包摂の困難な過程」『ラテンアメリカ・レポート』第27巻第2号，2010年，pp. 29–37

「ペルーにおける天然資源開発と抗議運動——2008年8月のアマゾン蜂起から」『ラテンアメリカ・レポート』第26巻第1号，2009年，pp. 49–57

第9章　「2012年ボリビアの政策課題——TIPNIS道路建設問題の事例」『ラテンアメリカ・レポート』第29巻第1号，2012年，pp. 83–92

第 10 章　「モラレス政権下におけるボリビア鉱業のアクターと政策過程——強力な利益団体と政府の影響力関係についての試論」『イベロアメリカ研究』第 35 巻第 1 号，2013 年，pp. 23–42

本書は多くの人々の支援と助力の上に成り立っている。ラテンアメリカをフィールドとした研究には渡航費用や資料入手に多額の出費が伴うものであり，本書は以下の研究助成によって支援を得ている。ここに記して感謝したい。

科研費（特別研究員奨励費）（2013～2014 年度）
科研費（若手研究 B）（2016～2018 年度）
村田学術振興財団研究助成（2015 年度）
日本貿易振興機構アジア経済研究所共同研究（2013 年度，2014～2015 年度）

長期間にわたった研究プロジェクトの多くがそうであるように，本研究もまた数えきれない人々の支援によっている。まず大学院時代の恩師であり，私をラテンアメリカ研究に導いてくださった遅野井茂雄先生に深く感謝したい。遅野井先生との出会いなくしては今の私はないと言っても過言ではないだろう。また，筑波大学での研究生活を温かく支えていただいた近藤康史先生，方法論についての批判的視点を与えていただいた南山淳史先生にも感謝したい。6 年前に博士課程を終えてから，随分遠い場所に来てしまったように感じるが，どのように研究人生を始めるかは大変重要であった。

在ボリビア日本大使館時代にお世話になった渡邉利夫大使，荻原孝裕さんにも謝意を申し上げたい。私の研究人生においてボリビア滞在は大きな意義を持つことになったが，そうなったのはお二人と当時の同僚，ならびに彼の地で出会った多くの人々のお陰であった。

また，2008 年 1 月のペルー滞在に始まる現地調査，および 2013～14 年の京都大学地域研究統合情報センターでのポスドク時代にお世話になった村上勇介先生にも深く謝意を申し上げたい。村上先生には数えきれないご恩を頂きながら，自由に研究させていただいた。

同世代の研究者たちにも多くの影響を受けた。ボリビア研究の先達であり同志である宮地隆廣さん，藤田護さん，梅崎かほりさん，舟木律子さんには，学会や様々な機会にコメントを寄せていただいた。日本貿易振興機構アジア経済研究所の上谷直克さん，宇佐見耕一さん（現：同志社大学），坂口安紀さん，山岡加奈子さん，近田亮平さん，清水達也さん，菊池啓一さん，馬場香織さんには，研究会に招いていただいただけでなく，本書の元となったいくつかの原稿が初めて公刊されたときに，詳細なコメントを頂いた。菊池啓一さん，小橋洋平さん，村上善道さんには，計量分析について貴重なコメントを頂いた。特に菊池さんには，統計使いとしての一歩を踏み出す上で多くを負っている。磯田沙織さんには，世界のあちこちで議論に付き合ってもらった。石黒馨先生には，神戸大学で催されたセミナーと国際政治学会にて，第4章の原案を討論する機会を頂いた。村上勇介先生と浜口伸明先生には，第3章の原案を討論する機会を頂いた。

写真家の柴田大輔さんには，貴重な写真を提供していただいた。彼のような情熱と才能のある人がますます活躍することを期待している。

南米でも，多くの人に支援を頂いた。フアン・アントニオ・モラレス，フェルナンド・マジョルガ，ロベルト・ラセルナ，フェルナンド・カルデロン，マルティン・パルメロ，マルコ・カルデロン，ホセ・ブラネス，アナ・セガラ，リチャード・カナビリ，ビクトル・ウーゴ・カルデナス，ラモン・パフエロ，ヨフィアンニ・ペイラノ，ビダル・チャベスは，何度も研究に関して議論をし，コメントをもらった研究者たちである。

本書で直接引用していないが，ペルーとボリビアでおそらく100人を超える人々がこれまで私のインタビューに付き合い，資料を共有したり，友人を紹介したりしてくれた。一人一人名前をあげることはできないが，感謝の意を表したい。本書では直接引用していないが，そうしたインタビューが研究の土台を作ってきた。ウゴ・アルトモンテ，フェルナンダ・ワンダレイ，ミゲル・アンヘル・マルティネス，ラモン・リベロ，五味篤氏には，重要なインスピレーションを頂いたように思う。ボリビアの国立サンアンドレス大学社会開発研究所（CIDES-UMSA）のセシリア・サラサルには，2012年に研究について議論する機会を頂いた。カルロス・イバン・デグレゴリ，ヘンリー・ピース，南雲広見は，私の研究者人生にとって重要な役割を果たした人々だが，惜しむべくもすでに世を去ってしまった。

私の研究が実現する上で重要な支援をしてくれた人々も多い。在ボリビア日本大使館のかつての同僚諸兄，ミリー・ディアス，ホルヘ・オモヤ，ディエゴ・コモリ，メルセデス・サトウ，サンドラ・ソトマヨール，岡村優子，エレーナ・ヤマモト，アレハンドリーナ・クニガミ，南雲一家，マルコ・レボジョ，ブラディミル・セルナ，ビッキー・ベナビデス，カレン・スー，エスペンセル・ユアン，ミドリ・アラルコン，ロベルト・アラルコン，カルラ・ブリンガスは，そうした人々である。

本書の出版にあたっては，平成 28 年度名古屋大学学術図書出版助成を幸いにも得ることができた。名古屋大学出版会の三木信吾氏には本書のアイデアに関心を寄せていただいただけでなく，この作品がより良いものとなるよう大変丁寧な仕事をしていただいた。また，同会の長畑節子氏には大変丁寧な校正作業をしていただいた。

多数の人の御恩を頂きながら，本書が十分な出来に達していないかもしれないことは，私の能力不足が原因である。

最後に，長く私を支えてくれた父母と，頻繁に南米出張を繰り返す夫を許してくれた妻の柯一薫に心からありがとうと言いたい。

2016 年 7 月

岡 田　勇

図表一覧

索　引

【人　名】

【事　項】

ア　行

カ　行

サ　行

タ　行

ナ　行

ハ　行

マ　行

ヤ　行

ラ・ワ行

A-Z

《著者略歴》

岡田　勇（おかだ いさむ）

1981年　愛知県に生まれる
2004年　京都大学法学部卒業
2010年　筑波大学大学院人文社会科学研究科博士課程修了，博士（政治学）
　　　　在ボリビア日本大使館専門調査員，日本学術振興会特別研究員などを経て
現　在　名古屋大学大学院国際開発研究科准教授

資源国家と民主主義

2016年9月10日　初版第1刷発行

定価はカバーに
表示しています

著　者　岡　田　　勇
発行者　金　山　弥　平

発行所　一般財団法人　名古屋大学出版会
〒464-0814　名古屋市千種区不老町1名古屋大学構内
電話(052)781-5027 / FAX(052)781-0697

印刷・製本　亜細亜印刷㈱　　ISBN978-4-8158-0848-8
乱丁・落丁はお取替えいたします。